新时代文化和旅游融合发展研究丛书
应用型本科院校文化旅游专业丛书
总主编：李钢　副总主编：黄渊基　杨再喜　蔡保忠

潇湘旅游览胜

陈仲庚　姚先林　黄渊基 ◎ 编著

北京·旅游教育出版社

图书在版编目（CIP）数据

潇湘旅游览胜 / 陈仲庚，姚先林，黄渊基编著. --北京：旅游教育出版社，2023.12

（新时代文化和旅游融合发展研究丛书. 应用型本科院校文化旅游专业丛书）

ISBN 978-7-5637-4627-9

Ⅰ. ①潇… Ⅱ. ①陈… ②姚… ③黄… Ⅲ. ①旅游指南—湖南—高等学校—教材 Ⅳ. ①K928.964

中国国家版本馆CIP数据核字（2023）第235268号

新时代文化和旅游融合发展研究丛书
应用型本科院校文化旅游专业丛书

潇湘旅游览胜

陈仲庚　姚先林　黄渊基　编著

责任编辑	巨瑛梅
出版单位	旅游教育出版社
地　　址	北京市朝阳区定福庄南里1号
邮　　编	100024
发行电话	（010）65778403　65728372　65767462（传真）
本社网址	www.tepcb.com
E - mail	tepfx@163.com
排版单位	北京旅教文化传播有限公司
印刷单位	唐山玺诚印务有限公司
经销单位	新华书店
开　　本	787毫米×1092毫米　1/16
印　　张	18
字　　数	272千字
版　　次	2023年12月第1版
印　　次	2023年12月第1次印刷
定　　价	68.00元

（图书如有装订差错请与发行部联系）

新时代文化和旅游融合发展研究丛书
应用型本科院校文化旅游专业丛书

编委会

编委会主任： 李　钢　黄创霞

编委会副主任： 李常健　何福林　陈灿军

编委会委员： 黄渊基　杨再喜　谢韶光　潘清远　姚先林　蔡保忠

　　　　　　　李晓红　刘　进　黄　萌　吴翠燕

编委会成员（以姓氏笔画为序）：

　　　　王　丹　王　跃　刘幼平　刘旸沛筠　刘　辉　李爱军

　　　　李　满　肖　可　肖辉军　吴宇辉　何　真　张宝辉

　　　　张施冲　张　程　欧阳平彪　郑　毅　钟杨宇　郭莉芝

　　　　黄华勇　梁茂林　傅宏星　曾　荣　曾　旎

代序
FOREWORD

建设什么样的旅游理论体系，培养什么样的旅游人才

戴 斌

坚持以文塑旅、以旅彰文，推进文化和旅游深度融合发展，是党的二十大作出的战略部署，也是学术共同体必须回答而且必须要回答好的时代之问。习近平总书记对旅游工作作出重要指示强调：新时代新征程，旅游发展面临新机遇新挑战。要以习近平新时代中国特色社会主义思想为指导，完整准确全面贯彻新发展理念，坚持守正创新、提质增效、融合发展，统筹政府与市场、供给与需求、保护与开发、国内与国际、发展与安全，着力完善现代旅游业体系，加快建设旅游强国，让旅游业更好服务美好生活、促进经济发展、构筑精神家园、展示中国形象、增进文明互鉴。新时代新征程，我们应建设什么样的旅游理论体系？培养什么样的旅游人才？

新时代新征程，应着力构建以人民为中心的当代旅游发展理论体系

一、大众旅游全面发展，新时代需要重构学术研究的价值取向和理论意义

20世纪80年代发展旅游是为了创汇，90年代中后期聚焦于拉动消费、投资和就业，现在更加强调为了人民群众"诗与远方"的美好生活，强调文化和旅游深度融合，推进旅游业高质量发展。随着全面小康社会的建成，大众旅游进入全面发展新阶段，"吃不愁、穿不愁，还有余钱去旅游"成为城乡居民对美好生活的共同向往和刚性需求，也是

每年"两会"热词和社会各界共同关注的焦点。当代旅游是人口规模巨大的发展中国家的旅游，也是地区之间、城市之间、不同年龄段之间发展不平衡不充分的旅游，更是中国式现代化进程中精神享受和文化休闲需求持续增长的旅游。我们既要看到有人拥有丰富的旅游经验，随时都可以来一场说走就走的旅行，每到节假日就飞到世界各地度假，也要看到有人还没有去过一次旅游景区，也没有享受过一次真正意义的观光旅游。高线城市的95后开始追求个性化和多样性的旅游体验，60后则在开启康养旅居新生活，而低线城市的"小镇青年"才刚刚成为旅游初体验者，更有数以亿计的农村居民、低收入群体和行动障碍者的休闲方式仍然是几千年不变的走亲访友、晒太阳和打纸牌。直面现实可能是沉重的，更可能是灼热的，无论如何，作为一名理论工作者都不能对国家战略和人民期盼视而不见，而是应在与实践同行的过程中，系统回答"新时代旅游发展为什么"这一根本问题。

科学技术的进步，特别是数字化和人工智能，ChatGPT、Sora等大数据模型，正在深刻改变旅行方式、文化空间、旅游场景和体验内容。多年以来，我们习惯于将山山水水的自然环境和丰富多彩的历史文化当作旅游资源的全部，习惯于将旅游业视为传统的劳动密集型、经验驱动型的传统服务业，习惯于认为政府具有信息、数据、人才的垄断优势和行政动员能力，将开大会、发文件、做规划、定标准、创牌子视为政府主导型旅游发展战略的全部。受基金项目、论著发表和考核体系的影响，理论界在范式精致化和定量研究方面配置了太多的学术资源，应用研究则更多聚焦于旅游资源开发、目的地营销和行业管理。随着社会主义市场经济体制的完善和"大众创业、万众创新"的进展，金融资本、产业资本和社会资本广泛进入旅游消费的各个环节，不同所有制、不同规模的旅游景区和度假区、旅游住宿商、旅游零售商、餐饮和休闲项目运营商、旅行服务商共同构成了生生不息的产业生态，一个投资机构和市场主体推动旅游业高质量发展的时代已经到来。大数据、人工智能和高端装备领域的科技进步让知识和技能很容易在更广泛的人群中横向传播，而不完全是自上而下的纵向传播，旅游领域正在孕育新一轮的现象级创业创新热潮。不得不承认，在投资、研发、创业、创新，包括文化、艺术、体育、科技、时尚与旅游融合发展方面，市场主体已经走在了理论工作者和专家学者的前面，行政与市场、系统与行业、官员与企业家之间的关系也在消解与重构。我们需要深刻认识并且系统回答"新时代旅游发展依靠谁"这一现实问题，并努力让更多人认识到这一点：没有充分竞争的市场，没有与新质生产力相匹配的投资机构和市场主体，就没有旅游业的高质量发展。

**文化和旅游深度融合的国家战略和创新实践，是新时代建设国家旅游发展理论的现

实背景。2018年国家机构改革以来，文旅融合成为理论界和学术研究重点关注的现实课题，也是业界和媒体讨论的热点话题。受全国哲学社会科学规划办公室、文化和旅游部的委托，中国旅游研究院和全国旅游学术共同体承担了一批重大和重点课题，发表成千上万的专著和论文，提报若干资政建言成果，初步回答了为什么融、融什么、谁来融等理论问题。现在的问题是，绝大多数的学术成果还没有转化为社会影响力和产业推动力，相当多的理论问题和现实课题还缺乏基金支持，也少有理论和科研工作者"揭榜挂帅"的勇气。直面文旅融合重大需求和现实问题，用深厚的学理和社会科学研究方法推动旅游业高质量发展的高水平成果还相对不足。如果任由学术界只在期刊发表的小圈子里，为了高影响因子而加速内卷，终将面临与行政主体、市场主体和消费主体渐行渐远的危险，就算发表再多的论文，拥有再多的"帽子"和"牌子"，也摆脱不了道统不存的无力感和意义悬置的虚无感。是重回"风声雨声读书声，声声入耳；家事国事天下事，事事关心"知识分子传统的时候了，是重做"我是江南第一燕，为衔春色上云梢"知行合一启蒙者的时候了。旅游学术共同体要系统把握并务实推进"新时代旅游发展做什么"的战略选择，从理论、学术和教育诸方面推进文化和旅游在更深程度、更广范围和更高层次的融合发展。

二、国家旅游发展理论需要价值引领的勇气、学科建构的能力和持续创新的体系

坚持以人民为中心的发展理念，重构大众旅游价值取向。改革开放以来，旅游业的经济属性日益彰显，市场化和专业性程度越来越高。作为管理学科门类工商管理一级学科下的旅游管理，很容易将创汇、消费、投资、就业、资源开发、政策设计等内容作为学科建设的方向和学术研究的重点。需要反思的是，发展旅游的目标固然有赚取外汇、扩大消费、带动就业等经济功能，也有稳定预期、提振信心、国泰民安的情绪价值，还有促进人的全面发展、城市更新和乡村振兴、对外对港澳台文化交流和文明互鉴的社会功能。学习习近平文化思想，研究中国式现代化对旅游业提出了哪些新要求，旅游发展在中华民族伟大复兴中扮演什么新角色，在全球文明倡议中发挥什么新作用，以及为何和如何提升人民群众包括旅游在内的精神享受和文化消费水平，是新时代旅游理论建设和学术研究的首要任务。如果只是从消费拉动和经济增长的视角研究旅游，完全以效率为导向，就会得出旅游资源和生产要素配置给高收入者并努力提升其旅游频次的结论。马克思主义经济学会告诉我们这样做的结果只能是总需求不足和总供给过剩，中国特色社会主义理论更是证明这条路行不通。只有让最大多数的城乡居民参与旅游，让"读万

卷书，行万里路"的梦想照进小康社会的现实，让"书生意气的研学、家国天下的旅游"伴随中小学生的成长，让每一位小镇青年都能有"说走就走的旅行"，才会有温暖向前的旅游中国。

培育新质生产力，推动旅游业高质量发展。新质生产力代表先进生产力的演进方向，是由技术革命性突破、生产要素创新性配置、产业深度转型升级而催生的先进生产力质态。新质生产力以劳动者、劳动资料、劳动对象及其优化组合的跃升为基本内涵，具有强大发展动能，能够引领创造新的社会生产时代。新质生产力是新时代对包括旅游在内所有产业发展方式的重构，用新质生产力对劳动者、劳动资料和劳动对象的优化组合提升旅游产业的全要素生产率。导入和培育新质生产力，推动旅游业从传统服务业转向现代服务业，非得从劳动者、劳动工具和劳动对象三个方面入手不可。在新时代旅游消费需求变迁的情境下，需要新型旅游投资机构、市场主体和新型旅游从业者来推动产业高质量发展。我们不能继续将星级饭店、旅行社和旅游景区当成旅游业的全部，也不能只是把导游、领队、讲解员、酒店和餐饮服务员、景区管理者和专家学者当成旅游从业人员的全部。随着市场边界的变化，越来越多的跨界者成为旅游业的新生力量。没有新质生产者就不会有新质生产力，我们需要具有现代思维、国际视野和专业能力的新质旅游人，特别是具有原始创新能力的企业家、职业经理人和高技能劳动者。如果不能提高2825万直接从业人员的综合素质和专业能力，再先进的科学技术也不能实现旅游产业的转型升级。我们需要导入和培育人工智能等新质生产要素，加持和赋能旅行社、酒店、民宿、旅游景区、度假区、旅游零售等传统业态。没有人工智能、高端装备和现代商业模式的赋能，我们就走不出大众旅游初级阶段陷阱。我们需要秉持"近悦远来，主客共享"的新理念，以全新的开放视野，创造出更多"旅游+""+旅游"的新业态。新质生产力与科学技术和高端装备制造密切相关，同时也要看到，没有文化的引领，没有艺术和时尚生活的加持，我们就无法将当代生活和现代文明转化成为新质旅游资源，而只会在山山水水和文化遗产等传统资源里打转转。

坚持绿色发展理念，推动绿色旅游理论创新与经验总结。我们要看到旅游业对经济社会发展和文明演化的积极影响和促进作用，也要看到诸如旅游"飞地"、过度旅游、文化冲突、道德弱化、环境破坏等需要正视的负面问题。就是从经济影响的角度看，旅游业对不同国家和地区的影响也不尽相同，欠发达国家和地区在全球旅游经济体系获得的份额相对较低。只有让世界各国各地区都能够从旅游发展中获得经济增长、就业岗位增加、削减贫困、推进社区振兴、保护传统和文化遗产等方面的收益，这个世界才能变得更好，旅游业才可能持续发展下去。党的十八大以来，以习近平同志为核心的党中央从中华民族永续发展的高度出发，深刻把握生态文明建设在新时代中国特色社会主义事业中的重要地位和战略意义，形成了习近平生态文明思想，奠定了绿色旅游和可持续发展的理论基础和实践方向。"绿水青山就是金山银山""冰天雪地也是金山银山"，指引了青海打造国际生态旅游目的地、桂林建设世界级旅游城市、阿尔山实现"旅游业一定会火起来"，以及全国范围内的避暑旅游、冰雪旅游、森林旅游、温泉康养旅游创新发展的新方向。研究绿色旅游和可持续发展，不能只有基础理论和政策设计，也要密切关注旅游投资机构和市场主体，特别是中旅旅行、广之旅、飞猪、携程、去哪儿、马蜂窝等旅行商推出的绿色线路和生态产品。通过主流媒体、行业媒体和抖音、小红书、B站等新媒体提示游客在行程中爱护生态环境、尊重当地文化遗产和风俗民情，培育起广大游客的绿色消费观念。在理论建构的过程中，重点关注旅游活动与自然环境、游客权利与居民权益、经济增长与社会发展之间的协同促进。为此，旅游学者和科研机构在绿色旅游、生态旅游、可持续旅游、负责任旅游的研发创新和宣传推广过程中，稳步建立可独立发挥作用、也可以连线成片的监测点、案例库和数据库。

践行全球文明倡议和大国外交思想，发展文明旅游，讲好新时代的中国旅游故事。 2018年以来，中国旅游业进入了一个文化和旅游深度融合的新时代。旅游能够为文化培育市场，也需要当代文化和现代文明引领旅游业发展新方向。没有文化的产业是走不远的，没有思想建构和价值引领的产业也是走不远的。旅游学者要打破学科层级和学术范式的固有藩篱，以更加开放的心态，重构知识生产和传播的学科体系、学术体系和话语体系。团结旅游学术共同体、旅游投资机构和市场主体，为加快建设世界旅游共同体而贡献自己的才情与智慧。除了图书馆、工作室和学术论坛，旅游学者也应在生活场域中寻求文化建设和文明对话的可能性。我去天津参加海棠花节和五大道旅游论坛，晚上去安里甘艺术中心欣赏了以"春天和花"为主题的室内交响乐。120多年历史的教堂、青春感拉满的乐园，还有蓝色多瑙河上飘浮的茉莉花香，彼时的我，分不清什么是诗，什么是远方，也不会去想什么是文化、什么是旅游，只是觉得一切都那么古老又那么年轻的样子，真的很好。

三、国家旅游发展理论需要有信仰的建设者遵循科研实践的规律，将理论与实践相结合的道路进行到底

理论的力量首先来自建设者发自内心的信仰，没有真正的信仰，就不会产生有效的传播、接受和行动。 在理论建设、传播和接受的过程中，经由调查研究、数据分析和理论抽象而来的概念、观点和命题，包括语言、文字、平台和渠道在内的传播体系固然重

要，但是知识分子和专家学者发自内心的认同更为关键。《共产党宣言》《资本论》《国家与革命》等马克思主义经典著作，无论语言文字，还是概念及其展开的逻辑，在一百年前的中国，即使留过洋的教授也有很大的阅读障碍，传播和接受更有坐牢杀头的危险，为什么还有那么多人去翻译、去传播、去实践？因为这些文字闪耀着理性的光辉和实践的热情，指明了救国救民的方向，给先知者以信仰，予先行者以力量。才有了瞿秋白的首次将《国际歌》翻译成中文，才有了李大钊、李汉俊、郭沫若、陈启修、潘冬舟、侯外庐、王思华、郭大力、王亚南等知识分子接力传播、翻译《资本论》，倾尽毕生的才华和心血，有人甚至献出了宝贵的生命。作为一名知识分子和专家学者，如果徒有个人名利而无国家视野，只有个人恩怨而无铁肩道义，则道统何在？价值何在？我们今天的努力和成就，能经得起后人的审视吗？今天的中国，经历了 20 世纪 80 年代入境旅游的"黄金十年"和 21 世纪前二十年市场化取向的大众旅游初级阶段，迫切需要回答旅游发展"为了谁""依靠谁""做什么"等时代之问。唯有从人民立场出发，努力让人人都能在这块美丽的国土上、在这颗蓝色的星球上尽享属于自己的"诗与远方"，方能建设既有时代价值，也有历史意义的国家旅游发展理论。

旅游演化进程中有理论问题，也有实践课题，还有人文主题，旅游学者和理论工作者既要研究问题，也要关心主义。 20 世纪 80 年代，旅游、酒店、接待等学科建设与实践水乳交融，你中有我，我中有你。学院派的期刊是政府官员、业界经理人的案头书，政府的机关报和协会的内刊也是大学图书馆借阅率很高的参考文献，学者可以到基层和一线对话，官员和经理人可以到院校讲课。那时的旅游教育和学术研究可能没有成熟的理论体系，可是一切都是生机盎然和无限可能的样子啊！当时只道是寻常罢了。90 年代中后期开始，基金立项、学术期刊、同行评议、专业评奖机构在学科体系拥有越来越多的话语权，在现有的学科分层和专业分类的框架中，旅游理论成为旅游理论家的事情，旅游学术成为旅游学者的专属。我们应当，也可以吸纳一切可以吸纳的自然科学、工程科学、社会科学乃至医学、军事学研究方法和工具，但是这并不意味着旅游领域的一切问题都可以纳入科学范式，更不可以用"自然科学原理"去分析所有的旅游活动，并试图重构一个"旅游理想国"。必须直面的事实是，这一观念普遍影响了旅游学科的主流平台、权威机构和一线学者，并波及研究生培养和本科生教育。几乎所有从事旅游研究的学者，包括具有人文学科背景和接受过社会科学训练的学者，也在基本治学方法上严守逻辑实证论的门庭，认为凡是在经验上不能验证、实验上不能重复、期刊中不能发表的问题，都是没有意义的，也是无法讨论的。按照这一思路，与文化和旅游融合发展密切相关的若干思想性话题就无法深入讨论，打通行政、市场和学术各界的共识就无法得到真正的构建，学术共同体的理论成果也无法转换为推动旅游业高质量发展的精神力量。须知，没有实践的思想，就没有思想的实践；没有理论指导的实践是盲目的实践，而没有经过实践检验的理论则是空洞的、悬置的理论。在建设国家旅游发展理论的过程中，我们需要再别康桥，寻一支思想的长篙，向知行合一的历史最深处漫溯，满载一船知识的星辉，在星辉斑斓的旅游产业里放歌。

高校应当，也可以成为国家旅游发展理论建设、创新和传播的主阵地，着力引导学生对旅游产业的认同感和责任心。实践性很强的旅游管理学科，应循国际惯例而构建新型产教合作关系，为现代旅游业培养用得上、留得下的产业后备军，也为旅游发展理论构建理论与实践的互动界面。如果任由学术研究、人才培养与产业需求渐行渐远，理论建设就会成为小圈子里的自说自话，就算有些影响，也不过是"茶杯里的风暴"而已。一千余所旅游院校，每年培养的旅游管理、酒店管理、会展管理的毕业生数以十万计，为什么很少在旅游领域就业？甚至每次有关旅游管理招生就业的讨论，除了吐槽，还是吐槽？高质量专业教育的缺失是主要原因。从幼儿园卷到高三，对社会基本无感的十八岁娃娃，刚进了大学校园，就加上"未来产业领袖"的光环，好吗？学完教学计划规定的课程，文献阅读、概念推演和论文写作的确得到了很好的训练，但是对产业的实感几乎为零。再一番放羊式的实习下来，就是被现实摁在地上摩擦的感觉，除了考公、考编、考研，心甘情愿地进入旅游业而倾尽才情与努力者，能有几人？无论是专业思政，还是课程思政，都应该告诉学生一个真实的旅游业，培养学生快乐工作和幸福生活的阳光心态。正是从这个意义上讲，先培养今天的快乐学生，再谈明天的产业领袖。

新时代新征程，应努力培养国家需要、行业认可的旅游人才

一、新时代的旅游人才必须是国家需要、时代呼唤的，也应当为行业所认可

旅游人才必须是国家需要的和时代呼唤的。从历史上看，任何一个时代的进步，都离不开善于思考并勇于作为的国士，比如提出"仓廪实而知礼节，衣食足而知荣辱"的管仲、变法强国的商鞅和王安石、"鞠躬尽瘁，死而后已"的诸葛亮，以及1840年以来科学救国、实业救国、教育救国的仁人志士。任何一个产业的成长和进步，都需要变革创新的企业家，比如张瑞敏、任正非、曹德旺等。任何一个学科的繁荣和进步，都需要一批富有创新精神、历史意识和专业能力的思想者和理论家，如孙冶方、陈准等经济学

家和"两弹一星"功勋。他们都是国家的栋梁之材，也是时代发展的推动者。

旅游人才固然有其专业性，但是不能因此而过于强调学科背景和工作岗位的特殊性。所有愿意为了人民的旅游权利、为了旅游业的高质量发展而奋斗者，都是时代呼唤、国家需要的旅游人才。《中国旅游人才发展报告（1949—2021）》有个"两个多数"的研究结论：近年来高校培养的旅游管理和酒店管理毕业生大多数都去了旅游以外的领域就业，旅游企业的高级管理人员特别是创业创新人才则大多数来自其他专业，比如携程、去哪儿、马蜂窝、七天、途家的创始人多有计算机学科或者商科的背景。仔细想想，也没有什么值得惊异的。在市场经济条件下，人才流动是由价格决定的，价格的背后是供求关系。从国际酒店集团前100名的高管团队的专业背景来看，也是商科居多，其中酒店管理名校毕业生占了三成，与国内相比，已经很高了。从旅游行政部门的管理者或者公务员的专业背景来看，所谓科班出身者就更少了。随着就业观念的变化，自由职业和灵活就业越来越成为包括旅游管理在内的高校毕业生的新选择，包括网络主播、自媒体人员、文案写手、快递员、外卖员、群众演员，灵活就业者已经达到2亿人。

旅游人才必须是服务行业，也为行业所认可的。旅游人才的内涵是不断丰富的，外延是动态演化的。能够戴个帽子当然好，那是体制或者同行的认可，假如戴不了帽子，但是行业认可了，也一样是人才，将来历史会记住的。盛世王朝需要开拓雄图大业的君王，需要开疆拓土的将帅和保境安民的官员，也需要伟大的科学家、思想家和文学家。① 无论是理念，还是实践，都不能简单地把旅游人才与学历和职称挂钩，更不能只将博士、教授当作人才，那些从市场中拼杀出来的企业家，为旅游业创造价值的管理人员、服务人员和技术人员就不是人才？没有这个道理嘛！旅游强国、中国服务业和旅游业高质量发展，都离不开企业家、经理人、专业技术人员和基层一线的大国工匠。现在的问题是，教育、科技、文化和旅游部门搭建了很多平台，培养了大批学术名家，可是除了圈子里的热闹，又回应了多少旅游产业实践重点、难点和热点问题，并获得了行业的真正认可呢？如果高端人才一直在"基金申请和论文发表"中打转转，出了再多影响因子高的论文又如何？也许是时候对奉若神明的"影响因子"认真审视了：我们每年发表的论文和文章可谓是汗牛充栋，可是到底影响了谁？这是一个问题。

旅游人才还应当是自我驱动的，坐言起行并切实引领产业创新发展的。创造性人才的成长看上去具有相当大的偶然性，但无不是理想牵引和价值驱动的天选之才。正如爱因斯坦所观察到的那样：几乎所有与人的本性有关的基础工作都是由非专业的物理学家

---

① 电影《妖猫传》有句台词，是杨贵妃看完"云想衣裳花想容"应制诗后说的，"李白，大唐有你，才真的了不起"。

做的，他们仅仅把物理学看成自己的一大爱好而不是生活的全部，比如多才多艺的苏格兰人布莱克、德国医生迈耶、美国冒险家伦福德，还有英国酿酒师焦耳，他在工作之余做了有关能量守恒的几个最重要的实验。① 但是放在一个更大的时空看，似乎又是必然，全社会对科学的尊重、对异己的包容，天才学者的自我驱动，都是不可或缺的要素。戴帽子的大师、名师或许可以培养，但是那些开山立派的宗师又哪里是培养出来的啊！多数人是因为看见而相信，但是对于战略领军人才和历史托命之人而言，他们是因为相信而看见。他们如同盗火的普罗米修斯，如同填海的精卫，如同逐日的夸父，倒下也是一片泽被后人的森林。

二、新时代的旅游人才需要专业培养，更需要实践锻炼，以及竞争与淘汰

高等教育和职业教育是旅游人才培育的主渠道，需要规模化的制式教育，也需要年轻人的自我修养。 古代中国并没有近代意义上的科学，特别是基于实验室的科学体系，为什么也能出那么多的数学家、天文学家和工程师，创造璀璨的科技文明？虽然有这么多人才，工业革命为什么却没有发源于中国？在众多的"李约瑟之谜"的解答中，我认同林毅夫教授的观点：在以经验为基础的技术发明过程中，人口规模是技术发明率的主要决定因素。中国在现代时期落后于西方世界，是因为中国没有及时从以经验为基础的发明方式，转换到基于科学和实验的创新上来。同时期的欧洲，至少经由18世纪的科学革命已经成功地实现了这种转变。② 现代科学的进步，进而生产力的进步和市场主体的商业创新，越来越依赖科学家严谨的科学方法、理论验证和生产实践。严谨科学方法的显著特征就是把有关自然的假说和积累的经验"数学化"，并与严谨的实验检验相结合。③ 旅游人才的培养更离不开以高等教育、职业教育为代表的国民教育体系和相应的科技支撑平台，包括初等、中等和高等职业教育，也包括学士、硕士和博士学位教育，以及实体化的理论和科学研究机构、博士后科研流动站和工作站、国家重点实验室等支撑平台。

如果将人才看作是人口基数的函数，那么拥有2850万直接就业人员的旅游业，不用高等教育、科学研究和系统性的职业发展计划，也会有百分之一的人成为各方面的领军人物和行业骨干，哪怕是千分之一，也是很可观的数字。这么想对不对呢？当然是不对的。我们可以举出无数的例证说"刘项原来不读书"，或者历史上的不少状元终其一

---

① 爱因斯坦, 英费尔德. 物理学的进化[M]. 张卜天, 译. 北京: 商务印书馆, 2019: 41.
② 林毅夫. 制度、技术与中国农业发展[M]. 上海: 上海三联书店, 上海人民出版社, 1994: 257.
③ Needham, 1969, 转引自林毅夫. 制度、技术与中国农业发展[M]. 上海: 上海三联书店, 上海人民出版社, 1994.

生也是寂寂无闻，也可以列举更多的栋梁之材饱读圣贤之书，或者接受了系统的专业训练。同志们多是从事教育、科研和管理工作，或者将来要从事教育、科研和管理工作的，在看到问题并努力改进的同时，更要有教育自信和科学自信。那些以小概率案例得出"博士有啥了不起，不读书也照样成才"的结论，要么是柠檬精附体，要么是无知无畏，或者说是一种轻佻的姿态。

在我的心目中，理想的人才培养空间是一座空气中氤氲着咖啡香的图书馆、一个绿茵茵的大操场，加一群白发先生和白衣少年。不论是本科生还是博士生，都要尽可能多地在图书馆停留些时光。不能只读教科书和期刊论文，要多读些经济学、管理学、文学、历史学、哲学、自然科学方面的经典著作。不能只在手机上刷短视频，要多看《人民日报》《光明日报》《经济日报》《经济研究》，才能了解天下事。基础厚实了，眼界开阔了，知道自己将来要成为什么样的人，要为谁服务，浑身就有使不完的力气，用不尽的才华。唯有响应国家需要、时代呼唤和行业需求，才能够经得起旅游者的评价和从业者的审视，并为历史所记忆。

只有经过产业实践和市场竞争而胜出的旅游人才，方能不负时代不负旅游，名至而实归。人才培养的主阵地在综合性大学和职业院校，但景区、度假区、国家公园、酒店、民宿、旅行社和在线旅游平台更是值得关注的社会大学和实践课堂。为落实"三定"规定的高层次新型人才培养任务，中国旅游研究院（文化和旅游部数据中心）持续推进产学研结合的学术共同体建设，通过博士后工作站、重点实验室、专题研修班、会议论坛、行业咨询和专题授课，培养出将教员作为自己终身职业的人才。我们将结合亚太经济合作组织（APEC）的专题资助项目，在峨眉山风景名胜区设立"数字化旅游人才培养基地"，通过实践教学培养行业所需的专门人才。对于真正的人才来说，不能总幻想着戴着学位帽子走出校园，等别人把舞台搭好，观众组织好，自己再范儿十足地出场。没那么回事！绝大多数人，绝大多数时间，在绝大多数地方，都是配角或者群众演员，而不是角儿。要想成角儿，就要在实践中摔打，就要与同龄人竞争，与自己较劲。这么多年来，每当自己被问及"为什么几十年如一日地熬夜，身体还这么好？"，都不知道怎么回答是好，因为真实的答案有些残酷吧——身体不好的人早就被淘汰了。就像热带雨林，地球上最适合植物生长的地方，也是空间竞争最激烈的地方，"高耸入云的巨树高达40米，粗大的树枝四处伸展着抢夺阳光"①。自然界的生物和社会中的人一样，不经过脱胎换骨的蜕变，就不可能有枝繁叶茂的华盖。

旅游业真正需要的人才得有理想，更得有化理想为现实的行动力。人才培养的方式应当是多种多样的，学校教育、家庭教育、社会教育和实践培养，总之需要全身心投入的学习，而不仅仅是大脑的训练。为什么说穷人的孩子早当家？从小就得开始学着煮饭、烧菜、洗衣、照看弟弟妹妹，抓紧一切可能的时光看书学习，没有那么多的工夫去想那么多为什么。反观我们培养出的旅游人才，多是立志读万卷书，做大学问，奔着立功、立言、立德去的。事实上，真正能够成名成家者又有几人，绝大多数还不是活成了柴米油盐和家长里短？这没什么，只要我们尽力了，以所学所思所行助力旅游业品质提升和现代化转型，都是当代中国所需要的旅游人才。人尽其才，则天下皆才。

旅游领军人才需要宽松的环境和包容的心态。中国科学院院士、北京大学副校长张平文说，"北大数学科学学院的天才不是培养出来的，而是保护出来的"。清华大学强调"要为杰出人才营造一个好的环境，让他们在这个环境中自主学习和研究"。②如果把杂草、杂树和杂质都去除了，只剩下横平竖直的人工林，哪怕我们再努力，收获的也可能只是平庸。一种想把什么都安排得妥妥帖帖的父系思维，只能导致什么都要等待安排的婴儿思维。在一个演化的自然科学体系中，提出一个问题往往要比解决一个问题更重要。解决问题也许只是数学演算或者反复实验的事情。而提出新的问题，新的可能性，从新的角度看旧的问题，却需要创造性的想象力，标志着科学的真进步。③从这个意义上说，自然科学、工程技术领域的开创者，社会科学和人文学科的"历史托命之人"，经济学和工商管理等领域的"颠覆性创新"或者"破坏性创造"，都需要自由思想和思想自由的包容，才可能让每个人在任何可能的方向自由地探索，进而提升整个社会人才与人力资源的比率。

说到包容与宽容，我想起在挪威国立美术馆看名画《呐喊》的感受来。伟大的作品是由伟大的艺术家创作的，问题是峡湾城市奥斯陆可以容纳一个抑郁症患者或者精神病

---

① 爱登堡.我们星球的生命[M].林华，译.北京：中信出版集团，2021：78.之所以阅读这本看上去与旅游研究很远的非学术著作，是因为自己对科普著作和传记作品的偏好，也是因为文化自信不能走向自我封闭，而是要以更加开放的心胸欣赏和接纳人类文明的一切先进成果。本书第6页的一段话也让我印象深刻："只有当无数有机个体最充分地利用每一种资源、每个机会的时候，只有当千百万物种的生命相互关联、彼此维持的时候，我们的星球才能有效运行。"

② 赵婀娜，吴月.强基础研究育拔尖人才[N].人民日报，2022-03-18（11）.

③ 爱因斯坦，英费尔德.物理学的进化[M].张卜天，译.北京：商务印书馆，2019：72.在广泛的阅读和求学经历中，自然科学、工程技术和社会科学之间的互通互鉴是常有的事，多数情况下，其有效性仅限于哲学或者原理层面。一旦走向仿生学意义的操作，则需要经过科学和伦理的双重考验，比如达尔文的进化论已经成为人类知识图谱的重要组成，但是社会达尔文主义则很难通过"人是目的而不是手段"的拷问。

人蒙克，就像荷兰和法国可以包容凡·高和高更那样。从这个意义上讲，艺术创作的高度取决于观众的数量和质量，或者更直接地说是市场的厚度。现实呢？我们可能很难容下那些各方面都比自己优秀的人。忌妒是人的天性，也许大家中间的最优秀者可以没有忌妒心，但是平凡如我辈者倒是常有的。问题是如何把忌妒心化作前行和超越的动力，而不是拉高踩低、远交近攻的破坏力。这需要每个人加强自我修养，也需要大环境的制度保障和小环境的机制保护。

三、新时代的旅游人才要到地方基层，到产业一线，到祖国最需要的地方去

旅游管理是实践性很强的学科，旅游人才应当是行动研究的倡导者和践行者。 生活丰富多彩，经济有那么多产业，社会有那么多事业，旅游只是其中小小的组成部分。不是为了发论文和评职称，而是为了让这个世界一天天变得更美好，这才是人才该有的样子。19岁就参与"曼哈顿工程"的核物理学家，和丈夫阳早一起将自己的一生献给中国奶牛养殖事业的农业科学家寒春，写下这样的句子：世界上的事，只要下定决心并用心去做，一定会变得有意思，并成为你的专业，我觉得我不属于任何一个专业，我做的任何事情都是我的专业。我的老家蚌埠位于淮河岸边，是一座中等发达城市，而不是典型的旅游城市。在研究蚌埠"十四五"旅游业高质量发展规划时，我反复强调要着眼于300多万城乡居民的文化需求和休闲消费，建设公共文化项目和休闲基础设施，培育当地的旅游市场主体和创业创新者。当地的禾泉山庄和卫食园两个项目之所以给人留下了深刻印象，是因为其带头人和入选"旅游思想者"[①]的企业家一样，都是知行合一的专业人才。

到旅游产业第一线去，广阔天地，大有作为。 历史已经证明并将继续证明，只有经过基层的历练和实践的磨炼，才会有专业的尊严和学者的独立性。每年数以万计的旅游管理毕业生，不能总沿着"本科—硕士—博士—发表—基金—教授—博导—大师"这条路子无休止地走下去，也不能总想着从官员那里分些权力，从老板那里打些秋风，以便在同行面前做出高人一等的模样来。不能再内卷了，走出书斋和实验室，外面的天地很是广阔，除了写论文、评职称、做课题，我们还有很多工作可以做。2022年，浙江在全省范围内开展艺术家驻村制度，对于乡村振兴和人才成长都是十分有益的。这么多高

---

① "旅游思想者"由中国旅游研究院创设于2015年4月，在中国旅游科学年会或旅游管理博士后论坛定期发布。该奖项旨在致敬旅游领域知行合一的创业创新者，感谢他们以前瞻思想、卓越才情和不懈努力，持续提升游客、员工和居民的获得感，提升中国在世界旅游业的影响力。首位"旅游思想者"颁于梁建章博士和携程旅行网联合创始团队。

校和科研机构，能不能推出专业志愿者制度？我看是必要的，也是可行的。

到旅游教育第一线去，言高为师，身正为范。1985—1995十年间，一大批优秀的初中毕业生报考了中等师范学校，学成后充实到县乡中小学的教学第一线。现在看来，他们中的大多数并不比升入高中再上大学的同龄人生活得更好，但他们是一个时代的师资典范，是今天各行各业骨干人才的托举者。① 现在越来越多的旅游院校之所以有名，是因为教员有名而不是毕业生有名，而教员之所以有名，是因为论文发得多而不是教书教得好。这不正常啊！

我们发布过旅游业急需人才的调研报告，其中就有"双师型人才"。不仅旅游教育，旅游科研和产业实践领域都需要类似的复合型人才。复合型人才不是要艺术家、科学家变成企业家或者反之，而是不同领域、不同层级的人才，在旅游需求的牵引下聚集到同一个时空，面向旅游市场，面向基层一线，形成人才复合体。中国旅游研究院出站的一名博士后，"双一流"高校的旅游管理博士，放弃去几所院校和旅游集团的机会，而决定要去南方的某职业院校任教，让我感到由衷的高兴：你们知道了什么是自己真正想要的，你们走向旅游教学第一线的身影，传道授业解惑的样子，真的很美啊！

到旅游科研的第一线去，建设以人民为中心的当代旅游发展理论。在学位论文开题或者基金申请时，青年学者经常被要求回答理论价值或者说科学问题是什么。结论往往是从文献特别是本领域的知名期刊和知名学者的论著中获得的。我从不反对研究生和青年学者在文献综述上下功夫，相反，这是科班训练的基本功，也是理论著述而非观点表达的分水岭。问题是我们现在只停留在理论对话这个层面，进一步地，只与知名学者发表在期刊上的论文对话。事实上，好的理论是看它对世界的解释力，更好的理论是看对实践的指导性，知行合一的行动研究才能出大成果。现在有些社会科学的文献从现行的评价指标上看很厉害的样子，其实不过是茶杯里的风暴，贡献其实很有限。希望当代旅游学者，也是未来中国旅游发展理论和生产实践、管理实践的领军人才，既要与理论对话，也要与实践对话，通过与本土的实践对话更能够产出原创理论和伟大思想。不要把"学"与"术"分得那么开，尤其不能有"君子不器"的自我精英化。马克思主义理论及其中国化的代表，都是如此，既与现有的理论（广义，不只是学术意义上的理论）对

---

① 我还想致敬乡村教师之外的另一个群体——赤脚医生，他们是活跃于20世纪六七十年代农村的半农半医的基层卫生人员。1965年，毛泽东同志在同身边医务人员谈话时提出："把医疗卫生工作的重点放到农村去。"作为一种制度安排，以王桂珍为代表的成千上万的赤脚医生真正使我国的卫生防疫体系深入到农村，用最经济、最实用的方式解决了农村缺医少药的燃眉之急，使科学的医疗方法开始进入数亿农民和千万自然村落。世界银行和联合国称"赤脚医生的出现是中国第一次卫生革命"。这样的群体还有很多很多，比如乌兰牧骑、大庆油田、铁道兵部队的工程技术人员等，都是旅游人才应当致敬和看齐的。

话，更与丰富多彩的生产和生活实践对话。

很多高校将公开发表C刊论文作为博士论文答辩或者是博士后出站的前置条件，虽然我对此一直就不认同，这相当于把学位授予权变相让渡给了期刊审稿人或者责任编辑，但是也不得不承认这是现阶段必须接受的规则。既然是发表导向，青年学者就必须也只能按学校要求的八股文来写，但是心里要清楚：思想高于理论，理论高于学术。要谨防年纪轻轻的，正是理论创造力最为活跃的时候，即锁进了《肖申克的救赎》揭示的"体制化"：这些围墙很奇怪，刚来的时候，你会恨它，慢慢你就会习惯它，日子久了，你会发现你离不开它，那就是被体制化了。哪怕多年以后自由了，却因为无法适应高墙外的自由而郁郁离世，因为没有人告诉他不可以做什么，也不会有人指引他应该做什么。尽管这是我一刷再刷的经典，每次看到这一段时我还是不由自主地落泪而忧郁起来：这么年轻的面孔，连真正的自由都没有尝试过，就老去了。更令人不安的是，这么多的院长校长和导师，不管看到了还是没有看到这一点，都不得不像电影《狗十三》里的父亲那样，一边流着痛苦的泪水，一边将女儿强行纳入到自己也不认同的规范之中。

到国际交流的第一线去，讲好新时代的中国故事，分享当代中国的旅游经验。告诉世界一个小康社会的旅游梦想照进现实、人民旅游权利日渐彰显的中国，"旧时王谢堂前燕，飞入寻常百姓家"的中国。告诉世界一个旅游企业数字化转型、旅游产业高质量发展的中国，"无边落木萧萧下，不尽长江滚滚来"的中国。告诉世界一个政府统筹疫情防控和企业纾困扶持的中国，"周公吐哺，天下归心"的中国。告诉世界一个习近平生态文明思想指导旅游业和旅游可持续发展的中国，"绿水青山就是金山银山，冰天雪地也是金山银山"的中国。还要告诉世界一个旅游教育繁荣、旅游学术创新和旅游思想进步的中国，"有些鸟儿是注定不会被关在牢笼里的，它们的每一片羽毛都闪耀着自由的光辉"的中国。

前言
PREFACE

党的二十大报告指出:"坚持以文塑旅、以旅彰文,推进文化和旅游深度融合发展。"文化和旅游融合,既有历史根源,也是现实所需,更是未来趋向。文化和旅游融合,既是一个理论问题,也是一个实践课题。位于国家历史文化名城湖南省永州市的湖南科技学院,植根地方悠久厚重的历史文化土壤,观照地方蓬勃发展的文旅产业实践,深入开展文旅融合理论研究,不断创新文旅融合人才培养机制,努力服务文旅融合产业发展,着力打造旅游管理、文化产业管理、航空服务艺术与管理等文化和旅游类专业群,取得了显著成效。

习近平总书记在全国教育大会上强调,要提升教育服务经济社会发展能力,着重培养创新型、复合型、应用型人才。作为地方应用型本科院校,如何通过学科、课程、教材建设,完善人才培养体系、创新人才培养模式、提高人才培养质量,如何贯彻落实立德树人根本任务,紧密结合党和国家大政方针,培养一代又一代德智体美劳全面发展的社会主义建设者和接班人,培养一代又一代在社会主义现代化建设中可堪大用、能担重任的栋梁之材,如何通过人才培养、学科建设、专业发展、科学研究、社会服务、文化传承创新积极服务党和国家战略,加快构建中国特色哲学社会科学体系,努力推动经济社会高质量发展,这些仍是需要努力破解的重要理论和现实问题。

在文旅融合的大背景下,文化和旅游类学科成为典型的交叉学科。文化和旅游的理论创新和实践发展为学科专业注入了新的动力。为进一步推进新形势下文旅融合理论创新和实践发展,加强新文科背景下文化和旅游类专业建设和学科建设,助力培养堪当重任的社会主义时代新人,我们组织编写了"新时代文化和旅游融合发展研究丛书·应用型本科院校文化旅游专业丛书",涉及文旅融合、旅游文化、乡村振兴、乡村旅游、美丽乡村、农旅融合、文化创意、资源普查、研学旅游、会展旅游、航空服务、学科前沿、专业英语、地方文化以及学科竞赛、调研论文和实践报告等方面。丛书除支撑国家和省级一流本科专业建设、一流本科课程建设，助力相关专业教学、教研教改、实训操练、专业认证、新文科建设和人才培养外，还支撑相关应用特色学科和科研平台建设。丛书既突出理论性、学术性和战略性，又紧扣时代主题、实践前沿和产业动态。在贯彻党的路线、方针、政策和国家有关法律、法规的基础上，丛书融入课程思政元素，符合学科发展理论前沿和时代特征。丛书内容新颖生动、案例多样、可读性强，具备较强的理论性、学术性、时代性、实用性、可读性和可操作性。

本丛书得到湖南省普通高等学校"十三五"专业综合改革试点项目"旅游管理"、湖南省一流本科专业建设点"旅游管理"、湖南省"十四五"双一流建设应用特色学科"马克思主义理论"和"中国语言文学"、湖南省一流本科课程"永州旅游文化"和"茶艺与茶道"、国家级一流本科专业建设点"英语"和"日语"、湖南省中国特色社会主义理论体系研究中心湖南科技学院基地、湖南省当代中国马克思主义研究中心湖南科技学院基地、湖南省普通高等学校哲学社会科学重点研究基地"乡村振兴与区域经济发展研究中心""南岭走廊与潇湘文化研究基地""永州地域文化与文化自信研究基地""湘粤优势特色产业协同发展研究基地""思想教育与道德文化研究基地"、湖南省社科研究基地"湖湘文化对外交流传播研究基地""湖南省舜文化研究基地""湖南省濂溪学研究基地""湖南省李达与马克思主义'三化'研究基地"、湘粤社科智库联盟等平台和项目资助。

编者
2023 年 12 月

目录
CONTENTS

序篇 大美永州——丰富的旅游资源

一、永州概况 ······ 3
二、地理位置 ······ 7
三、旅游资源 ······ 7

第一篇 绿水青山

第一章 千古潇湘 ······ 15
  一、"潇湘"溯源 ······ 15
  二、"三湘"辨异 ······ 18
  三、"诗情"潇湘 ······ 24

第二章 百里平湖 ······ 36
  一、潇湘平湖风光带 ······ 36
  二、潇水湿地风景线 ······ 45
  三、湘水紫溪风景圈 ······ 49

第三章 文化三溪 ······ 51
  一、祁阳浯溪读元结 ······ 51
  二、零陵愚溪怀柳子 ······ 58

三、道州濂溪吊周子 ………………………………………………… 65

第四章　胜地名山 …………………………………………………………… 71
　　一、万山朝九嶷 …………………………………………………………… 71
　　二、和美阳明山 …………………………………………………………… 76
　　三、清凉舜皇山 …………………………………………………………… 81

第二篇　古韵寻踪

第五章　万年古道 …………………………………………………………… 89
　　一、人类迁移通道 ………………………………………………………… 89
　　二、舜帝南巡之路 ………………………………………………………… 94
　　三、湘桂古道风情 ………………………………………………………… 98

第六章　千年古城 ………………………………………………………… 107
　　一、秦汉古郡 …………………………………………………………… 108
　　二、古街访古 …………………………………………………………… 112
　　三、古城览胜 …………………………………………………………… 115

第七章　古村遗韵 ………………………………………………………… 129
　　一、追忆乡愁看古村 …………………………………………………… 129
　　二、耕读传家家业旺 …………………………………………………… 135
　　三、物换星移情不移 …………………………………………………… 143

第三篇　文化体验

第八章　寻根祭祖之旅 …………………………………………………… 155
　　一、"千古第一帝陵" …………………………………………………… 155
　　二、舜帝陵庙的变迁 …………………………………………………… 160
　　三、祭祀舜帝的历史 …………………………………………………… 166
　　四、现代祭舜活动 ……………………………………………………… 169

第九章　瑶乡风情之旅　174
　　一、瑶族文化圈　174
　　二、圣地千家峒　179
　　三、怀古盘王节　182
　　四、瑶乡风俗情　186

第十章　石刻书艺之旅　194
　　一、摩崖石刻"称第一"　194
　　二、古今闻名"七国宝"　198
　　三、"千古草圣"怀素　204
　　四、"书联圣手"何绍基　209

第十一章　艺术武术之旅　216
　　一、祁阳祁剧　216
　　二、零陵花鼓　222
　　三、祁阳小调　224
　　四、东安武术　228

第十二章　女书习俗之旅　233
　　一、女书来源　233
　　二、女书形体　236
　　三、女书习俗　240
　　四、女书传承　245

结语　旅游胜地——多彩的旅游线路

　　一、串珠成线　255
　　二、综合成片　257
　　三、辐射周边　260

后　记　263

序篇 大美永州——丰富的旅游资源

永州古称零陵，隋代始称永州，别称"竹城"；因有潇水、湘江汇合，故雅称"潇湘"。永州的山川秀美，北宋诗人欧阳修曾为永州写真"画图曾识零陵郡，今日方知画不如"；南宋诗人陆游曾为永州题赞"挥毫当得江山助，不到潇湘岂有诗"；唐代著名文学家柳宗元更是被永州的山水所陶醉，不仅写出了千古绝唱《永州八记》，更是痴迷于"春风无限潇湘意"。永州的山，让众山"倾倒"，形成"万山朝九疑"的奇观；永州的水，清莹秀澈，令人留恋，以至于欧阳修要"欲买愚溪三亩地，手拈茅栋竟移居"。永州的历史悠久，十万年前现代智人就曾居住在道县福岩洞，一万年前玉蟾岩人就开始在这里种植水稻，四千年前舜帝南巡其足迹踏遍永州的山山水水；永州的文化底蕴更是深厚，有舜文化、柳文化、濂溪文化、瑶族文化、石刻文化，还有世界上独一无二的女书文化。大美永州，耐人寻味，令人迷醉，活力无限，魅力无限。

一、永州概况

永州市位于湖南省西南部，湘江经西向东穿越零祁盆地（永祁盆地），潇水由南至北纵贯全境；两水交汇于永州市区。南北相距最长 245 公里，东西相间最宽 144 公里。地区户籍人口 580 万人（2011 年），常住人口 5 180 235 人（2010 第六次人口普查数据）。永州市辖区面积 3200 平方公里，市辖区户籍人口 110 多万人（2012 年），市辖区城市人口 40 多万。永州市区坐落在潇湘二水汇流处，整个市区分为零陵和冷水滩两个城区，两城区相距 15 公里，由湘江和零陵大道（永州大道）将两城区连接在一起，呈哑铃形框架，构成"潇湘第一城"独特的城市风貌。

永州古称零陵郡，因舜帝南巡崩葬于宁远九嶷山而得名。隋初设置永州总管府。从此，永州、零陵一地两名。1995 年 11 月，经国务院批准，撤销零陵地区，设立地级永州市。

永州自古便是华中、华东地区通往广东、广西、海南及西南地区的交通要塞，也是湖南对外开放的重要门户。"距水陆之冲，当楚粤之要，遥控百蛮，横连五岭，梅庾绵亘于其前，衡岳镇临于其后"，镇东北可入中原腹地，控西南扼广西边陲之咽喉，据东南握广东海滨之通道，故为历代兵家必争之地。永州市区（零冷城区）到广东广州仅 500 多公里，南六县距广州仅 400 多公里，是"沿海的内地，内地的前沿"。

永州市位于湖南省南部三面环山、向东北开口的马蹄形盆地的南缘。境内地貌复杂多样，河川溪涧纵横交错，山岗盆地相间分布。山地面积大，主要山脉有越城岭－四明山系、都庞岭－阳明山系和萌渚岭－九嶷山系。这三个山系将永州分隔成南北两大相对独立的部分。在三大山系及其支脉的围夹下，构成零祁盆地、道江盆地两个半封闭型的山间盆地。

位于北部的零祁盆地，面积达855.4万亩，盆地内地势低平开阔，耕地连片延伸；盆地周围由北面的四明山、西北的越城岭、南面的紫金山、东南面的阳明山相环绕，东北向衡阳盆地敞口。南部道江盆地，面积1024.27万亩，盆地内丘岗起伏，耕地连片；盆地东面向郴州、永兴盆地开口，西南成狭长谷地向江永、江华南部延伸，形成串通湖广的交通走廊；盆地外周由北面的阳明山、西北的紫金山、西面的都庞岭、南面的萌渚岭－九嶷山围隔而成。

永州西南高，东北及中部低，地表切割强烈，以三大山系为脊线，呈环带状、阶梯式向两大盆地中心倾降。从中国地形看，永州位于由西向东倾降的第二阶梯与第三阶梯的交界地带，是南岭山地向洞庭湖平原过渡的初始阶段。西北、西、西南三大山系，山体巍峨蜿蜒，山峰高达千米以上。都庞岭的峰顶韭菜岭，海拔2009.3米，是境内最高点。东北及中部，丘岗星罗棋布，谷盆相嵌，海拔一般在300米以下。湘江河谷祁阳唐家岭的九洲，海拔63米，是境内最低点。全域相对高差1946.3米，切割深一般为300米，最深达1000米。

永州市地貌类型复杂，以丘岗山地为主。在历次构造运动、岩浆侵入以及地表水的长期风化剥蚀下，永州形成了以山丘地为主体，丘、岗、平俱全的复杂多样的地貌类型。全域的中山、中低山、低山总面积达11 044.53平方公里，丘陵3242平方公里，岗地3979平方公里，平原3191平方公里，水面880平方公里。复杂的地貌，恰好为旅游提供了丰富多样的资源。

永州市共有大小河流733条，总长10 515公里。境内河流受地形地貌及构造断裂带的控制，大都呈由南向北或自西向东的走向，并分为三个水系：一是湘江水系，包括境内主要河流；二是珠江水系，主要是江永桃川、江华河路口一带及蓝山的一部分小河，流域面积为77.8平方公里；三是资江水系，有东安南桥、大盛部分地方的小河属之，流域面积101.3平方公里。永州主要河流有湘江、潇水、宁远河、泠江、白水、祁水、春陵水、永明河等。

永州境内的水系主要有以下三个特征。一是河流纵横，呈树枝状分布。绝大多数河流从西北、中部、南部三大山系发源，穿山绕岭，逐级汇流，形成树枝状流域网，汇集于潇湘二水，最后从零祁盆地东北口流出，注入洞庭湖。二是河流水量大，易涨易涸。永州河流总水量占湖南省河流年均总水量的11.1%。其水源主要靠自然降水，因而年内各季的水位变化大：春末夏初的暴雨期，各河流会出现短期洪汛，水位差在5~18米，径流量超过正常值的几倍甚至几十倍；而秋冬枯旱时，河流就会涸浅，有的甚至会断流。三是河床坡降大，谷深流急。南岭山地相对高差大。穿越这里的河流下切，河道窄而切割深，水流湍急，落差集中。河床谷深流急，水能资源蕴藏丰裕，总量达238万千瓦，位居湖南第三，其中可开发量达101万千瓦，待开发利用的达60余万千瓦。

现有土地面积3364.25万亩，占全省总面积的10.5%，位居全省第二。土地类型多样、质量较好。有宜农耕地500万亩，宜林地2100万亩，连片宜牧地158万亩。土地后备资源充足。永州市待开发土地563万亩，宜农荒地是全省数量多、质量好的地区之一。

现已查明的野生动物有1000余种，其中有大量的珍稀动物。被列为国家保护的有31种：属国家一级保护的有华南虎、黄腹角雉；属国家二级保护的有五步蛇、猕猴、穿山甲、金钱豹、麝、红腹角雉、毛冠鹿、水鹿、大鲵（娃娃鱼）、红石猴、灰腹角雉；三级保护的有獐、青羊、苏州羚、金鸡等。已知水产动物有186种，其中鱼类有153种。主要经济鱼类有草、青、鲢、鳙、鲤等20余种；稀有珍贵鱼类有中华鲟、竹鱼等；水产两栖动物有大鲵（娃娃鱼）等16种；水产爬行动物主要有鳖、团鱼、乌龟等；珍贵水产兽类有华东水獭（俗名水貂）。

永州属中亚热带常绿阔叶林区，系湖南省植物资源富集地区。全境共有维管束植物232科、1003属、2712种，占全省的68%，为全国的10%；有乔木树种127科、429属、1542种。其中有栽培价值的58科、253种，有实用推广价值的180种。属国家一级保护的有银杉、水杉、银杏、珙桐、香杉、钟萼木（伯乐树）、苏铁；属国家二级保护的有楠木、冷杉、中华珈、长柄双花木、香树、红豆树、白豆松、黄杉等；属国家三级保护的有杜仲、鹅掌楸、福建柏、华南栲、青钱柳、檫木等27种；属省级保护的有斑竹、方竹、罗汉竹、绒毛皂荚、山羊角树、黄连、党参、天麻等29种。

全市地处中国著名"南岭多金属成矿带"，已探明的矿藏有55种，占全省矿种一半。已知矿床点632处，达到工业矿床的有80处，其中大型5处、中型15处、小型60处。锰、锡、稀土等矿藏储量大，品位高。其中锰保有储量约6800万吨，占全省的34.7%，居全省第二位，产量居全省第一位。江华姑婆岭稀土矿为大型矿藏，储量位居全省第一。

永州地区共有29个民族，少数民族人口37.57万人，居全省第三位。在少数民族人口中，瑶族35.61万人，壮族1.48万人，其他少数民族4800多人。

永州地区居民有宗教信仰者50多万。信仰的宗教主要是佛教、道教、伊斯兰教、天主教、基督教新教，其中佛教、道教和伊斯兰教对永州的历史、文化、艺术产生过较大的影响。永州地区现有宗教活动场所100多处。

永州市区方言为零陵话（也叫永州话），因古零陵县得名，今主要分布于永州市区（零陵区和冷水滩区）及双牌县的北部，以零陵城区为中心，使用人口120万左右，属于汉语方言－北方语－西南官话－零陵话（永州话）。另外，永州地区汉语方言还有以白牙市镇为中心的东安话，以浯溪镇为中心的祁阳话，以道江镇为中心的道州话，以舜陵镇为中心的宁远蓝山新田话，以沱江镇为中心的江华江永话。

永州地区特产主要有永州血鸭、东安鸡、永州喝螺、油茶、永州水晶巷酱板鸭、江永"三香"（香米、香柚、香芋）、江华苦茶、道县红瓜子、道州灰鹅、蓝山黑糊酒、金橘等。

永州有零陵机场，建在永州市岚角山镇，机场距零陵城区最北端（虎啸花坛）、冷水滩城区最南端（九嶷山职院）均为7公里。现已开通至长沙、广州、昆明、北京、西安、成都、海口、三亚等20个城市的航班。但大多数航班需要在长沙转机。

永州地区境内共有两条铁路：洛湛铁路（洛阳—湛江）、湘桂铁路（衡阳—凭祥），分别连接永州南北和东西的交通，并在永州市区（零冷城区）交会。市区设有永州火车站（永州火车西站）、永州火车南站（零陵火车站）、永州火车东站（冷水滩老火车站）。

永州有两条国道：G322国道（衡阳—凭祥）、G207国道（锡林浩特—徐闻）；两条高速公路：G55国家高速公路即二广（二连浩特—广州）高速公路、G72国家高速公路即泉南（泉州—南宁）高速公路；永连（永州—连州）公路，在永州市区（零冷城区）交会。永州市区主要有四个客运汽车站，即：永州汽车北站（永州冷水滩汽车站）、永州汽车南站（永州零陵汽车站）、永州汽车西站（永州凤凰园汽车站）、永州长途汽车总站（永州怀素汽车站）。

水路方面，永州曾经是中国南北交通大动脉的重要枢纽：往南溯湘江而上，经人工运河灵渠下漓江，可与珠江水系沟通，再往南经广西的北流江转南流江，可与北部湾海上丝绸之路沟通；往北顺湘江而下，过洞庭穿长江，溯汉江而上，可与黄河水系沟通。今天的水路，正在稳步推进祁阳、冷水滩、零陵三个千吨级码头项目建设，水运可望再现辉煌。

永州是一本书，其历史文化底蕴非常深厚。据权威专家的最新研究成果表明：永州地区是世界稻作农业之源、中国制陶工业之源、中华文明道德之源。舜帝的开明治国、任人唯贤，柳宗元深刻的民本思想，周敦颐朴素的唯物主义思想和"出淤泥而不染"的高风亮节，"女书"的神秘莫测和瑶族文化的千姿百态，以及道县玉蟾岩文物的出土，永州远古文化的出现，丰富了中华文化的宝库。永州山水，融"奇、绝、险、秀"与美丽传说为一体，汇自然情趣与历史文化于一身。永州柳子庙、永州文庙、永州高山寺、永州"潇湘平湖"、宁远九嶷山-舜帝陵、祁阳浯溪碑林、双牌阳明山、东安舜皇山、江华"瑶城"、江永"女书"、道县周敦颐故里等已成为新的旅游热点。

二、地理位置

永州毗邻粤港澳，湘桂铁路、洛湛铁路、京港澳高速、二广高速等穿境而过，区位交通优势明显，土地、矿产、人力资源丰富，产业基础较好。作为湘南承接产业转移示范区三极之一，永州可依托二广、厦蓉、泉南高速和湘桂铁路、洛湛铁路，加强与珠三角地区经济、旅游、文化等方面的合作，积极开拓珠三角客源市场，打造湘南旅游圈对接珠三角的重要旅游目的地城市。

1. 湖南"南大门"，湘南承接产业转移示范区桥头堡

永州东连郴州，南界广东清远，西接广西桂林与贺州，北邻衡阳、邵阳，地处中南、华南、西南三大经济协作区的接合部，区位条件优越。作为湖南省"南大门"，永州自古便是华中、华东地区通往广东、广西、海南、西南地区的交通要塞，也是湖南对外开放的重要门户，素有"南岭走廊"之称。

2. 水陆空立体交通网络初步形成

永州现已初步形成以"高速铁路、高速公路、航空、河运"为代表的立体交通体系：以衡昆高速、道贺高速、厦蓉高速、二广高速为依托的旅游快速交通环线，实现两小时范围覆盖永州市各区县；洛湛铁路、湘桂铁路在这里交会。湘桂高铁开通运营后，永州到长沙仅110分钟，往桂林一个半小时，至武汉三个半小时；空中航线不断完善，零陵机场现已开通至长沙、北京、广州、深圳、昆明等城市航线，并计划开通永州至上海、永州至海口等多条航线；水运建设不断发展，祁阳、冷水滩、零陵三个千吨级码头项目建设稳步进行，与桂林乃至广西、广东之间的联系日趋紧密。珠三角城市群、长株潭城市群等客源地都在三小时旅游经济圈内，为永州旅游发展拓展了广阔空间。

3. 大湘南人文山水旅游圈，对接大桂林旅游圈的重要枢纽城市

从区域旅游发展格局来看，永州市地处以山水休闲为核心的大湘南风情板块，西邻国际旅游城市桂林，北接南岳旅游区，南连珠三角经济圈，处在"大湘西""大湘南""大桂林"三大旅游圈的接合部，是对接大桂林旅游圈的重要枢纽城市、大湘南重要的旅游集散中心。

三、旅游资源

永州市旅游资源类型丰富，涵盖8个主类、30个亚类、95个基本类型，分别占全部相应类型的 100%、96.77%、61.29%。其中地文景观类有 74 个单体，水域风光类有 50 个单体，生物景观类有 20 个单体，天象与气候景观有 8 个单体，遗址遗迹建筑类有 130 个单体，旅游商品类有 31 个单体，民俗风情及城乡风貌类有 14 个单体。与湖南省内各市州旅游资源种类和数量进行对比分析发现，永州市旅游资源的数量众多，总数居全省第二名。

（一）核心旅游资源

这里主要介绍永州国家级核心旅游资源名录。

1. 国家 AAAA 级旅游区（4 个）

有永州柳宗元文化旅游区、宁远九嶷山舜帝陵景区、祁阳浯溪碑林景区、双牌阳明山旅游区。

2. 国家 AAA 级旅游区（14 个）

祁阳县李家大院、东安舜皇山国家森林公园、宁远县文庙、宁远舜帝庙考古遗址公园、新田县龙家大院、新田谈文溪古村、江华县秦岩景区、江华县瑶族文化园、江永县女书生态博物馆、江永上甘棠古村、江永千家峒国家森林公园、周敦颐故里、蘋洲书院、金洞金沙滩旅游区。

3. 全国重点文物保护单位（34 个）

零陵区：永州柳子庙、永州文庙、永州武庙、涧岩头村周家大院、廻龙塔、朝阳岩石刻、淡岩石刻、许家桥将军府、杉木桥村胡家大院；

冷水滩区：李达故居；

东安县：广利桥、东安树德山庄；

祁阳县：龙溪李家大院、浯溪摩崖石刻；

道县：道县鬼崽岭遗址、濂溪故里古建筑群、道县玉蟾岩遗址；

双牌县：岁圆楼古建筑群；

宁远县：宁远文庙、宁远舂陵侯城遗址、宁远泠道故城遗址、云龙坊与王氏虚堂、久安背翰林祠、舜帝庙遗址、东安头翰林祠、神下李氏宗祠；

新田县：龙家大院；

江永县：允山玉井古窑址、上甘棠村古建筑群、勾蓝瑶寨；

江华瑶族自治县：阳华岩摩崖、湘桂古道（道县、江永、江华段）、宝镜何家大院；

蓝山县：虎溪黄氏宗祠。

4. 国家森林公园（8 个）

九嶷山国家森林公园、阳明山国家森林公园、舜皇山国家森林公园、湘江源国家森林公园、金洞国家森林公园、月岩国家森林公园、千家峒国家森林公园、福音山国家森林公园。

5. 国家级自然保护区（4个）

永州都庞岭国家级自然保护区、阳明山国家级自然保护区、舜皇山国家级自然保护区、九嶷山国家级自然保护区。

6. 国家水利风景区（2个）

阳明山国家水利风景区、潇湘源国家水利风景区。

7. 国家湿地公园（6个）

祁阳浯溪国家湿地公园、双牌日月湖国家湿地公园、江华涔天河国家湿地公园、东安紫水国家湿地公园、金洞猛江河国家湿地公园、宁远九嶷河国家湿地公园。

8. 国家级非物质文化遗产（6个）

女书习俗、瑶族长鼓舞、祁剧、祁阳小调、舜帝祭典、盘王大歌。

9. 中国历史文化名村（8个）

江永县夏层铺镇上甘棠村、零陵区富家桥镇涧岩头村、道县清塘镇楼田村、江永县兰溪瑶族乡兰溪村、蓝山县祠堂圩镇虎溪村、祁阳县潘市镇龙溪村、双牌县理家坪乡坦田村、新田县枧头镇龙家大院村。

10. 中国传统村落（85个）

自2012年至2019年，已经公布了五批"中国传统村落名录"，全国共6419个。其中，永州共有85个入选，各个批次的入选名单分别为：

2012年第一批4个：零陵区富家桥镇涧岩头村、江永县夏层铺镇上甘棠村、祁阳县潘市镇龙溪村、双牌县理家坪乡坦田村；

2013年第二批2个：宁远县禾亭镇小桃源村、新田县金盆圩乡河山岩村；

2014年第三批2个：双牌县五里牌镇塘基上村、江永县兰溪瑶族乡兰溪村；

2016年第四批16个：零陵区大庆坪乡芬香村、祁阳县大忠桥镇蔗塘村、祁阳县肖家村镇九泥村、祁阳县进宝塘镇陈朝村、祁阳县下马渡镇元家庙村、东安县横塘镇横塘村、双牌县江村镇访尧村、道县清塘镇楼田村、道县清塘镇小坪村、道县祥霖铺镇田广洞村、宁远县湾井镇下灌村、蓝山县祠堂圩乡虎溪村、新田县三井乡谈文溪村、江华瑶族自治县东田镇水东村、江华瑶族自治县大圩镇宝镜村、江华瑶族自治县大石桥乡井头湾村；

2019年第五批61个：零陵区水口山镇大皮口村、零陵区邮亭圩镇杉木桥村、零陵区石岩头镇杏木元村、零陵区大庆坪乡田家湾村、零陵区大庆坪乡大庆坪社区、零陵大庆坪乡夫江仔村、祁阳县观音滩镇八尺村、祁阳县大忠桥镇双凤村、祁阳县进宝塘镇枫梓塘村、祁阳县潘市镇董家埠村、祁阳县潘市镇八角岭村、祁阳县潘市镇侧树坪村、祁阳县潘市镇柏家村、祁阳县羊角塘镇泉口村、祁阳县七里桥镇云腾村、双牌县泷泊镇平福头村、双牌县茶林镇大河江村、道县梅花镇修宜村、道县清塘镇达村、道县清塘镇土墙村、道县祥霖铺镇老村、道县祥霖铺镇郎龙村、道县祥霖铺镇达头山村、道县桥头镇庄村、道县桥头镇坦口村、道县桥头镇桥头村、道县乐福堂乡龙村、道县横岭乡菖路村、道县横岭乡横岭村、江永县潇浦镇何家湾村、江永县潇浦镇向光村、江永县上江圩镇河渊村、江永县上江圩镇夏湾村、江永县上江圩镇浦尾村、江永县上江圩镇桐口村、江永县夏层铺镇高家村、江永县夏层铺镇东塘村、江永县桃川镇大地坪村、江永县粗石江镇城下村、江永县松柏瑶族乡黄甲岭社区、江永县松柏瑶族乡松柏社区、江永县兰溪瑶族乡新桥村、江永县兰溪瑶族乡棠下村、江永县源口瑶族乡古调村、江永县源口瑶族乡清溪村、宁远县天堂镇大阳洞村、宁远县湾井镇路亭村、宁远县湾井镇久安背村、宁远县冷水镇骆家村、宁远县太平镇城盘岭村、宁远县禾亭镇琵琶岗村、宁远县中和镇岭头村、宁远县柏家坪镇柏家村、宁远县清水桥镇平田村、宁远县九嶷山瑶族乡西湾村、新田县枧头镇龙家大院村、新田县枧头镇彭梓城村、新田县石羊镇乐大晚村、新田县石羊镇厦源村、新田县金盆镇骆铭孙村、江华瑶族自治县河路口镇牛路社区。

在这85个"中国传统村落名录"中，零陵区有8个，东安县1个，祁阳县14个，双牌县5个，道县15个，宁远县12个，新田县7个，蓝山县1个，江永县18个，江华瑶族自治县4个，只有冷水滩区暂缺。

（二）旅游资源评级概况

从以上核心资源可以看出，永州旅游资源种类丰富齐全，自然山水与人文民俗相得益彰，组合性较好。同时，依照国家标准化管理委员会颁布的《旅游资源分类、调查与评价》（GB/T 18972—2017），采用旅游资源共有因子综合评价系统，得出永州市主要旅游资源单体的等级评价结果如下。

1. 五级资源（≥90分）（11个）

零陵古城、柳宗元文化旅游区、九嶷山、阳明山、千家峒、江永女书、涔天河水库、潇湘平湖、月岩－周敦颐故里、浯溪碑林、宁远文庙。

2. 四级资源（75~89分）（30个）

舜皇山、濂溪故里、江华沱江古城、上甘棠村、金洞金沙滩、江永大泊水瀑布、姑婆山、盘王殿、紫霞岩、南国武当山、廻龙塔、蘋岛、黄江源瀑布群、都庞岭国家森林公园、三分石、白米下锅瀑布、紫良温泉、秦岩、玉琯岩、李家大院、异蛇山庄、周家大院、桐子坳村、谈文溪村、万寿寺、江永勾蓝瑶寨、祁剧、祁阳小调、宝镜村、井头湾村。

3. 三级资源（60~74分）（37个）

龙家大院、广利桥、福音山国家森林公园、玉蟾岩、道山、含晖岩、宁远石岩、蓝山国家森林公园、江华不老泉、江永大远源口、川岩、九龙岩石刻、树德山庄、文昌塔、小彼桥、吴公桥、文塔、石棚、八仙风雨塔、大皮口塔、新妇娘岭遗址、永山庙、文塔、中郎塔、田广洞村、允山玉井岗遗址、层岩石刻、镇景塔、文峰塔、九龙井景区、阳华岩石刻、凌云塔、江华四方碑、天堂瑶寨、蓝山塔下寺、下灌古村、宁远革命烈士陵园。

永州地域文化受外界影响较小，文化原真性、原生性较强。永州在发展旅游过程中，一方面突出核心文化资源，集中精力主打几大文化资源牌，优先树立文化旅游品牌形象；另一方面，深入挖掘文化内涵，将文化底蕴与游客体验、旅游产品结合，打造具有地域文化特色的文化旅游产品。同时，永州气候适宜，物产丰富，农林等相关产业发展迅速，为旅游产业融合发展、集聚发展、联动发展提供了强有力的产业支撑。

第一篇 绿水青山

第一章 千古潇湘

"潇湘"是流经永州境域的两条河流,美丽似锦,碧绿如玉,清莹秀澈胜明镜,自古以来就引人神往,诗文吟诵不断,书画描绘不绝,故而有"诗文潇湘""画图潇湘""无限潇湘"之美誉。她千百年流淌不息,养育了潇湘人民,孕育了潇湘文明,谱写了潇湘历史,是永州的母亲河,也是湖湘文化的发源地。王闿运为岳麓书院题写的对联云:"吾道南来原为濂溪一脉,大江东去无非湘水余波。"柳宗元诗云:"春风无限潇湘意,欲采蘋花不自由。"正是自然潇湘与人文潇湘的结合,为"千古潇湘"增添了无限意蕴。

一、"潇湘"溯源

潇湘当然不仅仅是指潇水,还包括湘水,严格意义上说,潇水与湘水汇流之后才称为湘江。湘江沿途接纳大小支流1300多条,主要支流有舂陵水、耒水、洣水、蒸水、涟水等,最后汇入洞庭湖,多年平均入湖水量713亿立方米,是湖南省最大的河流。湘江整个流域涵盖湘南、湘东、湘北的大部分地区,她养育湖南人民,孕育了三湘文化。湖湘人对湘江的开发和利用已有数千年的历史。

(一)"潇湘"水源

永州地处湘江上游,潇水和湘水在此相汇,自此才有"潇湘"之说。要追溯潇湘"水源",也就是要找到湘水和潇水的源头。

关于湘江的源头,目前有四种说法:一是传统的正源(俗称东源)为广西壮族自治区兴安县白石乡的石梯,河源为海阳河,北流至兴安县分水塘三七分湘,其中三分由灵渠入漓,七分入湘,称之为漓江。二是南源为广西壮族自治区灵川县海洋乡龙门界。三是广西壮族自治区兴安县南部白石乡境内海阳山脉的近峰岭,河源称上桂河(白石河),往东流至西波江口称湘水。四是湖南省永州市蓝山县紫良瑶族乡蓝山国家森林公园的野狗岭,河源为潇水,在永州市的萍岛汇合广西来的湘水之后称湘江。

千百年来比较统一的说法是广西白石河源,主源海阳河,于全州附近,汇灌江和罗江，北流入湖南省。流经湖南省永州市、衡阳市、株洲市、湘潭市、长沙市，至岳阳市的湘阴县等，共计17县市，最后注入长江水系的洞庭湖。以海阳河为源，湘江干流全长844公里，流域面积94 660平方公里。（一说全长817公里，流域面积92 300平方公里）

2013年5月20日，经国务院水利普查办和水利部权威认定，湖南省第一次水利普查结果表明，湘江源头在湖南蓝山县紫良瑶族乡，具体发源地在该乡国家森林公园的野狗岭。以此为源头，湘江干流全长948公里，流域面积94 721平方公里。

蓝山县至永州蘋岛河段（潇水）河长346公里，流域面积12 094平方公里，多年平均径流量116.1亿立方米；广西兴安县至永州蘋岛河段（湘水）河长262公里，流域面积9208平方公里，多年平均径流量97.5亿立方米。无论河长、流域面积还是径流量，蓝山县至永州蘋岛河段（潇水）均大于广西兴安县至永州蘋岛河段（湘水）；从河流交汇处河势看，蓝山县至永州蘋岛河段（潇水）也比广西兴安县至永州蘋岛河段（湘水）更宽。据此，国务院水利普查办和水利部认定，蓝山县至永州蘋岛河段（潇水）为湘江干流，湘江源头在蓝山县；广西兴安县至永州蘋岛河段（湘水）为湘江支流。从蓝山县湘江源头计算，湘江干流全长948公里，比原来长了92公里；湘江流域面积94 721平方公里，比原来大了61平方公里。

（二）"潇湘"词源

当然，湘江源头究竟在何处并不重要，重要的是潇湘之水的"清深"，潇湘之景的"清秀"，吸引了历代诗人的诸多咏赞。《湘中记》云："湘川清照五六丈，下见底石如樗蒲矣，五色鲜明，白沙如霜雪，赤岸若朝霞……"（《水经注》）这样的景象足可令人心驰神往了，当然更能引起诗人的兴会。梁沈约《江南曲》云："櫂歌发江潭，采莲渡湘南。宜须闲隐处，舟浦予自谙。罗衣织成带，堕马碧玉簪。但令舟楫渡，宁计路崎嵚。"（《乐府诗集》）对"江潭""湘南"的喜爱之情溢于言表，这才是潇湘最为重要的价值所在。

"潇湘"一词，最早出现在《山海经·中山经》中："澧沅之风，交潇湘之浦"。汉代的《淮南子》中有"弋钓潇湘"之语。东晋郭璞给《中山经》作注，明确指出"潇"为水名，但又说"今所在未详也"。北魏郦道元在其《水经·湘水注》中说："潇者，水清深也。"显然是将"潇"字当作了形容词，因而"潇湘"就被解释为"清深的湘水"。长沙马王堆西汉墓出土的《古地图》共绘有大小河流30多条，有9条河标有名称，图中一条又黑又粗的线条是湘江上游的主要支流潇水。潇水画得十分醒目逼真，水道曲折，流向清晰，基本上接近今天的地形图。那些用方框和圆圈表示的城郭和乡村大多分布在潇水流域四周，共80多处，乡村居地由代表道路的墨线连接。潇水在这幅《古地图》上标明为"深水"。"深水"自九嶷山玉琯岩前南流一段，叫"深水源"，即今灵江；它折而西流，再西北流、北流，经今蓝山、江华、道县，会合萌渚水、淹水、泠水，北流经今双牌、零陵于蘋岛注入湘江。这就是东汉《水经·深水》篇中亦称作的"深水"。更有意思的是，东汉中叶的许慎在其《说文》中，把深水下游与道县的营水合流后，统称营水。郦道元在《湘水注》中，不仅指下游，连上游（今沱江）也概称营水。由此可见，今天的潇水是从深水到营水演变而来的。但有一点可以明确：它并非湘水的别名。

潇水发源于九嶷山，是湘江一条最大的支流，也是一条始于斯，逝于斯，唯一不出永州境外的一条大河流。

古文"潇"字又作"潚"，其字从水，为水名，即潇水的专名。《说文解字》云："潇，水名。"又云："潚，深清也。"《水经注》："潇者，水清深也。"古典诗文中有"雨潇潇""风萧萧"，如《诗经·郑风》"风雨潇潇"，谓风雨深密、凄清，即为"潇"字的引申义。

由此可见，潇水在古代以深清得名，为古代第一清莹秀澈的江川。张衡《四愁诗》云："我所思兮在桂林，欲往从之湘水深。""湘水深"并非泛泛描写，而是依据文字训诂的字典义描写的。罗含《湘中记》称"湘川清照五六丈""是纳'潇湘'之名矣"，也是由文字训诂而立说。

"深"字亦从"水"，亦为水名，即深水的专名。《说文》云："深，水，出桂阳南平，西入营道。"1973年长沙马王堆三号汉墓出土的帛绘古地图，九嶷山及发源于九嶷山的深水处于《地形图》的中心位置，山体旁边标出"帝舜"二字，一道泉源呈弯曲状从中流出，旁注"深水原"三字。

深水源即潇水源，徐霞客《楚游日记》称之为"潇源水"，又称"三分石水"。古人有言："两山夹一川。"有山必有川，有川必有山，山水相连，密不可分。潇水自九嶷山飞瀑而下，穿过千山万谷，奔流在永州南部山地间。流长354公里，江华以上河宽60~120米，道县以下河宽300~1000米，落差315米，水能储量26.7万千瓦，大小支流46条，遍及宁远、江华、道县、双牌、零陵等县区，旁及江永、蓝山部分地区，流域达12 099平方公里，是永州名副其实的母亲河。它的上、中游是由三条主要水流构成的"亚"字形，形成上、中游河流网：一是来自九嶷山南麓，流经蓝山、江永到道县的潇水水源；二是来自西部的都庞岭，流经江永县的淹水，到道县两河口汇入潇水；三是来自阳明、九嶷两山，由西江河与九嶷水扇形集结的泠水，流经宁远到道县青口与潇水合流。其余如江华的麻江、岭东河、萌渚水，道县的玉田河、宜江和营水，都是其较大的支流。其中营水，又名濂溪，北宋理学家周敦颐家居其滨，后来他在庐山筑室名濂溪书堂，世称濂溪先生，濂溪之名益著。

潇水不但支流多，流域广，而且落差大。它穿峡谷，破重障，泻悬崖，过绿洲。时而飞瀑而下，水激滩险；时而潭平如镜，翠峦倒映，寒气逼人；时而流若织文，舒然婉转，婀娜多姿。如此善变多娇的潇水，一从道县流经双牌峡谷走廊——古营阳峡和六十里泷。《零陵县志》云："泷有二十余名，其地两崖夹峙，迅流箭激，乱石横亘，溅雪碎雷，舟行稍不戒，即有沉溺破开之虞，盖水途之极崄者。"今已建成长达71.4公里的双牌水库，化险为夷，落差也由海拔500~700米的江华、蓝山的山间盆地，下降到海拔不到200米的零陵丘陵盆地。加上下游南津渡水电站和湘江流经冷水滩处宋家洲水电站两大电站的建成，它像一条被人类驯服的青龙，静静地由南向北千回百转，流向蘋岛与湘江汇合，形成潇湘百里平湖的秀美风光。潇湘二水所会处，就是人们心驰神往的"潇湘夜雨"图。"令人忽忆潇湘渚，回唱迎神三两声。"唐代刘禹锡《浪淘沙》中指的自然地理上的"潇湘渚"，就在这里。柳宗元《江雪》诗："千山鸟飞绝，万径人踪灭。孤舟蓑笠翁，独钓寒江雪。"其所描绘寒江独钓之景也是潇湘的一个特写镜头，意境极为深远。明末清初学者钱邦芑，清康熙年间被聘修《永州府志》。他的一篇《潇湘赋》写得绘声绘色，极有文采，不仅写出了潇湘四时景色、历史文化意蕴，而且对潇湘源流形貌描绘得准确精到："稽宇内之名水，多发脉于昆仑。迨派别而流异，遂散漫而各分。独有楚南澄川，蘯瀇荡瀁，逶迤秀丽无比。虽源泉之千百，总汇流于潇湘。"

二、"三湘"辨异

湖南有所谓的"三湘四水"之说，"四水"是指湘、资、沅、澧四条河流，且以最大的河流湘江为代表而简称湖南为"湘"；但"三湘"的说法就复杂得多，不仅纷繁而且颇多歧义。

（一）"三湘"一词的最早来源

有人认为"三湘"一词，最早见于唐宋之问的《晚泊湘江》："五岭凄惶客，三湘憔悴颜。"[①] 其实，早在魏晋南北朝时期，"三湘"一词就已经大量出现在文人的诗文中了。

一是著名诗人陶渊明《赠长沙公》："遥遥三湘，滔滔九江。山川阻远，行李时通。"陶渊明是东晋末期至南朝宋初时期诗人、文学家、辞赋家、散文家，东晋浔阳柴桑人（今江西省九江市人）。生于大约东晋兴宁三年（365年），逝世于南朝宋文帝元嘉四年（427年）。据有关专家推定，该诗作于陶渊明逝世前一二年，也就是南朝宋元嘉二年（425年）或元嘉三年（426年）。这一时期正是湖南行政区域——湘州建制的稳定时期。

---

① 袁建光：《湘江源流考》，《湖南城市学院学报》2004年第25卷第3期。

也有学者认为该诗创作年份要早于此，应该在晋孝武帝太元十八年（393年），即陶渊明任江州祭酒之时。但不管是哪一年，陶渊明都可算是最早提到"三湘"一词的人。

二是颜延之的《始安郡还都与张湘州登巴陵城楼作》："江汉分楚望，衡巫奠南服。三湘沦洞庭，七泽蔼荆牧。"颜延之的祖父颜约曾任零陵太守，父颜显曾任护军司马。颜延之比陶渊明小19岁，二人是忘年之交。永初三年（422年），在宋武帝刘裕死后的扶子即位问题上，颜延之被定为"构扇异同，义毁执政"之罪，景平二年（424年）被贬放湘州始安郡（今桂林市）。在始安期间，京城政局发生剧变，于元嘉三年（426年）召回京。归途经湘州与刺史张劭同游岳阳楼的前身巴陵城楼，作有该诗，时间上则与陶渊明的"三湘诗"同年或迟一年。

三是著名史学家沈约的史书《宋书·孝武帝纪》载，孝武帝大明七年（463年）"诏曰……方巡三湘而奠衡岳，次九河而检云、岱。"沈约先后在宋、齐、梁三朝为官。从二十几岁起用了整整二十年时间写成一部《晋史》，可惜没有流传下来。《宋书》纪、传七十卷是在南齐永明六年（488年）二月撰成的。《宋书》记载了公元463年孝武帝诏曰"三湘"，说明当时的"三湘"一词，不仅出现在文人的诗中，而且出现在朝廷的官方文书中。

四是《梁书·侯景传》所记："天监十年（511年），沙门释宝志曰：'掘尾狗子始著狂，欲死不死啮人伤，须臾之间自灭亡。患在汝阴死三湘，横尸一旦无人藏。'"（见清乾隆四年武英殿本《二十四史》）。另外，在《南史·侯景传》中也有同样记载。李吉甫《元和郡县图志》为"起自汝蔡，讫于三湘"，另言《梁书·侯景传》为"起自汝际，讫于二湘"。这些史书中所记之事，是指公元511年，有僧人预测侯景将叛乱于豫州汝阴郡，灭亡于湘州三湘。侯景果于公元548年在汝阴举兵反叛，551年自封为帝，552年在湘州巴陵的洞庭湖"三湘浦"被杀身亡。编纂《梁书》的姚思廉和编纂《南史》的李廷寿，均认定梁天监时期已有"三湘"一词。

五是成书于魏晋南北朝时期的《零陵先贤传》所记。成书于南朝宋元嘉六年（429年）的《三国志》有刘巴传，后魏郦道元《水经注》引有《零陵先贤传》，即《零陵先贤传》当成书于魏晋南北朝时期。《零陵先贤传》记载蜀国尚书令零陵人刘巴"生居三湘头，死葬三湘尾"。南宋地理总志《舆地纪胜》卷六十九中引《零陵先贤传》这一记载。刘巴出生于零陵郡，因而属"三湘头"，死于岳阳巴陵洞庭湖边，故而属"三湘尾"。这里所说的"三湘"，应该是指整个湘江流域。

从以上的例子可见，"三湘"一词代称湘州亦即后来的湖南，应该始于南朝宋初，且在整个南朝时期已开始流行。后来，唐代李白的《悲清秋赋》中有"登九疑兮望清川，见三湘兮之潆浮"；刘禹锡的《含晖洞述》中有"若江华者九疑三湘之佳丽也"；唐朝文人蒋防的《湘妃泣竹赋》中有"对三湘之遥兮积水无际，望九疑之作兮愁云不开"；等等。说明到隋唐时期"三湘"一词更是广为流传。

另外还有一种说法，那就是"三湘"一词最早来源于"沅湘"。

沅江流经湘西地区，在常德德山注入洞庭湖；湘江流经永州、衡阳、湘潭、长沙，在湘阴注入洞庭。两江一东一西，可以代表整个湖南，故而"沅湘"也可以代表"三湘"。如果此说成立，"三湘"一词的最早来源，则可提前到战国时代。屈原的《离骚》说："济沅湘以南征兮，就重华而陈词。"他在投江前所作的《怀沙》中说："浩浩沅湘，分流汩兮。修路幽蔽，道远忽兮。"当然，屈原在诗中虽然使用了"沅湘"一词，但还不是指代湖南这一区域，而是实指两条江水。《怀沙》中的"浩浩沅湘"，则还包含有忧怨之深、忧怨无限的意思。因此，唐代戴叔伦的《过三闾庙》就很明确地点出了这一点："沅湘流不尽，屈子怨何深！日暮秋风起，萧萧枫树林。"但不管屈原的原意是否指代湖南，后人也可以用它来指代湖南，说"沅湘"是"三湘"的最早词源，也不能说毫无道理。

（二）有关"三湘"所指的不同说法

"三湘"所指的具体细目是什么？这在中国历史上众说纷纭，莫衷一是，到现在仍有打不完的笔墨官司。

一是以漓湘、潇湘、蒸湘为三湘。1979 年版《辞海》云："三湘：一说湘水发源与漓水合流后称漓湘，中游与潇水合流后称潇湘，下游与蒸水合流后称蒸湘，总名三湘。"《辞海》没有注明据何所说，比《辞海》后出版（1988 年版）的《辞源》在"三湘"一词中未录该说。清代湖南文史学者孙良贵、陈运溶均否定漓水为三湘之一，理由是漓水不入湘水注洞庭，而是南流岭南注南海。秦始皇修灵渠连通湘漓二水运输，但一直没有发挥其运输功能，中原与岭南粤地的交通一直是通过五岭峤道，修建灵渠也没有出现真正意义上的二水相会，只是将原注湘水的一部分水引入漓水（所谓"三分入漓，七分入湘"）。通过灵渠人工引入漓水的这一部分水流，从此不再是湘水源头，也就是说已不属于湘水。因此，漓湘与潇湘之潇水入湘、蒸湘之蒸水入湘皆不相类，所以漓湘、潇湘、蒸湘不能并为"三湘"。

二是以潇湘、蒸湘、沅湘为三湘。清光绪《湖南通志》引清乾隆《岳州府志》："以湘水合潇水亦曰潇湘，合烝水亦曰烝湘，合沅水亦曰沅湘，故曰三湘也。"清代学者王文清的《湘水记》："潇湘、蒸湘、沅湘，三水皆纬流，而经之者湘水也。湘源出阳朔，至永州，潇水入焉，曰潇湘；至衡州，蒸水来会，曰蒸湘；卒与沅水合于沅江，曰沅湘。此三湘之所由名也。"光绪十一年《湖南通志》卷十三·地理十三·山川篇有一段文字说："湘，犹相也，言有所合。至永州与潇水合，曰潇湘；至衡阳与蒸水合，曰蒸湘；至沅江与沅水合，曰沅湘。会众流以达洞庭。"文中没有点明"三湘"。清湖南文史学者陈运溶即采此三湘之说。1931年版《中国古今地名大辞典》亦采此说："湘水与沅水合流曰沅湘，并潇湘、蒸湘曰三湘。"清孙良贵《考定三湘说》云：《舆地志》（当为乾隆《湖南通志》之《舆地志》）以潇、蒸、沅会湘为三湘，是又并湘而四，弊由泥湘水以求三湘，而楚南之无非三湘也。"孙良贵显然对潇湘、蒸湘、沅湘为"三湘"之说持否定态度，而认为"楚南"皆为"三湘"，亦即"三湘"不能拘泥于湘水流域。

三是以潇湘、资湘、沅湘为三湘。清陶澍《资江耆旧集序》云："窃谓湘水在九江最长且著，必综其首尾核之，而后三湘之名可定也。湘，出广西之全州北，至永州城外而潇水自西北来入之，谓之潇湘，此旧说也；至长沙过湘浦而资水东流入之，谓之资湘也，地名湘阴一名临资口，古黄陵庙也；又北入湖，与沅水合于湖中，谓之沅湘，此则《水经》之原文也。以潇湘、资湘、沅湘为三湘，当为不易之论。"晋陶渊明《赠长沙公》诗"遥遥三湘，滔滔九江"，陶澍集注："湘水发源会潇水，谓之潇湘；及至洞庭陵子口会资江谓之资湘；又北与沅水会于湖中，谓之沅湘。"陶澍是资水流域安化县人，累官至两江总督。"以潇湘、资湘、沅湘为三湘"虽是陶澍推定的，但比陶澍稍早的孙良贵（乾隆四年进士）《考定三湘说》也有相似观点："愚意以资、沅二水，源流皆二千里，外与湘相埒，并湘为三湘。"（见《湖南通志》卷末十七·辨误所引）。陶澍作为资水流域安化县人，改"蒸湘"为"资湘"也是一种对家乡的钟爱。稍后的魏源（邵阳隆回人），其《三湘棹歌》诗序云："楚水入洞庭者三：曰蒸湘，曰资湘，曰沅湘，故有'三湘'之名。洞庭即湘水之尾，故君山曰湘山也。资湘亦名潇湘，今资江发源武冈上游之夫夷水，土人尚曰潇溪，其地曰萧地。见《宝庆府志》。《水经注》不言潇水，而柳宗元别指永州一水为潇，遂以蒸湘为潇湘，而三湘仅存其二矣。予生长三湘，溯洄云水，爰为棹歌三章，以正其失，且寄湖山乡国之思。"魏源把潇湘当蒸湘是一误，又用蒸水代湘水而言楚水入洞庭者为蒸、资、沅三水这又是一误，自古以来的湘资沅澧就变成了蒸资沅澧。在这一误再误的背后，也是魏源对家乡的偏爱所致（"寄湖山乡国之思"）。

四是以长江、湘江、沅江三条水流为三湘。宋王应麟《小学绀珠》云："三湘，谓江、湘、沅三江也。"在这里，王应麟的"三湘"之说实际上变成了"三江"之说，显然"答非所问"。在产生"三湘"一词的南朝，三江中的长江、沅江均不在湘州境内，怎么可能用境外的长江、沅江来代称湘州呢？《水经注·湘水》："凡此四水（按：此前所说的湘、资、沅、澧四水），同注洞庭，北会大江，名之五渚。"民国杨守敬疏按："谓湘、资、沅、澧四水，自南而入，大江自北而过，洞庭潴其间，谓之五渚也。《舆地广记》主此说。"既然五渚包括了长江、湘江、沅江，那么又将长江、湘江、沅江作为"三湘"与"五渚"并列，这显然是重复多余。

五是以洞庭湖三水交汇处的地名为三湘。《元和郡县图志》"巴陵县"条目："巴陵城，对三江口，岷江为西江，澧江为中江，湘江为南江……侯景浦，在县东北十二里。本名三湘浦，景既克建业，自统兵西趋荆峡，先遣其将宋子仙、任约袭郢州。湘东王绎令王僧辨拒之，景军大败，烧营退走。"《隋书·五行志》："巴陵南有地名三湘。"明弘治《岳州府志·巴陵县》："三湘浦在县境内。"以上志书均以"三江口"为"三湘"地名，因为南朝梁时的侯景死于此地，"三湘浦"遂更名为"侯景浦"。这个地名"三湘"或"三湘浦"又正好在三江口，后来便有人以"三江"名"三湘"。

六是以湘东、湘西、湘南为三湘。该说又有两种说法。一是 1979 年版《辞海》的解释为"三湘：近代一般用作湘东、湘西、湘南三地区的总称，泛指湖南全省。"二是李行之 1984 年发文提出湘南、湘西、湘东为"三湘"之说。这两种说法虽然都是湘东、湘西、湘南，但所指代的范围不一样：《辞海》是泛指"三地区"；李行之则具体追溯了湘南、湘西、湘东三县的建制史，以此三县作为"三湘"。但在 1988 年版的《辞源》中，经湖南学者审定的"三湘"一词，既未采用李行之的说法，1979 年版《辞海》中关于"三湘""用作湘东、湘西、湘南三地区的总称，泛指湖南全省"的说法也被删去，从而否定了湘南、湘西、湘东为"三湘"之说。

七是以湘乡、湘潭、湘阴三县为三湘。清人陶澍《资江耆旧集序》云："三湘之称，俗以湘乡、湘潭、湘阴当之。此皆后世县名，征之不古。朱子以潇湘、蒸湘、沅湘易之。"陶澍认为，湘乡、湘潭、湘阴三县为"三湘"之说虽然由来已久，但县名还是迟于"三湘"之名。朱熹对此提出怀疑而改三湘为潇湘、蒸湘、沅湘。2002 年版和 2010 年版《辞海》对"三湘"的解释是："一说湘乡为下湘，湘潭为中湘，湘阴为上湘，合称'三湘'。"1988 年《辞源》对"三湘"的释义是："湖南的湘潭、湘乡、湘阴（或湘源）合称'三湘'。"清孙良贵《考定三湘说》："考《寰宇记》以湘潭、湘阴、湘乡为三湘，而区以上中下之目，狭而陋矣。"可见，宋代初本《太平寰宇记》当有以三县为三湘且区分为上湘、中湘、下湘的说法，只是再版后的《太平寰宇记》，对这一条目有所改动，才出现了与实际不相符的情形。

八是以湘源、湘潭、湘乡为三湘。《宋本太平寰宇记》对"三湘"的记载是："湘源、湘潭、湘乡是谓三湘。"《舆地纪胜》引《方舆记》"湘源、湘潭、湘乡是谓三湘"。

五代置全州前，全州地域一直属零陵郡或永州府，直至明洪武二十八年（1395年）全州改隶广西桂林府，今地属桂林市。《水经注》言"湘水出零陵始安县阳海山"即此地。湘源县，唐以前属零陵郡，地处湘水上游的湘水之源，也即上湘。从公元289年建湘源县，到公元939年更名为清湘县，湘源县名存在时间长达651年。尤为重要的是，湘源县名早于"三湘"之名，以湘源为"上湘"、湘潭为"中湘"、湘乡为"下湘"，对湘江流域的覆盖倒是最为完整的。

（三）作为行政区划的"三湘"

还有另外一种说法，"三湘"是因为湖南境内曾被划分为三大行政区域。秦灭楚之前，楚国在湖南境域内设置了三郡：洞庭郡、黔中郡和苍梧郡。秦灭楚之后，将洞庭郡和苍梧郡合而为一，成为长沙郡；合楚之黔中郡和巫郡为秦之黔中郡。西汉灭秦之后，又在湖南境域设置长沙国、零陵郡、武陵郡，同样是三个行政区划。有人认为，这就是"三湘"的最早渊源。

笔者认为，以行政区划来确定"三湘"应该是最靠谱的。这可以"三秦""三晋"的由来作参照。陕西之所以称为"三秦"，是因为项羽自立为西楚霸王之后，将秦朝的三位降将分封为三王：章邯为雍王、董翳为翟王、司马欣为塞王。此"三王"所封之地均在陕西境域，这就是"三秦"的由来。刘邦统一中国建立汉朝后，同样设置了三个郡：京兆、左冯翊、右扶风。此举更进一步强化了"三秦"的说法，使得"三秦"的称谓流传至今。"三晋"则是因韩、赵、魏"三家分晋"所致，即将晋国分成了三个不同的行政区划，而且主要是在山西境域，所以称山西为"三晋"。湖南之所以称"三湘"，其原因也应该与"三秦""三晋"相类似；而且湖南的地理环境，的确也适宜于划分为三大区块：湘西的武陵山系、湘南的南岭山系、湘北的洞庭湖平原。楚之三郡和汉之三郡基本上就是按照这样的地理环境来划分的。民国时期，开始是将湖南划分为"四道"：民国三年（1914年），将湖南分为湘江道（驻长沙县）、衡阳道（驻衡阳县）、武陵道（驻常德县）、辰沅道（驻凤凰县），并任命胡瑞林为湘江道尹、俞寿璋为衡阳道尹、余棨为武陵道尹、黄本璞为辰沅道尹。但仅仅是两年之后（1916年），便裁撤了武陵道，将常德、岳阳、平江、临湘、华容、汉寿、沅江、澧县、安乡、临澧、南县11县划归湘江道，桃源、石门、慈利、大庸4县划归辰沅道。湖南由"四道"裁撤为"三道"，显然还是与地理环境相关。因此，三大区块的地理环境，决定了三大行政区域的划分，这才是"三湘"称谓的根本缘由，其他的任何说法，都不免有胶柱鼓瑟之嫌。

三、"诗情"潇湘

"挥毫当得江山助，不到潇湘岂有诗。"①"潇湘"一词给人的联想，更重要的不是"水韵"，而是"诗情"。而且，其诗情积淀之深厚及风姿之绰约，实可算作诗美意象的一例典范。

"潇湘"之名的使用，始于唐也盛于唐。唐代诗人辈出，他们或贬谪永州，或仕宦荆楚，或览胜潇湘。这些诗人热爱潇湘的奇山异水，景仰潇湘的圣迹仙踪，于是，他们在此托物寄兴，纵情讴歌，挥毫渲染，摩崖刻石，留下了难以胜数的诗篇。也正因为众多诗篇的描述，使得"潇湘"之名流传千古，也使得潇湘之"潇"，由形容词转为名词，并蕴含了缕缕诗情。

"潇湘"在唐前为"形容词+名词"的偏正结构，意与"清湘"同。鲍照《采菱歌》七首之一云："箫弄澄湘北，菱歌清汉南。"《乐府诗集》注云："一作'弄弦潇湘北，歌菱清汉南'。"②"潇"与"澄"可对换，又与"清汉"之"清"对文，其意与清、澄同，显然是当形容词用。但"潇湘"一词，沿用既久，且其物质指称与"湘"字单独使用殊无二致，于是人们渐渐忽略"潇"字的本义，比如刘长卿《入桂渚次砂牛石穴》诗中有云："扁舟傍归路，日暮潇湘深。湘水清见底，楚云淡无心。"诗中"深""清"俱另见，"潇"字本义都被抽去了，空空洞洞的一个俗称"潇湘"，与单称"湘"在词义上已没有任何不同，这就为"潇"字与"湘"字剥离，成为单独的名词，创造了条件。而"潇"字的独用，开始正是指代"湘"的，杜甫《暮秋枉裴道州手札，率尔遣兴，寄近呈苏涣侍御》中有句"拨弃潭州百斛酒，芜没潇岸千株菊"；钱起《省试湘灵鼓瑟》中有句"流水传潇浦，悲风过洞庭"③。后一个"潇"字《全唐诗》加注："一作湘"，其词义也等于"湘"，但毕竟以"潇"为正文，且不止一例，这可看作"潇"字单独作为名词使用的初期。

"潇"字真正离开"湘"字及其所指，单独指称另一条水，大约发生在柳宗元贬永州前后，即在公元八九世纪之交，不可能太早。因为诗人元结（719—772年）于乾元二年（759年）起任荆南节度判官，后又代摄节度使事。广德元年（763年）与永泰二年（766年）两度出任道州刺史。道州即在今潇水之侧，若其时潇水之名已著，作为道

---

① 陆游：《偶读旧稿有感》。四库全书版《剑南诗稿》卷六十。采自上海人民出版社1999年所出文渊阁四库全书电子版（全文版）。
② 郭茂倩：《乐府诗集》，中华书局1996年版，第739页。
③ 本章大量选用唐诗，均采自四库全书版《御定全唐诗》，不另注。

州刺史的元结不可能不知晓。但今存元结诗文作品中无一潇水之名，且集内有《阳华岩铭》《丹崖翁宅铭》《朝阳岩铭》等，此二岩一崖俱为潇水上形胜地，其文无一及"潇"，其《丹崖翁宅铭》反有"零陵泷下三十里""丹崖，湘中水石之异者"①之类的语句，可见他对潇水之名确实不知。

柳宗元（773—819年）永贞元年（805年）贬永州司马，元和十年（815年）始返。柳子集内潇、湘已明白称二水，如《湘口馆潇湘二水所会》，诗题即以二水称之。又《愚溪诗序》云："灌水之阳有溪焉，东流入于潇水……余以愚触罪，谪潇水上。"可见到柳宗元时，潇水之名基本定型。

吕温（772—811年），元和三年（808年）贬为均州刺史，再贬为道州刺史，五年（810年）转衡州刺史。他在道州时，柳宗元正贬在永州，其诗《道州秋夜南楼即事》云："云去舜祠闭，月明潇水流。"足见潇水之名，确然已立。

贾岛（779—843年），生活年代略晚于柳、吕二人，其诗《永福湖和杨郑州》云："嵩少分明对，潇湘阔狭齐。"意为嵩山与少室山相对，潇水与湘水同宽。潇湘二水之分，已是并驾齐驱。

从以上三位诗人的诗文例证中可见，至迟到九世纪初，潇水之名已立，与今所指大致相同。不过，在柳宗元诗文中，又常常混淆潇、湘二水，尤其是经常以"湘"称"潇"，比如前引《愚溪诗序》中明明说愚溪（又名冉溪）"东流入于潇水"，则愚溪自在潇水西侧，而其《冉溪》诗则曰"愿卜湘西冉溪地"，此"湘"乃"潇"之误。同样的例句有："遂命仆人过湘江"（《始得西山宴游序》）、"美人隔湘浦"（《初秋夜坐赠吴武陵》），这些"湘"均当作"潇"。由此可见"潇水"之名虽立，毕竟尚未深入人心，因而以湘江总称指代潇水的传统，仍然是一种习惯性思维。所以《元和郡县志》中也只有营水，而无潇水之名。

此后潇水之名日渐为人所知，宋以后分别潇湘为二水者渐多，祝穆、朱熹等均有阐述。米芾《潇湘八景图诗总序》云："潇水出道州，湘水出全州，至永州而合流焉。自湖而南皆二水所经，至湘阴始与沅水之水会，又至洞庭与巴江之水合。故湖之南，皆可以潇湘名水；若湖之北，则汉沔汤汤，不得谓之潇湘。"②这就将潇湘之名分合的使用情况说得再明白不过了。

唐代诗人写潇湘的诗作很多，但其格调却惊人地类似，几乎都表现出一种凄怨哀婉的情感抒发，与"盛唐气象"大不相同。先看郎士元《湘夫人》：

---

① 见四库全书版《唐文粹》。
② 四库全书版《湖广通志》卷八十九。

> 蛾眉对湘水，遥哭苍梧间。万乘既已殁，孤舟谁忍还。至今楚竹上，犹有泪痕斑。南有浈阳路，渺渺多新愁。桂酒神降时，回风江上秋。彩云忽无处，碧水空安流。

此诗显然是将舜帝二妃的事迹与"湘夫人"的情韵融于一水，且与斑竹故事之类后起传说结合在一起，于是"旧怨"触发"新愁"，自然而然地就有了一种凄怨哀婉的情调。再看李白的《远别离》：

> 远别离，古有皇英之二女。乃在洞庭之南，潇湘之浦。海水直下万里深，谁人不言此离苦？日惨惨兮云冥冥，猩猩啼烟兮鬼啸雨。我纵言之将何补？皇穹窃恐不照余之忠诚，雷凭凭兮欲吼怒。尧舜当之亦禅禹。君失臣兮龙为鱼，权归臣兮鼠变虎。或云：尧幽囚，舜野死。九疑联绵皆相似，重瞳孤坟竟何是。帝子泣兮绿云间，随风波兮去无还。恸哭兮远望，见苍梧之深山。苍梧山崩湘水绝，竹上之泪乃可灭。

李白由"潇湘之浦"，不仅联想到娥皇、女英的"远别离"，更是联想到了舜帝"野死""重瞳孤坟"，那一份愁思苦海，千古难消，甚而至于"苍梧山崩湘水绝，竹上之泪乃可灭"。这是李白的"潇湘"情思，更是李白的"潇湘"愁怨；它既是李白个人所独有的，也是唐代诗人所共有的。而且从初唐到盛唐直至晚唐，一直绵延不绝，并形成了独具一格、洋洋大观的"潇湘诗意"。先引两句初唐概括性的著名诗句：

> 荆南兮赵北，碣石兮潇湘。澄清规于万里，照离思于千行。（卢照邻《明月引》）

> 斜月沉沉藏海雾，碣石潇湘无限路。（张若虚《春江花月夜》）

这里"潇湘"与"碣石"相对，作为南北偏远之地的象征，以寄托离愁别绪。而潇湘作为远别离的物化代表，终唐之世其音不绝：

> 愁思潇湘浦，悲凉云梦田。（刘希夷《巫山怀古》）

> 北走平生亲，南浦别离津。潇湘一超忽，洞庭多苦辛。（骆宾王《在江南赠宋五之问》）

> 潇湘多别离，风起芙蓉洲。（张籍《湖南曲》）

> 湘南自古多离怨，莫动哀吟易惨凄。（张泌《晚次湘源县》）

> 朔漠幽囚兮天长地久，潇湘隔别兮水阔烟深。（杜光庭《怀古今》）

有唐一代涌现出那么多表现潇湘别离的诗文，乃至一提到"潇湘"二字，似乎便会油然而生一种拂之不去的悲苦离愁，究其原因，恐怕与唐代诗人所处的特定社会生活背景密切相关。

我们知道，唐朝是继南北朝数百年战乱分裂后而形成的一个强大雄健的统一帝国，其政权由北方关陇贵族集团所掌控，它向南方开拓了广袤的疆土，具有强烈的融合南方文化的意愿。当时的北方文化比南方文化发达，官宦、诗人多为北方人士，他们因各种缘由履迹南方，免不了生出诸种别离的烦恼，这些缘由大致可分为以下几种。

其一，贬谪和流放。据李兴盛《中国流人史》总结，"唐代流放地主要是岭南。此外则是今云南、贵州、四川、湖南、福建等地。"[①]李书是将贬谪归入流人行列的，所以上述总结实际上是兼指唐代贬谪与流放两种情况。这些流人渡江后，一条主要的线路便是沿着湘江流域南下或北上，著名诗人杜审言、王昌龄、贾至、柳宗元、刘禹锡、吕温、韩愈、李涉等均在这条驿路上留下了血泪交织的足迹。

其二，为官湘楚。因江南领土的扩展及其与北方沟通的加深，许多北方诗人也南来为官。著名诗人元结曾两度出任道州刺史；张谓曾任潭州刺史；刘长卿曾出任转运使判官，知淮西、鄂岳转运留后；等等。

其三，游历潇湘。唐代诗人钟爱漫游，李白、杜甫、孟郊、顾况、刘言史等皆曾游历潇湘。

在第一类贬官迁客的笔下，满纸俱是牢愁，如"客有故园思，潇湘生夜愁"（柳宗元《酬娄秀才寓居开元寺早秋月夜病中见寄》）；"谪居潇湘渚，再见洞庭秋……独攀青枫树，泪洒沧江流"（贾至《巴陵早秋寄荆州崔司马吏部阎功曹舍人》）；等等。这一类人因为是贬官，不仅地位一落千丈，而且有家不能归，报国更无门，将满腹怨恨诉诸笔端，这不足为怪。但来此为官和游历的人为何也愁思不减呢？这恐怕是因为唐代的南方要比北方落后许多，这些为官、游历者背井离乡，人事隔膜，也难免临湘北望、惆怅倚之。张谓《同王征君湘中有怀》云："八月洞庭秋，潇湘水北流。还家万里梦，为客五更愁。不用开书帙，偏宜上酒楼。故人京洛满，何日复同游？"与"京洛"的繁华相比，潇湘的萧条自不待言；再加上"故人京洛满"，而"为客"潇湘哪里去找如许的"故人"呢？因而夜深人静之时的"五更愁"就愈发强烈了。

至于带着不如意的心绪来到潇湘的人，其下笔成诗，更易流入悲苦之途。孟郊作《下第东南行》："越风东南清，楚日潇湘明。试逐伯鸾去，还作灵均行。江蓠伴我泣，海月投人惊。失意容貌改，畏途性命轻。时闻丧侣猿，一叫千愁并。"杜甫晚年漂泊于湖湘之间，并卒于湘水舟中。永泰元年（765年），杜甫去蜀赴湘时，写下这首诗："五载客蜀郡，一年居梓州。如何关塞阻，转作潇湘游。世事已黄发，残生随白鸥。安危大

---

① 李兴盛：《中国流人史》，哈尔滨：黑龙江人民出版社1996年版，第183页。

臣在，不必泪长流。"（《去蜀》）显然，诗人是带着满腹的愁苦来游历潇湘的，所谓借景抒情托物言志，那么他们此时所写的潇湘，自然也是满纸愁苦了。

此外，北人南下还有一种潜在的传统心理，即认为潇湘一带是蛮荒烟瘴之地。例如，刘禹锡的"熊武走蛮落，潇湘来奥鄙"（《韩十八侍御见示岳阳楼别窦司直诗因令属和重以自述故足成六十二韵》），白居易的"潇湘瘴雾加餐饭"（《得行简书闻欲下峡先以诗寄》），李咸用的"湘川湘岸两荒凉"（《和人湘中作》），如此等等。尽管这种印象不一定准确，一些北方人到南方后也能领略潇湘山水的秀丽清雅，但这种传统的心理定式仍然在幽深处隐隐散射，使离别之愁更添悲苦。

因此，在这些南来诗人有关潇湘的作品中，对南北的空间关系便特别敏感："谁当北风至，为尔一开襟"（刘长卿《酬李侍御登岳阳见寄》）；"楚地不知秦地乱，南人空怪北人多"（韦庄《湘中作》）。而潇、湘二水又偏偏都向北流，这分外刺激着南来诗人的抑郁情怀："独怜京国人南窜，不似湘江水北流"（杜审言《渡湘江》）；"八月洞庭秋，潇湘水北流"（张谓《同王征君湘中有怀》）。诗人所向往的与现实所存在的形成了巨大的反差，由此也增添了诗人的愁苦之情。

其实，唐代诗人借"潇湘"所表达的凄怨哀婉情调，在唐以前的作品中就已初露头角。江淹杂体诗三十首之《王征君微养疾》："窈蔼潇湘空，翠涧淡无滋。寂历百草晦，欻吸鹍鸡悲……北渚有帝子，荡漾不可期。怅然山中暮，怀疴属此诗。"①这是直接借用湘妃的故事来表达"怅然"悲愁的情感；而更能说明问题的是，有些诗作虽然不涉及湘妃故事，但只要与"潇湘"二水相关，则仍然饱含凄怨哀婉的情调。例如，陆士衡《门有车马客行》："门有车马客，驾言发故乡。念君久不归，濡迹涉江湘……慷慨惟平生，俯仰独悲伤。"②这里显然是写漂泊游子的怀乡之情，但因为"迹涉江湘"，故而其"悲伤"之情似乎更为浓烈。再如张衡《四愁诗》："我所思兮在桂林，欲往从之湘水深。侧身南望涕沾襟……"③此诗是怀念远在桂林的故人，因为"湘水深"而天各一方，"欲往从之"而不可得——"湘水"不是通途而是障碍，因而诗人将这一段水路视为"畏途"。"畏途"也是"远途"。柳恽《江南曲》就表达了这样的情感："汀洲采白蘋，日落江南春。洞庭有归客，潇湘逢故人。故人何不返，春华复应晚。不道新知乐，只言行路远。"④乐府江南之曲，常写美艳清丽之景，悠游喜乐之情，而柳恽此诗所描写的景物仍然清丽，但因为加入了故人的远方之思，而这种故人之思，因为被潇湘"路远"所阻

---

① 《文选》卷三十一，北京：中华书局1994年版，第1476页。
② 《文选》卷二十八，北京：中华书局1994年版，第1301页。
③ 《文选》卷二十九，北京：中华书局1994年版，第1357页。
④ 郭茂倩：《乐府诗集》，中华书局1996年版，第385页。

隔，所以便显得惆怅难解。

当然，要追溯唐代诗人的"潇湘"情调，其更早的渊源则是在屈原的《九歌》中。屈原咏湘水之神的《湘君》《湘夫人》篇（下简称"二湘"），其凄怨哀婉的情调，使后人目迷心摇。然而"美要眇"的湘君与"目眇眇"的湘夫人，到底是何样身份，历来众说纷纭，至今难有共识。归纳起来，大致有以下八种说法颇有影响，根据其出现的时代之先后，排列如下。

"湘君"为舜之二妃　见《史记·秦始皇本纪》、刘向《列女传》。此说未及"湘夫人"。

"湘夫人"为舜之二妃（或曰三妃）　见王逸《楚辞章句》、张华《博物志》。又《礼记·檀弓》中称舜有三妃，郑玄注为即"湘夫人"。此说又不及"湘君"。

"湘夫人"为天帝之二女　见《山海经·中山经》之郭璞注。顾炎武从之。

"湘君"为舜，"湘夫人"为舜之二妃　见唐司马贞《史记索隐》。此说今人多有信从，游国恩、姜亮夫、文怀沙、马茂元、陈子展诸家均曾伸之。

"湘君"为娥皇，"湘夫人"为女英　见韩愈《黄陵庙碑》。此说影响亦深，洪兴祖、朱熹、蒋骥、戴震俱从之。

"二湘"为舜之二女说　见宋罗泌《路史·余论九》。

"湘君"为湘水男神，"湘夫人"为其配偶　见王夫之《楚辞通释》。

"湘君"为洞庭之神，"湘夫人"为青草湖神　见王闿运《楚辞释》。

此外，还有一些古代学者以洞庭山神目之，如陈士元《江汉丛谈》、赵翼《陔余丛考》之类。其实山神、水神并无太大差别，即如上文罗泌之说，也曾以舜帝二女为洞庭山神，但其行迹仍在湘水之中，与"二湘"之辞吻合，不过因《山海经》中有"洞庭之山……帝之二女居之"之文，故坐实论之而已。各人对"二湘"的身份分配，可散入以上诸说之中，不必一一列举。另外，历来好发怪论者也不乏其人，如罗愿《尔雅翼》卷二中以江神奇相为湘君，二女为湘夫人，"二湘"为配偶神云云，即被蒋骥斥为"愚悖甚矣"①，因奇相本为女性。类似怪论可摒弃不论。

以上罗列的八种说法，虽未必尽备，但大致涵盖了古代文人对"二湘"身份的主要看法。今之楚辞学者众多，在这个问题上，也大多择一而从、细加论证而已。笔者信从"二湘"乃舜帝二妃之说，"二湘"之诗，应为潇湘庙中祭祀"二妃"时由巫觋所唱的颂词。舜帝南巡，在潇湘大地留下了深深的足迹，产生了深远的影响，"二妃"追寻舜帝

---

① 蒋骥：《山带阁注楚辞·余论卷上》，上海：上海古籍出版社1984年版，第198页。

的足迹来到此地，最后泪洒斑竹，投湘水殉情，成为千古爱情故事的第一绝唱。潇湘大地的人们，为纪念这两位，建庙以祀之，制曲以颂之。屈原流放湘南，追慕舜帝，总想着"济沅湘以南征兮，就重华而陈词""驾青虬兮骖白螭，吾与重华游兮瑶之圃"（《离骚》）。屈原向舜帝（重华）"陈词"，与舜帝"同游"的愿望不能实现，那么搜集整理与舜帝、二妃相关的"颂词"并辑录成《九歌》，定然是屈原乐此不疲的快事。诚如是，才会有《九歌》流传至今，与此相应的，才会有凄怨哀婉的诗风意象影响至今。

当然，即便是"二湘"的身份不明，其诗风意象的影响力仍然不减。我们不妨将上述八种说法稍作归类：一类认为二湘与舜妃有关，计有四种；二类则与舜妃无关，亦得四种。从时间上看，除郭璞之说外，第二类均起于唐代以后，而在唐以前，将"二湘"与舜妃相关联的观点，是占优势地位的。

那么，"二湘"与舜妃究竟是如何关联起来的？这也有一个逐渐丰满的过程。早期的说法如《秦始皇本纪》、刘向《列女传》等只说二妃死于江湘之间，而且是一笔带过，究竟因何而死也未作说明。王逸《楚辞章句》注谓二妃"堕于湘水之渚"①，这一说法逐渐形成共识，以至郭璞注《山海经·中山经》时说："说者皆以舜陟方而死，二妃从之，俱溺死于湘江，遂号为湘夫人。"所谓溺死，是说二妃无意而失足落水，郭璞注中重点反驳了"溺死"说，认为二妃神通广大，千里迢迢跋山涉水追踪而至，何至于落水而不能自救？故而认为二妃是投水殉情。

郭璞之后，围绕着"二妃从之"的故事主线，不断有人为之添枝加叶。张华《博物志》云："舜崩，二妃啼，以涕挥竹，竹尽斑。"②任昉《述异记》亦云："昔舜南巡而葬于苍梧之野，尧之二女娥皇、女英追之不及，相与恸哭。泪下沾竹，竹文上为之斑斑然。"③斑竹是九嶷山中特有的一种竹子，因为有了舜帝崩葬九嶷、二妃投水殉情的故事，遂使斑竹泣怨，成为千古爱情名典。

犹不止于此。二妃故事，深入人心，于是湘水流域便有二妃祠。最著名的当然是江、湘间的黄陵庙了。早在《史记·秦始皇本纪》中即记有"湘妃祠"，众注皆谓即指"黄陵庙"，地在湘阴，此时离"二湘"之诞生，尚不足百年。其后，此祠一直存在，时见记载。《水经注》卷三十八"湘水"云："湘水又北经黄陵亭西，右合黄陵水口，其水上承大湖，湖水西流经二妃庙南，世谓之黄陵庙也。言大舜之陟方也，二妃从征，溺于湘江，神游洞庭之渊，出入潇湘之浦。潇者，水清深也。"④而韩愈《黄陵庙碑》曰：

---

① 四库全书版《楚辞章句》卷二。
② 四库全书版《博物志》卷八。
③ 四库全书版《述异记》卷上。
④ 《水经注》，成都：巴蜀书社 1985 年版，第 582 页。

"湘旁有庙曰黄陵，自前古立以祠尧之二女舜二妃者。庭有碑，断裂分散在地。其文剥缺。考《图记》言，汉荆州牧刘表景升之立，题曰：湘夫人碑。今验其文，乃晋太康元年。又题其额曰：虞舜二妃之碑。非景升立者。"韩愈虽不信舜死南方、二妃溺湘之说，但仍主张"二湘"乃娥皇、女英之神，他在元和十四年（819年）贬谪潮州刺史，途经此地时，仍不免"过庙而祷之"。除黄陵庙外，二妃神祀尚有多处，如永州府城在唐代有潇湘庙。明隆庆修《永州府志》卷六《秩祀志》载"潇湘庙"："旧在潇湘西崖。唐贞元九年三月水至城下，官民祷而有应，至于漕运艰阻，旱干水溢，民辄叩焉。"又湘源县也有二妃庙，柳宗元贬永州司马时，曾作《湘源二妃庙碑》，礼赞有加。

在唐代诗歌中，由"潇湘"意象所表现出来的凄怨哀婉情调，其主流情感由屈原的"二湘"直追舜帝"二妃"，成为千古爱情吟唱的绵绵不绝之音。而且，在诗歌吟唱的同时，还伴有琴瑟和鸣；又因为与屈原的关系，在吟唱爱情的同时，也伴有忧国之思。

潇湘诗情中的忧国之思，是与"屈贾"相联系的。屈原信而见疑、忠而被谤，忧国之思转化为满腔怨恨倾注于"离骚"，最后自沉于湘水支流汨罗，这本身就与"二湘"在凄怨风格上具有共通性；加之屈原的人格与其作品一同受到后人的景仰，二者的悲剧性也在相当程度上弥漫在湘江烟水之上。西汉贾谊才高见疏，外充长沙王太傅，过湘江，作《吊屈原赋》，以屈原为同道，并以此而寄托自己的忧国伤时之情。后虽还京，终因抑郁不得志，三十三岁即谢世，其人其作乃一气秉承屈原之风，故后人将"屈贾"连称。此后文人士子每遇坎坷，尤其是忠而见疏或怀才不遇时，便自然会想到"屈贾"，如果地域上再与潇湘有些关联，更是一发难收了。《后汉书·梁统传》载："竦……后坐兄松事，与弟恭俱徙九真。既徂南土，历江湖，济沅湘……感悼子胥、屈原以非辜沉身，乃作《悼骚赋》，系玄石而沈之。"①又南朝刘宋时期的颜延年高才得位，招人嫉恨，逮少帝即位，出为始安太守，道经汨罗，为湘州刺史张劭作《祭屈原文》以致其意。此文收于《文选》卷第六十，与贾谊《吊屈原文》同卷。颜延年又有《和谢灵运》诗，其中有云："吊屈汀洲浦，谒帝苍山蹊。"因为借用了屈原、舜帝的典故，自然而然地悲从中来。

有唐一代，北方文人南下既多，其中又多有被贬或下第等不称意者，因而唐诗中往往将"潇湘"与"屈贾"连用，相伴而更生悲情，这样的诗作频频出现，远多于前代。合"屈贾"而言者如张碧《秋日登岳阳楼晴望》："……屈原回日牵愁吟，龙宫感激致应沈。贾生憔悴说不得，茫茫烟霭堆湖心。"而分说之作更多，尤其是咏屈原的：

---

① 《后汉书》，北京：中华书局1982年版，第1171页。

> 沅湘流不尽，屈子怨何深。日暮秋风起，萧萧枫树林。(戴叔伦《过三闾庙》)
>
> 一掬灵均泪，千年湘水文。(孟郊《楚竹吟酬卢虔端公见和湘弦怨》)
>
> 北风吹楚树，此地独生秋。何事屈原恨，不随湘水流。(于武陵《夜泊湘江》)
>
> 千重烟树万重波，因便何妨吊汨罗。(韦庄《湘中作》)

当然也有单吊贾谊的，如贾岛《送李余往湖南》："昔去候温凉，秋山满楚乡。今来从辟命，春物遍浔阳。岳石挂海雪，野枫堆渚樯。若寻吾祖宅，寂寞在潇湘。"所谓"吾祖"，即贾谊之谓也。相形之下，单咏贾谊之作远不如单咏屈原之作多，这是因为贾生的人格与文章以及在潇湘大地的影响俱不及屈原之故。

由于将屈原的"二湘"与舜帝二妃混同为一，于是又出现了一个最具象征意义的新名词："湘妃"。而且，这一名词还从诗歌领域进入到了琴曲领域。据郭茂倩《乐府诗集》卷五十七《琴曲歌辞·湘妃》记载："《湘中记》曰：'舜二妃死为湘水神，故曰湘妃。'……按《琴操》有《湘妃怨》，又有《湘夫人》曲。"[①]《琴操》传为东汉末蔡邕作，今辑本无此二曲，郭茂倩编《琴曲歌辞》，多录古辞，不避伪托。依此体，此不录《琴操》之《湘妃怨》与《湘夫人》二曲辞，或许宋时已不可见。《湘中记》有晋人罗含及南朝刘宋庚仲雍两种版本，此处虽然未注明出自何本，总之是出自唐前之书是无可疑义的。《乐府诗集》之《琴曲歌辞》共收四种湘妃题材的曲子——《湘妃》《湘妃怨》《湘妃列女操》《湘夫人》。又据王昆吾《隋唐五代燕乐杂言歌辞研究》[②]考索，唐人除琴曲外，琵琶曲中亦有名《湘妃》者，鼓吹乐大横吹部节鼓二十四曲中有《湘妃怨》。另外，教坊中杂言曲子《长相思》，原出琴曲《湘妃怨》，而刘禹锡又创《潇湘神》之曲，等等。可见对湘妃的吟咏，也是唐及唐前文人的一种习尚。下面不妨品读一下这些直接吟咏湘妃故事的歌辞意韵。

唐代以前的作品留存较少，今唯见《乐府诗集》中所存两首《湘夫人》。其一为南朝梁沈约之作："潇湘风已息，沅澧复安流。扬蛾一含睇，嫣娟好且修。捐玦置澧浦，解佩寄中洲。"其二为王僧孺作："桂栋承薜帷，眇眇川之湄。白蘋徒可望，绿芷竟空滋。日暮思公子，衔意嘿无辞。"这二首作品基本演绎"二湘"词句，与二妃事迹几无关联，且情韵清扬而微伤，远不及"二湘"之瑰丽凄怨，足见南朝诗人轻靡而不失温和的诗风。

如前所述，至迟从东汉蔡邕作《琴操》起，琴曲中便有咏湘妃题材的曲子，如《湘妃》《湘妃怨》等。从今存的唐及唐以前歌辞看，俱吟咏二妃湘行事迹，悱恻凄绝，萦

[①] 郭茂倩：《乐府诗集》，北京：中华书局1996年版，第825~826页。

[②] 王昆吾：《隋唐五代燕乐杂言歌辞研究》，北京：中华书局1996年版。

绕不去，乃至于有些未必与潇湘有关的人或事，也常借潇湘琴韵，抒其离别之情。比如项斯《泾州听张处士弹琴》："边州独夜正思乡，君又弹琴在客堂。仿佛不离灯影外，似闻流水到潇湘。"项斯为台州（今浙江临海）人，毕竟与潇湘同在江南，他远在西北泾州边关，听琴思乡，而以"潇湘"指代家乡，这一是因为台州与潇湘均属江南，离乡越远，家乡的范围越宽，西北正可与江南相对应；而更重要的是潇湘意象及相关琴曲所表现的情调更切合思乡之情。

还有一个经常被唐诗所引用的典故是"湘灵鼓瑟"。唐诗中以此为题者甚多，天宝十年（751年）更以此为省试题，留下了钱起著名的篇章《省试湘灵鼓瑟》：

善鼓云和瑟，常闻帝子灵。冯夷空自舞，楚客不堪听。苦调凄金石，清音入杳冥。苍梧来怨慕，白芷动芳馨。流水传潇浦，悲风过洞庭。曲终人不见，江上数峰青。

"湘灵鼓瑟"之典源出楚辞《远游》："张咸池奏承云兮，二女御九韶歌。使湘灵鼓瑟兮，令海若舞冯夷。"在这段描写之前，诗中主人公经长时间遨游后，忽然望见故乡，以至"长太息而掩涕"，悲不可禁，只好继续远游寻找快乐，以安慰心中苦痛，即所谓"氾容与而遐举兮，聊抑志而自弭"，所以接下来都是写可以使人欢乐的情事，包括音乐舞蹈。且《咸池》《承云》《九韶》相传分别是尧、黄帝与舜的音乐，都是至美的华章，当然不入愁苦一途。《远游》的这一段是模仿《离骚》的，《离骚》中该节有词曰："奏九歌而舞韶兮，聊假日以愉乐。"说得再分明不过了。

关于洞庭乐声，尚不止《远游》之记载。《庄子》中《天运》篇："北门成问于黄帝曰：帝张《咸池》之乐于洞庭之野……"其《至乐》篇又云："《咸池》《九韶》之乐，张之洞庭之野……"庄子书固多寓言，但其所言与《远游》之"张咸池奏承云兮，二女御九韶歌"，似说一事。可见洞庭张乐敷奏华章，当为战国秦汉间盛传之说。晋代王嘉《拾遗记》又记其事曰：

洞庭山浮于水上，其下有金堂数百间，玉女居之。四时闻金石丝竹之声，彻于山顶。楚怀王之时，与群才赋诗于水湄，故云潇湘洞庭之乐，听者令人难老。虽《咸池》《九韶》，不得比焉。[①]

所谓"玉女"，应当是从《山海经》之"帝之二女"及《远游》之"二女御九韶歌"中化出。揆其文字，潇湘洞庭之乐，自当是清美忘忧的情调。

"湘灵鼓瑟"，原本是指欢快的乐事，绝不是钱起诗中所谓的"苦调凄金石"。然

---

① 四库全书版《拾遗记》卷十。

而如此反用典故却能获得众多共鸣，这定然不是钱起个人情感表现的特例。天宝年间以《湘灵鼓瑟》为题的省试诗，《全唐诗》中另存有陈季、王邕、庄若讷、魏璀诸人之作，与钱起之作同一情调，说明这种反用典故的诗情早已风行，不足为怪了，难怪钱起此作甫传，便声誉鹊起。其他诗作如"韵含湘瑟切，音带舜弦清"（潘存实《赋得玉声如乐》），"秦地吹箫女，湘波鼓瑟妃"（韩愈《梁国惠康公主挽歌二首》），也同样如此。揆诸情理，"二湘"篇章、湘妃故事及湘妃琴曲的凄怨哀婉情调，早已深入人心，人们一提起"湘灵"就必然联想到湘妃，一想到湘妃，就必生凄怨哀婉之情，所以在不经意中重新演绎了"湘灵鼓瑟"的典故。而这一趋势在唐代之前已露端倪，南齐谢玄晖《新亭渚别范零陵诗》云："洞庭张乐地，潇湘帝子游。云去苍梧野，水还江汉流。停骖我怅望，辍棹子夷犹。广平听方籍，茂陵将见求。心事俱已矣，江上徒离忧。"首二句用旧典，但下面"怅望""夷犹""离忧"云云，便往"二湘"凄怨情调上滑动了。此诗轻怨怅惘，或许可以看作"湘灵鼓瑟"从华美向"苦愁"演变的过渡状态，从中也可见出湘妃传说及潇湘凄怨哀婉情调的统摄力和感召力。

最后需要说明的是，进入宋代之后，表现潇湘意象凄怨哀婉情调的作品便减少了，而清新明丽的诗作大大增多，这或许是源于南北文化的进一步交流以及南方文化整体品格的提高；宋明以来，又有所谓"潇湘八景"，常为人摹画或吟咏，其格调亦以清新空灵为多。

"破额山前碧玉流，骚人遥驻木兰舟。春风无限潇湘意，欲采蘋花不自由。"这是柳宗元酬答友人的应制之作《酬曹侍御过象县见寄》。诗中的风景描写十分优美，情思更是深广悠远。但此诗究竟写作于何时何地？至今却并无定论。从诗作的内容和诗人所表达的情感分析，此诗应该是作于柳州，因为象县距柳州不远，同在柳江之上，所以"碧玉流"应该是柳宗元亲眼所见，是写实；"潇湘意"则是柳宗元的记忆怀想，是写虚；最后一句则是写虚与写实的结合，这种结合就体现在柳宗元采撷蘋花的"自由"与"不自由"上。据《清一统志湖南永州府》载："白蘋洲，在零陵西潇水中，洲长数十丈，水横流如峡，旧产白蘋最盛。"柳宗元在永州时，定然是"自由"地采撷过白蘋花的，这是柳宗元记忆的留存，因而是写虚；而写作此诗时已经身在柳州，山高水长路途遥，故而"欲采蘋花不自由"了，这是写实——在"不自由"中暗含了"自由"，这才是虚实结合的关键所在。

当然，柳宗元此诗究竟写作于何时何地，其实并不重要，重要的是柳宗元所表达的情思："春风无限潇湘意"！用今天的眼光来看，这是柳宗元为潇湘大地所撰写的一句最好的广告词，因为从诗中我们不仅可以感觉到"春风无限"，更可以联想到"春光无限""春意无限"……

"春光无限"给人以无限遐思，在遐思中铺开锦绣潇湘的优美画卷。九嶷山之雄奇、舜皇山之超拔、阳明山之明媚，再加上激流飞瀑的潇水、潆洄曲折的湘水，给潇湘大地已经绘出了一幅壮阔而又幽深的山水图；而当潇湘二水交汇于蘋岛，带来"蘋洲春涨"，催生出"永州八景"，让锦绣潇湘更添神韵。当"蘋洲春涨"的雨声带来"潇湘夜雨"的文人画卷，并催生出"潇湘八景"的千古画作，进而带动"八景"文化景观走出永州，走出湖南，走遍大江南北、大河上下，甚至走出国门，在异国他乡生根开花时，这神奇"春光"的魅力，只能用"无限"二字才能形容。

不仅仅是山水风景和文人画卷的"春光无限"，还有诸多艺术为这"春光"增色添彩。这里有流传千年的祁剧艺术，有千古不磨的书法石刻艺术，更有那千古爱情绝唱的《湘君》《湘夫人》等诗歌艺术，犹如无限"春光"的调色板，将"春光"的颜色涂抹得更加绚丽多彩。

"春意无限"更给人无尽的联想。由我们当下联想开去，有近百年的红色文化：中国共产党创始人之一的李达，为零陵文化留下了弥足珍贵的红色基因；有近千年的濂溪文化：作为继孔孟之后的"三圣"周敦颐开创了宋明理学，为中国传统文化树立了一座高峰；有四千多年的虞舜文化：作为中华文明先祖和道德文明始祖，舜帝南巡崩葬于九嶷，不仅为潇湘大地开创了文明之光，更为中华文明镀亮了数千年历史进程；有上万年的稻作文化：道县玉蟾岩考古发现的人工栽培稻谷，揭示了中国乃至世界的农耕文明，在这里也是一个肇始点；更有十余万年的人类始祖文化：道县福岩洞考古发现了8至12万年前呈现典型现代智人特征的牙齿。因此，这里不仅可以追溯中华五千年文明进程的诸多节点，更可以追溯人类进化历程的诸多足迹，给人的联想确实可以"无限"地延伸……

第二章　百里平湖

"潇水是一条没有任何航标的河流。正因为没有任何航标,使它显示着一种单纯的、质朴的、天然的美,恰如山区那些不事装饰的女子。在它的上游,大部分的河道都被夹在两岸的青山之中,好像一条走不完的长廊。它的流水清得出奇,树影映在水面上,连枝杈间的鸟巢都可以看清楚。只要你在潇水上游航行过,一定会产生这种奇异的感觉:天地之间的界限似乎完全不存在了,鸟儿在水底飞翔,鱼儿游上山岗;人呢,根本搞不清自己到底是在水中,还是在天上。周围的一切都是绿的,绿得叫人心醉。唯独在河道的远方,蒙蒙的雾气,荡漾着一抹幽蓝。这蓝色时时召唤你,引诱你,逗起你的无尽遐想。可是你往前走,那幽蓝又变成绿的了——你永远别想到达那个境界。"[①] 这是叶蔚林在他的中篇小说《在没有航标的河流上》中所描写的景象。这样的景象,直到今天,在潇水和湘江上游依然如故。所不同的只是,潇水流域和湘江上游修建了不少梯级水电站,让原来湍急的河流变成了绵延数百公里的平湖,使得这里的水面更开阔,绿意更盎然,特别是那"一抹幽蓝",从山脚移到了山尖,更给人无限遐想,如梦似仙……

一、潇湘平湖风光带

从湘江上游到潇水上游的干流上,共建有六个梯级水电站,包括江华涔天河、双牌、零陵南津渡、冷水滩宋家洲、祁阳浯溪和湘祁水电站。这六个水电站的建成,使原本湍急的河流变成了平静的湖面,这不仅方便了水路运输,更重要的是为今天的全域旅游提供了便利:人们乘坐着宽敞明亮的游船,行驶在宽阔平稳的江面上,可以慢慢地欣赏江中和两岸的风景。这里不仅有山清水秀、水天一色的自然景观,更有诸多的人文景观。这里主要介绍潇湘汇流后到湘祁水电站一段的江景。因湘祁、浯溪、宋家洲三级大坝的建设,形成了一百多公里的平湖风光,而景观最密集的河段有浯溪风光带和宋家洲风光带。

(一)浯溪风光带

"浯溪"无疑是祁阳的一张亮丽名片,很多地方都以"浯溪"冠名:原祁阳县的县

---

① 叶蔚林:《在没有航标的河流上》,见《叶蔚林作品全集》(上卷),长沙:湖南人民出版社2012年版,第11页。

城叫浯溪镇,有浯溪碑林、浯溪公园、浯溪水电站、浯溪湿地公园等。这里所说的浯溪风景带,包括国家级湿地公园——浯溪湿地公园及浯溪镇周边的风景点。

浯溪湿地公园环境优美。秀美灵动的水面、连绵逶迤的山峦、秀美质朴的山乡、郁郁葱葱的森林、悠然自得的鸟禽,共同组成了一幅优美的风景画。

1. 湿地风光

绿染浯溪　浯溪湿地公园内湘江风光秀美,丰艳多姿。每年春夏时节,花红水碧,鱼跃鸟飞,岚影沉浮,霞光掩映。水域多洲滩,成片的芦苇蔚然成景,野鸭等水鸟时隐时现。荡舟水上,随着舟船的前行,两岸的青山次第排开,湘江正展示着她的温婉之美,闪动着含蓄和深远的光波。

云绕白水　白水河景色优美,碧波荡漾,草长莺飞。水质优良,粼粼碧波连接青山蓝天,景致优美无限。周边山体起伏延绵,其上植被葱翠茂密,青翠浓郁。山光接映水景,美妙多彩,令人神往。优美的自然风光中孕育着丰富的鸟类群落,随舟漫游,时时聆听清脆鸟鸣,仿佛身在人间天堂。

秀美祁水　祁水清澈见底,在温煦的阳光下,犹如一位情窦初开的少女,拖着长长的绿纱裙,款款前行于青山绿水之中。蓝天上悠闲的云、岸边姹紫嫣红的花草与水中的倒影构成了一幅绝美的图画,分不清云在水中飘还是水在云中流。深植岸边的老树,新绿满枝,分明就是栽在水中的盆景。

林海听风　石洞源水库周边山体,分布着茂密的松樟混交林,森林林相完整且繁茂,春夏浓翠欲滴,秋冬黄绿相映,四季景观优美丰富,季相色彩变化多端。一望无垠的杉木林坚韧挺拔,林相整齐,枝叶紧密相连,朴实中有光华之色,雄壮中见婆娑之姿;晚风吹拂,松涛阵阵,令人精神抖擞。一排排阔叶树慵懒地吮吸着天赐的甘露,伸展着翡翠一般的枝条;一片片叶子在微风中欢笑着,仿佛在对远道而来的客人致敬。公园内随处可见苍苍古树:千年古樟盘根错节,树荫如盖;苍劲银桂虽历经几世,仍显示出无限的生机。

山谷逶迤　白水河两岸山峦起伏,正所谓"峰回路转又一弯"。进入山谷深处,湖水碧绿深不可测。沿白水河乘船顺流而下,云雾缭绕,白鹭翩跹,鸳鸯嬉戏,仿佛置身于浩渺幽远的世外桃源。

莺歌燕舞　繁茂的湿地植被群落,为水鸟提供了丰富的食物来源和适宜的繁殖地。区域内鸟类群落丰富多样,不同鸟类在此有着适合生存的生态位。丰富的鸟类资源为浯溪湿地公园平添一片生机。清脆婉转的鸟鸣不绝于耳,且不时能观赏到群燕起舞、飞掠湖面的美妙和谐景致。

大坝风光　浯溪水电站坝高 28 米，坝顶长度 1369 米，主河床设置 13 孔溢流坝，闸孔尺寸 20 米 ×12.5 米（宽 × 高），堰顶高程 76 米，闸室段长 100 米。远观大坝，宏伟壮观。登坝远眺，水藏在山中，山围着水，水绕着山，山披着绿，绿映着水，晨昏晴雨不同，风光旖旎，环境优美。

水面日出　拂晓，雾霭泛起，乳白的轻纱把重重山峦间隔起来，只剩下青色的峰尖，真像一幅笔墨清爽、疏密有致的山水画。继而，天空云朵赤紫交杂，瞬息万变。满天彩霞与水面上的茫茫雾气连为一体，云霞雾霭相映。日轮掀开云幕，冉冉升起，宛若飘荡着的宫灯，顷刻间，金光四射，群峰尽染。

金色夕阳　傍晚时分，在袅袅炊烟中见暮霭初起，万山俱寂，夕阳吻水衔山，缓缓西沉，将山河染红，山峰、农舍、田园、湖泊、树木、游人都镶上金边。只见由橙色渐变为紫色的天空中，布满一道道灰暗的云，像是太阳不愿意离去泛起的涟漪。未几，残阳尽逝，倦鸟归巢，暮鸦飞起，秋虫啁啾，山色朦胧……真是"万壑有声含晚寂，数峰无语立夕阳"。

森林之夜　对于长期居住在城市的人们来说，能够在原汁原味的夜空下呼吸新鲜的空气已经成为一种奢侈。浯溪湿地公园的夜晚仿佛原生态的一床棉被，纯白、宽厚、轻软、温良。雨停月初，在暗淡的天光下，寂静能带给游人新鲜的人生体验，仿佛在无数沉默的灵魂中游走。抬头望去，银色的星星如小花，开满墨蓝的夜空，白云如梦似幻，月亮蓦然变得异常硕大光明，令人沉静。不妨把自己拟诸山水画中的人物，做种种幽邈的遐想，疲累、忧愁、压力在其中不知不觉化为乌有……

金洞猛江河国家湿地公园　该湿地公园位于永州市金洞管理区境内，是白水源头，与浯溪湿地公园连接为一线。公园内风光旖旎，森林茂密，树木葱茏，山峰雄伟，溪水清澈。公园动植物资源十分丰富，共有植物 197 科 1033 种，野生脊椎动物 79 科 233 种。有大面积的地带性阔叶林和众多的天然生态岛，多样的生态环境为动植物的栖息、繁殖提供了优良的条件，时常可见鸳鸯、白鹭等成群水鸟在水面遨游，或是听闻各类鸟兽山野啼鸣，引人入胜。公园内水流宽阔平稳，两岸崇山峻岭，沟壑纵横，形成了一幅高峡平湖的壮观山水画卷。游人可行走于环湿地公园水岸道路，沿途远眺两岸青山绿水，或三两结伴自驾游船、皮划艇等水中闲游、拂风赏湖。还有被称为"亚洲第一漂"的金洞漂流，惊险、刺激，野趣横生，每年吸引众多的都市人前来旅游。

2. 两岸景点

浯溪湿地公园，不仅自然风光秀丽如画，还有诸多人文景点，更是为湿地增添了历史厚重感和文化韵味。

（1）八角岭与白泥寺

八角岭背依祁阳县潘市镇，与白水镇隔河相望。山不高，海拔400多米。但"山不在高，有仙则名"，更何况这山上有"仙"也有"佛"。根据当地的民间传说，八角岭上主要供奉着一仙一佛：八仙之一的何仙姑曾在此修道，寿佛十一世转生佛在此修行。

民间传说何仙姑在她母亲九十九岁逝世之后，就上八角岭结庐修道。每日食山井圣水，潜心修炼，至三百年后，人们见她还宛若处子。唐中宗时某年的八月初八，何仙姑在紫霞峰驾云升仙而去。在此后的千百年里，她仍然顾念自己修炼的地方，时时显灵，对此处的百姓甚是眷顾，有求必应。

寿佛十一世转生佛也是唐朝时的人物，天宝年间出生在湖南郴州。幼年出家衡阳雁峰寺，因为头上长癞子，所以被僧众排斥，于是云游到八角岭结庐修行，这便是最早的白泥寺。后又因为寿佛用头上癞子皮做菜给僧众吃，又被排斥，云游到全州湘山寺，最终修炼成佛。

八角岭上的白泥寺始建于唐代，初建时规模尚小，后来陆续扩大。光绪二十二年（1896年）曾进行过一次大修补；1928年儒商李谏行发动募捐，群策群力再度重修，本县名士李馥、黄裔题写匾额和楹联，铁画银钩，颇有风骨。抗战时期，湖南名人唐生智、冯天柱曾数次礼佛，并留有"白水汇湘碧，紫霞映地红。危岸吞落日，修竹引清风"的诗句。1968年，寺庙被毁败。1998年，寺庙又重建，并更名为"白霓寺"。白霓寺坐北朝南，正殿非常高大，六根大柱的前檐，是最为传统的中式建筑风格。大堂里供着寿佛塑像，后堂供奉着何仙姑。佛教与道教齐聚一堂，也算是白霓寺的一大特色。

（2）传统村落八角岭村

八角岭村坐落在八角岭的山脚，属潘市镇。整个村落的布局，是典型的中轴对称结构的四合院式，正厅、偏厅、厢房、天井皆有巷道连接。天井由长条石围砌，良好周密细致的排水系统，无论多大的暴雨来袭，都不会溢出条石。

正门的门楼高耸厚重，似宫殿式、带铆钉的厚实铁门，门楣并没有更多装饰。入正门，就是青砖、条石铺就的前坪，很大，很规范，左右都是两层厢房，正中是正屋，中央供奉神台，两旁是拱形石门行廊，连接各家各户，真可谓"晴不见日，雨不湿鞋"的设计布局。

古村格局很气派、很完整，而且保存完好。该村的建村时间不很长，距今90余年，也许是因为古村的青砖太厚实，所以才有今天的风姿旧貌。

2018年，八角岭村被列入"第五批中国传统村落名录"。

（3）祁剧故里竹山村

与八角岭隔河相对的白云山，在当地也小有名气。山顶原有一个白云庵，与阳明山万寿寺是同一个支系，其香火也一直旺盛；但大跃进时期被拆除之后，再未重建。现在山上的森林茂密，有一股很大的泉水从山顶流向山脚，水质良好。20世纪中期，山上曾建有一个"白云山林场"，现在还有断墙残壁，而与之相邻的白云庵，则只剩下了房基。

白云山下有一个村子颇有名气，这就是祁剧故里——竹山村。竹山村地处祁阳县黄白公路旁。村口建有古色古香的牌楼，两边镌刻着一些文人为竹山村所题写的诗词，一看就知道这是一个颇有文化底蕴的地方。村路整洁，两旁树木挟荫，环境优美，是"湖南省生态示范村"，也是"全国文明村"。

竹山村之所以称为"祁剧故里"，是因为这里有"祁剧科班旧址"：这是一个典型的湘南院落，始建于道光十四年（1834年）。青砖灰瓦马头墙，正房为三进，两边厢房规整。门前荷莲成片，屋后竹林成荫，环境特别幽静，确实是办科班的好地方。今天，这里已办成酒店和民宿，到这里住上几天，可以吃上地道的祁阳菜，体验传统的慢生活。

尤为重要的是，这里建有"祁剧广场"。广场东面的正中，矗立着祁剧始祖——焦德的塑像。像高9.42米，寓意焦德942岁（截至2018年）；加底座2米，塑像通高11.42米。广场两边和侧面山坡上还有半身塑像20多尊，祁剧史上的艺术名家、研究名家以及对祁剧作出过重大贡献的人物几乎全部集中于此，连同每尊塑像的人物简介，整个广场就是一部祁剧流传简史。

这里还建有一个竹山祁剧演艺厅，造型古朴，舞台宽敞，有800多个软椅座位，可供正规的剧团演出，湖南省祁剧院、永州市祁阳祁剧团、祁东祁剧团等专业剧团均在此演出过；祁阳祁剧团联合竹山村开通了"周末剧场"，每到周末便有本地或外地的演员来此演出。祁剧演员出身的唐长炼在此开办了"中国（竹山）祁剧少儿传承培训中心"，培养了一大批小演员，其中的施圣勇还获得了"小金花奖"。每到周末，小演员们也不时在此演出。

村里还有一个"祁剧博物馆"，有祁剧剧本、祁剧史料等文字资料，尤其是一些从祁剧世家、祁剧名家手中直接收集到的手抄本、油印本，是见证祁剧流传与发展的珍贵资料；还有很多祁剧戏装、刀枪剑戟等实物资料。博物馆规模不大，但有关祁剧的各种资料基本齐全。

出祁剧博物馆步行两百米，还有一个自然风景点——腾龙岭。传说在古时候，山中曾栖住着雌雄二龙，每逢久旱无雨之时，二龙便腾空而起，播云洒雨，福泽一方，故此得名"腾龙岭"。腾龙岭的景色有"三奇"——石奇，怪石嶙峋，千姿百态；树奇，石缝中的古树，躯干道劲，枝繁叶茂；藤奇，青藤婀娜，爬满怪石，缠绕树枝。一条小路曲径通幽，到达山顶，"腾龙阁"赫然在目，登阁远眺，见湘江北去，群山逶迤……

（4）文昌塔与文昌书院

文昌塔始建于明万历元年（1573年），由曾担任贵州铜仁知府的祁阳人邓球倡建，清乾隆十一年（1746年）重建，为省内仅有的四面抱厦式结构的砖石塔，矗立于"万丈书岩"之上，位于祁水与湘江的交汇口附近。

文昌塔坐东南朝西北，高36.68米，基座直径18.2米，每边长7米。砖石结构，底层以青石为基，二层以上为青砖砌筑，从下而上，逐层内收。内为拱顶，外为砖石出挑外檐，外平台地板、顶盖、角脊均用红砂石铺砌，尤耐风霜。塔中空，各层均有台阶，可绕至塔顶。每层各面均设券门。二、三、七层设外平台，其余设腰檐。各层高度不等，使塔身造型具有韵律感。塔顶有铁刹，雄伟壮观。一层正门嵌"二龙戏珠"立体镂空浮雕石刻，上刻"文昌塔"三字，其余各层也均在内壁上嵌有对联、建塔记等碑刻。

1983年，湖南省人民政府公布文昌塔为省级文物保护单位。

邓球在倡建文昌塔的同时，还在塔下创办了文昌书院。书院的开办虽有断续，但一直延续下来，民国和新中国成立初期，这里开办了"乡村师范"；1979年，开办了祁阳师范；2018年，祁阳师范与道县师范合并，创办永州高等师范学校，这里又开办了"文昌中学"。仅一墙之隔的祁阳一中，已有上百年的办学历史，是省内外闻名的高级中学。

（5）潇湘楼与潇湘庙

与文昌塔隔祁水相望的潇湘楼，也是省级文物保护单位。该楼巍然耸立在1209平方米的突兀的小石山上，从正面看，整个楼阁就如"品"字一样依傍古城城墙。楼前是一条历史悠久的古石板街，石板街依祁水（又名小东江）西岸而延伸。最早这里曾建有"潇湘庙"，供奉舜帝和娥皇、女英，因而此处的城门就叫"潇湘门"。今天的潇湘庙门楼仍在，因舜帝和娥皇、女英的灵位已迁入潇湘楼中，故此处的殿堂已经破败，仅剩一座空空荡荡的小平房。

潇湘楼始建于明嘉靖年间，现楼为民国初年重建，楼高8米，是中西合璧的砖木结构建造风格。楼前是半弧形台阶，为南北对称式梯形台阶，南北均为20级。台阶两侧安装有大理石护栏，分别雕刻了《八仙过海》《十二生肖》《牡丹》《荷花》等吉祥图案。图案为阴刻，雕刻工艺惟妙惟肖，栩栩如生。潇湘楼大门上，"潇湘楼"三个大字黑底白字、隶书镌刻在大门楣头上。大门方石柱上阴刻了一副醒目的楹联，上联是"木石居犹是"，下联是"江城画不如"，据说是民国祁邑名士黄裔书写的。

进门第一栋是主楼，主楼分为上下两层，第一层正面供奉着一尊灵官大帝金像。黄灵官，本名王善，是道教的第一护法神，在明代是一位著名的雷神、火神、降魔之神，司掌收瘟摄毒之神。左右两边为厢房。二层为木制，形似戏台，两边各有一根大木柱，柱上刻有楹联一副："谒庙缅怀圣洁双娥寻舜帝，登楼骋目澄明二水入胸襟。"沿着左右两边盘旋的木梯上到二楼，中堂正壁神龛上供奉着舜帝和娥皇、女英。通过窗户往外眺望，近处眼底看见石板老街屋顶的飞檐翘角，青瓦屋面鳞次栉比，在小东江的映衬下蜿蜒游动；远处，祁水和湘江汇合后浩荡北去，碧水蓝天，水鸟翱翔；文昌塔宝顶直指苍穹，万卷书岩在微波下荡漾，天马山凌云叠翠……好一幅令人心旷神怡的景象。

（6）浯洲与狮子洑

在浯溪公园下游约500米处，有一个江中小岛浯洲。浯洲洲身近似椭圆，呈东西走向，四面环水。洲的西面是一片鹅卵石滩，且正对着宽阔的江面，汹涌的江水漫过不平的滩头，发出雷鸣般的涛声，远远的就能听到。洲尾朝向东方，像一扇翅膀伸展在江面上。在这里眺望日出，看着太阳透过一层层薄雾，从远方的山顶上冉冉升起，万道霞光映在江面上，波光粼粼。洲上芳草萋萋，绿树成荫，尤多桑树。每到五月桑葚成熟的时节，成百上千棵野桑树上一颗颗紫红色、饱满圆润的桑葚挂满枝头，清香盈鼻，令人馋涎欲滴。洲上百鸟翔集，尤多白鹭，初春或秋末，还有许多过往的候鸟在此停留。近几年的秋末冬初，在浯洲岛周边水域发现有数百只鹏鹉，在快意游荡、追逐嬉戏。鹏鹉属于候鸟类，主要生活在湿地、湖泊、水草肥美等优质的水域环境中，属"三有类"（有益的或者有重要经济、科学研究价值）保护动物。洲的南面，与对岸相隔的是一条几十米宽的水道，河水清澈平静，像一面硕大的镜子，两岸景色倒映其中，清晰可见。这里是一幅纯天然的景象，岛上曾有几户渔民，现已迁出；也曾经有人在岛上建房搞开发，现已叫停，只有一条环岛水泥路仍在，可为游客提供方便。今天的浯洲，基本上保持着纯天然的风貌，别有一番风味。

浯洲的东南面河段，曾有一处险滩名曰"狮子洑"，当地百姓叫"狮子口"。这里是行船放排的"鬼门关"，却是读书人的"吉祥地"。关于狮子洑《祁阳县志》里这样记载：

> 县南一里，湘江之侧。巨石状如狮形，岩伏见齿，奋瞰余溪，沿崖盘石，如有衔状，然往往有屋箬遮障。古谶云："狮子衔球出状元。"成化庚子（1480年），水泛洑口，经一二日退，沙聚如圆球。时姚江王华讲学于此，明年廷对，果魁天下，亦见其兆也。按，洑，当作澓，伏流也。又云水洄。郭璞赋云："迅澓增浇，涌湍叠跃。"其险不减吕梁，客舟慎之。

或许是因为此处的滩途太过凶险，文人便编出一个"狮子含球出状元"的吉祥故事，以化解人们心头的恐惧感。今天，因下游湘祁水电站大坝的建成，水位抬高，水流平稳，险滩已不复存在，但狮子口怪石仍在，已成一道风景。

（二）宋家洲风光带

1. 宋家洲与"湘江西岸风光带"

宋家洲无疑是冷水滩风光带的中心，早在清代，这里就是所谓"泠溪八景"之一，在清嘉庆《零陵县志补》艺文卷中，辑录有一首《双洲渔火》：

> 天开图画是双洲，水合潇湘迳作秋。
> 柔橹一声渔艇出，疏灯数点蚌珠流。
> 半江明灭星光碎，雨岸迷茫树影稠。
> 举纲得鳞凉月白，棹歌欸乃韵悠悠。

此诗的作者徐大伦是零陵县丞，常驻冷水滩。冷水滩从西汉元鼎六年（公元前111年）开始，就设置了县衙的派出机构零陵县丞署，县丞相当于"副知县"，可代理知县办理日常事务。徐大伦在清嘉庆年间（1796—1820年）两任零陵县丞（曾代理过零陵知县），这正如他在《泠溪八景序》中所说："自柳侯司马于永州，人皆知有愚溪、黄溪也，而未曾知有冷溪之佳胜。冷溪者，俗所谓冷水滩也，零陵丞署在焉。"正因为他常驻冷水滩，所以才熟悉冷水滩的各处景色，从而提出了"泠溪八景"。"双洲"俗称宋家洲，由大小两洲组成，水域开阔，藻绿芹香。以前在适于捕捞的晚上，烟水茫茫，渔火点点，若隐若现，似天上繁星。因而"双洲渔火"成为冷水滩之一景。今天的宋家洲，因水电站大坝的拦截，水位抬高，成为平湖；而"双洲"围成的水面，又成为"湖中之湖"，更是别有一番景色。

根据永州市委、市政府的城市总体规划，计划以宋家洲公园为起点，建设"湘江西路景观风光带"。其建设项目包括：一线绿——以自然和搭配的植被作为景观规划的基调，由南向北一线铺开，优化现有江滩生态环境；三大段——南段为现代都市时尚、文明生活体验区，中段为彰显历史文化、怀古瞻仰的学习旅游体验区，北段为民俗、民风的旅游观光体验区；四景区——"都市客厅"主题景区，历史文化纪念景区，"亲水湖"亲水特色景区，都市村寨特色旅游景区；九景点——分别是"趣乐园""颐乐园""繁花四季""四季花林""民俗商业小街""渔人码头""十二姓瑶寨""田园风光""绿色景廊"。这些项目完成后，这条景观风光带将是沿岸居民和外来旅游者休闲、娱乐、观光、体验的最佳去处，是城市现代、时尚、文明生活的新亮点。

除正在建设的风光带之外，在宋家洲下游有两个人文景点，上游有一个自然景点。

2. 文昌阁

文昌阁位于宋家洲下游、冷水滩城区湘江西岸的悬崖上，建成于明嘉靖十一年（1532年），原有财神殿、文昌殿、观音堂、洞宾楼等建筑群，总面积500平方米，现仅存观音堂。据《零陵县志》载：文昌阁前，有砖砌牌坊，上书"文昌阁"三个字。坊前石阶五级，两侧衬以云龙浮雕。财神殿中供赵公元帅骑虎巨像，右手执金鞭，左手握元宝，形象威武雄壮。文昌阁二楼塑有文昌帝君之像，圆形楼顶上绘有太极图案。帝君像前，立魁星执笔点斗。供桌中央有"至圣先师孔子神位"。神龛两旁有对联："为士大夫十七世，作帝王师亿万年。"循文昌阁左廊至观音堂，堂前有匾，题"一片婆心"四个字。堂内塑有木刻观音大士像，两侧有对联："好子向积善人家送去，化身从普陀海上飞来。"洞宾楼在观音堂后，楼下撑以木柱，楼前有"欸乃一声山水绿"匾额。登阁俯瞰有腾空之感，仰望有触天之势。楼筑于崖石上，依岩傍水，其势险峻，其景优美。现存的观音堂，有新塑观音像、释迦牟尼佛像等18尊。

3. 唐叟钓矶

唐叟钓矶位于冷水滩高溪市镇湘江北岸石崖上。刻在岩壁上的"唐叟钓矶"四个大字，每字十公分见方，正楷，笔力刚健清晰。据《零陵县志》载："叟"，宋乾德初人，唐姓，逸其名，以钓为业。传说，高溪上下原有二十四矶，为唐叟隐居钓鱼处。高溪以隐高人得名。宋杨万里慕其高风，于矶上创建莹心堂、高风亭，并题写"唐叟钓矶"四个大字。杨万里还留下《自声音岩泛舟下高溪》诗一首："晚月黄犹暖，寒江白更清。远水冲岸山，钓艇背人行。舟稳何妨小，波恬尔许平。水鱼不相投，拔刺得吾惊。"

4. 巴州岛

巴州岛位于宋家洲上游、冷水滩区岚角山镇巴州村。巴州岛四面环水，呈舟船型，面积不是很大，却呈现出一派生机勃勃的原生态状态：绿树成荫，藤蔓交错，虫鸣蝶飞，犹如世外桃源。

岛上树木茂盛，种类繁多：参天的古木，苍翠的竹林，低矮的灌木……树形更是千姿百态，有的青翠挺拔，有的老态龙钟，有的虬根盘旋。岛上的蝴蝶奇特无比，随处可见五彩斑斓的蝴蝶，它们有的飞舞在花丛中，有的栖息在河岸边，有的停泊在小径上……轻轻走近一看，每只蝴蝶穿的衣服都惊人地相似，黑白相间的条纹里点缀着许多红圆点，很迷人！如果突然快速奔跑，大大小小的蝴蝶被惊飞，在空中翩翩起舞，别有一番趣味。这是一座尚未开发的小岛，一切都是自然形态，是现代都市生活中难得一见的景色。

二、潇水湿地风景线

永州是全省重点林区，也是湿地大市，资源十分丰富，共有湿地面积 45 866 公顷，其中河流湿地 32 884.49 公顷、湖泊湿地 449.95 公顷、沼泽湿地 2747.25 公顷、人工湿地 9784.31 公顷，湿地总面积占国土面积的 2.06%。国家级湿地公园六个，分别是：祁阳浯溪国家湿地公园、双牌日月湖国家湿地公园、江华涔天河国家湿地公园、东安紫水国家湿地公园、金洞猛江河国家湿地公园、宁远九嶷河国家湿地公园。还有两个在建：零陵潇水国家级湿地公园、江永永明河国家湿地公园。这里主要介绍潇水沿线两个湿地公园：双牌日月湖、江华涔天河湿地公园及其周边的风景线。

（一）双牌日月湖湿地公园

日月湖国家湿地公园位于永州市双牌县，范围从双牌县潇水大桥开始，沿潇水往上至理家坪车龙村水域（大坝以上称"日湖"，大坝以下称"月湖"）及周边河汊水系、部分山林地。湿地公园由南向北呈狭长形廊道走向，全长约 51.5 公里，总面积 3882.9 公顷。日月湖是湘江流域的重要组成部分，对湘江流域的生态安全和生物多样性保护至关重要。公园森林覆盖率高达 98% 以上，水质常年在三类以上，是一级水源地保护区。

湿地公园的湿地植被具有生物多样性、地理成分复杂多样、广布植物繁多的特点。公园内包含着丰富的湿地植物资源。其中有维管束野生植物 148 科 404 属 812 种，蕨类植物 16 科 20 属 25 种，种子植物 132 科 384 属 787 种。以菊科禾本科、莎草科、蔷薇科、蝶形花科等为优势科，国家重点保护植物三种。

湿地公园内地形复杂，分布的野生动物种类繁多。根据《中国动物地理区划》，该地在动物地理区划上属于东洋界、华中区、西部山地高原亚区。湿地公园规划区域内共有脊椎动物 5 纲 26 目 63 科 169 种，其种数为湖南省已知脊椎动物总数的 18.45%。其中，鱼类有 4 目 10 科 39 种，种数占湖南省已知鱼类的 19.02%；两栖动物有 1 目 4 科 8 种，种数占湖南省 11.59%；爬行动物有 2 目 6 科 18 种，种数占湖南省已知爬行动物的 18.18%；哺乳动物为 4 目 8 科 15 种，种数占湖南省已知哺乳动物的 15.79%；鸟类有 15 目 35 科 90 种，种数占湖南省已知鸟类的 19.87%。已知的国家一级保护野生动物有中华秋沙鸭，国家二级重点保护野生动物有赤腹鹰、燕隼等七种。

日月湖享有"湘南小西湖"的美称。沿途有浮洲岛、月亮湾、黄龙山、瑶乡民俗、江村八景等景点。湿地具有浓郁的地方风情和深厚的文化底蕴，流传有许多关于尧、舜、象的传说，还有历史悠久的族谱文化、古代灿烂的农耕文化，保留有访尧村古民居、国家历史文化名村坦田村、南宋状元吴必达的吴家大院等。

访尧古村　位于双牌县江村镇访尧村。相传在远古的时候,访尧村名叫瓦窑滩,烧砖制瓦曾经成为这里的产业。后来,尧禅位于虞舜之后,南巡路宿了这里。这里也是舜帝之弟象的居住地——有庳国的核心地带。当地百姓为祭祀象而修建的"象祠",曾屹立江岸数千年,双牌水库修建后才没于水下。元朝时,周敦颐的后人从广东迁徙来此定居。该村始建于明嘉靖元年(1522年)。经过两百多年的建设,到清嘉庆年间(1796—1820年)新屋门周氏宗祠的竣工,已成为"聚族又数百户"。

江村八景　访尧村周边有所谓的"江村八景",包括仙岩夜月、香石朝烟、龙山叠翠、漫水拖蓝、有庳晨钟、华灯暮鼓、梅江细雨、课楼宴客。永州当代诗人彭庵酩,通过查阅地方志等文献和当地考察,不仅落实了"八景"所在景点,还为每一景点赋诗一首,其诗作不仅能突出景点的特点,也能与景点的历史内涵和文化内涵相结合;而诗前对各个景点的说明,则提纲挈领、直击要害,寥寥几句,景点的方位、历史及特色毕现,很可以成为"江村八景"的解说词。这里仅录一首为例。

仙岩夜月

彭庵酩

仙人岩位于访尧村对面的小山之上,与秀丽的白云岭遥遥对峙。洞中有石桌、石凳,杯盘餐具,玉烛酒筹;山上佳木葱茏,松涛阵阵。相传为仙人拟在山谷造桥的休憩之所。

　　　　樵途烟磴正黄昏,遗胜千秋景尚存。
　　　　一洞苍茫谁问酒,数峰松韵自鸣琴。
　　　　拖蓝汀渚连圩市,嵌绿山村慨古今。
　　　　霞外当年岩上月,清光犹照楚江滨。

作为一首景物诗,既有对景色的描绘,也有对历史的感怀,笔墨疏朗,点到为止,给人以丰富的想象空间,确实是一首优美而又古韵悠长的写景诗。其余七首也大致如是。

日月湖湿地资源丰富,种类繁多,拥有湖泊湿地、河流湿地、人工湿地和沼泽湿地四种湿地类型。双牌县委、县政府已将它作为一张旅游名片打造。游客可乘坐游船慢慢观赏日月湖的美景,放松一下心情,体验一下"慢生活"。

(二)江华涔天河湿地公园

江华涔天河国家湿地公园,地处湖南西南端"神州瑶都"——江华瑶族自治县的中部靠西北方向,是我国南方区域最具独特性的国家湿地公园之一,是我国南岭山区湿地保护示范区，是具有浓郁瑶族民俗风情的国家级湿地公园。

该湿地公园于2013年试点建设，涉及贝江、水口、花江、务江、东田、沱江、国有林场等乡镇（场）地域，主要包括涔天河、涔天河水库及周边区域，总面积2864.8公顷。这里是我国候鸟迁徙路线中线湖南段的重要节点。公园内湿地系统优秀，生物多样性非常丰富。公园内有高等维管植物934种，国家二级重点保护植物5种，包括野大豆、金荞麦和中华结缕草等。有野生脊椎动物218种，包括虎纹蛙在内的国家二级重点保护动物12种；57种鱼类中有18种系中国特有物种，其中的长身鳜和岔尾黄颡鱼为世界自然保护联盟（IUCN）濒危物种名录中的易危级别（VU）的保护物种；爬行动物中有20种属湖南省重点保护物种，其中的9种系《中国两栖爬行动物濒危动物红皮书》中涉及的物种。列入国家"三有"动物名录的两栖动物、鸟类和兽类达到125种。

涔天河湿地公园所在的江华县是我国典型的瑶族居住地，被誉为"神州瑶都"，历史悠久，瑶族文化丰富多彩；同时，湿地公园还蕴藏着深厚的地域历史文化、丰富的湿地生态文化和厚实的生态水利文化。

潇湘源水利风景区 潇湘源于2013年被评为国家水利风景区，景区位于江华县境内，总面积287平方公里，主要由潇湘源滨河风光带、涔天河水库旅游度假区、黄龙山原始森林区和大龙山生态旅游区四部分构成，是生态景观、自然景观、人文景观、瑶族文化、水利资源相结合的综合观光景区。

景区内自然生态环境优越，山雄岭峻，峰兀壁绝，林翠树奇，花香斗艳，溪潺瀑飞，谷幽泉清，湖光水色，波光涟漪。人文旅游资源丰富多彩，民间传统文化丰厚，阳华岩、豸山、盘王殿、吊脚楼组成民族文化旅游风景线。景区人居环境适宜，气候温和湿润，空气负氧离子密集。水利工程宏伟壮观，大坝、溢洪道、发电洞、灌溉洞及控制闸门等设计精巧，气势非凡。尤其是涔天河水库扩建后，库区上游将形成广阔水面并拥有深水航道68公里，高坝形成的广阔水域和数百座岛屿，呈现出一派"南国千岛湖"和"大陆日月潭"的奇异风光。高峡出平湖，旅游观光价值较高。景区资源空间分布相对集中，点、线、面结合，资源类型丰富，人文资源和自然资源交相辉映，搭配得体，相得益彰，是集旅游观光、休闲娱乐、情趣体验、科普教育于一身的复合型水利风景区。

景区内瑶风淳朴，风情浓郁。这里有秦始皇开疆之时的屯兵遗址，有世界瑶族的朝圣之地盘王殿，有历代文人墨客元结、柳宗元、徐霞客等游览题咏过的"江华八景"，更有"山水生态一体，人文自然相融"的神奇画卷。这里有以长鼓舞和盘王大歌为代表的歌舞文化，以龙犬图腾为代表的宗教信仰文化，以盘王节为代表的节庆文化，以吊脚楼为代表的居住文化，以"十八酿"为代表的饮食文化，以"坐歌堂"为代表的婚嫁文化等，是一处回归自然、返璞归真的理想乐园。

豸山凌云　豸山位于江华县城沱江镇东面，屹立于潇水之畔，"峭壁摹空，悬崖俯流"。因山形似古代传说中的独角兽（豸獬）而得名。豸山下有豸山寺，始建于明万历四年（1576年），距今400余年。豸山寺有两个独特的地方。一是佛、道、儒三教合一的建筑格局。古代这一片建筑依次是佛教的豸山寺观音阁、道教的吕祖阁、儒教的文昌阁，一字排开，连为一体。现在看到的是1984年县城从水口镇回迁沱江镇之后重建的格局。左边是豸山寺，右边是望江楼，前面有建于民国年间的六角凉亭——望江亭。吕祖阁与文昌阁毁于兵火，已不复存在。第二个独特的地方是豸山寺建于岩隙中，镶嵌在豸山的山体里面，沿着山势走进观音阁，可以直达山腰岩腹。这就是所谓的"山中有佛，佛在心中"。

豸山山顶，是省级文物保护单位——凌云塔。凌云塔建于清同治八年（1869年），距今150余年。建塔的初衷是为了镇住一方文运不随江水流去，所以又叫"文塔"。凌云塔为砖石结构阁式建筑，塔身七层，高21米，八方四门，俊俏挺秀，集佛教、伊斯兰教之建筑风格于一身。塔的外形为中国传统建筑形式，斗拱、出檐、起翘为中国建筑特点；塔内部为中空穹窿顶，曲线流畅，属西方建筑手法、伊斯兰建筑风格。此塔可谓中西合璧之建筑，有专家称豸山为全国独有的"四教合一"的圣地。凌云塔高居峭壁之上，位于县城的制高点，登临远眺，县城全貌尽在眼底，是重九登高的最佳去处。清代有文人题诗赞曰："天造奇峰境最幽，晴光倒影漾江流……两河到此岩横峭，胜景悠然万古留。"

秦岩深处　秦岩位于江华县城沱江镇东南38公里的白芒营镇秦岩村秦山（吴望山），相传为秦始皇开疆屯兵之遗址，是江华八景中颇有影响的胜景溶洞，属喀斯特地貌。秦岩千姿百态，胜景宜人。全长3.8公里，其中地下水路1000米，洞内约6.8万平方米；深洞蜿蜒曲折，悬壁高挂，石浆钟乳，琳琅满目。全岩三个溶洞即"桃源洞""水晶洞""天仙洞"，洞洞相连，景景奇妍。桃源洞中"玉鼠偷桃""玉犬望腊""石龙河马"……惟妙惟肖，栩栩如生。水晶洞中，泉水清澈见底，两崖石壁、钟乳，千姿百态，意境幽深。天仙洞中有种种传说，令人遐想。

"秦岩石刻"现保存有自秦至清历代文学家、书法家及文人墨客摩崖石刻13方，最大的长193厘米，碑刻集中，保存完好，字迹清晰可辨，对研究"秦岩"的历史和观赏"秦岩"景物有很高的参考价值。秦岩石刻尤为独特的是秦岩洞口的摩崖石刻"秦岩"二字，为东汉蔡邕所书。

三、湘水紫溪风景圈

紫溪也叫紫水，是湘水一级支流，流程72公里。紫水国家湿地公园位于东安县中部，以紫水河和高岩水库为主体，包括紫水河两岸人工湿地、河洲漫滩和高岩水库及周边部分山地，总面积1096公顷，其中湿地695公顷，湿地率达63.41%。该湿地公园属"库塘－河流"复合型湿地公园，包括河流湿地和人工湿地两个湿地类，永久性河流、洪泛平原湿地、稻田和库塘四个湿地型，是湖南省境内保存最原始、景观最美丽、环绕县城的湿地公园之一。

紫水湿地公园生物具有多样性，已查明共有维管束植物195科676属1100种。国家重点保护植物8种，其中国家一级重点保护、被国家林业和草原局列为极小种群的报春苣苔，在公园内分布点多，资源较为丰富，极具保护价值。已记录野生脊椎动物28目74科192种。国家二级保护动物15种，21种被列入《濒危野生动植物种国际贸易公约》，9种被列入《中国濒危动物红皮书》。

紫水湿地公园文化底蕴非常深厚。主要景点有广利桥、吴公塔等国家级和省级重点文物保护单位20多处，还有舜文化、商周文化历史遗迹多处，形成了一个宽广的景观圈。

广利桥 为本地富豪文石昌、文石宝弟兄于清乾隆三十八年（1773年）修建，光绪二年（1876年）重修。文氏兄弟家产丰厚，乐善好施，曾先后在印水河上建桥三座，只有广利桥最美、最好、最奇，存续至今。之所以取名广利桥，是取"广济众人，万民称便"之意。

吴公塔 位于东安县紫溪市镇东侧紫水河畔的玉色悬崖上，修建于清乾隆五年（1740年）。据清光绪《东安县志》载："知县吴德润与荆道乾先后造浮屠，塔建成后，民众将此塔以'吴公'命名，以示纪念。"吴公塔距县城9公里，湘桂铁路卧枕塔旁，是东安县保存比较完整的古迹之一。

沉香寺 位于东安县紫溪市镇渌埠头，湘江入境湖南后，在此忽然转向西北又折向东南，形成约360度的大转弯，状如倒"S"形，从而形成了湘江第一大湾。沉香寺即位于这河湾处。

沉香寺原名"沉香庵"，始建于清乾隆四十八年（1783年）。落成之初，有正殿三栋，金佛数尊，香火很旺："日有千人朝拜，夜有万盏明灯。"20世纪60年代，殿堂尽毁，仅剩一座飞鸽塔和一尊观世音塑像。2012年秋，寺庙在原址上重建，更名为"沉香寺"。

沉香寺大殿后面有一石宝塔，七层六面，高十二丈，底座直径为四米。此塔建于清同治八年（1869年），塔内供着一尊观世音像。塔身碑石上刻着清代诗人郭青莲的诗："三十二年身觉悟，四百八十户圆通。白衣脱下无人识，明月莲花火里红。""文革"时，曾有人想炸毁此塔，导火索连点两次都没能点燃，第三次点燃了，一声巨响，十里可闻，但飞鸽塔丝毫无损，至今仍岿然不动。

沉香寺面向浩瀚的湘江，悬崖下面深潭回旋，碧波荡漾。崖上有方形石碑一块，上刻"沉潭月影"四个浮雕楷书，苍劲有力，功底深厚。每当夜深人静时节，到沉香崖观景，清风明月，银波荡漾，月影浮沉，蔚为壮观，这便是"沉潭月影"。沉香崖观景还有一个最佳时分：每当夏日傍晚，夕阳西下，彩霞满天，大江溶溶，远山隐隐，满潭绚丽，美丽异常，这又是"沉潭夕照"。历代众多墨客骚人在这里赋诗题咏，留下许多佳话。明代著名诗人、大学士解缙曾在此歇息，并作《沉香潭山水歌》："溪山有逸趣，苍崖凌紫烟。远峰落天半，中有飞流泉。"

紫水湿地公园是湘桂重要的生态通道，也是区域政治、经济和文化的中心走廊，更是重要的城乡居民优质饮用水源地，生态区位十分重要。该湿地对保障湘江流域乃至洞庭湖流域湿地生态安全、维护区域生态平衡、保障城乡居民饮用水安全、促进区域社会经济可持续发展具有重要意义，同时也是旅游观光的绝佳去处。

第三章　文化三溪

永州有三条小溪，流量不大，流程不长，虽有灌田之便，却无载舟之力，本应是默默无闻、无人关注的。但"山不在高，有仙则名；水不在深，有龙则灵"，用刘禹锡这句哲理名言来形容"三溪"，的确再恰当不过。这三条小溪因为与文化名人搭上了关系，于是便名满天下，誉满中华：这就是祁阳的浯溪，零陵的愚溪，道县的濂溪。这"三溪"原本是名不见经传的小溪，因为有了一代文豪元结、柳宗元、周敦颐的吟咏与描摹，"三溪"便不再是简单意义上的自然小溪，而日渐演变成蕴含深厚历史文化的人文之溪，其汩汩而流的就如那泉涌而出的文思，在潇湘大地上静静地流淌……这里是文人梦里寻思、醉里慨叹的生命之溪，是永州百姓视若圣水的文化之溪。今天，这三条小溪均已成为风景名胜区，是周边市民休闲娱乐的重要场所，更是外来旅游者的热门打卡地。

一、祁阳浯溪读元结

浯溪是发源于双牌县阳明山的一条小溪，流经祁阳盆地后，在县城南郊 2 公里处的古渡口流入湘江。这里溪水两侧和湘江的南岸五峰陡峭，古树茂盛，不管是唐朝的梓树，还是宋朝的柏树和元、明、清朝的松树、檀树，都是郁郁葱葱的。在浯溪的山上，布满了奇形怪状的岩石，有的像怒吼的雄狮，有的似飞跃的猛虎，有的如卧伏的老牛，有的如同搔首弄姿的小猴，景观十分奇特。因此，浯溪的水或许是平常、普通的，但溪口的山、石却是不平常的，由此便吸引了无数文人的关注。首先是元结的目光，意欲使之成为"我的溪"。

（一）"浯溪"之名的由来

1. 元结与浯溪

元结，字次山，生于唐玄宗开元七年（719 年），卒于代宗大历七年（772 年）。元氏即北魏皇族拓跋氏，北魏孝文帝改姓元。北魏代王时代的昭成皇帝拓跋什翼犍之孙拓跋遵，封常山王，元结是拓跋遵的第十二代孙。元氏历代王公相继，元结的高祖元善祎、曾祖元仁基，在唐代还有"常山郡公"的封号。其祖父元亨，渐近儒业。其父亲元延祖，做过下层官吏，而性情恬淡，不喜官场，因为鲁山商余山多灵药，就从太原徙家商余山下，过起了隐居生活。

元结的青少年时代，大概也有世家子弟的习气，到十七岁才"折节向学"，以族兄元德秀为业师。元德秀是元氏家族的第一个进士，曾任鲁山县令，颇有政声。元结受元德秀教诲，品学兼优。天宝六年（747年），元结到长安应考，时李林甫主政，竟然以"野无遗贤"的理由，没有录取一个人。天宝十二年（753年），元结再次应进士试，受到主考官杨浚的赏识，第二年进士及第，及第后回到故乡鲁山。天宝十四年（755年），"安史之乱"爆发，元结率领全家，先后避难于猗玗洞（湖北大冶）、瀼溪（江西瑞昌）。乾元二年（759年），朝廷征召天下士，国子司业苏源明向肃宗李亨推荐元结，元结上《时议》三篇，受到了李亨的赞赏，授元结右金吾兵曹参谋摄监察御史衔，充山南东道节度使史翙的参谋，在唐、邓、汝、蔡州一带招募义军，阻遏史思明南侵，保全十五城池。后来，吕諲任荆南节度使，元结以水部员外郎兼殿中侍御史衔，充任吕諲节度判官。"起家十月，超拜至此，时论荣之"，职务升迁相当快。吕諲死后，曾代摄荆南节度使职事，"境内晏然"。按常理，元结应该"例加封邑"，然而元结却辞去官职，以著作郎的身份，退居樊上（湖北武昌），过起了隐居著述的生活。

唐代宗李豫广德元年（763年），因南方少数民族反抗朝廷，起用元结为道州刺史，因道州被攻陷，次年才到任；一年后，即永泰元年（765年），因见憎于当权者而罢官。永泰二年，即大历元年（766年），再度任道州刺史。大历三年（768年），调任容州刺史，加授容州都督充本管经略守捉使。元结在道州，行古人之政，百姓得以休养生息；离开道州时，百姓苦苦挽留，甚至立生祠纪念。在容州，曾亲自"单车入洞"劝谕各"固拒山谷"的割据势力，"六旬而收复八州"，可谓胆略过人，功绩卓著。大历四年（769年），因母丧丁忧。丁忧守制期间，住在祁阳浯溪。大历七年（772年）丁忧期满，奉召到长安，朝廷正要任命要职，却因病去世，享年54岁。

元结先后两次任道州刺史，前前后后五次经过浯溪，特别是第五次，在浯溪住了三年，因而跟浯溪结下了不解之缘。

2."浯溪"之命名

元结第三次过浯溪时，曾爬上溪口的石山，看着从山脚下流过的那条清清浅浅的山溪，再看溪口形态怪异的山石，情不自禁生出感叹："零陵郡北湘水东，浯溪形胜满湘中。溪口石巅堪自逸，谁能相伴作渔翁。"也就在这一时刻，他萌生了要住在溪畔"作渔翁"的浪漫情怀。

第三章 文化三溪

元结给"浯溪"命名，应该是在丁忧守制期间。他在第一篇铭文《浯溪铭》的序言中说："浯溪在湘水之南，北汇于湘。爱其胜异，遂家溪畔。溪世无名称者也，为自爱之，故命曰浯溪。"这里说明了三点：一是这一条溪水"世无名称"，所以元结才给它命名；二是元结已"遂家溪畔"，只有在丁忧守制期间，才有可能在此安家；三是因"自爱之"，所以才命名"浯溪"。《浯溪铭》不长且语言朴实，兹录如下。

> 湘水一曲，渊洄傍山。山开石门，溪流潺潺。山开如何？巉巉双石。临渊断崖，隔溪绝壁。山实殊怪，石又尤异。吾欲求退，将老兹地。溪古地荒，芜没盖久。命曰"浯溪"，旌吾独有。人谁游之，铭在溪口。

"旌吾独有"当然不说浯溪是元结个人所"独有"，而是指元结对浯溪胜景的"独爱之情"，这一点在《峿顧铭》及其序中说得更明白。

> 浯溪之口，有异石焉。高六十余丈，周回四十余步。西面在江口，东望浯台，北临大渊，南枕浯溪。亭当乎石上，异木夹户，疏竹傍檐。瀛洲言无，由此可信。若在亭上，目所厌①者，远山清川；耳所厌者，水声松吹；霜朝厌者，寒日；方暑厌者，清风。於戏！厌，不厌者也；厌，犹爱也。命曰"峿顧"，旌独有也。铭曰：
>
> 功名之伍，贵得茅土。林野之客，所耽水石。年将五十，始有峿顧。惬心自适，与世忘情。顧傍石上，篆刻此铭。

要而言之，元结站在"峿顧"之上，不仅是四周的远山清川、水声松吹让他百看不厌、百听不烦，即便是严寒酷暑、风雨雪霜也让他百看不厌。在这里，他已经完全达到了"惬心自适，与世忘情"的境界了！元结崇尚道学，这也就是庄子的"物我两忘"境界——能达此境界者，除元结之外恐怕再无第二人，这才是真正意义上的"吾之溪"亦即是元结所"独有"的"浯溪"。

元结的《浯溪铭》《峿顧铭》与《峿台铭》合称"浯溪三铭"，这是所谓的"前三铭"。元结在浯溪，还写了《东崖铭》《中堂铭》《后堂铭》，称为"后三铭"。对"前三铭"而言，还有一个重要的价值就是书法艺术。元结请当时有名的书法家季康、瞿令问、袁滋分别用玉箸、悬针、钟鼎三种风格各异的篆体书写出来，刻在了三处摩崖上，成为"浯溪碑林"的开山之作。这三块碑艺术价值很高，特别是唐相袁滋书写的《峿顧铭》碑，现被国家文物局列为一级石刻，视同"国宝"。于是，有"浯溪胜境，雄冠三湘"之名。

---

① 厌：沉恤，满足。

(二)"浯溪三绝"冠天下

当然，最让浯溪享誉天下的是"浯溪三绝"：后人以元颂文奇、颜书字奇、浯溪石奇为绝，盛誉"摩崖三绝"。

唐肃宗上元二年（761年），元结时在荆州幕府，领兵镇守九江，抗击叛军。八月，"安史之乱"平定，元结为此写下了《大唐中兴颂》。

天宝十四年，安禄山陷洛阳。明年，陷长安。天子幸蜀，太子即位于灵武。明年，皇帝移军凤翔，其年复两京，上皇还京师。於戏！前代帝王有盛德大业者，必见于歌颂。若今歌颂大业，刻之金石，非老于文学，其谁宜为？颂曰：

噫嘻前朝，孽臣奸骄，为昏为妖。边将骋兵，毒乱国经，群生失宁。大驾南巡，百寮窜身，奉贼称臣。天将昌唐，繄睨我皇，匹马北方。独立一呼，千麾万旗，戎卒前驱。我师其东，储皇抚戎，荡攘群凶。复复指期，曾不逾时，有国无之。事有至难，宗庙再安，二圣重欢。地辟天开，蠲除祅灾，瑞庆大来。凶徒逆俦，涵濡天休，死生堪羞。功劳位尊，忠烈名存，泽流子孙。盛德之兴，山高日升，万福是膺。能令大君，声容沄沄，不在斯文？湘江东西，中直浯溪，石崖天齐。可磨可镌，刊此颂焉，何千万年！

碑文后署"上元二年秋八月撰，大历六年夏六月刻"。

此文不计题名款署，序颂为263字。序用散句，字数极少，却把"安史之乱"的来龙去脉说得清楚明白。颂文是三句一韵，共十五韵，是仿效秦始皇金石刻辞的体例。其文高简古雅，义正词严，忠肝义胆，是金石之音；星斗之文，云烟之字，更是元结的得意杰作，世上稀有的雄文。明代解缙在浯溪石镜摩崖边写道："水洗浯溪镜石台，渔舟花草映江开。不如元结中兴颂，照见千秋事去来。"表达了对元结此文的敬重。

十年后，元结居母丧，隐居浯溪，徜徉于浯溪山水之间，面对浯溪天造地设的石壁，想起了自己在文章《大唐中兴颂》里的"歌颂大业，刻之金石"的夙愿，于是请好友颜真卿书写，再请能工巧匠刻于石上，于是便有了"摩崖三绝"。

元结与颜真卿关系很好。当年在京都任监察御史的颜真卿读到元结的诗文时，拍案称妙，决意向玄宗皇帝推荐流离漂泊、怀才不遇的元结。后来颜真卿贬出京都，这事便搁置下来。到了肃宗时，颜真卿没有忘记这桩事，力荐元结。后来，颜真卿遭奸臣陷害，贬往抚州任刺史。元结闻知，为他抱不平，便修表辞职，退隐武昌樊水之畔，耕读相继，怡然自乐。

颜真卿（709—784年），字清臣，京兆万年（今陕西西安）人。人称"颜鲁公"。中唐时期书法创新代表人物，正楷端庄雄伟，气势开张；行书遒劲郁勃，古法为之一变，开创了新风格，人称"颜体"，与柳公权并称"颜柳"。784年奉德宗之命，前往叛将李希烈处劝降，不幸遇害。《大唐中兴颂》书法是颜真卿62岁时所作，是他唯一的大楷作品。此碑字径为20厘米，"碑高丈二尺五寸，宽丈二尺七寸"，碑面大，字形大，苍劲奇伟。这是颜鲁公书法进入成熟时期的典型代表，放笔直写，一任自然，精严的法度已升华到平和的从容。

苏东坡评价《大唐中兴颂》："书止于颜鲁公""天下之能事毕矣"。可见其书法的开拓和奋发的气魄和魅力。米芾被该碑的宏大气魄所折服，歌之为"昂然有不可范之色"。明代王世贞在《弇州山人稿》中评价《大唐中兴颂》："字画方正平稳，不露筋骨，当是鲁公法书第一。"连乾隆皇帝见此拓片便视为"天球拱璧"。康有为《广义舟双辑》评价："平原《中兴颂》有营平之苍雄。"

《大唐中兴颂》刻于浯溪中峰，这里西临湘江，悬崖壁立。石壁高宽都为5米左右，石色清润，质理紧细，无缝层，平坦如削，为《大唐中兴颂》的镌刻提供了绝好的材质基础，故称为"石绝"，亦称"石奇"。加上元结的"文奇"、颜真卿的"字奇"，三者珠联璧合，于是《大唐中兴颂》被世人称为"摩崖三绝"，现为国家一级文物。浯溪碑林的核心和精髓就在于《大唐中兴颂》。后人慕名而来，竟留下诗词赋文摩崖石刻达505方之多。于是，浯溪成为驰名中外的诗海碑林，江南最大的摩崖石刻碑林。

一千二百多年过去了，《大唐中兴颂》成为"宇宙杰作"，不仅散发出迷人的魅力，而且成为历代书家都想亲临其境观摩的渴望，百拜不能休。浯溪这座曾经寂寞的山水，从此不再寂寞了。

《大唐中兴颂》使得浯溪蕴足了文化底气，成为潇湘奇景。历代书家诗人、文武官员欣欣然于此舞文弄墨。走进浯溪的人如米芾、黄庭坚、范成大、朱熹、李清照、曹安、徐霞客、张耒、张孝祥、董其昌、王世贞、何绍基、吴大澂等300余人，或写诗著文，或感慨万千，或沉思默想，或吟哦朗诵，或抚古昔今，浩浩然，一座石山，一叠书岩，人文精神一直萦绕在这块水乡之中。这里成为古代诗书汇展的艺术圣殿。先贤们穿越了时空，像是失散多年的老朋友都聚集到一起来了，在一起交往倾诉，在这个叫作浯溪的石山上，感悟历史的苍茫与悠远，聆听欸乃的湘江之水。这座石山上散发着翰墨的清香和灵气，充盈着诗意的情怀。诗词艺术凝结的舞蹈，在生命的深处默念和温存着，这是一次艰难的人生苦旅，这是一段令人无法忘怀的世俗风情。

（三）"三吾胜景"传古今

元结不仅为浯溪留下了冠绝天下的"摩崖三绝"，还留下了诸多胜景，至今仍让人流连忘返。现代人也借这一方风水宝地，建造了现代新景，使得浯溪公园更加魅力无穷。

1. 古代"三吾十景"

明代祁阳人宁良对"三吾十景"进行了说明。

三吾十景

邑人宁良纂述

浯溪漱玉 溪水发源于双井，流入渡香桥，注湘江。水石喷喘，声如漱玉。

镜石含辉 石嵌崖隙，径二尺许，光莹如墨玉，以湘水洗拂之，崖石左右返照朗然。江上舟楫往来，汀树人物，□悉不遗。

唐庼六厌 溪口挺异石，高六十余丈，元公构庼其顶，远山清川，水声松吹，霜日炎飙，应接不暇。六厌用元公铭序语。

磨崖三绝 合崖石、颜书、元文之高妙，美而称之也。

峿台晴旭 从溪东北二十余步，有危石临江，高十余丈，元公复构亭其上，每晴旭登之，远眺烟光千里。

湘江夜月 峿台北临江，三四步许，元公即崖，凿窊摩为尊。若清夜月明，注酤尊中，蟾光倒影，有和月吞杯之兴。

书院秋声 元廉访使姚公绂，命零尉曾君奎父子建，在唐庼之南，背负峿台，前临溪水。当夫秋际天气清朗，蝉鸣松韵与书声相答，自觉尘氛日去，清兴日来。

香桥野邑 桥跨浯溪石洴，藤木交荫，溪瀑淙净，莎苔花草杂陈，黄莺鸣翠上下，牧童樵子往来，朝暮抚景悠然。

漫郎宅籁 漫郎元次山号。宅在书院之右，林樾水石之响，澄辣宕人视听。宅今废。

笑岘亭岚 亭在唐庼之南，宋熙宁间，邑侯蔡公琼建。以美元颜二公忠爱非如杜元凯辈，但为身后名，虽岚光如昨，而亭亦废。[①]

宁良，字元善，生于明永乐年间，祁阳县人，正统十年（1445年）进士，擢行人，后迁升刑曹，历任广东按察使、浙江布政使，政声甚著，属明代重臣。清康熙十九年（1680年）《祁阳县志》有传。他所描述的"三吾十景"，除"漫郎宅籁""笑岘亭岚"两景因"宅""亭"俱废，其景点再难寻觅之外，其余八景仍在，而且仍然是浯溪观景的最佳地点。略有不同的是"书院秋声"，虽然"背负峿台"的书院早已不在，但这里

---

① 祁阳县史志办编：《清康熙十九年祁阳县志校注》，湖南人民出版社2015年版，第81~82页。

在民国时期有"崇汉中学",新中国成立后有祁阳三中、陶铸中学、浯溪三中,但不管校名如何变,这里的"书声"依旧,"蝉鸣松韵与书声相答"的景色依然不逊当年。

2. 当代"红色新景"

风景优美的浯溪,恰好位于县城边上,为蜗居城里的居民,提供了舒展心境、休闲娱乐的绝佳去处。随着"红色旅游"成为热门话题,为切合时代需求,今天的浯溪公园也增添了红色旅游新亮点。

陶铸铜像 1988年1月,在纪念陶铸诞辰80周年时,在浯溪公园大门正对面、距陶铸生平事迹陈列馆约150米处竖立陶铸铜像。铜像高3.45米,重3.2吨,是一尊紫铜雕坐像,由湖南省文联雕塑家张祖平、陈卓明创作设计,广州精密铸造厂铸造,著名书法家启功题写"陶铸同志"四字。今天的陶铸铜像是一个热门景点,凡来浯溪的游客,几乎都要在铜像前摄影留念。

陶铸生平事迹陈列馆 1988年1月,在纪念陶铸诞辰80周年活动中,修建了陶铸生平事迹陈列馆。馆名由时任全国人大常委会副委员长王任重题写。当时叫陈列室,1998年1月纪念陶铸诞辰90周年活动时,报请上级有关部门批准,改为陶铸生平事迹陈列馆。

陶铸是久经考验的无产阶级革命家,忠诚的共产主义战士,党和军队卓越的政治工作者,党和国家的优秀领导人。1908年1月16日出生于祁阳县潘市镇陶家湾村。1926年在黄埔军校加入中国共产党,1927年参加了著名的南昌起义、广州起义。出色地领导和指挥闻名全国的厦门劫狱斗争,先后建立闽南工农红军游击总队和闽东地区人民武装力量,创建鄂中抗日游击区,参与领导著名的辽沈、平津战役。新中国成立后,他先后担任中共中央华南分局书记、广东省省长、广东省委第一书记、中南局第一书记。党的八大当选为中央委员,八届十一中全会当选为中央政治局常委兼书记处常务书记,国务院副总理、中宣部部长等职,为全国解放事业和社会主义建设事业做出了重大贡献。

陈列馆坐南向北,占地面积约一千平方米,大门上首悬挂着木刻金色字横匾,为王任重题写的馆名。入馆前厅正中安放着陶铸半身铜像,基座铜版刻字"心底无私天地宽",为王首道手书。馆内共陈列展出陶铸照片380幅,著作、手迹资料等222件,生活用品19件。

陶铸诗文墙 在陈列馆大门前,有一面"陶铸诗墙",镌刻了陶铸不同时期的代表诗作十余篇。书法多为行草,是陶铸自己的字迹;个别作品为隶书,由他人所写。正对陈列馆大门的上方,还有一面巨大的石刻墙,墙高4.2米、宽14米,墙上镌刻着陶铸的散文《松树的风格》,由原湖南省文联副主席、省书法家协会主席何满宗书写,书体为行草。"浯溪碑林"均为天然石碑，此处为"人造石墙"，也是为"浯溪碑林"增添了新的景色。

二、零陵愚溪怀柳子

愚溪是潇水的一级支流，发源于零陵区梳子铺乡大古源，向东流经梳子铺乡、石山脚乡、朝阳办事处，至柳子街入潇水。全长41公里，流域面积151平方公里。愚溪下游已成为零陵古城景区的一部分，是市民休闲娱乐的重要场所。

（一）"愚溪"之名的由来

1. 柳宗元与愚溪

柳宗元（773—819年），字子厚，河东（今山西运城）人。唐宋八大家之一，唐代文学家、哲学家、散文家和思想家，世称"柳河东""河东先生"，因官终柳州刺史，又称"柳柳州"。柳宗元与韩愈并称为"韩柳"，与刘禹锡并称"刘柳"，与王维、孟浩然、韦应物并称"王孟韦柳"。

贞元二十一年（805年），唐德宗崩，太子李诵即位，改元永贞，是为顺宗。顺宗即位后，重用王伾、王叔文等人。因顺宗在即位前就患中风症，不能上朝理政，朝政由王叔文等人掌管。王叔文带领一批年青人积极推行革新，采取了一系列的改革措施，史称"永贞革新"。但永贞革新只进行了半年便失败，参与革新的王叔文集团成员，有八人被贬为边远之州的"司马"，史称"八司马事件"。

柳宗元即是"八司马"之一，开始被贬为邵州（今湖南省邵阳市）刺史，在赴任途中，又再贬为永州司马。柳宗元被贬后，遭到政敌的攻击，流言蜚语，铺天盖地，"万罪横生，不知其端"，身心受到严重摧残。为摆脱痛苦，柳宗元畅游山水。"余既委废于世，恒得与是山水为伍""闷即出游""日与其徒上高山，入深林，穷回溪，幽泉怪石，无远不到"。柳宗元任的是闲职，有的是时间遍游永州的山山水水。他的游踪可分为三块：一是城南、东山一带，包括龙兴寺、南池、法华寺、华严岩等；二是城北一带，包括万石亭、铁炉步、司马塘、湘口馆、石角山等；三是河西一带，包括西山、愚溪、钴鉧潭、小石潭、小石城山、袁家渴、石渠、石涧、朝阳岩、蘋岛等。柳宗元在《游黄溪记》中说："环永之治百里，北至于浯溪，西至于湘之源，南至于泷泉，东至于东屯，其间名山水而村者以百数，黄溪最善。"这说明柳宗元的游踪已经遍及永州的周边，所到最远的地方，往北是祁阳的浯溪，往南是双牌的泷泉，往东是距永州治所七十里的黄溪，往西是湘江的发源地即广西的灵川。

柳宗元在永州生活了十年，在愚溪居住了五年。这期间，柳宗元在政治上备受打击，转而在哲学、政治、历史、文学等方面进行钻研，写下《永州八记》等诸多诗文，《柳河东全集》收入540多篇诗文，其中有317篇创作于永州。政治上的磨难，成就了柳宗元文学上的辉煌。

2."愚溪"的命名

愚溪原名冉溪或染溪。愚溪的最早得名，应该源于唐元和五年（810年）柳宗元迁居河西之后，这在柳宗元《愚溪诗序》中说得很清楚：

愚溪诗序

灌水之阳有溪焉，东流入于潇水。或曰：冉氏尝居也，故姓是溪为冉溪。或曰：可以染也，名之以其能，故谓之染溪。予以愚触罪，谪潇水上。爱是溪，入二三里，得其尤绝者家焉。古有愚公谷，今予家是溪，而名莫能定，土之居者，犹龂龂然，不可以不更也，故更之为愚溪。

愚溪之上，买小丘，为愚丘。自愚丘东北行六十步，得泉焉，又买居之，为愚泉。愚泉凡六穴，皆出山下平地，盖上出也。合流屈曲而南，为愚沟。遂负土累石，塞其隘，为愚池。愚池之东为愚堂，其南为愚亭。池之中为愚岛。嘉木异石错置，皆山水之奇者，以予故，咸以愚辱焉。

夫水，智者乐也。今是溪独见辱于愚，何哉？盖其流甚下，不可以溉灌。又峻急多坻石，大舟不可入也。幽邃浅狭，蛟龙不屑，不能兴云雨，无以利世，而适类于予，然则虽辱而愚之，可也。宁武子"邦无道则愚"，智而为愚者也；颜子"终日不违如愚"，睿而为愚者也。皆不得为真愚。今予遭有道而违于理，悖于事，故凡为愚者，莫我若也。夫然，则天下莫能争是溪，予得专而名焉。

溪虽莫利于世，而善鉴万类，清莹秀澈，锵鸣金石，能使愚者喜笑眷慕，乐而不能去也。予虽不合于俗，亦颇以文墨自慰，漱涤万物，牢笼百态，而无所避之。以愚辞歌愚溪，则茫然而不违，昏然而同归。超鸿蒙，混希夷，寂寥而莫我知也。于是作《八愚诗》，纪于溪石上。

很显然，柳宗元同元结一样，也是因为"爱是溪"，所以才将"冉溪"改名为"愚溪"。在他的居住地，不仅伴有愚溪，更有愚丘、愚泉、愚沟、愚池、愚堂、愚亭、愚岛相环绕，这就是千古"八愚"。

但元结命名为"浯溪"好理解，柳宗元命名为"愚溪"却不好理解。也许是当地人对柳宗元以"愚"名溪表示了不满，柳宗元便又写了一篇《愚溪对》，进一步申述自己"愚钝"行为的"大凡"："吾茫洋乎无知。冰雪之交，众裘我絺；溽暑之铄，众从之风，而我从之火。吾荡而趋，不知太行之异乎九衢，以败吾车；吾放而游，不知吕梁之异乎安流，以没吾舟。吾足蹈坎井，头抵木石，冲冒榛棘，僵仆虺蜴，而不知怵惕。何丧何得？进不为盈，退不为抑，荒凉昏默，卒不自克……"不难看出，柳宗元举了很多例子来说明自己的"愚"，而这些例子都是虚构的，并非真正的事实。既然事实是虚构的，那么，由这些事例所体现出来的"愚"，当然也就不是真正的愚。柳宗元借此所要表达的无非就是自己的与众不同，或者说，柳宗元是借"愚"来表达自己与众不同的思想和行为。

"愚溪"之名，自柳宗元之后深入人心，不可撼动，后世文人想要更换也不能如愿。如明初永州府教授胡琏，试图将愚溪更名为"文溪"。

胡琏于明洪武年间任永州府学教授，是主管府级官学的教官，也是洪武《永州府志》的主要编撰者。他喜欢柳宗元的文章，也推崇柳宗元的德行；认为柳宗元的德行与溪水同清，而此溪又将与柳宗元的文章同久，故而认为以"愚溪"命名不妥，于是要将它更名为"文溪"。胡琏的这一想法，得到了同仁的支持，首先是知府虞自铭的赞赏，其次是本地士人、担任零陵县学训导的胡鉴表示支持。就他们的目的而言，无非是希望以"文溪"之名来"勉进后学之意"。

上述三人从现实需要出发，欲将"愚溪"更名为"文溪"，出发点是好的，但都误解了柳宗元的"愚"意。柳宗元说"宁武子'邦无道则愚'，智为愚者也，颜子'终日不违如愚'，睿而为愚者也，皆不得为真愚"，而他自己所标举的"愚"，则更是集"智"与"睿"于一身，而且是大智大睿之"愚"，是超越千古之"愚"。时至今日，柳宗元之"愚"，仍可成为烛照圆滑"巧夫"之灯、引导"益世利民"之光。诚如是，后人误解柳宗元的少，理解柳宗元的多，所以"文溪"之名没有流行，"愚溪"之名则盛行了千年。

（二）"愚溪三记"耐寻觅

愚溪之所以闻名于世，主要是因为一代文豪柳宗元曾在此居住，并留下了传诵千古的"永州八记"中的"愚溪三记"。按照柳宗元写作的时间顺序，第一记为《钴鉧潭记》：

钴鉧潭在西山西。其始盖冉水自南奔注，抵山石，屈折东流；其颠委势峻，荡击益暴，啮其涯，故旁广而中深，毕至石乃止。流沫成轮，然后徐行。其清而平者且十亩余，有树环焉，有泉悬焉……

图 3-1　愚溪钴鉧潭[①] 遗址

柳宗元喜爱钴鉧潭，故买下"潭上田"，并"崇其台，延其槛"，以便中秋观月，"以见天之高，气之迥"，乃至于让他"乐居夷而忘故土者"。而关于钴鉧潭的美究竟美在何处，柳宗元并没有具体的描述。而他对钴鉧潭西小丘的描述，其情形就不一样了，且看《钴鉧潭西小丘记》：

> 得西山后八日，寻山口西北道二百步，又得钴鉧潭。西二十五步，当湍而浚者，为鱼梁。梁之上有丘焉，生竹树。其石之突怒偃蹇，负土而出，争为奇状者，殆不可数。其欹然相累而下者，若牛马之饮于溪；其冲然角列而上者，若熊罴之登于山。
>
> ……嘉木立，美竹露，奇石显。由其中以望，则山之高，云之游，溪之流，鸟兽鱼之遨游，举熙熙然回巧献技，以效兹丘之下。枕席而卧，则清泠之状与目谋，瀯瀯之声与耳谋，悠然而虚者与神谋，渊然而静者与心谋……

柳宗元买下钴鉧潭之"潭上田"还不到十天，又买下了钴鉧潭之"西小丘"，而且这次是主动购买，因为这里的嘉木、美竹、奇石让他欣喜若狂。站在小丘举目一望，"则山之高，云之游，溪之流，鸟兽鱼之遨游"全都汇聚于眼前；躺在小丘枕席而卧，"则清泠之状与目谋，瀯瀯之声与耳谋，悠然而虚者与神谋，渊然而静者与心谋"——这可真是赏心悦目、颐神养性的好去处，哪里还能找到这样绝佳的地方呢！

当然，能够让柳宗元欣喜若狂的地方确实不多，能够让柳宗元"心乐之"的地方还是不少，《小石潭记》所记的景色就是如此：

> 从小丘西行百二十步，隔篁竹，闻水声，如鸣珮环，心乐之。伐竹取道，下见小潭，水尤清冽。全石以为底，近岸，卷石底以出，为坻，为屿，为嵁，为岩。青

[①] "钴鉧潭"三字为宋代所刻。

树翠蔓，蒙络摇缀，参差披拂。

潭中鱼可百许头，皆若空游无所依，日光下澈，影布石上。怡然不动，俶尔远逝，往来翕忽，似与游者相乐。

潭西南而望，斗折蛇行，明灭可见。其岸势犬牙差互，不可知其源。

坐潭上，四面竹树环合，寂寥无人，凄神寒骨，悄怆幽邃。以其境过清，不可久居，乃记之而去。

这里的景色特别适合观鱼，那时而"怡然不动"、时而"俶尔远逝"的小鱼，"似与游者相乐"，但并未让柳宗元乐而忘返；相反，这"四面竹树环合，寂寥无人"的景象，让柳宗元感到了"凄神寒骨，悄怆幽邃"，他不敢久留，"乃记之而去"。或许是因为柳宗元突然想起了什么悲伤的事，败坏了他的游兴。否则，同游的明明有好几人，怎么能说"寂寥无人"呢？但不管柳宗元的心境是如何变化的，他所描述的小石潭美景则被他永远定格在纸上，这样的美文美景，会让人们百读不厌。

柳宗元所描写的景象，毕竟只是纸上的，现实中的愚溪之景究竟是何面貌？从宋代开始，便不断有人揣着柳宗元的"三记"，来愚溪寻觅相对应的地方。

最早到零陵来寻找柳宗元的游踪并留下文字记载的是宋代的汪藻（1079—1154年），其《柳子厚祠堂记》云："绍兴十四年，予来零陵，距先生三百余年。求先生遗迹，如愚溪、钴鉧潭、南涧、朝阳岩之类皆在，独龙兴寺并先生故居曰愚堂、愚亭者，已湮芜不可复识。《八愚诗》石，遍访之无有。"汪藻贬居永州十二年，与柳宗元遭遇相似，同病相怜，他要寻找柳宗元愚溪三记的遗址，应该有大把的时间。这里，他至少确认了钴鉧潭仍在，但具体的位置没有说；西小丘和小石潭的情况没有提及，但也没说"湮芜不可复识"，这或许可以推论"如愚溪、钴鉧潭……皆在"吧。南宋的范成大，去桂林上任时曾亲历永州，并访其旧迹，还在"钴鉧潭边聊驻节"。其《骖鸾录》曰："二十二日，渡潇水。即至愚溪……溪上愚亭，以祠子厚。路旁有钴鉧潭。钴鉧，熨斗也。潭状似之……"可见，范成大对钴鉧潭所在地也是持肯定态度的。

但后来的寻访者，似乎更多的是对钴鉧潭的所在遗址持否定态度，如明代蒋本厚《山水纪》云："今之所纪在柳侯祠前者，非是。柳《记》云：'钴鉧潭在西山西。'又云：'得西山后八日，寻山口西北道二百步，又得钴鉧潭。'今潭在柳祠前数步，岂柳《记》所云云耶？大抵愚溪之妙，愈深入愈幽奇，桥后一带居民溷扰，宁有佳趣耶！"蒋本厚根据柳宗元"寻山口西北道二百步"的描述，认为钴鉧潭不可能离柳子庙只有"数步"，因而否认钴鉧潭现在所在的位置。

徐霞客游愚溪，首先要找的也是钴鉧潭："溪自南来，抵石东转。转处其石势尤森特，但亦溪湾一曲耳，无所谓潭也。石上刻'钴鉧潭'三大字，古甚，旁有诗，俱已泐模糊不可读。从其上流求所谓小丘、小石潭，俱无能识者。"徐霞客找到了"钴鉧潭"三个大字，而且是"古甚"，说明题刻已久，可能是宋代人所刻。但他认为此处只是"溪湾一曲""无所谓潭"，因而也否认此处是钴鉧潭遗址。

钴鉧潭是"西小丘"和"小石潭"的"地理坐标"，无论是肯定者或否定者，都是从寻找钴鉧潭开始。宋代以来，这种寻找延续了上千年，但仍是众说纷纭。为减少这种争论，2010年，零陵区组织一批专家，对"愚溪三记"遗址进行了考古发掘，并发表了考古发掘报告。发掘报告所认定的"遗址"，其实就是宋代人所认可的地方。今天，"三记遗址"所在地已经立有标识牌，可方便游客寻找。

(三)历史文化名街柳子街

傍愚溪而蜿蜒的古街——柳子街，是永州现存历史风貌最完整的历史文化街区。古街两侧传统民居保存较好，街区内的文物建筑、有较好传统风貌的历史建筑，以及一般建筑的基底面积占总建筑基底面积的74%。柳子街两侧建筑以1~2层木构住宅建筑为主，南侧临溪水而建，或建于岩石之上，或为吊脚楼，与自然浑然一体，是南方山地建筑依山就势特征的典型，对研究我国南方山区传统民居的形成有重要的科学价值。

作为城厢，柳子街两侧建筑多为前店后住的形式，店面作为客栈及店铺，方便过往路人。街顺愚溪展开，街口处的建筑比较密集，越远离潇水、远离古城，建筑也逐渐稀疏，直至星点散布于乡野中。柳子街北侧为由建筑组成的连续街面，南侧则时而封闭、时而开敞，有甬道通往愚溪边。国家级文物保护单位柳子庙位于柳子街中段北侧，面向愚溪，门前有一小处敞开空间延伸至柳子桥。

柳子街古建筑 柳子街两侧的建筑，临街面一层比较开敞，可作为客厅，部分建筑二层出挑，二层多作为居住或储藏，层高与一层略有不同。柳子街的院落空间有比较典型的湘南风格，普遍开间较窄而进深尤深，院落之间有些还保留着传统样式的封火山墙，院落内部通风好，但有些院落由于依靠天井采光，而天井窄小，显得比较昏暗。

居住商业建筑的一楼建筑分为两种：一

图3-2 柳子街古民居

种为砖混结构，围护以砖墙和木板门结合；另外一种为木结构，围护以木板为主。两种建筑均少窗户。二楼层高较低，有外挑木走廊。门面隔扇木板门可以灵活装卸，上下设板槽；木板门宽约0.2米，长1.8~2.2米，一般为10扇，门框宽于10页后为固定式；板门早开晚闭，与商业经营结合紧密。部分建筑设置门当与户对，户对在建筑单栋规模较大户中门楣上，或在门楣双侧布置有砖雕、木雕。典型的有圆形短柱，短柱长一尺左右，与地面平行，与门楣垂直。由于它位于门户之上，且取双数，故称"户对"。门当即门口布置小石礅，形式以鼓状为主。

山水街与零陵古城格局 柳子街以山为背景，街巷在山脚溪畔穿过。古城自大西门至东山顶是重要的东西向轴线，而自大西门出城渡浮桥入柳子街则是这一轴线的延续，也是昔日城市主要的对外陆路联系通道。就今天的城市格局来看，这条轴线始于东山制高点武庙、高山寺，沿陡坎至新街出大西门，由浮桥至柳子街口，顺街傍溪抵节孝亭驿站，成为城市重要的景观轴线和游憩路线。

古码头 柳子街沿愚溪包括大小生活、商贾码头20余处，其中在柳子庙西约100米处有老码头遗址——码头深入溪中，目前生活气息浓厚。据考证，该码头原为商贾云集之处，湘桂陆上通衢在此可以换船入潇水，货物北上或南下。其余码头主要为生活码头：溪水清澈见底，两岸居民就近挑水、洗衣、洗菜等。据柳宗元诗词记载，有汀步深入溪中，这些场景后均为附近居民所用，或成为码头。愚溪清莹透彻，两岸怪石崚嶒，愚溪北岸湘桂古驿道沿溪逶迤前行，古道两边或商或居的民宅，形成了浓厚的商业氛围。在古街与愚溪之间，人流穿梭，人们或商或憩，构成一幅"清明上河图"景象。

（四）千年古庙柳子庙

柳子庙坐落于柳子街中段。北宋至和三年（1056年），永州知府柳拱辰在零陵东山建州学，"立子厚祠堂于学舍东偏"，并作《柳子厚祠堂记》，这实为柳子庙之开端。南宋绍兴十二年（1142年），永州知府陈辉在州学东厢立"周濂溪先生祠堂"，将"柳子厚祠堂"迁建于愚溪之北，名"柳先生祠堂"。谪隐永州的前中书舍人、翰林学士汪藻作《永州柳先生祠堂记》。明正德八年（1513年），永州知府曹来旬主持重修扩建柳子庙，并作《重修柳司马先生庙记》。正德十三年（1518年），严嵩以翰林学士、国史编修身份出使桂林，还朝途经永州拜谒柳庙，写下《寻愚溪谒柳子庙》。明嘉靖三十六年（1557年），刘养仕任永州知府，次年"鸠工庀材，率修葺之"，并写下《重修柳司马祠记》。明万历二十四年（1596年），刘克勤任永州推官时，摹刻柳州罗池碑于永州柳祠中，后世称此碑为"荔枝碑"——今天已成为柳子庙的镇馆之宝。清朝顺治十三年（1656年），魏绍芳任永州知府。次年，与湖南分守道黄中通捐俸鸠工，重修柳祠；还将刘克勤摹刻的《柳侯祠碑》予以重刻，置于柳祠。现存柳子庙为清同治、光绪年间重修而成。"山水来归黄蕉丹荔，春秋报事福我寿民。"这是柳子庙门首石门刻楹联，系同治三年（1864年）永州知府杨翰集韩愈"荔子碑"佳句而成，庙额名正式定为"柳子庙"。

柳子庙现存建筑为清代所建，砖木结构，坐北朝南，三栋进深，建筑面积3600平方米。前栋为戏台，歇山重檐，台身高大，台顶脊有瓷宝葫芦，泥塑云龙栩栩如生，翼角高翘。越过台前看坪，拾级而上为中殿。中殿进深、面阔三间，悬山顶。由中殿拾级而上为后殿，悬山顶，面阔进深三间。现存《荔子碑》系同治七年（1868年）永州知府廷桂重刻。解放后，1957年、1964年、1982年由湖南省人民政府三次拨款对柳子庙进行了大的维修，并将占据庙舍办学的中学迁出。1992年的"内充外达"工程，恢复庙内一批横匾、对联，塑汉白玉像，增加中央美院著名画家周令钊教授创作的"永州八记"木刻版画，扩大了柳子庙占地面积，达13亩余。近30年又进行了几次大的修缮。整座庙宇至今保存完好，古朴典雅，体现了湖南民族民俗风格和湘楚文化特色，具有很高的历史价值、艺术价值、科学价值和社会价值。1956年，柳子庙被湖南省人民政府公布为省级文物保护单位，2001年被国务院公布为全国重点文物保护单位。

三、道州濂溪吊周子

濂溪古称营水，系潇水一级支流，发源于都庞岭东侧月岩林场天岭冲东北，流经清塘镇、营江街道，至道县县城西关桥汇入潇水。河流长41公里，流域面积200余平方公里。属长午河，水量小，河道浅，不能通航，以发源于营山得名。

（一）"濂溪"之名的由来

1. 周敦颐与濂溪

周敦颐（1017—1073年），字茂叔，谥号元公，北宋道州（今湖南道县）人。世称濂溪先生。

周敦颐是北宋五子之一，是宋明理学思想的开山鼻祖，文学家、哲学家，著有《周元公集》《爱莲说》《太极图说》《通书》（后人整编进《周元公集》）。他所提出的阴阳、五行、动静、主静、至诚、无欲、顺化等理学基本概念，为后世的理学家反复讨论和发挥，构成理学范畴体系中的重要内容。

周敦颐在后世的地位十分崇高，被尊为继孔子、孟子之后的"三圣"，后世皇帝也一再追封。北宋政和六年（1116年）封为宣奉大夫，南宋嘉定十三年（1220年）谥元，故称元公。南宋理宗淳祐元年（1241年）封为汝南伯，元仁宗延祐六年（1319年）再封为道国公，历朝入祀孔庙。明代宗景泰七年（1456年），封其后裔十二代孙周冕世袭五经博士，延至清末四百余年，共封十三位五经博士，这是自汉武帝尊儒设"五经博士"之称以来，获五经博士最多、时间最长的家族。

与元结、柳宗元所不同的是，濂溪是周敦颐的家乡，濂溪的命名依然跟周敦颐有关。

2. "濂溪"的命名

"濂溪"原名"营水"。营水之名十分古老，自汉至唐一直沿用；甚至在"潇水"之名流传之前，还一度将潇水称为"营水"，这就是所谓的"大营水"。到宋代，"濂溪"之名才开始出现。与周敦颐同时而略晚的苏轼，曾作有《故周茂叔先生濂溪》："坐令此溪水，名与先生俱。先生本全德，廉退乃一隅。因抛彭泽米，偶似西山夫。遂即世所知，以为溪之呼。"苏轼在诗中将周敦颐与陶渊明、柳宗元相比较，这显然是指周敦颐晚年隐居庐山后，将庐山的一条小溪命名为"濂溪"的事了。苏轼认为溪名之"濂"正与周敦颐品行之"廉"相一致，这一观点得到了他的学生黄庭坚的认同。黄庭坚《濂溪并序》云："（周敦颐）中岁乞身，老于溢城。有水发源于莲花峰下，洁清绀寒，下合于溢江。茂叔濯缨而乐之，筑屋于其上，用其平生所安乐，媲水而成，名曰濂溪。"在诗中，黄庭坚则表达了同样的观点："溪毛秀兮水清，可饭羹兮濯缨，不渔民利兮又何有于名？……蝉蜕尘埃兮玉雪自清，听潺湲兮鉴澄明。激贪兮敦薄，非青苹白鸥兮谁与同乐！"因此，"激贪敦薄"就是"濂溪"之名的由来。如同元结之浯溪、柳宗元之愚溪一样，濂溪也是周敦颐所专属。

然而，不一样的是，"濂溪"有两条：一条是周敦颐家乡的濂溪，一条是庐山隐居之地的濂溪。那么，周敦颐给"濂溪"命名，究竟是孰先孰后？这似乎一直就争论不断。

《宋史·道学传一·周敦颐》载："（周敦颐）以疾求知南康军。因家庐山莲花峰下，前有溪，合于溢江，取营道所居濂溪以名之。"这就是说，周敦颐家乡"濂溪"之名在先。更有意思的是，与苏、黄同时代的何弃仲，对苏、黄的说法提出了批评："营道县出郭三十里而近有村落，曰濂溪。周氏家焉。族众而业儒，至先生远宦，驰肩庐阜。力不能返故居，乃结屋临流，语濂溪之名，至乡关在目中也。苏黄二公与之同时，而所为赋诗，皆失本意。"何弃仲的意见，得到了朱熹的认同："熹旧记先生行实，采用黄太史（黄庭坚）诗序中语，若以濂之为字，为出于先生所自制，以名庐阜之溪者。其后累年，乃得何君（何弃仲）所记，然后知濂溪云者，实先生故里之本号，而非一时媲合之强名也。"（《四库全书·史部七·伊洛渊源录》）朱熹之所以认同何弃仲的观点，是因为何本就是营道县人，他说"周氏家"门口本就有濂溪，这应该是不会错的。但他说周敦颐"语濂溪之名"，只是为了让"乡关在目中"，这却不一定准确。因为周敦颐"语濂溪之名"其实是另有深意的。周在《濂溪书堂》中有明确的表白："元子溪曰瀼，诗传到于今。此俗良易化，不欺顾相饮。庐山我久爱，买田山之阴。田间有流水……吾乐盖易足，名濂朝暮箴。元子与周子，相邀风月寻。"这就是周敦颐的夫子自道，说得再明白不过：他就是要学元结，元结曾经隐居瑞昌，将瑞昌的一条溪水命名为"瀼溪"，取"让"之意。瀼溪发源瑞昌，与濂溪一样合于溢水，汇入长江。而周敦颐自己将一条小溪"名濂"的目的，就是要让它成为自己朝暮相伴的警语箴言。

何弃仲能够证明道州营道县的"濂溪"之名早于庐山的"濂溪"，但他并未说明"营水"是何时更名为"濂溪"的。"营水"之名已流传上千年，早已深入人心，如果没有一个权威人物以及因为一个"重要"的原因给它更名，老百姓是不会接受的。例如，明代洪武年间的永州府学教授胡琏，想要将"愚溪"更名为"文溪"，立意虽好却没有成功，因为胡琏的权威性远不及柳宗元。

那么，周敦颐给"营水"更名究竟是什么时候？周敦颐15岁离开家乡，以后就很少回去，唯一有可能性的就是他任永州通判期间。北宋治平二年（1065年），周敦颐由虔州（今江西赣州）通判平调为永州通判。翌年二月上旬，周敦颐到任。道州故里的乡亲，都想前来看望周敦颐并求点官职。最先到永州看望周敦颐的，是其同父异母兄长周砺之子仲章。闲谈中，仲章对周敦颐说，叔叔现在身为永州通判，家里一些堂兄堂弟都想请您高抬贵手，给他们一官半职。对此，周敦颐严肃地表示不行。周仲章住了几天后，准备返回营道。为堵住乡亲的求官求职欲望，周敦颐特地写了一首《任所寄乡关故旧》诗："老子生来骨性寒，宦情不改旧儒酸。停杯厌饮香醪味，举箸常餐淡菜盘。事冗不知精力倦，官清赢得梦魂安。故人欲问吾何况，为道春陵只一般。"在这首诗里，周敦颐的态度不仅明确而且生硬，劈头就是"老子生来骨性寒"。在周敦颐的诗文中，从无如此生硬的"狂语"，此诗之所以要如此"狂"，无非是要"一次性"断绝他们求官的念想。或许是周敦颐认为一首诗的力量还不够，于是特意将家乡的营水更名为"濂溪"，以便能朝朝暮暮给"乡关故旧"以警醒，同时也用以自省。这应该就是"营水"更名为"濂溪"的时间，因为与周敦颐"激贪敦薄"的目的高度一致。

（二）濂溪故里

濂溪故里景区距道县县城6公里。境内风景优美，古风蕴藉，文化遗存丰厚。周敦颐及其理学文化在此地孕育而生。自宋以后，成为历代文人墨客景仰、膜拜的圣地，也是周子后裔寻根问祖源地。

景区内有自然景观道山览翠、道岩奇观、圣脉清泉等,有人文景观濂溪博物馆、周敦颐故居、濂溪祠、楼田古民居、安心古寨、"楼田惨案"遗址等。濂溪故里楼田村已有1200多年的历史,文化底蕴丰厚。1017年,周敦颐诞生于此。楼田村人秉承"读书明理,耕读传家"古训,历代科举仕途才子辈出。自宋以来,共出进士38人,举人146人。为此,故里又被称为"文献世家"。

村南端,道山脚下有石窦,泉涌其中,晶莹清澈,大旱不涸,积雨不溢,潺潺不绝。左右两边岩石镌刻"圣脉""寻源"四字。旁有爱莲亭、风月亭、有本亭等亭榭五处,濂水注入亭旁荷池。山崖有明代题刻"道山""濂溪"等。道山山腰有道岩,分海底龙宫、人间皇宫、天上仙宫三层。岩内钟乳满布,嵯峨险峻,姿态万千,精致玲珑,魅力非常。

图 3-3　周敦颐故居

濂溪故里是湖南省廉政文化教育基地、爱国主义教育基地、省级风景名胜区。2013年,濂溪故里古建筑群被公布为第七批"全国重点文物保护单位";2016年,濂溪故里楼田村入选第四批"中国传统村落名录";2019年,楼田村入选第七批"中国历史文化名村"名单。

濂溪故里祠　坐落于清塘镇楼田村,始建于南宋淳熙七年(1180年)。祠堂左为豸岭,右为龙山,两山对峙,绵延十里。祠旁有五星墩。祠西南道山下,有濂水(圣脉泉)流经大富桥,注入营水(现濂溪河)。南宋嘉定七年(1214年),知县龚维蕃重修濂溪祠;明代万历年间,巡抚赵汝贤安排重修并置祭田。清康熙二十六年(1687年),命国库拨出公银重修濂溪故里祠,并规定每年从国库中拨俸禄,作濂溪后裔管理濂溪祠费用。

祠内有十八根硕大的莲花座石柱，房舍飞檐翘角，气势恢宏，月形荷花池如月随形。濂溪故里祠在建筑规模、布局和风格方面，与县城内濂溪书院大体一致，是一处融祭拜、藏书、教育等多种功能为一体的古建筑群。

（三）濂溪风光带

濂溪河风光带因遍布的水系与茂密的森林植被被誉为一座天然的绿色水库，是湘江上游的重要水源涵养林区。境内冬无严寒，夏无酷暑，素有"天然温室"之称。这里有奇特的自然"天坑"，有珍贵的古人类活动遗址，有源远流长的名人文化，可谓多种内容相融合的最佳游览之地。

月岩 在道县城西 20 公里处的清塘镇，有一处奇特的岩洞——月岩。岩有东西两洞门：东洞门长 65 米、宽 40 米，西洞门长 105 米、宽 60 米。岩宛如城阙，状极雄伟森严。入洞数十步，敞若广庭，洞顶圆空，能见天日，阳光直照洞内。月岩酷似月亮，自东边看似上弦月，自西边看像下弦月；从洞中看，头顶之圆圈宛如满月悬空。天光透入岩中，能随着行人的步伐变化出"上弦、满月、下弦"三个月亮，真是溶洞中罕见的奇观，"月岩"由此得名。"月岩仙踪"是道州八景之一。因东西两门贯通，可"对穿"而过，故又称"穿岩"。明代地理学家徐霞客曾在月岩中解衣脱帽，草鞋当枕头，仰面而睡。他在《楚游日记》中将月岩列为"永南洞目"第一。

月岩系都庞岭山麓，周围一带属喀斯特地形：群峰挺拔，青嶂翠岱，酷似桂林山光。月岩内宽敞明亮，冬暖夏凉。洞壁怪石林立，有的像猫相逐，有的如龙蜿蜒，有的似龟踽踽，有的若凤翱翔，景象十分迷人。满壁卜灌木倒悬，千姿百态，野草繁盛，郁郁葱葱。岩洞南壁有"仙人床""仙人靴""圣水"等石幔，北壁有"仙人田"等石笋。月岩距离楼田村 4 公里，相传曾为周敦颐读书、静养、"悟道"之处。

濂溪书院 位于道县城西。宋景定三年（1262 年），知州杨允恭奏请理宗皇帝赐御书"道州濂溪书院"六字，"以旌道学之源"。次年，"凡祠宇、讲堂、斋舍咸新之"。元至正二十二年（1362 年），通判吴宥率山长戴世荣重新修葺，建有应门、濂溪祠、杨公祠、两庑、诚源堂、光风霁月堂、清远楼、爱莲亭、瞻德亭等。又援例以周氏子孙之贤能者，世为书院山长，"以奉专祠"。明弘治间知州方琼重建，正德、嘉靖间知府曹来旬、御史姚虞、知州王公接等均有修葺。明万历间毁于火，万历二十年（1592）御史大夫李桢重建，明末又毁。清顺治十三年（1656 年），知州高攀龙重修正祠、礼厅。康熙二十五年（1686 年），康熙帝赐御书"学达性天"额。乾隆二十四年（1759 年），知府郑之侨重建，有三希、致道二堂，敦崇、实学二室，"进德""居业"二斋及濂溪祠、藏节楼、观澜阁等。咸丰九年（1859年）毁于兵，其后一直荒废。

2017年恢复重建的濂溪书院，是湖南省文物文博设计研究院按照省博物馆所藏的图纸进行复原设计的，包括状元桥、钟鼓楼、爱莲亭、太极亭、清风楼等20余项，整个项目占地37.2亩。其中，濂溪书院占地27.8亩，建筑面积约4500平方米，总投资约5000万元。恢复重建的濂溪书院，是融教育性、警示性、观赏性为一体的廉政文化和爱国主义教育基地，是继承理学文化和传播廉政文化的重要平台。

图3-4　濂溪书院航拍照

濂溪阁　原名文昌阁，位于湾里街，潇水河畔，古城墙下，是道州古建筑中的一颗璀璨明珠。文昌阁祭祀文昌帝君，又是昔日文人聚会的场所。阁为六角形，共三层，飞檐翘角，庄严、典雅。1944年毁于日军炮火，只存阁基。为弘扬传统文化，展示道县时代风采，2002年，原文昌阁改为濂溪阁，在西洲重建。重建的濂溪阁共五层，每一层都有相应的主题展示：第一层是"远古殊荣"，主要展出历代名人画像、天下谷源、神州陶祖等内容；第二层供游客休息娱乐；第三层是"濂溪情韵"，主要是周敦颐的生平事迹展览；第四层是"锦绣家园"，主要展示道县发展变化的历史过程；第五层是"书法诗词"，主要是何绍基书法展览及诗词。濂溪阁与西洲的自然风光相融合，已成道县的一处胜景。

第四章　胜地名山

永州是国家森林城市，全市有林地面积2328.84万亩，森林蓄积量7029.08万立方米，森林覆盖率65.66%，分别居全省二、三、五位，城市建成区绿化覆盖率45.26%，人均公园绿地面积13.43平方米。目前，永州已拥有十个国家级森林公园，数量位居全省第一。这十个国家森林公园分别是：宁远九嶷山国家森林公园、双牌阳明山国家森林公园、东安舜皇山国家森林公园、江永千家峒国家森林公园、金洞国家森林公园、道县月岩国家森林公园、蓝山湘江源国家森林公园、新田福音山国家森林公园、祁阳太白峰（挂榜山）国家森林公园、冷水滩腾云岭国家森林公园。本章主要介绍九嶷山、阳明山、舜皇山三个森林公园，因为这三座山不仅仅是森林之山，更是文化底蕴深厚的"圣山"，同时也是旅游胜地。

一、万山朝九嶷

九嶷山位于宁远县城南30公里，归属南岭山脉之萌渚岭。作为中华民族始祖虞舜的藏精之所，该山数千年来一直是一座令人敬仰的文化名山，是极其神圣、神奇与神秘的地方。1962年秋，毛泽东在《七律·答友人》一诗中写道："九嶷山上白云飞，帝子乘风下翠微。斑竹一枝千滴泪，红霞万朵百重衣。"唐朝元结《九嶷山图记》指出："九嶷山方二千余里，四州各近一隅……九峰殊极高大，远望皆可见也。"人们现在所看到的九嶷山九座山峰散布在大山脚下，高不过数百米，非常秀美。元结所言"殊极高大"，应该更多是就其文化地位而言的。千百年来，屈原、司马迁、李白等历代文人骚客关于九嶷山和舜帝的题咏浩如烟海；秦汉以来，历代帝王或遥祭舜帝，或遣官代祭，留下大量诗文古迹；九嶷山地区关于舜的各种传说也丰富多样，凄婉迷离。可以说，整个九嶷山地区都弥漫着一种庄严而神圣的气氛。

（一）奇特的群峰景色

九嶷山地区属典型的喀斯特地貌，境内耸立着上百座峰峦，千姿百态。郦道元《水经注·湘水》记载说："蟠基苍梧之野，峰秀数郡之间。罗岩九举，各导一溪；岫壑负阻，异岭同势，游者疑焉，故名九嶷山。"被称之九嶷的九峰相传为舜源、娥皇、女英、桂林、杞林、石城、石楼、朱明、潇韶。其中，舜源峰居于中央，为九峰之首，该峰北麓即为现今舜庙所在地。其余八峰散落在舜源峰周围，如众星拱月，环而护之。但徐霞客实地考察九嶷山后曾有"峰岫不一，不止于九"的说法。说明在九嶷山区有众多的山峰相似，观者没有必要非要弄清或拘泥于九嶷到底指的是哪九座山峰。

舜源峰海拔638米，为石灰岩孤峰，南北走向，山势雄浑如雄狮踞坐，"有帝王陵之气势"，历来为封禁之地。山上林木覆盖率98.5%，古木参天，空气中负氧离子含量高达每立方厘米4.8万个，是天然的氧吧。山上猕猴成群，常与游人相戏。登临峰顶，极目远眺，远近莽莽群山尽收眼底。但见万千峰峦皆朝向舜源峰，有如千帆竞渡，奔腾而来，"山山朝帝寝，树树带春晖"，使人心旷神怡，这便是著名的"万里江山朝九嶷"景致。

舜源峰对面有山峰矗立，海拔660米，端庄大气，丰腴俊美，如名门闺秀，相传为娥皇峰。西北面不远，也立有一峰，海拔440米，亭亭玉立，婀娜清秀，相传为女英峰。两旁各有小山，分别为美女峰和梳子峰，传说是女英的侍女所化。娥皇、女英两峰与舜源峰相向而立，相依相偎，不禁使人想起舜与二妃美丽的爱情故事。据史料记载，九嶷山的九峰之巅都生长着珍惜植物石枞（五针松），但如今只有在舜源、娥皇、石楼、桂林四座山峰上才能够找到。有人曾试图将山上生长的石枞移至别处种植，但都没有存活。

九嶷山地区南端、离舜庙约25公里处，有九嶷山第二高峰三分石。三分石又名三峰石，海拔1822米，山体高大雄伟。花岗岩构成的三座山峰，挺拔并峙，像三把锋利的宝剑直插云霄，壮观无比，为潇水、岿水、沱水的分水处。三峰间有三股清溪流淌飞泻，分别奔向江华、蓝山、宁远三县，蔚为奇观。三分石峰顶常有浮云缭绕，平常很难见到其庐山真面目。但每逢秋高气爽、万里无云之时，即便在百里之外，人们也能清晰地看见它高耸的雄姿。相传那里为舜帝的天葬之所，故又名舜峰，俗名舜公石。《九嶷山志》载：三分石"其上有仙桃石、棋盘石、步履石、马迹石。又有香炉石，有足有耳，形质天然。其间有冢，以铜为碑，字不可识，或疑为舜冢。"明代地理学家徐霞客曾登临三分石，露宿山头，探索山川奥秘。现今，三分石是九嶷山登山探险、观日出、望云海的绝佳之处，登顶远眺，"一览天南楚粤收"。离三分石约1公里处有香炉山，以形似香炉而得名，传说是祭祀舜帝的"香炉"的化身。山上至今保存着大片原始森林，也是斑竹集中生长的区域。

(二)多彩的岩洞景观

九嶷山群峰中奇岩异洞甚多,较为出名的有紫霞岩、玉琯岩、桃花岩、象岩、飞龙岩、凤凰岩等。其中,紫霞岩被徐霞客列为"楚南十二名洞"之首。紫霞岩,又名"重华岩",位于舜源峰西南约1公里处。"重华"是舜帝的名字,传说4000多年前,舜帝南巡,曾游此岩,因而得名。该岩为一宏大的石灰岩溶洞,洞口有一高数丈的岩石,每当雨过天晴,在日光的斜照下,岩壁上常闪耀紫色的霞光,岩口周围紫色云气萦绕,故称紫霞岩。紫霞岩分内岩和外岩两部分。外岩宽敞明亮,雄伟壮观,下有石田,级级相承,水从石顶洗涮而下。内岩从外岩右侧一洞口进入,游程约1500米,岩内曲折幽深,有风洞、雨洞、雷洞、八音堂等景观。石乳以巨大、精美著称,似人若花,似鸟像兽,姿态万千。岩内有"九曲银河"蜿蜒盘旋,将各个景观串连一体。岩壁留有元结、沈绅、蒋之奇、寇准、宋之问等名人骚客的石刻。徐霞客游九嶷山时,曾在此岩"炊粥就碗"三天四夜。

玉琯岩在紫霞岩南面约500米左右处,周边是平整的田地。远远望去,但见一座玲珑的小山孑然独立,山上怪石嶙峋,树木葱茏,活脱是一座大自然造就的天然盆景,因而有"天下第一盆景"的美誉。走近,便可发现山下藏着一个不深的岩洞。洞宽约7米,高3至4米,显豁明亮。该岩原称何侯石室,相传尧舜时期何侯南迁后,居住此地悬壶济世。汉朝时,担任零陵文学的官员奚璟来此祭祀舜帝时,在石岩中发现了12支玉琯乐器,他认为这是舜帝的遗物,不敢私自收藏,便献给了朝廷。为此,后人就将此岩更名为"玉琯岩"。岩额"玉琯岩"三字为宋代书法家李挺祖所书。洞口有"九疑山"三个大字,高5.25米、宽2.08米,为南宋道州知军方信孺所书,金钩铁划,苍劲有力,气势非凡。有意思的是,"疑"字中"矢"少了上面的一撇。对此当地村民有多种说法。一说舜帝葬于九嶷山是上天的旨意,世人不用怀疑;二说南宋时期国破家亡,少此一笔寓意国土不完整,同一时期所建的岳庙,所书的"精忠报国"中的"国"字少一点,也是这个道理;三说这样写是为了三个字的笔画结构均匀,少一撇是讲究三字布局的完美;四说当时这三个字是方信孺请当地石匠雕刻,要求每笔可盛15升米,并以此米为酬劳,结果方少给了石匠15升米,石匠于是就少刻了一笔。究竟哪种说法确切,现已无从考证。山上目前保存完好的宋代至清代的摩崖碑刻有24方,近代名家名人摩崖碑刻多达108方。碑刻中楷、行、篆、隶、草、行六种字体齐全,是难得见的书法艺术宝库。2004年,玉琯岩前的田地里挖掘出占地3.2万平方米的汉代古舜庙遗址。建筑规模之大,工艺之精湛,文物之多,轰动海内外。

玉琯岩山上遍布嶙峋怪石,难见泥土,却生长有包括黄楝木、黄柳芽、黄皮树等国家二类保护树种在内的树木80多种，繁衍着藤蔓与蕨类植物近20种，称得上是种类齐全的植物园。山上不时可见树抱石、石吞树的奇特景观。这些根系发达的树见缝插针地生长，根系特别发达，穿过层层岩石，再扎进深深的岩石缝隙中，树有多高根就有多深，树有多粗根就有多粗。从岩洞右行约50米，有一株穿石而长成的古黄柳芽，树高30余米，树围近4米，木质坚硬如铁，粗壮树根撑开石头，顺岩壁蜿蜒而下七八米后，再又顽强扎进石缝中。由于玉琯岩下有暗河通过，四周还分布着九口水井，所以，越是闷热干旱，山上的树木长得越是茂盛，叶片上还常常挂有水珠。

图4-1 玉琯岩石刻"九疑山"

（三）美丽的国家森林公园

自1995年开发至今，九嶷山已经形成了舜陵景区、青山尾峡谷景区、潇水涵青景区、灌溪仙境景区、三分石原始森林景区5个景区，总面积500平方公里，核心区面积200平方公里。景区中由变质岩和花岗岩构成的海拔1000米以上的山峰有87座，主峰畚箕窝海拔1959.2米。整个风景区山奇、水秀、洞幽、林密，以独特的风光、动人的传说、丰富的文物、奇异的溶洞、古朴的瑶家风情驰名中外。1962年，舜帝陵被列为湖南省重点文物保护单位；1992年，九嶷山被批准成立国家森林公园；1995年，九嶷山被列为湖南省首批爱国主义教育基地；2006年，舜帝陵及古舜庙遗址被列为国家级文物保护单位；2007年，九嶷山被评为国家AAAA级旅游景区。

风景区内群山起伏，山势奇特，群山间不时能看到锐利的石峰直插云中，天朗气清时偶尔能看到云层在石峰旁舒展流动。九嶷山是湘江发源地之一，境内有大小溪流60余条，水流清澈，瀑布众多，水光山色，交相辉映。"灌溪仙境""潇水涵青""高峡平湖"等都是其中著名的景点。景区中山高谷深，相对高差多在1000米左右。属亚热带季风山地气候,光热资源丰富,终年温和湿润。山水间孕育着浩浩林海,有3000多公顷原始次生林,古木参天。植物种类丰富,被誉为"天然植物园"。已发现水杉、摇钱树、银杏、福建柏、钟萼木、红豆杉、领春木、红椿、南方铁杉等87种国家保护树种,其中,石枞(五针松)、香杉(九嶷杉)、斑竹被誉为"九嶷三宝"。茫茫林海里栖息着珍禽异兽100余种,受国家重点保护的珍稀动物有金钱豹、猕猴、娃娃鱼、鹰咀龟、猴面鹰等。

景区中有6000多公顷竹海,汇集了20多个竹类品种,其中斑竹被誉为"中国一绝"。九嶷山斑竹,又称"泪竹""湘竹""湘妃竹"。杆高可达6~10米,杆径可达6~8厘米,刚劲挺拔,枝叶繁茂,聚生成林,集中分布于三分石、香炉石一带海拔800~1300米的溪谷地带。斑竹最大的特点是竹杆上有似泪的斑斑点点,其中流传着一则众所周知的舜帝与"二妃"凄美的爱情故事。传说舜帝南巡不幸身亡,二妃闻讯悲恸欲绝,千里寻夫来到九嶷山,且行且泣,泪尽成血,洒于竹上便成斑竹。除文化蕴含外,九嶷山斑竹还因其形质优美,可制作多种工艺品而为人们所珍爱。

图4-2 九嶷斑竹

自古以来,九嶷山地区口耳相传与舜帝有关的神话、传说、故事,像舜帝斩孽龙、荆竹扫墓等十分丰富,仅《九嶷山志》收录的民间故事就有50多个。山中景观如舜碑亭、永福寺、二妃庙、二妃墓碑刻等都有着深厚的文化积淀。在九嶷山区,观者所见到的每一座奇峰,乃至每一尊怪石都可能附丽着一段与舜帝有关的传说。可以说,整个九嶷山与舜帝已经完全融为一体了。山中留存多处摩崖石刻,仅唐宋时期的就已发现22块。屈原、司马迁、蔡邕、李白、元结、李商隐、周敦颐、何绍基等历代名人骚客或遥望或登临九嶷山,为其写下了大量诗文。走在九嶷山区,古村落、古民居、古祠堂、古戏台随处可见，云龙牌坊、翰林祠等已被列为全国重点文物保护单位，牛亚岭瑶寨、黄家大屋等古民居也独具匠心，保护良好。此外，九嶷山还是瑶人群居的地方，群峰间有依山傍水而建的吊脚楼古村。瑶族同胞还保留着上刀梯、坐歌堂、背新娘、女婚男嫁等风俗习惯，他们古朴的竹屋、漂亮的服饰、转悠的风车、蒸酒的作坊、碾米磨粉的工具以及传统的瑶舞等散发出浓厚的文化气息。

（四）优美的九嶷河国家湿地公园

地处宁远县水市镇、九嶷山瑶族乡境内，位于南岭山脉生态屏障区（全国南岭山地森林及生物多样性生态功能区）腹地，湘江之源潇水源头的上游水源集聚区。主要包括九嶷湖（水市水库）、九嶷河及周边部分山地。九嶷湖东西宽12.2公里、南北长11.8公里。湿地公园北起九嶷湖大坝，南接九嶷山国家森林公园（国家级自然保护区），总面积526.0公顷，其中湿地面积321.2公顷，湿地率61.1%。

湿地发源于被誉为楚南奇峰九嶷山的主峰"三分石"下，沿九嶷河一路斜穿九嶷山，途中汇集大小30余条支流，奔流穿梭20余公里，最终在九嶷湖形成宽阔的湖面。九嶷湖波光潋滟，山水辉映，宛如镶嵌于群山中的翡翠。公园内历史文化积淀丰富。九嶷山是千古名山，千百年来，无数文人骚客写下大量讴歌九嶷山的诗文，留下诸多文物古迹。

湿地公园包含的景点有：瑶族民俗文化体验园、集散广场、池荷跳雨、瑶族塔、沿河木栈道、生态湿地科普园、生态林地、野趣探险园、瑶药种植园、舜华园、爱情门摄影点、观鸟台、休闲平台、宣教长廊、彩蝶园、彩色水稻种植园、奇异瓜果园、生态蔬菜园等。包含的建筑有：湿地科普宣教中心和访客中心建筑、湿地产品展示中心、访客咨询点、瑶族民俗文化体验中心、湘妃纪念塔和文化宣教长廊、鸟类观测与救护站、树林木屋、生态公共厕所、其他服务用房等。

二、和美阳明山

阳明山地处五岭北麓，道江盆地与零祁盆地交界处，属于都庞岭山系。与零陵、宁远和祁阳三县区接壤，在行政区划上属永州市双牌县管辖。保护区东接九嶷，西临潇水，北望衡岳，南近桂林，南北长15.6公里，东西宽13.3公里，总面积200多平方公里。阳明山历史悠久、人文深厚，集神秘、神奇、神圣与大气、灵气、和气于一身，方圆数十里群峰竞秀，溪流纵横，古刹巍峨，林密竹茂，珍禽走兽种类繁多，是国内外少有的自然历史文化遗产，也是少数尚未得到充分开发的旅游宝地。1958年，这里建立国营宁远土谷坪林场，1982年这里被列为省级自然保护区，1992年辟为国家森林公园，

2009年设立国家级自然保护区。近年来，阳明山先后被授予"国家水利风景区""绿色中国环境文化示范基地"等称号，还入选了百姓喜爱的"湖南百景""新潇湘八景"等。

（一）道教仙观与佛教圣地

阳明山，原名阳和山，曾为道家修炼之所。明弘治《永州府志》记载说："王真人，德安人，修炼于零陵之阳和山。元初赐观额为'万寿宫'，封懿德真人，征入朝，遂不返。"有研究者推测，"阳和山"可能很早就是湘南著名道场，只不过到王真人时方载入史籍而已。王真人作为道教人士，在元代初期不仅得到了封号，还应召进了朝廷，可见其修炼是很成功的，因而明清时永州及其所属各县的方志反复提到了这个人。而由朝廷赐名的"万寿宫"，作为道教仙观在很长一段时间内得到了远近官员与百姓的敬仰与爱护，为方便朝拜修炼，观址还曾一度迁移至距永州城更近的地方。

说到阳明山，就不能不涉及佛教。阳明山素有"灵山福地"之称，佛教文化源远流长。传说自东汉起，那里就是湘南地区的朝佛圣地。鼎盛时有大小寺庵108座，万寿寺、白云寺、歇马庵、祖师庵等皆为史上有名寺庵。唐朝时山中白云寺开始兴旺，僧侣相继，香客云集。宋朝时山中又建立了阳明山寺和昭禅寺。相传明朝正德年间，武宗帝三女儿秀灵为逃婚，同时也为寻求不老仙方，来到阳明山昭禅寺，"尽驱寺僧，歇马建庵"，潜心事佛修炼。而确定阳明山在佛教史上的重要地位，让阳明山产生重大影响的人则是秀峰禅师。秀峰禅师原名郑真聪，永州新田人。幼少时大耳阔唇，骨干伟奇，灵颖超众。父母本希望他成就一番功业，光宗耀祖，但他矢志出家并一直吃斋。父母劝阻无效，只得尊重他本人意愿。他仅持一瓢一笠离家寻求佛门姻缘，先后到过陶岭、大瓜岭等地，后来选定阳和山。现阳明山祖爷岩，传说曾是秀峰禅师修行的地方，保存了大量文人墨客的题词。秀峰修行数十年，师从临济一脉，曾专程赴广东韶关曹溪宝林寺礼拜六祖慧能，得晓禅学真髓。明嘉靖二十九年（1550年），秀峰禅师在阳和山入关坐化，时年39岁。三年后，南渭王的孙子朱菊坡与当地名贤蒋湘崖因仰慕秀峰禅师，特来寺中启关，发现其遗体"庄严端坐，俨然如生"，而且还长出了头发，于是顶礼拜伏。南渭王知道后，追加了他"七祖"的封号，题写了"曹溪正派"的匾额，并将阳和山更名为"阳明山"，将其坐化的寺院更名为"万寿寺"。也有文献记载说，加封号、题匾额、改山名等并非南渭王所为，而是在南渭王上奏朝廷后，出自嘉靖皇帝。而且嘉靖皇帝还亲笔御赐了"名山千古仰，活佛万家朝"的楹联，个中详情仍需考证。秀峰禅师的"全身舍利"曾长期在万寿寺供奉，世称"肉身菩萨"，可惜现已下落不明。

秀峰禅师坐化后，万寿寺声名鹊起，周边3省18县58个香会的百万善男信女纷纷前来朝拜，盛时每年逢农历十月初二七祖庆诞，信众聚集可达数万之众。因秀峰禅师坐化而得名的万寿寺，在清朝末年时建筑面积达2000多平方米，除上、中、下三殿外，两侧还建有8栋客房，以供香客食宿。现寺庙仍坐落在海拔1357米的花岗岩坡地上，占地面积5000余平方米，东西两侧山势逶迤环抱，蕴含"二龙戏珠"意味。寺院建筑坐北朝南，分下殿、中殿、父母殿、祖爷殿等。寺后东侧有观音阁，西侧有水井及镇水石塔。寺庙周围尤其是寺前山坡生长着大片原始次生林，古木参天，而且"无树不苔封"，它们坚守在那里，印刻岁月，记载历史。寺中古井，久雨不溢、久旱不枯，饮之回味无穷，且具强身健体的功效，被誉为"阳明圣水"。

（二）博富的"和"文化内蕴

阳明山文化宝库不仅有道、有佛，而且另有多重文化内涵。早在五帝时代，舜帝就曾将其弟象敕封在有庳，有庳处在阳明山腹地的江村一带。象虽曾作恶多端，但后来被感化，为当地的民族融合做出了特有的贡献。舜帝南巡是否登过阳明山，文献中没有明确记载，但舜的崩葬之地九嶷山却离阳明山不远，朝廷与地方的祭舜活动势必要影响阳明山的民情风俗。千百年来，阳明山区流传着多个舜与其接班人禹的故事，舜德遗风在这里代代相传。山脚下的道江盆地，自秦汉以来不仅有规模宏大的舜庙，而且还建有象祠，专门祭祀舜帝之弟象。

唐代思想家、文学家柳宗元谪居永州期间曾两次到阳明山观风景、探宝地、会僧人、谈佛论儒。他还写有《游黄溪记》一文，称南方各地永州最美，永州百里黄溪最美。宋代理学鼻祖周敦颐出生于阳明山下的道江盆地，传说其青年时代曾入阳明山悟道，得到过阳明山文化的滋养。还有研究者推测，"阳和山"之所以改名为"阳明山"，与明代文化大师王阳明有着难以分割的关系。此外，红色文化也是阳明山文化宝库的一个重要组成部分。1934年8月23日，由任弼时、王震、萧克率领的红六军团8000多名官兵到达阳明山，在竹蒿荟一带消灭了国民党一个保安团，当天夜宿祖爷岩，第二天赶往祁阳白果市。萧克将军回忆长征时，对此记忆犹新，1998年他为阳明山国家森林公园亲笔题写了园名。红军当年宿营处现已被列为永州市爱国主义教育基地，建立了纪念碑亭。

我国台湾也有一座阳明山，与永州阳明山同名。台湾阳明山原名草山，位于台北市北面，离市区16公里。1950年，蒋介石将其改为现名。传说蒋介石抗战胜利后曾到过永州阳明山，得到了万寿寺高僧的指点，心中有一段难解的阳明情结。由于两岸阳明山同名同姓，渊源深厚，自2006年起，永州及双牌县连年举办以"和美阳明山·两岸一家亲"为主题的中国阳明山"和"文化旅游节，至2015年已举办九届，在国内外产生了广泛影响。

阳明山之"阳"可拆为"阝"（山丘）与"日"。古时"丘"为地，"日"为天，"丘"与"日"的组合，象征着天地之"和"。阳明山之"明"可拆为"日"与"月"，"月"为阴、为柔，"日"为阳、为刚，"日"与"月"的组合象征着阳刚与阴柔之"和"。阳明山山势高峻，"朝阳甫出，而山已明"，在温煦的阳光中，各种生命展示其自身的力量，自由地滋长与更新，体现了生命之"和"。阳明山山水奇美，动植物资源丰富，环境保护良好，体现了自然之"和"。两岸阳明山友好互动，体现了大陆与台湾兄弟关系之"和"。儒、道、释共处一山，加之当地独有的民间文化与新时代的红色文化，使阳明山散发着浓郁的文化气息。在阳明山，崇尚儒学的人，可以沐浴圣贤的光辉；潜心修道的人，可以感受真人的呼吸；虔诚拜佛的人，可有全新的领悟；追求理想信念的人，可得到鼓舞与激励；游山观景之人，可洗涤心灵，提升境界——阳明山以其大气与包容体现了文化之"和"。"和"的概念最早出自《国语·郑语》，后发展成为中国传统文化的核心范畴之一，在儒家表现为"和而不同"，中和之道；在道家表现为物我为一，天地人和；在释家表现为因缘和合、中道圆融。在某种意义上，可以说阳明山"和"文化蕴含着中华传统文化的精髓。

（三）壮美奇特的自然景观

阳明山以奇峰怪石、流泉飞瀑、竹林花海等建构了一幅幅醉人的山水画卷。《阳明山志》曾这样描绘山中景象："木石幽异，紫气腾空，地则银沙铺布，岭势虎踞虬盘……"《永州府志》记载说："朝阳甫出，而山已明者，阳明山也……有银沙十里，鸟道盘折，上与天齐。其麓险绝，几疑无路。及登顶峰，左衡右嶷。极目千里，身在云际，超然出尘。"区内70%的山地海拔在1000米以上，有161座此起彼伏的山峰。主峰望佛台独耸云天，海拔1624.6米。攀登此台，往往可以得到"人在云中走，雾在脚底飞"的体验。云山雾海是阳明山常见的奇观之一。晴天常见丝丝白云在列坐的群峰上变换停留，阴雨天常见数个峰头若蓬莱仙岛在翻滚的雾海中若隐若现；黎明常见一轮红日从云雾中喷薄而出，傍晚常见暮色将重峦叠嶂染成水墨丹青。山上小气候瞬息万变，晴雨难测。清人刘试采在《阳和山纪咏》一诗中写道："阳和山在翠微中，万壑千岩一径通。雾散明天还作雨，云归别岫不因风。"

阳明山中蕴藏着不少怪石，如情侣石、八戒望月石、大禹试剑石等，各有韵味。山中一天门、二天门、望母来等都是观石佳处。一路可见众多怪石，它们或立，或卧；或青苔遍生，或平滑如镜。祖爷赏花台离万寿寺不远，为一块高40米的突出岩石。它拔地而起，视野开阔，登临此石，峻岭幽谷，茂林修竹，可尽收眼底。相传七祖秀峰进山学佛之初思母心切，常登此石遥望故乡。观音菩萨见后心生感动，便将周边草木点化为杜鹃鲜花以慰七祖念母之情，同时助其安心修炼。在主峰望佛台陡峭的山顶上，有块二亩左右的平地，地上耸立双石，形似两手合掌，故有"观音合掌"之称。进山朝拜者，登临此处不仅可以极目千里，感受到万千气象，而且可以望见万寿寺，登山疲惫往往一扫而空。

阳明山区气候温和，雨量充沛，现已发现大小溪流130多条、高山泉眼40余处、瀑布流泉30余道。它们分别汇入大黄江源与栎江，并最终汇入潇水。大黄江源位于阳明山西北部，该处原始森林连绵无际，人迹罕至，幽谷中一道溪流奔泻直下，一连形成5道瀑布，每瀑落差在30米以上。瀑与瀑之间以碧潭、浅滩相连，总长约150米。最后一级，溪水从约60米高处咆哮而下，如白蛟翻滚，水声激越，气势磅礴。溪流两岸绝壁对峙、枯枝倒悬、藤蔓缠绕，美不胜收。长菖湾瀑布从海拔1400多米的悬崖下直跌而下，落差近80米，有"飞流直下三千尺"之势。万和湖处于众山环绕之中，一池碧水静静地倒映着蓝天，可使人凡心如洗。此外，龙潭、银蛇潭、小黄江源瀑布、猛虎跳涧等都属于较为奇特的景观。

保护区内植物景观丰富，生长着不少奇树，如夫妻树、阴阳树、石中树等，姿态各异。袈裟岭上300多亩原生次森林，枝繁叶茂，翠绿喜人，而且无论是乔木还是灌木，都如巨刀横劈过一般平平坦坦。阳明山最著名的自然景观非杜鹃花海莫属。山中杜鹃花属植物资源丰富，常见品种有映山红、鹿角杜鹃、紫花杜鹃、云锦杜鹃等。从海拔210米到海拔1625米，杜鹃均有分布，几乎是无峰不有，无谷不见，总面积近10万亩。万寿寺西北的山坡上分布着数千亩成片的野生云锦杜鹃，该杜鹃群落生长茂密，树高齐整，如人工精心修剪过的绿篱一般平整。每年5月初，白色、紫色、淡红、大红等各种颜色的杜鹃花竞相开放，漫山遍野花团锦簇，蜂飞蝶舞，蔚为壮观，被赞为"天下第一杜鹃红"，有"杜鹃花海天下秀"的美誉。2006年4月，被上海大世界吉尼斯总部确认为"中国最大的野生杜鹃花基地"。阳明山素有"竹乡林海"的美誉，高大挺拔、青翠欲滴的竹林也是常见的美景。山中竹类资源丰富，分布范围广，仅楠竹面积就有8万多亩。阳明山的竹子传说是八仙之一铁拐李的一群羊变成的，坚韧修长，干粗节稀，被誉为"毛竹之圣"。当地有"竹筒当水桶，笋壳当蓑衣"的说法，足见阳明山竹之粗大、奇特。

（四）珍贵罕见的生态宝库

阳明山属亚热带季风湿润气候区，气候垂直变化大。年平均气温14.2℃，最高气温28.0℃，最低气温不低于-5℃。冬无严寒，夏无酷暑。园区雨量丰富，年均降水量为1607.5毫米。空气清新无比，平均负氧离子含量达每立方厘米3.8万个，其中小黄江源达到每立方厘米6.68万个。年平均相对湿度高达87%。土壤较深厚肥沃，林木资源丰富，有"岭北生态画卷""天然氧吧""湘粤凉岛"等美称。

阳明山山高谷幽，古木参天，冬暖夏凉，是名符其实的动植物宝库。山脚的竹、山腰的原始次森林、山顶的杜鹃花构成了奇特丰富的生态画卷。园区内有原始次森林上万亩，森林覆盖率达97.8%。有维管植物219科851属1921种，其中，蕨类植物44科106属378种（含变种变型），湖南新记录种43个；有种子植物175科745属1543种，其中，自然分布的种子植物166科668属1397种。其科、种的分布主要表现为亚热带性地理成分较明显、与世界各地植物联系广泛、古老原始的类群多、种数在各科中的分布比较分散等。阳明山共有珍稀濒危与特有植物86种，其中，国家一级保护的植物有南方红豆杉、银杏、蕙兰、伯乐树、建兰等9种，国家二级保护植物有黄杉、穗花杉等69种，稀有或渐危植物有23种，其中穗花杉、青檀、白辛树、银鹊树被列入了中国植物红皮书。还有5种属当地特有植物，即双牌泡果荠、淡红杜鹃、阳明山杜鹃、粗筒唇柱苣苔、零陵唇柱苣苔。区内黄杉分布面积有1690公顷，是湖南乃至全国已知黄杉林最集中的地方。主要分布在东昌源老屋场至北江冲一带，总计5万多株。植株最高33.5米，胸径102厘米，枝下高达18米。黄杉树干通直丰满，出材率高，是阳明山内最具特色和科学价值的树种。区内红豆杉资源丰富，多分布在海拔400~1000米地带，多处形成大面积群落，总面积约2万亩，株数之多为湖南境内所罕见。山中药用植物有700多种，珍贵药材有黄麻、杜仲、厚朴、黄柏等。

现初步查明阳明山陆生脊椎动物有220种，隶属4纲24目67科。有国家重点保护动物28种，其中白颈长尾雉、林麝、云豹为国家一级保护动物；虎纹蛙、苍鹰、红腹锦鸡、白鹇等25种为国家二级保护动物。山中草鸮、斑头鸺鹠、赤腹鹰、松雀鹰、白鹇、白颈长尾雉等数量众多。可以说，绵延幽深的阳明山地区是多种珍稀动物的乐园。

今天，阳明山的自然美景，尤其是那里的杜鹃花海吸引着越来越多的国内外游客；阳明山厚重的"和"文化在社会发展和文化建设中的作用，受到越来越多的关注；山下的交通、食宿等基础设施也在逐年改善。曾经养在深闺的阳明山正在大步走出湘南，走向全国，走向世界。

三、清凉舜皇山

明朝隆庆《永州府志》载："永之东安有舜山，御陛源，皆祀有虞氏。东安近九嶷，固舜巡狩所经也。"清道光《永州府志》也提到"永之东安县有舜山"。舜山即今舜皇山，位于东安县西南部，地处我国重要地理分界线——南岭山脉越城岭中段，有"控百粤而引衡岳"之势。北与东安县紫云乡相邻，西、北与邵阳市新宁县舜皇山保护区接壤，南与广西壮族自治区全州县毗邻，东靠东安大庙口乡，属两省（区）三县交界的边远山区。南北长35公里，东西宽15公里，保护区总面积约15万亩，核心区面积约5万亩。园内层峦叠嶂，沟壑纵横，林海茫茫，溪瀑溅玉，以"秀水、奇石、物珍、古野"享誉四海。1982年，舜皇山被列为湖南省级自然保护区，1992年建立国家森林公园，2013年被列为国家级自然保护区。

图 4-3　舜皇山舜峰绝顶

（一）悠远的舜德遗韵

舜皇山原名红云山，更名舜皇山与舜帝有关。相传舜帝晚年让位于禹以后，南巡溯湘江而上来到这里，见层峦叠嶂，云海苍茫，古木苍翠，听流水潺潺，鸟语呢喃，感到确实是个上好地方，便在此住了一段时间。其间，他深入民间，察民情，解民忧，做了不少好事，包括施行教化，使民众睦邻友善；改良风俗，使民众健康少病；传授技艺，使民众发展生产等，因而深受民众爱戴。他还写信让娥皇、女英二妃前来相聚。二妃得信后前来赴会，却误沿潇水而上，到了九嶷山。舜帝无奈，只好赶往九嶷山去见二妃。临行时，他感于当地民众淳朴善良，便布施下十件宝物：一是白滩河兵书宝剑，可御强敌；二是绿埠头水底莲花，此花开时，谁家先人葬于此，后人可出天子；三是水口庙量天国母尺，可观天色定风雨；四是红云山神仙木，可治疗百毒，延年益寿；五是铁古岭神仙螺，此螺置于砚中，墨水永不干涸；六是荷池雌雄双锣，双锣开合，产生各种悦耳动听的音乐；七是紫溪河稻子蟾，能吃各种害虫；八是白树脚喜鹊含梅，有缘男女见了可白头偕老；九是大庙口百宝洞，水好土好，五谷丰登；十是县城金鸡和白鸭，金鸡恋福地，白鸭戏肥水。这十件宝物分散在东安东南西北不同方位，由此演化出许多关于舜帝的美丽传说。山中九龟朝舜、舜石桥、天宁寺、镇山石、三皇庙、银栏关金马、山院天书等景点都与舜帝南巡遗迹相关。

舜帝留下的这十宝，使红云山及其周边的百姓过着丰衣足食，平安康泰的好生活。人们为了感念舜帝恩德，就将红云山更名为舜皇山。舜帝驻留红云山期间发现一个岩洞，见洞内景观奇特，便深入考察，后人将此洞命名为舜皇岩；舜帝看到两条相距不远的山溪叠泉重瀑，恍若仙境，就萌发了写信召唤娥皇、女英二妃的念头，后人便将两条山溪分别命名为娥皇溪、女英溪。后人们还在山上建起舜皇庙，使舜帝接纳百姓朝拜，享受人间香火。据考证，最早的舜庙距离现在至少有1600年。舜峰的西南方向建有天宁寺，寺中供奉之神，当地人称舜皇菩萨。古时香火甚旺，每逢农历三、六、九日，湘、桂两省边界的香客成群结队进山朝拜。民国时期因土匪出没，寺庙被毁，现遗址犹存，可见断壁残垣。舜皇山山麓的御陛源口与杨江源口均建有舜庙。杨江源口舜庙的规模尤为壮观。清嘉庆六年（1801年）暴发特大洪水，将大庙冲至下游300多米处。道光年间，人们改在大庙被冲下停住的地方重修大庙，将舜帝之像供奉在这里，还修建了戏台和游亭并把较完整的碑石收拢保存起来，大庙口之名即缘于此。当地人认为，农历八月十三日为舜帝生日，故每年农历八月十三日前后数日都会举行隆重的庙会活动。抗日战争时期，大庙部分建筑毁于兵燹，庙会活动也在20世纪50年代后停办。20世纪五六十年代，大庙被完全拆除，庙宇的亭石和残碑后来大都砌了河堤。

（二）奇美的自然景观

舜皇山园区内奇峰高耸，峰峰夹奇谷，谷谷出奇溪，溪溪有奇瀑，可谓人间仙境。古人曾形容其"山水清远，群山环绕，苍翠秀峭，洞到儿龙，湘流依带城廓，皆清奇妙"。舜皇山的山集天山之雄、华山之险、南岳之秀、黄山之奇、青城之幽于一身。其主山名叫舜峰，海拔1882米，为东安县内最高峰。清乾隆十七年（1752年），湖南一统志《舆地广记》记载，"舜峰地势最高，层峦叠嶂，高接苍穹，为湖南第一峰"。明代诗人文徵明也曾用"天设湖南第一峰"来形容它。登临舜峰绝顶观云海、迎日出，因季节不同，景观各异。春天，白云舒展，雾海茫茫，千山百峰时隐时现；夏天，天高云淡，万山始于足下，千壑尽收眼底；秋天，松涛托日，骄阳冉冉，彤云焕彩，气象万千；冬天，崇山峻岭，遍布玉树银花，满目皆白，恍若仙境。在主峰周围，有群峰环拱，其中海拔1000米以上的山峰有65座，海拔1500米以上的山峰有19座。九龙塘、白头寨、笔架山、马头山等或险峻神奇，或形态怪异，皆为可观美景。

在舜皇山群峰的夹缝中，嵌入了一条条深邃狭长的沟谷。最低峡谷海拔仅239.6米，与最高峰相对高差达1642.8米。峡谷两岸常有悬崖如削，险象环生；古木参差，青翠欲滴；青藤满布，千姿百态。龙潭江、娥皇溪、女英溪等大小46条溪流如一条条玉龙，奔腾在幽谷里，迂回曲折，别有情趣。龙潭江是一条长5公里的峡谷，窄处只有一线天。阳江已开发游人漂流项目，不仅惊险刺激，而且两岸美景使人目不暇接。溪水奔流形成多处瀑布，如女英织锦瀑、二妃晾锦瀑、娥皇舞瀑、浣纱瀑、酒盅堑瀑等。其中，落差30米以上的瀑布22处，最高的瀑布达112米。大者犹如银河倾泻，气势磅礴；小者如珠帘悬垂，飘飘洒洒。幽谷中溪流潺潺，云遮雾锁，往往使人难识其庐山真面目。

奇石是舜皇山的重要景观。舜帝远眺、二妃寻夫、金龟望月、神箭升天、仙人桥等巨石似人状物，栩栩如生。紫云工区有段天然形成的硅质岩石壁，高50多米，宽30多米，长约2600米，为亚洲最长最高城墙石。岩壁中段有一缺口，酷似城门；缺口两边立着几根石柱，形如"卫士"把守城关；岩壁上面还有几处轮廓分明的"烽火台"。整座岩壁像一道巍峨起伏的城墙，又像一条欲飞的巨龙，昂立在海拔1600多米的峰头。游人到此常有"徐福何处觅仙境，此处正是蓬莱山"之感叹。杨江源15公里长的鹅卵石风光带在国内独一无二，也具有很高的观赏价值。

舜皇山已发现大型溶洞13个，如舜皇岩、仙人岩、燕子岩等。洞内常见怪石林立，璀璨夺目，可谓宫宫有景宫宫秀，洞洞含情洞洞香。舜皇岩的形成已有1亿多年的历史，岩洞全长700余米，面积约1.2万平方米，洞内有四宫十八殿，洞中有洞，别有洞天。洞内的钟乳石，状物似人，千姿百态，栩栩如生，可与桂林七星岩、芦笛岩媲美。仙人岩是载入湖南省志的名胜之一。两岸奇峰耸立，岩壁50米高处有一仙人下棋台等，壁上刻有"同仁"两个擘窠大字。洞口绝壁上有仙人路，高约20米，雄伟壮观。洞内景致千奇百怪，如群仙聚会、蛟龙出海等。燕子岩以燕子群聚于洞中得名，洞内宽广幽深，至少可容纳2000人。

（三）丰富的动植物资源

舜皇山地处中亚热带湿润气候区，气候温和，四季分明，年平均气温约17℃，年无霜期达280天，夏季最高气温平均25℃，为湘西南难得的避暑胜地。由于远离大中城市，公园周边近100公里范围内没有大型企业，空气洁净、清新，含尘量、含菌量极少，常年质量为一级，空气中负氧离子含量高达每立方厘米9.8万个；水质清澈甘洌，绝大部分为一类水质。森林覆盖率98%，为湘江和资水的重要水源地。由于气候适宜，土壤相对肥沃，地表形态多样，山中孕育着丰富多样的动植物资源，形成充满生机、如诗似画的境界，被誉为"人间仙境、生态王国、天然氧吧"。

舜皇山林海壮观，竹海迷人，花海绚丽。植物种类丰富，植被垂直分布明显，从下往上依次是常绿阔叶林、常绿落叶阔叶林、针阔混交林、山顶矮林、灌丛、高山草甸。因生态环境优美，有"南方树木王国"之美誉。古人曾形容其"异木苍苍，黄地伏虎，古木佳卉，葱郁相望"。园区中原始次森林面积有3万余亩，古木参天、树藤难辨、野趣横生，是华南地区最具特色的植物区系，也是中亚热带植被的典型代表。山中现已查明高等植物有223科921属2368种，包括国家级保护植物40种，其中，一级保护植物有银杏、南方红豆杉、资源冷杉、钟粤木、报春苣苔5种，二级保护植物有桫椤、华南五针松、篦子三尖杉、金毛狗等35种。山中药用植物有700余种，具有较高观赏价值的花卉有700余种。山中查明成片竹林有3000余公顷，竹类200多种，包括金玉竹、紫竹、方竹、斑竹、罗汉竹、实心竹、伞竹等珍贵品种。山中繁殖的大型真菌有203种，药用真菌有紫灵芝、云芝、香菇、裂褶菌等38种。园区内金鸡岭的70余公顷国家二级保护植物华南五针松，是国内最大的华南五针松集中分布地。园中还有世界上现存林相最整齐、混生树种最独特、分布海拔最低的银杉群落。舜皇山是4亿年前加里东期形成的花岗岩体，是第四纪冰川浩劫时期南北动植物的汇聚地与避难所，至今仍生长着7000万年~2000万年前遗留下来的许多珍贵古老植物，像冷杉、长苞铁杉、连香树等，可以说是无价的"动植物基因库"。

在舜皇山茫茫林海中生活的野生脊椎动物262种，隶属4纲28目77科。其中，国家一级保护动物有黄腹角雉、白颈长尾雉、金钱豹和云豹，国家二级保护动物有红腹锦鸡、黑熊、虎纹蛙、穿山甲、大灵猫、小灵猫、水獭等35种，另有179种野生动物属"国家保护的有益的或者有重要经济、科学研究价值的陆生野生动物"。园区昆虫目前已正式命名的有17目156科759属1163种，其中已正式发表的新种9个，属于国家重点保护的珍稀或有重要经济价值的种类12个。在山中生活的水生脊椎动物鱼类33种，隶属4目13科。其中，有食用价值的鱼类17种，供家庭饲养观赏的鱼类12种，可用作药材的鱼类18种。山中蝴蝶资源有12科153属324种，可以说是"蝴蝶王国"。其中，湘南荫眼蝶、舜皇环蛱蝶、娥皇翠蛱蝶、东安燕灰蝶和周氏何华灰蝶5个品种，在世界上尚属首次发现。娥皇溪是蝴蝶出没最多的地方，因此被誉为"蝴蝶谷"。

（四）多样的文化内涵

舜皇山历来是潇湘名山，它不仅是舜帝南巡驻跸之地，同时还具有多种文化内涵。民国以前，舜皇山一带庙宇成群，现存遗址多达十数座。当然，寺庙中名气最响、规模最大、敬祀最为隆重持久的肯定是舜帝庙。其次，舜皇山还是古代道教封禅的七十二福地之一，道家文化在其中留下了众多遗迹。此外，山中有寿佛庵六处，始祖盘古寺庙两处，还有鄢家的三王爷庙等。当地民众祭拜的神祇古老而原始，祭祀的范围广泛而多源。山中还有寇冷、解绪等名人的题诗碑刻，有邓禹的祠庙和南朝礼部尚书邓三凤陵墓等。舜皇山还是汉族和瑶、苗、壮等少数民族杂居的地区，历史文化源远流长，民风民情丰富多样。

特别值得一提的是，舜皇山还是湖南省30个重点红色旅游景区之一。老山界为舜皇山北部的称谓，那里本是湖南东安、新宁和广西全州两省三县交界地。1934年8月，红军长征的先遣部队——由任弼时、肖克等率领的红六军团9300多人翻越此山。他们由炎井方向，一路北行，经新宁紫花坪进入东安境内，翻过大坳界、雷公岩、塘坊边、雷霹岭等地，又进入新宁地界，向贵州挺进。红军在舜皇山地区行军约30公里，留下了许多动人的故事。当地的耄耋老人还能回忆起红军队伍经过此地，与当地瑶民拉家常的情景，他们有的给红军当过挑夫，有的人的亲人还随红军参加了长征。老一辈无产阶级革命家陆定一曾写下《老山界》一文。他在文中说："我忽然想起要在这里立个纪念碑，写下某年某月某日，红军北上抗日，路过此地。"今天，作者的愿望已经实现，当年红军经过时的宿营处不仅竖立了纪念碑，还建造了一座六柱翘檐、古朴典雅的"陆公亭"，而且当地还将红军当年行军经过的路更名为红军路，以示纪念。

第二篇 古韵寻踪

第五章 万年古道

永州是湘桂古道的核心地带。所谓"湘桂古道",主要是以湘江流域和漓江流域为中心,往北过长江溯汉江而上,可与河洛、秦川相联系,往南顺西江、邕江而下可达北部湾,还可下珠江出南海。在大运河凿通之前,这是沟通大江南北的主要通道,从大禹"开九州,通九道"开始,一直到隋唐,作为中国南北交通大动脉的地位延续了三千余年。这条交通大动脉,以水路为主,陆路并进,有些地方还必须经由陆路再转水路。因此,这是一条水陆联通之路。那么,湘桂古道之"古"开启于何时?古人类学家贾兰坡在其《广东在古人类学研究上的重要地位》一文中说到"两广地带就是远古人类东移的必经之路"。也就是说,远古人类东移的必经之路首先是到达两广地带,然后再经湘桂古道迁移到中国内陆乃至整个东亚——湘桂古道是远古人类迁徙的通道,它可以追溯到十万年以前。

图 5-1 舜帝南巡图(九嶷山舜帝陵壁画)

一、人类迁移通道

贾兰坡为什么说远古人类是"东移"而来的?其依据大概是基于中华大地最早出现在云南的"元谋猿人"(距今约 170 万年)。根据达尔文的进化论,人类的进化是呈线性发展的,即人类发展的历史可分为四个阶段:古猿(前800万—前700万年)和南方古猿(前420万—前100万年),能人(前200万—前175万年),直立人(前200万—前20万年),智人(早期前20万—前5万年、晚期前5万—前1万年)。但现代遗传学的研究证明,智人出现的时间虽然很短,但与古猿、能人乃至于直立人并无血缘承继的进化关系。以色列人类学家尤瓦尔·赫拉利认为,"在几十万年前的地球上,至少就有6种不同的人""不论智人是否是罪魁祸首,但每当他们抵达一个新地点,当地的原生人类族群很快就会灭绝。现存历史离我们最近的梭罗人遗迹,大约是5万年前。丹尼索瓦人在那之后不久也已绝迹。至于尼安德特人,是在大约3万年前退出了世界舞台。而到了12000年前,像小矮人般的人类也从弗洛尼斯岛上永远消失……他们的离去,也让我们智人成了人类最后的物种"①。在全世界范围内,其他人种均消失了;同样,曾经出现在中华大地的元谋人、蓝田人、北京人也消失了。因此,他们与现代中国人也没有血缘承继的进化关系。

(一)十万年前的现代智人遗址

现代智人的祖先从何而来?美国《国家地理》在2005年发起了"人类迁徙遗传地理图谱计划",用原始人骸骨上的DNA对比来自全世界100多万人的mtDNA。结果发现,全地球人的mtDNA都出自15万年前的一位女性智人,基本确定她就是全人类共同的外祖母,科学家称她为"线粒体夏娃"。而这个外祖母的最早诞生地,是在非洲的东部。"我们还无法得知智人是在何时、由何种早期人类演化而来,但科学家多半都同意,大约到了15万年前,东非就已经有了智人,外貌和我们几乎一模一样""科学家也同意,大约7万年前,智人从东非扩张到阿拉伯半岛,并且很快席卷整个欧亚大陆"②。尤为重要的是,短短几万年的时间,智人不仅迁移到了地球的每一块大陆,包括大洋洲,还造成了当地原生人类族群的很快灭绝。用生物学优胜劣汰的理论来分析,智人应该是古人类族群中最优人种。

虽说现代智人与元谋猿人没有血缘承继的进化关系,但智人既然是来源于东非,那么经由西亚东移至云南,再东移到两广,然后转道北上,其迁移路线与贾兰坡的结论应该还是一致的。但需要强调的是,湘桂古道上的两项考古发现证明,即使是"科学家多半都同意"的观点,也必须有所修正:一是智人出现的时间应该更早一点,不止15万年;二是智人扩张的时间更早一点,绝不止7万年,时间甚或要翻倍。

---

① [以色列]尤瓦尔·赫拉利:《人类简史——从动物到上帝》,林俊宏译,中信出版社2014年版,第7页,第19页。

② [以色列]尤瓦尔·赫拉利:《人类简史——从动物到上帝》,林俊宏译,中信出版社2014年版,第14页。

第一项考古是封开峒中岩人的发现。广东省肇庆市封开县，位于贺江与西江的交汇处，与广西梧州市毗邻，是汉武帝所设立的"广信"所在地。1989年在封开县峒中岩洞内发现的人类牙齿化石，铀系法测定年代为距今14.8万年±1.3万年，年代为旧石器时代中期。两枚人牙化石形态粗壮，沟纹和小嵴多，表现出较多的原始性，属早期智人。峒中岩人是目前岭南地区发现的最早的人类，被专家称为岭南历史的揭幕人。

第二项考古是永州道县福岩洞古人类遗址的发现。该遗址位于湖南省道县西北部乐福堂乡塘碑村，距县城约18公里，南距道州玉蟾岩遗址约6公里。2015年10月15日，中国科学院多位研究员在英国《自然》杂志发表论文，宣布在该遗址发现47枚具有完全现代人特征的人类牙齿化石，依据铀系法初步年代测定和动物群面貌判断，古人类活动的年代大致为晚更新世，表明8万至12万年前，现代人在该地区已经出现，是目前已知最早的具有完全现代形态的人类。通过对道县人类化石的研究显示，具有完全现代形态特征的人类在东亚大陆的出现时间比欧洲和西亚要早至少3.5万至7.5万年。这项研究提供了迄今最早的现代类型人类在华南地区出现的化石证据，是中国学者在现代人起源研究领域所取得的新的重大突破，对于探讨现代人在欧亚地区的出现和扩散具有非常重要的意义。

图5-2 道县福岩洞古人类遗址

这两处古人类遗址，分别位于湘桂古道的支线"潇贺古道"的起点和终点。就古人类生活的年代来说，一是14万年，一是8万至12万年，时间上有先后对应的关系；就人类进化历史来看，一"属早期智人"，一"具有完全现代人特征"，有着明显的前后承继关系。因此，如果说"两广地带就是远古人类东移的必经之路"，那么，湘桂古道就是远古人类"北移"中华大地的"必经之路";而且在这一迁移的过程中,当远古人类越过南岭山脉这一道天然屏障之后,作为"现代类型人类"形态特征的进化,也已经完全定型。由此也可以说,中华大地甚至是整个东亚地区的现代人,或许就是通过湘桂古道然后快速扩散到各地的。

湘桂古道的形成与远古人类的迁移路线,似乎是一个逆向的关系:"古道"由北向南,"古人"由南向北。其实,从"路在脚下"的角度说,最早的"古道"也应该是跟随人类迁移的脚步由南往北的。在这条"北移"的古道上,还留下了人类文明进步的足迹,如稻作文明、制陶技术的"北移"等。

(二)一万年前的稻作始源遗址

早期人类以采集野生果实和打鱼狩猎为生,而从采集渔猎走向农耕时代,是人类经历的第一次革命。对中华文明来说,这次革命发生于何时何地?玉蟾岩遗址的考古发现提供了答案:时间是一万年前,地点在永州道县。

图 5-3 道县玉蟾岩遗址

玉蟾岩遗址,位于湖南省道县寿雁镇白石寨村附近,出土了目前世界上发现的最早的人工栽培稻标本,刷新了人类最早栽培水稻的历史纪录。玉蟾岩遗址在世界稻作农业文明起源以及人类制陶工业起源的过程中具有极为重要而突出的地位,被誉为"天下谷源、人间陶本"。1995 年,玉蟾岩遗址被评为"全国十大考古新发现",2001 年被评为"20 世纪 100 项重大考古发现"。2001 年,被国务院公布为全国重点文物保护单位。

玉蟾岩前后有两个洞口。前洞坐南朝北,洞口呈半圆形,上有莹白的巨大钟乳石悬挂,远远看上去像极了蛙类的鼻子,当地居民将其命名为蛤蟆洞、麻拐岩、拐子岩,文人则美其名为玉蟾岩。

玉蟾岩遗址是 1988 年发现的。1993 年和 1995 年，在该遗址连续发掘出了世界上最早的栽培稻标本和最早的陶制品，引起世界轰动。据考古发掘队中方队长、湖南省考古研究所所长袁家荣研究员介绍，此次发掘，集中了当今世界上研究农业起源的最权威的专家，其中有美国哈佛大学人类学系终身教授巴耶瑟夫等 4 位外籍专家，中国农业大学水稻史专家张文绪教授，以及来自北京大学、香港中文大学等高校和科研单位的专家近 30 人，发掘的主要目标是寻找稻作农业起源更早、更多的证据。

经过 1993 年、1995 年、2004 年三次考古发掘的玉蟾岩遗址，具有旧石器时代向新石器时代过渡的文化特征。三次考古发掘均出土了陶片，但分属不同的个体。

1993 年，考古队员在漂洗玉蟾岩遗址近底部的文化层土样中发现两枚稻壳，颜色呈黑色。出土的陶片大致可复原成釜形器，形态类同，个体略小。北京大学碳十四实验室对这次出土的陶片进行质谱加速器碳十四年代测定，确定了四个数据。其中用陶片上的腐殖酸测定年代为距今 12320 ± 120 年，用陶片基质测定年代为距今 14810 ± 230 年，用同位层的木炭测定年代为距今 14490 ± 230 年。这是当今发现的世界上最早的烧制陶片。

1995 年出土的陶片可复原成一件釜形器，陶釜为侈口，圆唇，斜腹壁，尖圜底。同年，在层位稍上的文化胶结堆积的层面中发现了两枚稻壳，颜色呈灰黄色。

2004 年，中美联合考古队发现了五枚炭化的稻谷。三次出土的稻谷，或炭化程度不一，或颜色各异，是因为标本所处的环境不同。玉蟾岩出土的稻谷是一种兼有野、籼、粳综合特征的特殊稻种，体现了从普通野生稻向栽培稻初期演化的原始性状。经测定，玉蟾岩古栽培稻的年代距今约 1.8 万～1.4 万年，这是世界上发现的最早的人工栽培稻标本。

2004 年还发现了更原始的陶片。为了更精确地测定这些陶器碎片的年代，而且不破坏玉蟾岩的大自然生态环境和小自然生态环境，考古工作人员对陶器碎片出土的周边地层进行了详细的碳年代测定分析。研究人员从周边地层中提取了 100 多个骨碎片和木炭沉积物标本，对其中 29 个样本进行放射性碳测年，从而获取了有关周边不同地层的年代脉络。将陶片与发掘出土地层相对比之后，研究人员初步确定陶器碎片的年代距今 1.8 万年。

2009 年 6 月 5 日，美国国家科学院学报刊发了有关玉蟾岩陶片断代的文章，指出玉蟾岩出土的陶片距今 2.1 万～1.4 万年，这比世界其他任何地方发现的陶片都要早好几千年，也标志着玉蟾岩人在旧石器时代晚期就发明了陶器。

这些人工栽培稻标本，不仅刷新了人类最早栽培水稻的历史纪录，也是探索稻作农业起源的时间、地点及水稻演化历史的难得实物资料。此外，玉蟾岩出土的陶片火候很低，质地疏松，外表呈黑褐色，它与江西万年仙人洞等遗址出土的陶片均为中国已知最早的陶制品，对探讨中国制陶工艺的起源与发展具有重要价值。更令人吃惊的是，在这里发掘出大量的螺壳化石，而且去掉了尾端，这说明在古代当地人就懂得吃螺了。

玉蟾岩的文化堆积厚达 1.2~1.8 米，这显然不是短期人类活动造成的，而是长期生活的结果。这里出土了大量的动植物遗骸，因为年代相对较近，保存环境相对稳定，动植物残骸石化程度不深，姑且称之为半化石。动物残骸大体分哺乳类、鸟禽类、鱼类、龟鳖类、螺蚌及昆虫等。

玉蟾岩出土的生产工具主要是石制品、角、牙、蚌制品。石器的组合主要为刮削器、砍砸器、锄形器、石锤，还有少量的亚腰斧形器、苏门答腊式石器、尖头器。其中锄形器、亚腰斧形器、苏门答腊式石器都是原始农业用具。这些工具的出土，更是直接证明了玉蟾岩存在原始稻作农业的事实。

玉蟾岩遗址的历史价值和科学价值表现在多个方面。一是玉蟾岩遗存文化单纯，内涵丰富，对于研究一万年以前华南旧石器文化向新石器文化过渡阶段的文化特征、经济生活、演化规律具有重要的资料价值。二是玉蟾岩遗址出土了目前世界上最早的栽培水稻实物标本，对探索稻作农业起源时间、地点及水稻演化历史具有重要意义。三是玉蟾岩的陶片是中国目前最原始的陶制品之一，其复原的釜形器是目前中国最早的具有完整形态的陶器，对探讨中国制陶工艺的起源与发展有着重要价值。四是玉蟾岩遗址含有大量种类丰富的动、植物标本，其中有些种类如猕猴桃、梅的果实是目前世界上人工遗存中发现的最古老的标本，不仅反映了原始人类的经济生活，而且对于研究更新世末期至全新世早期的生态、气候环境和探索生物演化历史提供了重要的科学资料。

总之，玉蟾岩遗址是一处由旧石器时代晚期向新石器时代早期过渡的一处文化遗存，它向人们展示了人类水稻农业产生过程的初级经济形态，诠释了人类制陶工业起源的过程，演绎了人类最早的手工工艺的兴起，为人们了解旧石器时代向新石器时代过渡时期的文化及早期陶器、稻作农业起源提供了难得的实物资料。玉蟾岩遗址的发现和成功解读，雄辩地证明湘江上游和潇水流域在中华远古文明史和世界文明史上所具有的独特而重要的价值。

今天，"福岩洞遗址"和"玉蟾岩遗址"已成为永州两个著名景点。这里风景优美，交通便捷，是寻找古人类足迹和稻作文明之源、制陶工艺之源的绝佳去处。

二、舜帝南巡之路

舜帝南巡，在湘桂古道线上产生了直接的影响，时至今日，湘江流域、南岭走廊及其周边地区，仍然留存着诸多舜帝南巡的遗迹，流传着诸多舜帝南巡的故事传说，虽经数千年时间之流的冲刷，不仅没有湮没，反而历久弥新，说明其影响力是何等强大。在这里，让我们不妨循着舜帝南巡留下的文化遗迹，并对照历史文献和故事传说，去勾勒一幅舜帝南巡的路线图。

（一）舜帝南巡之路线图

舜帝南巡的队伍，告别帝都蒲坂，由风陵渡过黄河，入潼关，经商洛，顺丹江，下汉水，取道荆州，过长江，入洞庭。进入洞庭湖之后，舜帝南巡的文化遗迹就越来越多，越是接近湘桂走廊和南岭山脉，其文化遗迹就越丰富。这一方面说明，舜帝南巡在这一区域所驻留的时间更长；另一方面也可证明，舜帝对这一区域的影响力更大。

在洞庭湖，舜帝登上湖中的一个小岛，教授当地居民制茶的技术。这个小岛因为舜帝居住过，所以叫君山，岛上所产的茶叶，也成为著名的"君山茶"。舜帝来到常德的一座山下，在此讲授修身齐家治国之德，这座山就叫作德山。舜帝来到湘潭，带着乐队登上一座山峰演奏韶乐，这座山峰就叫韶山或韶峰，整个山冲就叫韶山冲。舜帝来到南岳衡山，大会南方诸侯，筑坛祭祀山川，并将玛瑙瓮所装的甘露赐给众人，此坛因而命名为甘露坛。舜帝经过邵阳新宁一处风景绝妙的山，夸赞说："山之良也！"这山就叫作崀山。舜帝在永州东安驻跸了一段时间，所驻的山就叫作舜皇山。

从舜皇山沿着湘桂古道往南，来到桂林的一座山下驻跸，这座山就叫作虞山；在山上的石洞演奏韶乐，这个洞就叫作韶音洞。从桂林沿漓江继续南下到梧州。从梧州沿贺江向北到贺州，再由贺州向北，经江华到达道县——象封侯的地方有庳，探望多年未见的弟弟象，了却了一桩心愿。再过潇水升东，经宁远过监山，来到九嶷山南麓的一个山坳，在此弹唱《南风歌》，这个山坳就叫南风坳，山坳上还曾建有熏风亭。出南风坳继续往东，来到一座大山的石台上，在此演奏韶乐，此石台便叫作韶音台或韶音石，这个地方就叫作韶州或韶关。从韶关折向英德，经连水往北返回宁远来到九嶷山。在九嶷山地区，与舜帝南巡相关的文化遗迹就更多了，有潇韶峰、舜源峰、娥皇峰、女英峰、万岁山、五臣山以及舜教农耕的地方"历山头"、舜斩恶龙的地方"三峰石"等，多得不胜枚举。

（二）舜帝南巡之文献记载

舜帝南巡，崩葬九嶷，这究竟是不是历史事实？回答应当是肯定的。上述诸多与舜帝南巡相关的地名，本就是一个很好的证明。另外还有诸多文献的记载，提供了更坚实的佐证。首先是司马迁在经过大量史籍考证和"上会稽，探禹穴；窥九疑，浮於沅湘"的实地考察之后，才得出了"（舜）南巡狩，崩于苍梧之野，葬于江南九疑"的千古定论。司马迁之前,《尚书·尧典》载:"舜生三十征庸,三十在位,五十载陟方乃死。"对于"陟方乃死",孔安国注:"方,道也。舜即位五十载,升道南方巡狩,死于苍梧之野而葬焉。""陟"有多义:一曰"登"。《说文》:"陟,登也。"再如《诗经·周南·卷耳》:"陟彼高冈,我马玄黄"。二曰"高"。《尔雅·释山》:"山三袭,陟。"三曰"死"。《尔雅·训诂》:"陟,升也。"笔者认为,"陟方乃死"四字应断句为"陟方,乃死",即舜帝到南方巡狩,并在那里去世。《竹书纪年·帝舜有虞氏》也有这样的记载:"三十二年,帝命夏后总师,遂陟方岳。"这里的"遂陟方岳"与《尚书》中的"陟方"是一个意思,都是说舜帝到方国(南方)去(巡狩)。因此,舜帝到方国或南方去巡狩,应该就是当时的历史事实。

司马迁之前的文献典籍还有很多,如《国语·吴语》载:"昔楚灵王不君,其臣箴谏以不入。乃筑台于章华之上,阙为石郭,陂汉,以象帝舜。"楚灵王好大喜功。建章华台的目的在于炫耀楚国实力和正统。他仿舜帝陵庙布局和式样设计建造章华台,其前提条件是舜帝陵庙在楚国境内。《山海经》对舜帝卒葬九嶷有多处记载。《海内南经》:"咒在舜葬东,湘水南。"又云:"苍梧之山,帝舜葬于阳,帝丹朱葬于阴。"郭璞注:"即九疑山也。"《大荒南经》:"赤水之东,有苍梧之野,舜与叔均之所葬也。"郭璞注云:"叔均,商均也。舜巡狩,死于苍梧而葬之,商均因留,死亦葬焉。基(墓)在今九疑之中。"《海内东经》:"湘水出舜葬东南陬,西环之,入洞庭下。"《海内经》:"南方苍梧之丘,苍梧之渊,其中有九嶷山,舜之所葬,在长沙零陵界中。"郭璞云:"山在今零陵营道县南,其山九溪相似,故云九疑。古者总其地为苍梧也。"这些记载,将舜帝卒葬与湘水、苍梧、九嶷山、零陵等连接在一块,苍梧的范围也就大致清楚了。《战国策·楚策》云:"楚地西有黔中、巫郡,东有夏州、海阳,南有洞庭、苍梧,北有汾泾之塞、郇阳。"明确记载苍梧在楚国南部。楚国大诗人屈原在《离骚》中写道:"济沅湘以南征兮,就重华而陈词。""九疑缤兮并迎,灵之来兮如云。"其指向十分明确,屈原想象自己到九嶷山拜谒舜帝,受到热忱款待。此外,《礼记·檀弓》则说:"舜葬于苍梧之野,盖三妃未之从也。"《淮南子·修务训》:"舜……南征三苗,道死苍梧。"这些文献典籍的记载,均在司马迁撰写《史记》之前。

司马迁之后的文献就更多了,有刘向、班固、王充、皇甫谧、郭璞、郦道元等,都以舜帝南巡死葬苍梧为是。《汉书》《说文解字》《皇览》《湘中记》《帝王世纪》《荆州记》《述异记》《水经注》《神境记》《括地志》《元和郡县志》《太平寰宇记》《云笈七签》《古史》《通志》《舆地纪胜》《徐霞客游记》《渊鉴类函》《古书图书集成》《湖广通志》《湖南通志》《永州府志》等,均有舜葬九嶷的载述。

另外，早期地方志书对舜庙变迁也有明确记载。唐代思想家元结任道州刺史时曾奏报朝廷："谨按地图，舜陵在九疑之中，舜庙在大阳之溪。舜陵古老已失，大阳溪今不知何处。秦汉以来，置庙山中，年代浸远，祠宇不存。"《湖南风物志》记载："舜庙，相传秦汉前建在大阳溪，秦汉时移到玉琯岩前，至唐，庙宇已圮毁。元结任道州刺史时，为了便于祭祀，在道州城内另建一座舜庙。唐僖宗（874—888年）时，又将庙迁回玉琯岩下，并有敕建舜庙碑文。明洪武四年（1371年）邑人重建舜庙于舜源峰下。"清人吴祖传在其所修的《九疑山志》中说："舜庙在大阳溪白鹤观前，盖三代时祀于此，土人呼为大庙，土坛犹存。秦时迁于九疑山中，立于玉琯岩前百步。洪武四年（1371年）翰林编修雷燧奉旨祭祀，迁入舜源峰下。"《宁远县志》与上述说法一致："舜宫，在大阳溪，三代时祀舜处""舜祠，在舜峰下，玉琯岩前，秦汉祀舜之处。其龟趺文础磊磊犹存。"

（三）舜帝南巡之考古发现

近年来的考古发现，也为舜帝南巡提供了实物证明。长沙马王堆三号汉墓出土的世界第一张帛书《地形图》，按现代科学方法测定，对舜帝陵位置、方向的标志与秦汉舜庙遗址完全一致。图中画有紧密并排的九个柱状物，可能是表示九嶷山的九个山峰，旁注"帝舜"二字表示了舜庙所在地。马王堆墓主轪侯利苍死于公元前186年，早于司马迁出生年约半个世纪。2002年湖南省考古研究所发掘表明，在玉琯岩前有面积达3.2万平方米先秦至宋元时期的古舜帝陵庙遗址，汉代青灰色绳纹板瓦片和魏晋南北朝灰黄色瓦片，以及散失于当地的秦砖汉瓦，俯首可拾。2005年在隋唐至北宋文化层中又发现来自湖南本土以外的大量建筑构件，其中有众多标明为安徽"歙州斋造"的筒瓦，说明当时修建舜庙是动员全国人力物力财力的全国性官方行为。中国社会科学院历史研究所原所长、"夏商周断代工程"首席科学家李学勤认为，"古舜帝庙是我国目前发现的始建年代最早的五帝陵庙，也是我国唯一有文献可考的舜帝庙"。

与舜帝南巡相关的还有一个坐果山遗址的发现。该遗址位于东安县大庙口镇南溪村二组的坐果山上。2008年10月，湖南省文物考古研究所会同当地有关部门对该遗址进行了发掘，发掘面积约1000平方米。清理出了一组完整的山地居住遗迹，共发现古人用来支撑房屋柱子留下的柱洞100多个，灰坑（包括火塘）10余个。从柱洞的位置可以看出，生活在坐果山上的商周古人采用山石为墙，在山石之间空地立柱搭棚。从中可以复原商周时期人类依据岩山的自然环境来建筑居室的情形。在遗址内一条长达数十米的自然深沟中，发现文化层厚达3至4米，从中出土了大量的文化遗物，石斧、石锛、石凿等石器，釜、罐、鼎、鬲、纺轮等陶器，还有少量的青铜矛、镞和玉玦、玉环等。

根据发掘出土的大量动物遗骨，可以确定聚落的经济形态是以狩猎为主体。所发现的石器，已构成了一条完整的石器制作加工链，这在湖南考古史上尚属首次。

从目前的发掘情况看，坐果山遗址是一处商周时期南溪河流域的中心遗址，遗址范围约2万平方米。《湖南日报》2008年12月3日曾报道：《史记》记载的"舜帝南巡"在考古界由于缺乏相应的考古论证，一直只是一个美丽的神话。近日，湖南省文物考古研究所在永州市东安县大庙口镇发现一个大规模商周时期遗址——暂命名为"坐果山遗址"，这一发现将有可能填补"舜帝南巡"这一千古疑案的实物证明的空白。湖南省文物考古研究所所长郭伟民表示："湖南很多地方都有关于五帝时代的传说，其中最有名的就是'舜帝南巡'，但是至今除了传说没有任何实据证明。此次考古发现，是否能佐证舜帝南巡的传说，有待进一步的考证。在这些出土文物上，既发现了当地区别于中央王朝的文化特征，也出现了中原文化传播、北方文化南下扩散的交流元素。这种区域文化的分散与聚合、差异与交流，为华夏民族共同体的融合过程、中华文明的形成脉络提供了重要的材料佐证。""这次的发现，随着一些青铜器的出土以及反映出的商周湘南居民的生活习惯等都与古代中原地区的情形十分相似，这就证明这些人有可能是北方来的，就算不是，至少也证明了那个时候文化交流传播的影响力。"更令人惊奇的是，研究人员发现了南溪村二组一系列完整遗迹，沿台地周围已发现四个同时期遗址。为什么会有这样大规模的商周古人类遗址呢？郭伟民分析，如此多同时期同类型遗址的发现，证明两千多年前这里曾生活着大量的居民，他们形成了一个完整的聚落。湖南省文物考古研究所编著的《坐果山与望子岗——潇湘上游商周遗址考古发掘报告》说得更明白一些："舜帝南巡，已成为潇湘大地具有标志性的古老传说，反映在考古学上，便是新石器晚期至商周以来中原文明的南浸，以及作为政体边界的确认，秦汉统一便是这种确认的逻辑结果。""随着潇湘上游商周时期文化面貌的逐渐梳理，会使这一段传说的历史背景越来越清晰，从而使它散发出新的历史光彩。"[①]需要特别指出的是，这样的考古发现，不仅仅限于潇湘上游，几乎遍布整个南岭山脉，如此完整的聚落，如此宽广的影响，在交通很不发达的史前和上古时代，中原的影响力恐怕还很难深入到如此遥远的"南蛮"之地。因此，这很有可能是舜帝南巡队伍所留下的后裔。

三、湘桂古道风情

秦始皇建立大一统的秦王朝之后，实行"书同文，车同轨"的政策，在全国修建了

---

① 湖南省文物考古研究所：《坐果山与望子岗——潇湘上游商周遗址考古发掘报告》（上、下册），科学出版社2010年版，第633~634页。

四通八达的驰道、驿道。对"荆州道"这条通达南北的主干道进行重点完善，在其北端修建了商于古道，在其南端则是修建湘桂古道。

图 5-4　湘桂古道上的风雨桥

（一）双线并进的湘桂古道

所谓"湘桂古道"，可以有不同层次的指称。一般学术意义上所称的"湘桂古道"，是指湘桂驿道，又称湖广官道，始建于周楚，其走向是从楚都郢分两路南进：一路走油江（今湖北公安）、涔阳（今澧县、临澧）、临沅（今常德）至长沙，再往南向永州，以通静州（桂林），这是主道；另一路为蒲圻经巴陵（岳阳）至长沙，再南接衡阳至永州。到了永州，湘江分为湘水和潇水两条支流，湘桂古驿道沿着两条支流分为两条支线向南，东西并进。西线沿湘水南下，从永州经全州、兴安、灵川，终点为桂林城。而与官修驿道相向而行的，还有一条由民间商贩开辟的行商古道，称为"湘桂古商道"，商道的主要功能为快捷地运输大批量的货物，避免与官道抢路。湘桂古商道的主道在兴安县高尚镇进入灵川县灵田镇后分两岔：一路翻乌岭入桂林城，另一路过熊村到大圩码头。[①] 尤为重要的是，在这一条线上有一条人工开凿的运河——灵渠，由永州湘江水道向南可入漓江，达西江，而抵番禺（广州）；向北可出洞庭入长江而抵中原。这条"湘漓水道"与官驿大道并进，从而实现了水陆联通。这水陆两路，就是历史上著名的"湘桂走廊"，是湘桂古道的主线。

古时驿道，在缺乏水路的重要地区，主干驿道一般按一丈左右的标准修建；而在有水路通行或山高偏远的区域，支线驿道就要窄许多，路面硬化因各地取材不同而有异。

---

① 吕建伟：《古韵灵田》，广西师范大学出版社 2014 年版。

例如，在三街境内的古驿道，原本仅宽三尺许，路面有块石、板石和鹅卵石镶嵌；有满铺的，也有只铺路中两尺许的。到了清朝光绪十四年（1888年），由于交通量增大，驿道扩宽至五尺许。古驿道一般十里设一铺，三十里设一驿，"铺"为"驿"的下一级。如灵川县内自兴安县入境，沿途依次设有小溶江铺、卡腰铺、甘奢铺、龙门驿、县前铺、善政铺、下驿田、甘棠驿、禾嘉铺、乌金铺等。过了乌金铺再南行十里，便可到达桂林城北门外驿前街的府城大驿站，此地亦为湘桂古驿道的终点。古时驿道为维系国家运行的生命线，朝廷政令下达，地方军情、灾情上报，乃至官员和军队的调遣，均依赖这条动脉。故县衙设有"驿丞"，专职管理驿道，每驿设一铺长，每铺设一铺司，每铺配驿卒3名。其日常主要职能为传递公文邮件、接待过往官员、保障军队供给和管理段内驿道。如遇紧急公务，则由驿丞处理，如明清时期的灵川县衙，常备快马8匹，遇紧急文书需传送，便由驿丞派出驿卒，限昼夜快行300里的速度来传送。

（二）湘桂古道东线：潇贺古道

东线溯潇水下贺州：由道县经江华入广西富川到达贺州，或经江永入广西富川到贺州，直下珠江。它北通云梦、南极苍梧，可出粤港至东南亚地区，成为古代中国"海上丝绸"之路的陆上中枢，是沿用了几千年的沟通萌渚岭和都庞岭南北交通的要道。这一条线上，有秦始皇三十三年（前214年）修建的所谓"新道"，也叫"峤道"。《富川县志》载："新道起于湖南道县的双层凉亭，经江永县进入富川县境内，蜿蜒于萌渚岭、都庞岭山脉丘陵之间，北连潇水、湘江，南接富江、贺江和西江，使长江水系和珠江水系通过新道紧密相连，为楚越交往打开了通道。"这一段"新道"被史家称为"潇贺古道"（湘桂古道东线），它打通了横亘于湖南与广西之间阻碍五岭南北的天然屏障萌渚岭和都庞岭，与西线的湘漓水道一起成为入广西而南下广州乃至海外的水陆联用通道。

永州境内的"新道"即峤道，从今衡阳入境，经祁阳、零陵、双牌、道县、江永、江华，到达广西贺州、梧州。至今，道县、江永、江华至贺州一带尚存大量的峤道遗迹。2013年5月，这条峤道被冠以"潇贺古道"（永州段）名称而成为全国重点文物保护单位。

作为全国重点文物保护单位，这里对"潇贺古道"给予重点介绍。

潇贺古道　原称岭南古道，后来称楚粤通衢。最初为秦"古道"，始建成于秦始皇二十八年（前219年）冬。后来，秦始皇为加强对岭南三郡的控制和管理，在岭南古道的基础上，扩修了一条自秦国都城咸阳到广州的水陆相连的"新道"，并与其海上丝绸之路相接。这条道从永州到贺州的一段，就是今天所命名的"潇贺古道"。秦始皇三十二年（前215年），秦尉屠睢出征岭南，自湘江挥师南下，又修了一条古便道，自道州沿潇水、沱江经古麦岭、黄沙岭（蛮子岭）的山峡至青山口（葛坡）、黄龙、冯乘（富川）的老古城，由水路直达贺州（临贺）。这条道的线路与秦南岭"新道"本来略有区别，但今天均归之于"潇贺古道"。

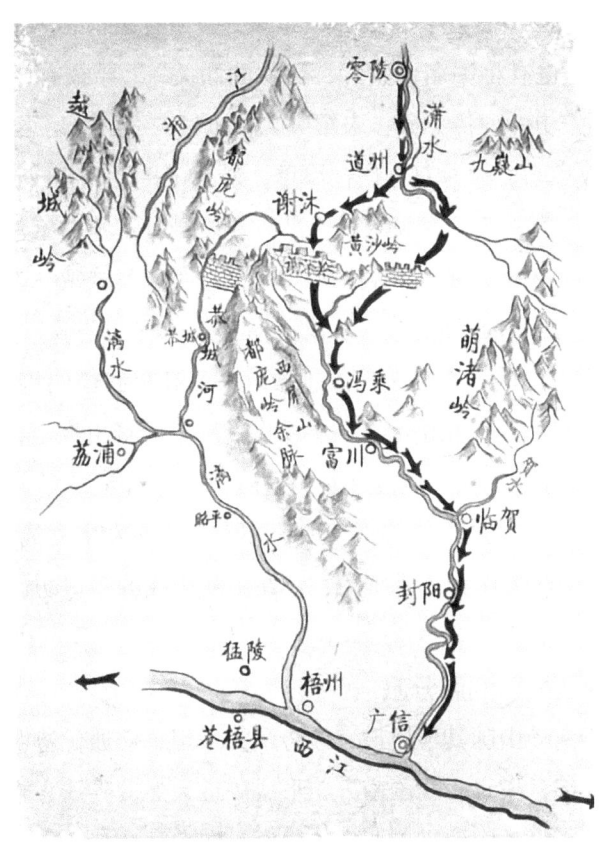

图 5-5　连通潇水与贺水的潇贺古道

关于潇贺古道的地理位置，《晋书·地理下》云："自北徂南，入城之道，必由岭峤。"宋人周去非在《岭南代答》卷一《地理门》中说："入岭南之途有五，自道（道州）入广西之贺（临贺）四也。"说明潇贺古道属"五道"中的第四道。清地理学家顾祖禹在《读史方舆纪要》卷八十一中说，秦末尉佗如不在桂岭拒防，结果是北兵"从道州而风驰富川、临贺之郡，则西粤之藩篱尽决矣"，说明这条"新道"在军事上的重要性。这条道由湖南道县的双屋凉亭、麦山洞入江永县的锦江、岩口塘至广西富川的麦岭、青山口、黄龙（富阳）、古城，陆路全程为170多公里，经过30多个村寨和城镇。路宽1米至1.5米不等。多为鹅卵石和碎角石铺成，也有用青石块铺垫而成的。它逢山开路，遇水搭桥，蜿蜒曲折于巍峨的都庞岭和萌渚岭之间，北连潇水，南接贺水，故而称为"潇贺古道"。

谢沐关 这是潇贺古道上的一个重要关隘。它西连龙虎关，东接宝剑寨。现存连接小水峡和牛塘峡的土夯城垣遗址约5公里长，有刻于清同治十三年（1874年）的石碑一块及刻于民国十九年（1930年）的石碑两块，记述修建古道雄关、沟通"楚粤通衢"之事。关内除设有千夫营外，还有兵栈、粮库等。关内有谢水、沐水两河汇流，故称为"谢沐关"。当地土著也有将关名倒置的，称"沐谢关"，导致有些史书还因之将它记为"莫邪关"。如《宋史·列传》载：宋绍兴二年（1132年），岳飞兵伐富川追剿曹成，在关前，宋军与曹成兵马血战，双方伤亡惨重，最后"岳飞破曹成，入莫邪关"。到了明代，谢沐关被称为"雄关"，在关的东西进口分设岩口营和白象营，驻兵守关。明末张献忠部将曹志建拥兵关上，更其名为"凤凰关"。谢沐关雄镇一方，历来是兵家必争之地，历史上曾多次发生过激烈的战斗。汉元鼎五年（前112年），归义侯田甲率军由富川南下苍梧，与南越国的守军在关前发生激战。唐高祖武德四年（621年），李靖自四川出兵两湖击败梁帝萧铣，"由夷陵（今湖北武昌）抵富川度至桂州（桂林），驻师黄沙岭"，与梁军血战于谢沐关（乾隆《富川县志》）。宋开宝三年（970年）八月，"潘美伐南汉，自道州进，次白象""进克富川"，在谢沐关亦发生大战（道光《永明县志》卷十）。由此可见，谢沐关作为古道雄关，曾在历朝历代的军事防御和岭南地区的战争史上留下了十分重要的一页。

（三）湘桂古道西线：湘漓分派

湘桂古道相对于南岭山脉其他通道，地势最为平坦，交通优势明显。从中国地图上看，五岭山脉逶迤连绵，横亘于我国南方，形成一道天然分界线，将内地与两广分隔开来。在五岭山脉中，有多条内地进入两广的通道，即大庾岭与骑田岭之间的赣州-韶关通道，骑田岭与萌渚岭之间的郴州-清远通道，萌渚岭与都庞岭之间的道州-贺州通道，都庞岭与越城岭之间的永州-桂林通道。前三条通道中，无论是赣州到韶关、郴州到清远，还是道州到贺州，都要攀越诸多陡峭的山间小道，道路崎岖难行。以郴州-清远通道为例，路途要翻越两百多公里的大山，特别是湖南临武至广东阳山的路段，更是陡峭崎岖，且多疫瘴。这条通道也因此自古视为畏途。古代民间歌谣曰："船到郴州止，马到郴州死，人到郴州打摆子。"说明此路不仅是"畏途"，甚或是"死路"。而湘桂古道的情况则大不相同。自永州到桂林，绝大多数路段地势比较平坦。其中永州到广西兴安，基本上是沿湘江河谷行进，不用翻山越岭。自兴安至灵川，虽有一段山路，但路程不长，道路也远没有其他通道的山路那样陡峭崎岖。在没有现代交通工具、全凭肩挑手提的情况下，湘桂古道相比于南岭其他通道，自然而然具有无可比拟的优势。

第五章 万年古道

图 5-6　湘桂古道零陵段

湘桂走廊相对于五岭其他走廊，其最大的交通优势还在于这里有水路相通。其他通道也有水路，但有着几十公里甚至几百公里的崇山峻岭相阻隔。如郴州－清远通道，自湖南郴州至广东连州，中间有两百多公里没有水路相通，而且层峦叠嶂，道路难行。即便是湘桂古道东线的"潇贺古道"，在潇水与贺水之间，也有上百公里陆路。西线的情况则大不相同。这里不仅有湘江、漓江两大河流，而且两大河流的上游相距不远，最近处只有二十多公里，其海拔落差也不大。正因为如此，秦始皇派史禄修筑灵渠，引三分湘水入漓江，将湘江与漓江连接起来，沟通了长江与珠江两大水系。特别是史禄在灵渠上修筑了世界上最早的船闸（古称陡，也称秦陡），使船载物资可以不用卸载，就可以由湘江入漓江，或由漓江入湘江。船只进入漓江后，即可以经桂江至梧州，再由梧州顺西江到广州。在所有运输方式中，水路运输是最经济最便捷的。有了湘、漓二水，特别是有了灵渠沟通湘、漓二水，湘桂走廊的地理交通优势进一步显现出来，这也是中原进入两广，多取道于此的根本原因。

今天，湘桂古道还有不少路段保存了当年兴旺的痕迹。出柳子街节孝亭至桃江，保存有一段相对完整的湘桂古道。路面全用石块铺面，两边用料石护坡；跨过桃江溪建有石桥，石桥有两孔，主流一大孔，旁边的支流一小孔。桥头还立有镇桥石，石为狮子头，并刻有"南佛阿弥陀佛"字样。根据路旁功德碑的记载，这段是光绪年间由知府倡议民间集资重新修建的，碑上刻有捐资人的名字。这一段古道上，还保存有一座路亭——桃江亭。亭为砖木结构，建造年代应该与这一段古道的建造年代相当，亭内还残存有 20 世纪 50 年代的红色标语。

图 5-7　节孝亭东门（1）

图 5-8　节孝亭东门门楣（2）

湘桂古道上的节孝亭　节孝亭建于光绪四年（1878 年），是清朝翰林院待诏熊学礼捐款并亲自主持修建的。熊学礼，零陵回水湾村人。熊学礼的母亲张氏二十岁开始守寡，养育了熊学礼兄弟四人，熊学礼为长子，大弟学诗、二弟学书、小弟学春。张氏六十一岁时，熊学礼奏请朝廷赐建贞节牌坊，以表彰母亲张氏的气节。张氏不愿意张扬，说："你建牌坊让我扬名，那是我个人的荣誉，却不能够惠及他人，不如用建牌坊的钱修建一个茶亭，方便南来北往的过客歇歇脚，喝喝茶，这就是对我最好的孝顺。"熊学礼兄弟遵循母亲教诲，就在湘粤西官道上修茶亭，置桌椅。此义举受到朝廷嘉奖，故奉旨修建"节孝亭"。在传统社会，凡是奉旨赐建的场所，文官下轿，武官下马。母亲张氏冬天煮茶，夏天挑井水无偿供应来往过客。

图 5-9　节孝亭《奉节母命鼎建茶亭碑记》拓片

节孝亭，砖石木结构，坐北朝西南，南北各有券门；亭长 11 米、深 7 米，开间 3 米；青石条铺地，空间四石做墩柱；各书对联一副，对联书写由熊学礼亲笔书就，字迹遒劲，为书法中少有的精品。南券门上有一块碑刻，上书"旨奉旌表"四个竖写大字，周围饰以浮雕云龙，可以想象，熊学礼修建节孝亭的来头是不小的。在这里可以看到精美的石刻浮雕，还可以看到熊学礼亲笔题写的《奉节母命鼎建茶亭碑记》的文章和笔力堪称一流的书法杰作。

奉节母命鼎建茶亭碑记

戊寅①秋，节母熊张氏流火月三日寿古稀开一。儿欲制锦以侑觞，入告，母曰："否。制锦，壮观耳。于我失实，于人无济。"继请："曾膺旌典，即树坊。"母亦否曰："建坊，扬名耳。荣于我，何利于人？儿善谋之。"余无对。既而母自谓曰："某为河西张富公季女，自幼生长其地，有以茶亭名庵者，果何谓也哉？"儿于是揆母之意矣。母迨欲建长亭以利行人，施茶水以解渴烦乎？遂觅愚溪旋水湾，通粤西官途，前行数里方有亭，行者每苦之。亟为购地，鸠工、采木、选石，附亭枕流，并建茶舍。其间树竹阴翳，山水回环，饶有画图幽趣。告成日，迎舆请观之。母大忻然，曰："儿可谓善体吾意矣！"遂援笔书由以毕母命。时在光绪四年冬。男翰林院待诏学礼撰并书。②

此亭名为"节孝"，读过碑文我们才能知道什么是中国传统文化所谓的"节孝"——母亲张氏二十岁开始守寡是为"节"，而不为"壮观"，不为"扬名"，只为"建长亭以利行人，施茶水以解渴烦"，这更是"节"；儿子熊学礼顺从母命是为"孝"，而"善体母意"，帮助母亲实现"以利行人"的愿望，这更是"孝"。因此，节孝亭是一个很好的传统文化教育基地。我们说加强文化自信，我们的文化自信从何而来？就来源于有这样的好母亲、好儿子，更重要的是有这样好的文化传统。

许家桥将军府 位于零陵区梳子铺乡许家桥村，湘桂古道曾经从村前经过。将军府始建于元末明初，清道光时曾进行维修，形成现有格局。将军府坐东朝西，现存半圆形月台、门楼、水池、长方形月台、公厅屋、横屋、围墙、许氏宗祠、石桥及相关附属文物。据许氏族谱记载，许氏始基祖许焕长祖籍浙江嘉兴府嘉兴县善良乡，元至正年间任湖南衡、永、郴、桂副都统，诰封振武将军（从一品），卒于官舍，葬于零陵西路孝悌乡大湾山（今许家桥）；其子许谅承父运任通判，诰授承德郎，葬父后遂定居此地；许谅之子许智、许信在明代均世袭指挥使之职；八世祖许健如于明嘉靖年间保授戎府。该将军府是湖南省规模最大、保存最完整的明代将军府。本体及环境原真性好，是研究古代官宅建筑特征、演变与断代的珍贵实物例证。将军府门楼、水池及驳岸、公厅屋、横

---

① 光绪四年，即1878年。
② 篆印二枚："孚穌""熊学礼印"。

屋、宗祠、铺地、围墙等各部分保留完整，均为历史原物。

许家桥将军府建筑等级甚高。院内筑高台与大型月台，高台之上建厅屋，厅屋拾级而上形成典型的将军大院气势。大院红漆门楼建于明代中期，其进门门槛为三开间，门楼上方置四颗门簪（明代二品以上官员才有如此建筑规格）。许家桥将军府现存明代修建的排水、消防水池，占地面积达286平方米，为永州市内现存最早、规模最大的将军府院水池。其正屋前七级青石台阶更凸显了许氏一族当时的地位。许家桥将军府原址规模宏大，总占地面积达4万余平方米，其最原始建筑距今650多年历史，具有极高的历史、艺术、社会与科研价值。

2019年10月7日，许家桥将军府入选第八批全国重点文物保护单位名单。

第六章　千年古城

2016年12月16日，国务院给湖南省人民政府的批复文件指出："同意将永州市列为国家历史文化名城。永州市历史悠久，文化遗存丰富，保存有独特的'两山一水一城'古城格局，历史街区特色鲜明，非物质文化遗产丰富，具有重要的历史文化价值。"这里所说的"永州市"，其实是指零陵古城，因为只有零陵古城才是"两山一水一城"的格局。"零陵"这个地名十分古老，它既是一个地理区域的称谓，也是一座古老城市的名字。在北京大学《中国古代史教学参考地图集》中，我国夏代以前的古地名有34个，"零陵"就是其中之一。《零陵地区志》也提到，零陵是全国出现最早而历两千多年后仍在沿用的地市级行政区域名称。① 零陵行政公署撤区建市后，零陵成为永州市零陵区的称谓。作为一个古老的城市，它曾经是泉陵侯城、零陵郡城、永州州城、永州府城以及零陵县城和永州市零陵（区）城。从泉陵侯城的时间算起，已经有两千一百多年的历史；从零陵郡城的时间算起，也已经有近两千年。这里是真正的文化古城，其地域和格局两千年来一直保持未变。

图6-1　零陵东山景区

---

① 《零陵地区志》，长沙：湖南人民出版社2001年版，第6页。

一、秦汉古郡

在潇湘大地上，零陵古郡是继长沙之后的第一个古郡，它比潭州、衡州、邵州建郡的历史都要久远。零陵古郡的置郡时间可以追溯到汉武帝元鼎六年，即公元前111年。而毗邻的衡阳、邵阳等郡都是始建于三国初期。

零陵古城的建城历史，最早可以追溯到公元前124年：汉武帝首封长沙王刘发之子刘贤为泉陵侯，辖今零陵、双牌、祁阳、祁东、东安等县地。泉陵城的位置，康熙九年（1670年）《永州府志》曰："县北二里。本晋应阳县地，惠帝分灌阳置泉陵县，隋省入零陵。"在今天的零陵古城内，仍有一条街叫作泉陵街，泉陵城的故址犹存。

至汉武帝元鼎六年（前111年），再析长沙国而置零陵郡，最初的零陵郡城在今广西全州西南。至东汉光武帝建武元年（25年），将零陵郡治迁至泉陵，并废泉陵侯国而置泉陵县，从此，郡、县治所同在一座城邑，零陵城池的规模也迅速扩大。

零陵自西汉建郡，下辖七县四侯国。包括零陵、营道、泠道、始安、营浦、洮阳、钟武七县和泉陵、都梁、夫夷、舂陵四侯国，其辖地范围包括今湖南省邵阳市以南的资水上游，衡阳、道县之间的潇水、湘江流域，以及广西桂林、永福以东与阳朔以北地区。至东汉光武帝移郡治于泉陵，根据《汉书·地理志》记载，其辖境包括零陵、营道、夫夷、泠道、始安、营浦、都梁、泉陵、洮阳、钟武十个县，辖区面积达九万余平方公里，其地理范围包括今永州、邵阳、衡阳、娄底和广西桂林共五个市的广大区域。它北面毗邻长沙国（郡），东与桂阳郡交界，西与武陵郡接壤，是两汉时期湖南四大名郡之一。

三国时，吴将吕蒙攻取零陵，因零陵太守郝普凭潇水与东山之险而拒不投降，吕蒙遂在零陵城北二里筑建"吕蒙城"，以伺机进攻。后来吕蒙以智诱降，进入零陵城后，吕蒙对零陵城廓重新进行修葺与加固。

再后，又经过两晋南北朝，隋开皇九年（589年），置永州总管府，府城仍以零陵郡城为依托。到唐代，城厢格局基本形成。宋嘉定年间，刺史赵善谧又增修里城。此后的数十年间，频遭战乱破坏，北宋绍兴年间（1131—1162年）和南宋开庆元年（1259年）两次修葺，至南宋景定年间（1260—1264年），添增两廊，城廓面貌焕然一新。至此，零陵古城格局基本稳定。宋吴之道的《永州内谯外城记》（载康熙九年《永州府志》）对其进行了详细记述：

> 永去天虽远，人蒙厚泽，耕凿相安，自有不墉而高，不池而深，不关而固者。绍兴间，曹成诸寇掉鞅径入，至嘉定而又有李元砺之［扰］。须胸赵侯善谧，始

增修其里城焉，外城犹未暇及。开庆己未（1259年），鞑从南来，永当上流门户，受害尤毒，疆民无知，怙乱焚劫，公廨民庐，荡为一烬。提刑黄公梦桂，于庚申（1260年）秋拥节兼郡，议筑外城，周围一千六百三十五丈，储费均役，规模井如也。……于是埏土为壁，风石为灰，材用足，舂锸具，杵筑之声与歌声相和，运甓之力与日力俱进。鸠工于癸亥（1263年）之秋，而讫工于甲子（1264年）之夏。正门四：东曰"和丰"，西曰"肃清"，南曰"镇南"，北曰"朝京"。开便门五，以通汲水。女墙云矗，雉堞天峻，真可以为侯国之眉目，邦人之嵩华。

从吴之道的文章中可知，零陵城经太守赵善谧增修里城，黄梦桂修筑外城，丘驿、张远猷、谢信等几任郡守复加修整，始有城门四座，又开五条便门，以利交通及汲水。里城严严翼翼，官舍民间，鳞次栉比，俨然大都会气象。尤其是沿潇水一线的内河街一带，从泉陵街直通南门，直到今天，明城墙的基址基本存在，并且在大西门内还保留了一段十分完整的宋代城墙，成为零陵古城的一段珍稀记忆。从公元前124年，穿越时空隧道，经历了两千多年的历史沧桑，而其城池位置基本没变，这是十分难得的历史现象，不仅湖南省内少见，在全国也为数不多。

图 6-2 明代永州府城木刻图

清华大学孙诗萌博士认为：零陵古城之所以能维持两千余年而生生不息、繁荣昌盛，其原因是零陵古城是一座非常典型的宜居型的山水城市。它背倚东山，前临潇水，城内依次分为半山腰一线的宗教文化区，城中心一带的衙门官廨和商贾作坊区，沿江一带居民生活区，布局合理，功能明确，街巷纵横交错，商铺井然有序，再加上山势险要，江流湍急，在冷兵器年代可谓易守难攻的绝佳建城处所。零陵古城从构筑以来，经历了两千多年悠久历史，风雨沧桑，城址一直处在潇湘二水合流处，处在东山、西山与潇水之间。零陵古城是一座逾越千年的典型的山水古城，是湘南政治、经济与文化的中心之城，一座引世人瞩目的国家级历史文化名城。

中国古代城池秉承"创建都邑，必依山川"的建城理念。最早出现的具有"城"之意义的城池，是三代之前原始部落构筑的城堡。而城堡修筑的初始意义是为了部落战争之需而形成的军事进攻和军事防御设施。因此，在城池的选址方面，自古就特别强调"依险设防""凭溪为阻"，即占据有利的山水形势，以达到易守难攻的战争要求，实现御敌于城门之外的目的。也就是说，城池必须选择山形水势十分险要的地方来修筑城墙，挖掘城池，然后布局道路与街市。

地处潇湘之源的零陵古城，潇水南来，湘水西至，二水在蘋岛合流而北去。从零陵古城防御大局的山水格局来看，西北有湘江绕流，东、南、西三面潇水环流，这两条大江大河，无疑成了护卫零陵古城的水上天险屏障，尤其是潇水，直接成为零陵古城天然的护城河；而在城的正北与东北面，利用东山山脚的天然沟壑，人工开挖了宽20~40米的护城河，北端和东端均与潇水相连通。这样，零陵城的四面便全被潇水所环绕。零陵坊间曾流传着一种说法：零陵古城据险而守，坚固而不可破，要攻破零陵城，除非潇湘二水断流。而宋人吴之道在《永州内谯外城记》中所说的零陵古城"不墉而高，不池而深，不关而固"的特点，也印证了坊间流传的这种说法。因此，零陵古城千百年来的二水环绕形胜，对零陵古城的长治久安起到了天然的防护作用，其意义是不可低估的。

根据《永州府志》和《零陵县志》的记载，在长达两千多年的冷兵器时代，零陵这座"随形就势""依险设防""凭潇水为阻"的古老城池，一半是山城，一半是水城，山环水抱，加以城坚墙厚，雄关如铁，就从来没有过真正被"破城"的历史记录。好一座天生地设的零陵城，一座令兵家欲争而又望而却步，知难而退，攻不破、打不烂的千古城堡。

综合清初与清末两种版本对零陵城池的记载，我们可以得知，零陵郡城自宋代大规模扩建后所确立的基本格局；同时可以发现零陵先人构筑城池的睿智，从选址到修筑，无不遵循"天人合一"的夙愿，充分利用山形水势的自然条件，既可实现"依山为屏，凭溪而阻，依险设防"的战略构想，又能节省成本，省工省时省料，让一座城垒，如同天设地造一般。历史上零陵县附廓永州府，亦即府、县同城，所以清光绪二年嵇有庆撰修的《零陵县志》所画的"零陵县城厢略图"，也就是永州府城厢格局图。图上的府城城池布局，十分清晰。虽然缺少地形等高线的显示，而只是平面分布格局，但因为明确地标注了潇水及其流向以及东山的位置，还是可以充分有力地印证零陵古城对山形水势充分利用的突出特点。

零陵县城厢略图显示，零陵古城开设了七座城门，十一座城上楼阁（包括七座城门楼、三座敌楼和一座大型角楼），而东、西、南、北四向正门，一律辟有瓮城。这是不可多见的城防布局，堪为南国山水城垒的典范。这里强调的是它们与众不同的设置所突显的特征。首先，城门的设置，满足了防御与风水和生活的三方面的要求。北门立于城之正北；南门偏离了中轴线，处于南偏西，为的是靠近潇水；而东门设在东门岭，地处东隅，完全不在东西中轴线的直线上，而是轴线转折向南再折向东门。在沿潇水东岸线，几近等距离地设置了太平、永安、正西、潇湘四座城门。城门的设置达到了依险设防与生活出入、汲水便利的目的。这种多城门且重心偏向潇水天险的城门设置，无疑是独树一帜的杰作。

再看城楼。古代的城上之楼，主要功能是瞭望敌情和指挥作战，要达其目的，必须要满足高峻而视野开阔的基本要求。由此考量永州古城的十一座城楼，可称得上有过之而无不及。临近潇水的正南门、太平门、永安门、潇湘门及正北门五座城门楼和望江楼（敌楼），因为江面宽阔，而危楼高耸，登楼观望，其视野无疑是辽远而一目千里的。矗立于东山上的东门城楼和五间楼、德胜楼、鹞子楼（镇永楼，俗称转角楼），其高峻耸拔之势，可谓壮一城之雄也。尤其是德胜楼、鹞子楼，分别屹立东山之巅（在永州武庙之后）和鹞子岭山顶之上，地势高峻，危楼耸立，有睥睨全城之气概。永州有两句民谣："祁阳有座塔（文昌塔），离天一丈八；零陵有座转角楼，半截搭在天上头。"它形象地描绘了镇永楼高耸入云的雄伟气势。

根据古代的文献记载和2014年的考古发掘，零陵古城墙周长约4800米，整体形状不规则，南北长、东西窄，西部基本沿潇水河道走向，东部受东山山地影响，向内凹，使古城整体呈"腰子"形。今天还保存有几段古城墙，总长度约270米。尤其是东门瓮城，基本保存完整。《永州文物志·东门瓮城》如是描述：

> 东门瓮城，平面呈不规则长方形，三围有城墙与主城墙相接，形成一个封闭的瓮形格局。其城墙的高度、厚度及其基础及内外墙体包皮使用的方枕料石、青砖材料与主城墙的一致。现存宋、明两座城门洞和四围城墙土筑墙体及其部分方枕料石砌成的城墙基础。瓮城门洞，稍偏东南向，门上楼子早已无存，门洞石拱顶及拱壁，全以方枕料石砌就，分内外两层。外层底宽3.5米，进深6.4米，券顶通高3.3米；内层底宽2.8米，进深4.6米，券顶通高2.8米。该门洞建筑为明代遗存。宋城门洞，即主城墙门洞，1.2米高的墙基用长方形料石所砌，其上以纸薄小片青砖（宋代特制的一种形制青砖，纸薄如片，火候高，质地好，坚硬如石）抟砌。城门洞底宽3.5米，洞深5.5米，券顶通高4米。该城门遗存，2003年公布为市级文物

保护单位。

东门瓮城遗存，是零陵郡城四座正城门瓮城的历史缩影，而且保存了宋、明两座城门洞，这在全国的城池遗存中，尚属孤例，有十分重要的历史、文化和建筑科学与艺术价值。

二、古街访古

关于零陵古城的格局曾有一段民谚描述得非常精到："两纵七横十八巷，城长九里锁江烟。五码三台并九井，三槐七门水云间。"查看民国时代的永州城厢图便可清晰地发现："两纵"即由南而北方向的两条大街，直达南北二门，这就是正街（今正大街）、后街（今中山路）。"七横"指府正街、新街、文星街、七层坡街、东门街、太平门街等七条东西方向的街道。老百姓对零陵古城最感亲切的就是"九井三槐""五码三台"。"九井"目前保存的有徐家井、紫岩井、霭仕井、撒珠井，其他几井多已废弃。"三槐"指府衙前的三棵大槐树，曾是当年标志性的古树，今已不复存在。所谓的"五码"即指临江的五个亲水码头，分别是潇湘门码头、大西门码头、永安门码头、太平门码头、南津渡码头，至今犹存，但唯有南津渡码头保存原样，其他四个码头则在2010年前后的防洪堤建设时，不同程度地受到损毁，再难呈现过去的模样。

今天走进零陵古城，其唐宋城廓、明清街巷，仍然依稀可见：石板路，马头墙，花格门窗木板房……小巷深，水井凉，临街商铺幌飘扬。正大街、水晶巷、文星街、三多坊、府正街，保存着不同时代的历史风貌。正大街已列为历史街区予以保护。

正大街 又称大街、正街，今解放路。康熙九年《永州府志》卷二载：大街，自鼓楼达太平门。街道总长788.05米，南边街口（与太平门交会处）宽6.65米，北边街口（与府正街交会处）宽7.07米。自南往北341.5米处，为小西门、七层坡交叉路口（左为小西门，右为七层坡）。自南往北504.9米处，右边为文星街（康熙九年《永州府志》又称：观前街、曲院巷）口，上坡通往张浚故居、紫岩井及七层坡农贸市场。自南往北608.5米处，为大西门、新街交叉路口（左为大西门，右为新街）。自南往北689.8米处，左边为三多坊巷口，通往三多坊巷内。自南往北708.69米处，右边为水晶巷（洪武《永州府志》又称：春泉巷，巷口为登贤坊）口。巷内与总督巷、霭士井巷交会。自南往北769.52米处，右边为总督巷口，内与水晶巷交会。自南往北778.52米处，左边为鼓楼巷口。

正大街当属零陵自建城以来最繁华的一条街。街道呈南北走向，地理位置优越，可通往零陵县城著名的大西门和小西门等地。据《零陵县志》记载，清末民初，零陵主要街称正大街，由鼓楼至太平门两里，宽丈余，路面铺以青石板。从民国零陵县图看，这条路由两条街道组成，以小西门为界，以北叫正大街，以南叫五通街。五通街得名有两种说法：一是从字面含义和它的位置看，此路可通往五处，即分别通往正大街、小西门、七层坡、太平门、城南路五处，故名"五通"；二是说该地原本有一个五通神的庙，故名五通街。正大街与连同其间的十字街和鼓楼街为商业中心区，以大西门地段最为繁华。其北路口左边是皮鞋厂，对面是一家药店，药店隔壁是一家布店，副食品加工厂也在这条街边。沿街有很多卖凉席、凉床之类的日杂店。

正大街沿街连着著名的总督巷、水晶巷、三多坊巷、外河街、内河街、文星街、七层坡巷、太平街，具有一定的古街区遗韵。1993年旧城区改建中进行了全面改造，重建为仿古建筑群的亭台楼阁，屋檐用琉璃瓦盖面，飞檐列栋，是全区繁华的商业街。

文星街 又称曲院巷。洪武《永州府志》卷四载："曲院巷，在正街东第二巷，巷内有紫岩井，巷达高山寺，下为齐贤坊。"街道总长254.8米，东边街口（靠中山路方向）宽7.02米，西边街口（靠正大街方向）宽4.62米。自西往东83.53米处，右边为紫岩井和张浚故居，再往东59.81米，至市场东路口。此处原有一文昌阁，街旁有望星楼台，以此命名为文星街。根据《清代零陵县城厢略图》测算，文星街到北城门和南城门的距离几乎相等，可见这里曾经是零陵古城的中心地带，街的两头曾经坐拥阁楼和庙宇。据说中国历史文化名村零陵涧岩头周家大院中四大家院的兄弟也在这条街建有公馆，供他们进城购物、小孩求学和赏玩之用，可见其在历史上的重要性与繁华程度。街中段南面是解放后建成的七层坡综合市场，场地面积1687平方米。市场旁有饮食、副食、日杂、土产、酱菜、度量衡等店铺20多家，当时是零陵城里最大的农贸综合市场。改革开放后，整条街两旁都摆满了各种五颜六色的季节小菜，南门小菜园等郊区菜农大多把农产品挑到这里来卖，上午人多时卖菜的队伍会一直延伸到正大街。本街道明清时期多为一层木瓦房和砖瓦房，现多为20世纪八九十年代所建三至四层砖混和钢混结构民居。

张浚故居 位于中山中路文星街，为张浚贬谪永州时于宋绍兴七年（1137年）而建。张浚于绍兴七年（1137年）九月谪永，次年二月接母许氏夫人至永州，筑草堂，名之为"三省堂"，供母亲及家眷居住。为取水方便，张浚又在堂前凿水井一口，取名"紫岩井"。明天启帝张皇后（系张浚第18世孙女）为了祭祖，在"三省堂"旧址修建一座行宫，取名"文昌宫"，并命族人张勉学重修水井，亲书"紫岩仙井，天启六年"刻于井沿。张勉学还将"三省堂"修葺一新，命名为"勉园"。现存建筑占地面积约300平方米。整个建筑呈现出民居风格，分前庭、中堂、天井、后院四部分，四周绕以外墙，构成封闭式庭院建筑。青石砌筑，涂以草泥灰底，面罩白色涂料或施以彩绘。门为青石闸门，门楣上方泥灰线刻"勉园"二字。整个建筑风格保存了较多明代建筑手法。张浚之子张栻从小在此长大。后人为纪念张浚、张栻父子，将张浚故居所在的这条街命名为"文星街"，一直沿用至今。

紫岩仙井　在文星街里的张浚故居门前，有一口很有名的井，名曰"紫岩仙井"。这是宋朝名相张浚当年谪居零陵时为周边民众方便取水而开凿的。因张浚号"紫岩居士"，故这里的百姓也就习惯地尊称这口井为"紫岩井"。关于"紫岩仙井"四字的来历，则有两说：一说系明代天启年间（1621—1627年）张浚后裔张皇后重新修葺张浚故居时所题，二说系张氏后人张勉于天启六年所刻。之所以称其为"仙井"，是因为这口井，水质特别地清澈澄明，甘甜清洌，且不涸不溢，四季如一。在千百年的风雨岁月里，左邻右坊的居民全靠这口井打理他们的日常生活。井口高出路面50公分左右，井孔大约一米，由两块石料拼接砌成。由于汲水时，井绳日复一日地频繁摩擦，水井口的内缘被勒出了百十条深浅不一的凹槽，光如铜镜，洁如琉璃，仿若一朵盛开的荷莲。佛性似水，道心如莲。这井这水这石莲，给人以无限遐想与怀念。无论是商贾货郎，还是贩夫走卒，抑或是达官贵人，凡过此街者取饮一瓢，立马甘甜透心，满口生津。

镇永楼遗址　位于高山寺路北面鹞子岭。因建在城墙东北转角处，俗称转角楼。明嘉靖二十四年（1545年）知府彭世济创建。万历三十五年（1607年），通判张季麟施田为香火费。清康熙三年（1664年），副将彭世勋、知县朱尔介先后重修。道光二年（1822年），总兵鲍友智与知县丁照复修。除主楼外，有山门、土皇阁、玄帝殿及两旁道院等建筑。镇永楼耸立于地势高峻的府城第一山头，前对崀岭，襟带潇湘，煌然巍然，地势险要，为零陵一大胜迹。据考，此楼存世约400年。1918年，湖南督军谭延闿为纪念在护法战争中牺牲的永州镇守使刘建藩，将楼下的庙宇改建成"护国祠"，抗日战争改为"忠烈祠"。据《零陵县志》记载，镇永楼坍塌于民国初年，其附属设施忠烈祠在抗日战争后期被日军飞机炸毁。现该楼所在地于1952年修建气象台站。

泉陵侯国都城遗址　位于零陵城北二里（康熙九年《永州府志·城池》），今零陵城内东风大桥东端泉陵街一带，传为泉陵城故址。史载汉武帝元朔五年，即公元前124年，封长沙王刘发之子刘贤为泉陵侯，置县级泉陵侯国于此。清嵇有庆等纂修《零陵县志》卷二《建置》载："泉陵故城，在县北二里。"泉陵侯国辖今零陵、冷水滩、双牌、祁阳、祁东、东安县地。元鼎六年（前111年）汉武帝析长沙国置零陵郡，泉陵侯国属零陵郡管辖。东汉时期，泉陵侯国改称"泉陵县"，零陵郡郡治从零陵县（今广西全州）移至泉陵县（今湖南永州市零陵区）。

在零陵古城漫步，仿若徜徉在明清的过往时空，少了商潮涌动的铜腥，亦无名利角逐的伤痛，悠闲的步履伴随着生活的悠闲。

三、古城览胜

零陵古城历史悠久，文化底蕴深厚，人文景观众多。这里先介绍永州八景，再介绍其他景观。

（一）永州八景

首先要说明一下"永州八景"的排名顺序。这里按照地理位置排列：以潇水为界，先西岸后东岸，先由南而北顺潇水而下；再从东山由北而南，形成一个循环。如果作为旅游线路，这样安排也更方便一些。因此，"永州八景"的最后"正名"和排列顺序为：西线由南而北顺潇水而下为淡岩秋月、香零烟雨、朝阳旭日、愚溪眺雪、蘋州春涨，东线由北而南顺东山而下为绿天蕉影、山寺晚钟、恩院风荷。

1. 淡岩秋月

图 6-3　位于潇水与贤水交汇处的淡岩

淡岩又名澹岩、澹山岩，地处永州市零陵区富家桥镇富家桥村淡山内。淡山石峰林立，怪石错迭无序，堆垒有加，石缝间生长着各式灌木、乔木、荆棘与藤蔓。裸露的山石通体乌黑发亮，掩映在零星开放的山花之中，再加上碧绿如油的苔藓和随风而舞的芦苇映衬，有如一幅气势磅礴的工笔画。登上山顶，巨型溶洞与山体天坑相连，背山面河，气势恢宏，景致幽邃；极目远眺，只见淡山北枕贤水，东连潇水，一山带二水，又恰似一幅淡泊清远、恬静空蒙的山水画。

淡岩由暗岩和明岩组成，又称黑岩和亮岩，为典型的喀斯特（Karst）即石灰岩溶洞。

明岩位于淡山南麓，东壁有一侧洞，岩壁万仞，直向天空。东南角有一石窍，仰望如窗户，洞照甚明。四顾洞壁，似溶冶所成。宋胡寅《澹山岩记》："凡岩之病，以暗而湿。澹岩独窍北而透南，方台夷燥，嘘吸云气，受风纳月，信乎其称绝境也！"每当农历八月，皓月当空，皎洁的月光自明岩苍穹映照而下，穿过岩顶的天然洞口射入岩内阴河中，天上明月与洞内水中月影遥相呼应，形成"天上一个月亮，水中一个月亮"的零陵古郡名胜"淡岩秋月"——为永州八景之一。

暗岩有西洞和北洞，洞口分列于淡山西麓和北麓，左右四五处暗洞直达山腹，形成洞洞相通、纵横交错的暗洞网络。洞中幽黑，必秉烛乃可入其间。洞如覆釜，下平上穹。经测量，洞深300多米，最宽处90多米，最高处32米。洞中有阴河暗流，自西南向东北注入贤水，流往潇水。洞内幽然宁静，夏则寒沁肌骨，冬则温暖如春。

1966年，建华机械厂在淡岩内建造了能容纳近千名职工上班的军品生产线，共有大小房子60多间。2002年，生产车间已全部搬迁至洞外，废弃厂房的墙壁上"工业学大庆""抓革命，促生产""自力更生，艰苦奋斗""时间就是生命，效率就是金钱"等标语和口号，留下了那个年代的历史印迹。今天，洞内工业建筑及各类标语口号仍保留原状。

淡岩在1959年（也有记为1956年）、1972年、1996年三次被列为湖南省重点文物保护单位，淡岩石刻于2013年被国务院公布为第七批全国重点文物保护单位。

2. 香零烟雨

香零山位于零陵古城东五里处，其名源于此地产香草。曹能始《零陵名胜志》记载说："香零山在城东五里，郡以此名地产香草，其叶如罗勒，香闻数十步。唐世上供，郡人苦之，刺史韦宙奏罢。"因屈原在《离骚》等作品中多次咏颂香草，香草在传统文化中具有独特的审美价值与文化内涵，因此，香零山自得名起就富有特殊的魅力。

香零山孤峙水面之上，小巧精致，其外形远远望去酷似香炉。更有意思的是，小山没于水下部分，经流水反复淘洗形成中空状态，给人的感觉整座小山是被三根石柱撑起的，这三根石柱也酷似香炉的三足。因而，香零山曾名香炉山。徐霞客的楚游日记就是以香炉山称谓此山的。香零烟雨中"烟雨"一词，则源自香零山独特的自然景观。古人曾说"烟云幽绝是潇湘"（何绍基《平斋见示众蓬樵画》）。潇水流经香零山河段，水面平阔，水汽充分，江面常波光粼粼，清风习习，一座小岛，数片沙洲散落水中，绿树成荫，芳草萋萋。尤其是当雨后日出、氤雾乍起时，小岛沙洲烟锁雾笼，忽隐忽现，往来舟帆木排随波上下，若行若浮，远远望去，恍若蓬莱仙境，小岛因而成为远近闻名的胜景，被列为永州八景之一。

香零山山顶建有观音阁，为砖木结构的硬山顶阁楼式建筑，北为阁、南为楼，青砖黛瓦，封火山墙，单檐犀头翼角。建筑主体高约 10 米，分为上下两层，二层为木楼，南向开敞，有木槛护栏，阁的两层中间有木式楼梯相连接，建筑面积共 200 多平方米。观音阁正门石额刻有"观音阁"三个行书大字，门两边有楹联："清风阆苑三千客，明月永州第一楼。"阁中一、二层塑有观音像供人朝拜。因山顶空间狭小，观音阁主体建筑虽不大，但还是几乎占满整个山顶，并与整座小山完全融为一体。远远望去，小岛在一片青碧的潇水中亭亭玉立，山顶观音阁好像是从岛顶上自然生长出来的一般，灰瓦青墙掩映在葱茏的树木里，与错杂突兀的灰暗石矶相映成趣，显得古朴而典雅。

登上香零山，驻足观音阁，静观苍苍茫茫的潇水直奔江心小山而来，前浪冲击后浪随，滔滔不息。由于多年的保护，潇水两岸、香零山及附近沙洲树木葱茏，芳草萋萋，开阔的水面常见鸟飞鱼潜。这一切在烟雨笼罩下所建构的意境，常令人涌现淡泊功名、回归自然之念想。

3. 朝阳旭日

朝阳岩，又名西岩，位于朝阳岩公园内，面临潇水，背负西山，西邻愚溪，南毗群玉山，与零陵古城中心城区隔江相望。

图 6-4　朝阳岩全景

朝阳岩由岩顶、上洞、中洞、侧洞四个部分组成。岩顶危岩耸立，怪石嶙峋。唐代永州刺史窦泌为元结在岩顶建茅阁。宋以后，岩顶始建"元刺史祠"，明嘉靖年间郡守唐珤重修并易名为"寓贤祠"，主祀元结、柳宗元、黄庭坚、苏轼、苏辙、邹浩、范纯仁、范祖禹、张浚、杨万里、胡铨、蔡元定等名人贤士。明万历年间丁懋儒出守永州。

他认为,"凡零陵对岸一里之内,下皆崆峒,山泽通气,匪虚而何?"并将岩顶之山创名为"零虚山",书刻于岩峰石壁之上,至今鲜艳夺目。他对岩顶的描述:"岩壁争奇,踪迹幽邃,如青莲布地,芙蓉呈秀。"(丁懋儒《朝阳岩记》)寓贤祠,为祠堂式建筑,系砖木结构,硬山墙,两进三开间,中为天井,面积260平方米。1991年,当地政府对寓贤祠进行全面维修。同年,在现存寓贤祠西侧重建寓贤祠西厢房,西厢房为前、后两栋。由西侧拾级进入前栋。前栋为回廊式,中间为天井,西壁均为木门,门外为外走廊。后栋和现存寓贤祠后栋并列,二进三开间,总面积为200平方米。

从岩顶东北沿石级而下,即至上洞。岩洞形如覆釜。徐霞客对此的描述:"绝壑临其下,憩息其中,烟帆远近,与溪云山鸟相出没,游目所及,胜赏迭供。"(《徐霞客游记·楚游日记》)进入洞中,抬头可见四个苍劲有力的正楷大字"何须大树",这四个大字形象地描述了上洞形貌,意有二:其一是洞苍穹,面东视野开阔,而洞中却幽然宁静,清凉爽人,不需要大树来遮阳蔽日;其二,朝阳水石,可谓幽奇、怪异形胜,又何须人们口夸笔赞,大树特树其物胜景美!上洞石刻甚多,其中有名的有清代吴大澂诗刻、杨翰诗刻、林绍年诗刻、民国徐崇立诗刻等,尤其是清代大书法家邓守之篆书《朝阳岩铭》及《朝阳岩诗》最为有名。杨翰于旁建"篆石亭",篆石亭立于上洞之开阔处,倚岩临水,高出岩表。篆石亭为亭阁式建筑,木结构,重檐歇山顶,面积为85平方米。翘角飞檐,龙凤展头戏尾,亭脊琢着彩绘浮雕,飞龙走凤,栩栩如生。上盖黄色琉璃瓦,其间设木楼阁,有木栏杆。沿江面筑,可凭栏远眺。亭下东南有青条石砌成的石墙围栏。

由上洞石关而下,有石阶数十级,磴倚危岩,至尽处,有洞岈然,即为中洞。洞口石壁上刻有"朝阳岩"和"朝阳洞",系宋嘉祐五年(1060年)张子谅书、卢藏所题。朝阳洞,又名流香洞,左右石壁形如半环,洞后有"阴潜涧"。有泉自岩后流出,其水清清,水声淙淙,四季不涸,泻入洞前深潭。中洞东临潇水。中洞重要石刻有宋代周敦颐、张子谅、黄庭坚、邢恕等题刻。清代最有代表性的是何绍基诗刻。

侧洞在朝阳洞之右,相距数丈,洞不甚深,悬于崖壁之上,有"仙迹古洞"之誉。其居高临水,古人称之"尺五天",其意是说,此洞高挂于悬壁,离天只有一尺五了。徐霞客在他的游记中对侧洞作了这样的描述:"复结奇云,踵插渊黛,土人横栈架板阁道,仍从石磴透出岩后,凌绝顶。"侧洞石刻虽少,但明人在绝崖上摹刻柳宗元《渔翁》诗格外醒目。洞里有明正德年间张三丰十三代传人闭关三个月题刻。

朝阳岩融山水洞为一体,景色奇丽,为历代名人、游客所神往,留下了历代名人的足迹、诗文及题刻。朝阳岩现存石刻136方,内容极为丰富,碑刻书体有篆、隶、楷、行、行草、狂草，诸体俱全，风格多样，是极宝贵的历史文化遗产，具有甚高的历史、艺术、科学价值。朝阳岩石刻是研究中国书法艺术的重要实物资料。

4. 愚溪眺雪

"愚溪眺雪"景观，描写的是一幅零陵郡城城关厢外，正西门斜对面潇水西岸，愚溪注入潇水口一带，冬日独特的雪景。冬寒之日，大雪纷飞，天地一色，白雪皑皑，千山万壑，银装素裹。正是"千山鸟飞绝，万径人踪灭。孤舟蓑笠翁，独钓寒江雪"的严冬季节。潇水河上，渔船泊岸，愚溪古桥，独望东山，白雪江天，浑然一色，世间万物，寂寥无声。只见冰雪铺盖的愚溪水岸，参天古木上，那几只寒鸦，跳跃在枝头之上，它们追着凛冽的朔风，扑腾着，嬉戏着，鸣唱着，散落的雪花纷纷扬扬，宛然一幅绝美山水妙图，尤其惹人心醉。此乃永州八景之"愚溪眺雪"之胜状。

图 6-5　愚溪新景

尽管历史变迁造成了"愚溪眺雪"景致的诸种变化，但作为景之主体要素的愚溪所涵括的山水泉石，风貌依旧。那九曲十八弯的形体，那清莹秀澈的溪水，那"全石以为底，卷岸而出"的石潭，那溪岸"若牛马之饮于溪""若熊罴之登于山"的怪石，那钴鉧潭、西小丘，还有那古井、古亭、古桥、古码头……越历千百年，风景旧曾谙。人类社会的发展进步，让这条古老的愚溪文物厚积、文化灿烂，给"愚溪眺雪"景观注入了新的活力，平添了新的观赏魅力。

"愚溪眺雪"景观的周边，密集地分布着西山、钴鉧潭、小石潭、朝阳岩、八愚遗址等众多山水名胜和柳子庙、愚溪桥、节孝亭、柳子街等诸多文物古迹，还有古井、古桥、古亭、古码头、古树名木等诸多环境要素，愚溪两岸桃红柳绿，溪水清莹秀澈，亭台楼阁古色古香，柳子古街店铺林立，零陵古城游人如织，即便不是眺雪的冬季，游览观光者也络绎不绝。

5. 蘋洲春涨

"蘋洲春涨"之蘋洲又称蘋岛,位于零陵古城北 4 公里、潇水和湘江两水汇合处。岛呈橄榄状,周长约 600 米,面积 0.6 平方公里。相传岛有随水涨落之奇,故有"蘋洲春涨"之称。岛上竹蕉繁茂,风帆与岛上竹林相映,橹声与洲上鸟语共鸣,诗情画意,风物宜人。潇湘八景中的"潇湘夜雨"指的也是这个地方。这里初春桃李比绿,盛夏芭桑争艳,深秋金桂飘香,严冬修竹摇影,被宋代著名诗人米芾称为"瑶台仙境"。

图 6-6 蘋岛与蘋洲书院

蘋岛所在地自然气候温暖湿润,动植物资源丰富,自然生态环境优美。岛上几百年的参天古樟,绿荫匝地;团团青竹,茂密丛秀;挨挨挤挤的芭蕉林,硕叶摇曳;碧碧芳草,幽香扑鼻。50 余种林间小鸟雀跃。这里空气清新,土地湿润,鸟语花香,生态环境优美,是难得的"世外桃源"。至金秋时节,两排百年以上古桂绽放桂花,桂香四溢,制成的桂花糕远近闻名。

蘋岛上早在唐元和九年(814 年)就建有潇湘庙,纪念对舜帝忠贞不贰的娥皇、女英二妃。唐代著名文学家、思想家柳宗元,北宋画家宋迪、南宋著名诗人陆游,清代学人黄佳色、阮元等为蘋岛作诗、绘画、著文,使蘋岛积淀了深厚的文化底蕴。晚清以来,蘋岛是零陵乃至湖南的重要文化教育场所。清光绪十年(1884 年),清抗法名将王德榜会同乡绅席宝田捐巨资在蘋岛建"蘋洲书院"。书院占地 8000 平方米,由进门、甬道、东西隔墙、东西书房、孔殿、藏书楼（又名潇湘阁）等建筑组成，为当时湖南四大书院之一。辛亥革命后，在书院旧址建蘋洲中学。20世纪七八十年代，在蘋洲中学旧舍，扩建零陵地区供销学校。2018年，蘋洲书院在原址上恢复重建，中轴线自北向南有奎星阁、讲堂、中门、大堂、大门、门庭、影壁和长廊。奎星阁是书院的藏书之所。讲堂为半开放式的大厅。中门在院落中央。院落中间有清代遗留的青石甬道，甬道两旁植有十六株古桂，树龄两百余年，枝叶纷披，覆盖了整个院落。中门题有匾额，为"金桂天香"四字。两边楹联为唐宋之问诗："桂子月中落，天香云外飘。"中秋时节，十六株桂树全部开放，香飘满天。

蘋岛为历代名人、游客所神往，留下了诸多诗文及题刻。蘋岛是内陆岛屿，是研究经济地理和生物地理的重要标本，也是极其宝贵的历史文化遗产，具有很高的历史、艺术、科学价值。

6. 绿天蕉影

"绿天蕉影"景观，位于零陵古城东山景区绿天庵。唐代著名书法家怀素早年在此出家修行。怀素经禅之余，颇习书法，而且非常勤奋，日日练习，以致秃笔成冢，洗砚染池。庵后一处石上刻有"砚泉"二字，是怀素磨墨取水的地方；右角有"笔冢"塔，怀素用秃了的毛笔都埋于此。怀素酷爱书法，因家贫无钱买纸，就在庵边种植了一大片芭蕉，以蕉叶代纸，挥毫练字。后人因庵内外芭蕉成林，绿荫如云，故称之为"绿天蕉影"。

图 6-7 "绿天蕉影"遗址

绿天庵原址，因1981年建零陵地区精神病院，旧有建筑拆除无存，仅存风化剥落严重的清代摹刻的怀素草书"千字文"碑一块。1992年，为了纪念怀素，在绿天庵所在地建怀素公园。公园占地面积为 120 亩，其中水体面积约 30 亩。公园融自然景观和人文景观为一体，修复了醉僧楼、书禅精舍、种蕉亭、学书亭、笔冢、墨池等名胜古迹，使之成为富有文化内涵的综合性公园。

2012 年，零陵区启动了对东山景区的规划和建设。2013 年 4 月，由苏州园林设计院设计的《零陵东山景区修建性详细规划》通过评审。在这份规划中，整个东山景区划分为三大区块：历史文化区、怀素书法艺术区、生态游赏区。工程项目 2014 年启动建设，第一期工程的"历史文化区"建设业已完成。第二期工程"怀素书法艺术区"正在筹建中，其建设项目包括"绿天庵"的重建：恢复和提升绿天庵、洗砚池、学书亭、书禅精舍等建筑，开辟怀素生平展示区，将怀素刻苦练习书法的典故以及与李白、杜甫、颜真卿、苏涣等名家交往的故事集中展示。此外，还有怀素艺术馆（包括怀素书法艺术研究传承基地）、书法趣味园、书法产业园等。项目还设计了"怀素书法文化游览线路"，包括怀素墨宝展、书法展、书法乐园、草书天地、书法主题公园、书法艺术展、大型书法展览、节日书法对联展览、书法艺术灯光、水幕电影等。可见，怀素的书法艺术，是东山景区的重头戏。

7. 山寺晚钟

"山寺晚钟"之高山寺，位于零陵古城东山（东山又名高山），原名法华寺，占地面积 2 万多平方米，是湖南省具有历史价值和文物价值的著名禅宗古刹。高山寺始建于中唐，已有 1300 多年的历史。原寺庙规模宏大，傍晚钟鸣，声响全城，故名"山寺晚钟"。唐代柳宗元谪永期间曾在此居住，并在寺西建亭，名曰"西亭"，还著有《法华寺西亭夜饮》《构法华寺西亭》诗以及《永州法华寺作西亭记》等诗文名篇。高山寺宋名万寿寺、报恩寺，明洪武初改名高山寺。明万历初年毁于火，万历四十一年（1613 年）重建，清乾隆末再度被毁，道光八年（1828 年）又改建于东山之北。咸丰六年（1856 年）零陵县令胡廷槐倡捐，嘱住持静修法师重建。新中国建立后为零陵军分区干校校址，殿堂拆除，仅存大雄宝殿。

2016 年，零陵区启动了高山寺的全面扩建与修缮工程，新建了山门、钟楼和鼓楼、素菜馆、云水堂、法物流通处、天王殿、珈蓝殿、祖师殿、大雄宝殿、药师殿、三圣殿、方丈楼、藏经阁等单体建筑，占地面积近 1.5 万平方米，建筑面积 4710 平方米。新扩建的高山寺规模庞大，气势恢宏，其规制超过历史上任何时期的高山寺，而原来留存下来的大雄宝殿，则改为观音殿，位于新建大雄宝殿的后面，显得苍老而又别样。

高山寺的旅游价值开发，已纳入东山景区的整体规划中。到 2017 年底，东山景区的第一期工程——历史文化分区建设基本完成，建设投资超过 1.5 亿元，并于 2018 年 2 月 8 日向市民开放。

高山寺与武庙紧邻，因而合为一个景区。永州武庙，又称零陵武庙，是长江以南规模最大、最有地域特色的武庙，历史上曾是永州、衡阳、邵阳、郴州等州府共同奉祭的高等级武庙。建筑格局为五进五开间，建筑面积达 5000 平方米，系砖木结构。正殿前有青石龙凤柱四根，浮雕雌雄蟠龙，龙头硕大，栩栩如生，为全国最大的单体青龙石雕刻之一。2012 年，零陵区启动武庙建筑群的保护性重修并加以扩建，工程总占地面积 9600 平方米，包括山门、钟鼓楼、仪门、照壁、戏台、盥洗所、省牲所、献殿、东西厢房等建筑，恢复了明代以来武庙的旧有规制。今天的高山寺与武庙相得益彰，已成为永州最热门的旅游景点之一。

图 6-8　高山寺与武庙全景

8. 恩院风荷

"恩院风荷"之碧云池，是清代群玉书院旧址。唐刺史李衢曾在此修建了一个芙蓉馆。宋范仲淹次子范纯仁谪居永州时，常在这里游览；宋张栻在此建"思范堂"，以祀范宣公（范纯仁）。明代此处成为卫所兵营，因兵燹久废。清康熙二十三年（1684 年），永州总兵卢崇耀在思范堂对面建碧云庵，并建"洗甲亭"。佛殿前有池一口，名碧云池，又名东湖，呈"中"字形，水清如镜，架石为桥。池内种荷，亭亭玉立。夏日，荷花盛放，香气扑鼻，令人欲醉。初秋月夜，游人坐桥墩上，凭栏欣赏，古松掩映，风摇荷影，幽雅宜人。因碧云庵对面有"思范堂"（又称"报恩院"），故有"恩院风荷"或"思范风荷"之称。

图 6-9 碧云庵与碧云池

"恩院风荷"景点所在地，现有碧云庵、碧云池、洗甲亭等建筑，"思范堂"久已不存。碧云庵占地东西长 21.3 米，南北长 11.6 米，庵为 19.5 米 ×8.6 米，走廊为 3 米 ×19.5 米，悬山砖木结构，双落水蝴蝶瓦屋面。现保存完整的碧云池，池南北长 43.2 米，东西长 66 米，四角为圆弧，占地面积为 2800 平方米，池深 2.1 米。池中有一正方磴，占水面积为 185 平方米，磴上有亭，名"洗甲亭"。现亭已毁，架石为桥，桥拱为三孔 3.3 米的单曲拱桥，桥宽 2 米、长 14.8。南北各有一石桥成对称，南北两岸与池中方磴相连，在池中与方磴呈"中"字形。池中种荷花，叶似碧玉盘，茎似绿翠柱，花如出水芙蓉，清香远溢，凌波翠盖。"恩院风荷"有一首诗："恩院松竹静，荷塘风月摇。求学当努力，立志在今朝"。好一个风摇荷影、幽雅宜人的读书环境，但现在没有松和竹，取代的是桂花树和香樟树。

"恩院风荷"处在东山余脉，在东山景区规划范围之内，以古城东门为龙头，恩院风荷为龙尾，首尾衔接不过两公里。东山景区的闭环旅游线路可设计为：东山广场—法华寺—武庙—醉僧楼—零陵楼—绿天庵—古城东门—文庙—恩院风荷。

（二）其他著名景观

1. 廻龙塔

20 世纪七八十年代，因淡岩内建有兵工厂，禁止游人入内，"永州八景"便缺失了一景，有人便以"廻龙夕照"替代之，以讹传讹，致使今天的"永州八景"介绍，仍然有人误将"廻龙夕照"替代"淡岩秋月"。不过，"廻龙夕照"虽然不在"永州八景"之列，但它确实是零陵古城一道亮丽的风景，而且文化底蕴深厚，文化旅游价值丰富，在此有必要介绍一下。

"廻龙夕照"之廻龙塔，位于零陵区城北廻龙塔路潇水东岸。兀立于湘江支流潇水东岸危石之上，巍峨耸峙，高入云表。每至太阳西沉，光射宝塔，成为零陵古郡一大奇观——"廻龙夕照"。塔之四周，翠竹摇曳，樟香四溢，一片郁郁葱葱。塔下之潇水，每逢雨季，潇水上涨，波涛汹涌；而逢旱季，潇水碧绿见底，鱼儿戏水，清澈可见。

图 6-10　明代建筑廻龙塔

廻龙塔建于明万历十二年（1584年）。塔身立于天然石矶之上，坐北朝南，占地面积400平方米，通高38.36米。砖石结构，呈平面八角形，共分七层。南门门额题有"廻龙宝塔"行书四字，为钦差巡抚湖广都御史闽人陈省所题，落款为"邑人钦差巡抚操江右佥都御史吕藿所建"。井间展度较大，面宽5.67米，最高4.44米，外墙厚3米，内墙厚2米，回廊宽0.8米。底层顶部围置石栏杆，由望柱、寻杖、栏板和地袱组成。栏板上雕刻花木禽兽图案。塔内设制独特，有如迷宫，初登者如踏入八卦之阵，难觅出处。

廻龙塔虽是明代建筑，却保存了宋代许多建筑手法和艺术风格，因势利导、因地制宜，是建筑上的独特创新，在我国塔林建筑中占有一席之地，堪称明代砖塔中的佼佼者。

为镇水患，吕藿初建塔时，曾于潇水东西两岸鼎建镇邪双塔，意欲廻住孽龙。西塔因建于沙石之上，毁之不存。而东岸的廻龙塔，磴居危石，坚如磐石，历经明、清、民国诸代，未作重大修缮，数百年风雨沧桑，至今巍然屹立。

廻龙塔具有很高的历史、艺术、科学价值，1983年公布为湖南省省级文物保护单位，2013年公布为全国重点文物保护单位。

2. 零陵文庙

零陵文庙始建于南宋嘉定元年（1208年），初为县学，建在黄叶渡口、愚溪桥的左侧，后移至城东。元至正二十年（1360年）毁于战乱。明洪武三年（1370年），零陵知县马裕在城南重建，但城南地势较低，雨季来临时潇水水位暴涨，多次被淹。为避水患，明弘治三年（1490年）再次将县学迁到了城北。明嘉靖二十四年（1545），再次迁往城东，因有湖南巡抚的参与并亲自选择地点，所以这一次县学建设的规模要比之前大很多。

此次重建奠定了零陵文庙现在的规模格局：正中为大成殿，殿后稍偏西的位置为崇圣祠，殿前为东西两庑。两庑前正对大成殿的为大成门，左右两侧的戟门为棂星门，西南侧有泮池。戟门再往左前则是名宦祠、孝子祠和节妇祠，右前方为乡贤祠和明伦堂，明伦堂后为教谕署。后随着时间流逝，文庙日渐损坏。清嘉庆八年（1803年），知县李清英等人对文庙进行了一次大修，翻新正殿、两庑，各处窗扇；对戟门进行改建，崇圣祠居中重建。清道光元年（1821年）重修。道光二十六年（1846年），因大殿和两庑门墙损坏倒塌，在县中绅士的倡议下再次重建，这次重建历经多年才完成，但未改变文庙的大体格局，只是将位置再次向北移动了数十步（今日文庙的位置），使其规制更加完备。

晚清文庙建制完备，时至今日又经过了百余年的历程，现仅存大成殿及东西两庑，总占地面积2700平方米。零陵文庙建筑风格独特，无论是在建筑表现手法上，还是在装饰构件表达的具体内涵方面，都渗透着鲜明的湘南民族个性风格，尤其是将古代庙宇建筑传统做法与永州地方民族建筑的技巧不露痕迹地融于一体，则更是难能可贵。现存于零陵文庙的众多石雕中，许多是屡次迁移之后保存下来的明代石雕作品。

另有多处木刻石雕，内容十分丰富，有传统的龙凤造型，有反映古代历史的人物故事，有体现民俗风情的山川风物，还有别出心裁的地方掌故；工艺手法多姿多彩，有阴刻、浅浮雕、圆雕、堆塑，还有镂空雕刻。更令人叫绝的是，汉白玉浮雕云龙石柱和汉白玉五龙御路石，图案结构繁缛复杂，互相缠绕，却整体轮廓分明，形象栩栩如生，可谓精美绝伦，实非能工巧匠之大手笔不能为之。而其圆雕石作，狮的威武，象的笨拙，人物、花卉、仪仗、生活图景的写实手法，看似随手而来，实是得之于心。它们共同构成了一组石雕艺术的长廊，表现了卓越的艺术价值，凝聚了永州零陵人民独具匠心的聪明才智。

3. 福寿亭

福寿亭位于福寿亭路与南津南路交会处的西路口。原名众乐亭，居古城东门外，为古代东向出入永州府城必经的重要驿亭。始建于北宋，千余年间，代有废兴。清康熙九年《永州府志》载:"宋陶弼罢邕守还家,太守苏衮邀至东湖,坐新亭而觞之,俾陶叙众乐之实。今废。"现存建筑为清光绪十年(1884年)重建,俗称东门新亭,后残破。2012至2014年大修,恢复原貌。亭东西向,长13米,宽7米,高7.5米。两端山墙下为青石,上方青砖,东西二门为牌坊式建筑,亭上各类石刻雕刻精美,门额上题"福寿亭"。东门明间横匾楷书"山名毓秀",门联镌"福星常照人来往,寿域盛瞻路荡平"。西门明间横匾楷书"灵钟潇水",门联镌"名利客任其往返,清闲地即是神仙"。两门左、右次间枋额分刻"川媚""风和""山俪""雨甘"等字。外墙饰有人物故事、风景名胜浮雕12幅。亭内正中为一八角形藻井,南北中门敞开。东西内壁两侧嵌刻"忠""孝""廉""节"四个大字,每字高1.77米、宽1.22米,遒劲苍拔。亭中四根八方石柱上镌楹联四副。其中有入选《古今名胜楹联》一书的112字长联,嵌入零陵古今名胜,文字秀美,意蕴深邃,系清代蘋洲书院东安学子唐炳霖所作。全联云:"世路少闲人。春怅萍飘,夏惊瓜及,秋归客燕,冬赏宾鸿。慨仆仆长征,只赢得栉风沐雨。几经历红桥野店,紫塞边关。名利注心头,到处每从忙里过。郊原何限景:西流湘浦,南峙崦峰,东卧金牛,北停石马。奈茫茫无际,都付诸远水遥山。止收拾翠竹香苓,绿天息影。画图撑眼底,劝君曷向憩中看。"另还有三副短联:"城廓匪遥此地堪为东道主,关山难越诸君谁是西都宾。""古蝶迥环行行且止,长途汇悴息息相关。""有亭翼然溪山竞秀,我客庋止风雨攸除。"全亭建筑面积为98平方米。2003年被列入市级文物保护单位。

图 6-11 零陵福寿亭西门

潇湘旅游览胜

　　两千年时间，百战烽烟，伴着东山的鹞子声，曾在这座难攻易守的古城中飘散；两千年岁月，是非成败，伴着潇水的欸乃声，曾在这座秋月春风的古城中消失。然而，两千年后，东山依然屹立，潇水依然流淌，西山依然绵延，山环水抱中的古城依然存在。她历经沧桑，虽然古老，却依然风貌如初。

第七章 古村遗韵

传统村落承载着中华传统文化的精华，是农耕文明不可再生的文化遗产；她凝聚着中华民族精神，是维系华夏子孙文化认同的纽带；她保留着民族文化的多样性，是繁荣发展民族文化的根基。但当代中国人却面临着两难的处境：一方面，农村城市化是现代化的必由之路，随着工业化、城镇化的快速发展，传统村落衰落、消失的现象日益加剧；另一方面，昔日光辉灿烂、璀璨夺目的传统村落，不仅体现了我们引以为自豪的文明古国的文化优越性，也是国人的精神寄托、灵魂归宿之处。那么，我们该如何化解这种两难处境？或许，抢救、保存部分的传统村落，就是二者之间的平衡手段。当我们被城市中千篇一律的钢筋水泥大厦所挤压，感觉心烦意乱的时候，寻找一个美丽的乡村，到那里住上几天，去呼吸一下新鲜空气，过一过传统的"慢生活"，治疗一下现代"城市病"，恐怕就是抢救、保存传统村落的最大价值所在，也是全民旅游的最大价值所在。

一、追忆乡愁看古村

永州作为一个山区城市，不仅森林资源、湿地资源丰富，古城、古街、古景观的人文资源也十分丰富，古村文化资源更是名列前茅。永州的古村文化资源可分为三类：被评为"中国历史文化名村"的古村落；入选"中国传统村落名录"的古村落；被列入"全国重点文物保护单位"的古村落建筑。

（一）丰富的古村文化资源

1. 8个古村落被评为"中国历史文化名村"

从2003年开始，由建设部和国家文物局共同组织并开展了评选"中国历史文化名镇名村"的活动，旨在评选那些"保存文物特别丰富且具有重大历史价值或纪念意义的、能较完整地反映一些历史时期传统风貌和地方民族特色的镇和村"。这些评选出来的村镇，分布在全国众多省（区、直辖市），包括太湖流域的水乡古镇群、皖南古村落群、川黔渝交界古村镇群、晋中南古村镇群、粤中古村镇群。这些村镇既有乡土民俗型、传统文化型、革命历史型，又有民族特色型、商贸交通型，基本反映了中国不同地域历史文化村镇的传统风貌。截止到 2020 年，全国共评选了七批"中国历史文化名镇名村"，其中名村 487 个、名镇 312 个，共计 799 个。数量最多的省份是山西，共 111 个名村名镇。湖南共有中国历史文化名村 25 个、名镇 10 个，与安徽并列为第十名。

在湖南的 25 个历史文化名村中，永州有 8 个，数量居全省第一。这 8 个名村分别是：江永县夏层铺镇上甘棠村、零陵区富家桥镇涧岩头村、道县清塘镇楼田村、江永县兰溪瑶族乡兰溪村、蓝山县祠堂圩镇虎溪村、祁阳县潘市镇龙溪村、双牌县理家坪乡坦田村、新田县枧头镇龙家大院村。在 10 个历史文化名镇中，永州仅有 1 个：东安县芦洪市镇。

图 7-1　零陵周家大院一景

2. 85 个古村落入选"中国传统村落名录"

"中国历史文化名镇名村"的评选标准高，要求严，评选的数量很有限。因此，2012 年 12 月 12 日，由住房和城乡建设部、文化部和财政部联合署名，出台了《关于加强传统村落保护发展工作的指导意见》，明确提出了"保护发展传统村落的任务是：不断完善传统村落调查，建立国家和地方的传统村落名录，建立保护发展管理制度和技术支撑体系，制定保护发展政策措施，培养保护发展人才队伍，开展宣传教育和培训"。并"根据《传统村落评价认定指标体系（试行）》，按照省级推荐、专家委员会审定、社会公示等程序，将符合国家级传统村落认定条件的村落公布列入中国传统村落名录"。自 2012 年至 2019 年，已经公布了五批"中国传统村落名录"，共 6419 个。其中，永州共有 85 个入选，各个批次的入选名单分别如下。

2012 年第一批 4 个：零陵区富家桥镇涧岩头村、江永县夏层铺镇上甘棠村、祁阳县潘市镇龙溪村、双牌县理家坪乡坦田村。

2013 年第二批 2 个：宁远县禾亭镇小桃源村、新田县金盆圩乡河山岩村。

2014年第三批2个：双牌县五里牌镇塘基上村、江永县兰溪瑶族乡兰溪村。

2016年第四批16个：零陵区大庆坪乡芬香村、祁阳县大忠桥镇蔗塘村、祁阳县肖家村镇九泥村、祁阳县进宝塘镇陈朝村、祁阳县下马渡镇元家庙村、东安县横塘镇横塘村、双牌县江村镇访尧村、道县清塘镇楼田村、道县清塘镇小坪村、道县祥霖铺镇田广洞村、宁远县湾井镇下灌村、蓝山县祠堂圩乡虎溪村、新田县三井乡谈文溪村、江华瑶族自治县东田镇水东村、江华瑶族自治县大圩镇宝镜村、江华瑶族自治县大石桥乡井头湾村。

2019年第五批61个：零陵区水口山镇大皮口村、零陵区邮亭圩镇杉木桥村、零陵区石岩头镇杏木元村、零陵区大庆坪乡田家湾村、零陵区大庆坪乡大庆坪社区、零陵区大庆坪乡夫江仔村、祁阳县观音滩镇八尺村、祁阳县大忠桥镇双凤村、祁阳县进宝塘镇枫梓塘村、祁阳县潘市镇董家埠村、祁阳县潘市镇八角岭村、祁阳县潘市镇侧树坪村、祁阳县潘市镇柏家村、祁阳县羊角塘镇泉口村、祁阳县七里桥镇云腾村、双牌县泷泊镇平福头村、双牌县茶林镇大河江村、道县梅花镇修宜村、道县清塘镇达村、道县清塘镇土墙村、道县祥霖铺镇老村、道县祥霖铺镇郎龙村、道县祥霖铺镇达头山村、道县桥头镇庄村、道县桥头镇坦口村、道县桥头镇桥头村、道县乐福堂乡龙村、道县横岭乡菖路村、道县横岭乡横岭村、江永县潇浦镇何家湾村、江永县潇浦镇向光村、江永县上江圩镇河渊村、江永县上江圩镇夏湾村、江永县上江圩镇浦尾村、江永县上江圩镇桐口村、江永县夏层铺镇高家村、江永县夏层铺镇东塘村、江永县桃川镇大地坪村、江永县粗石江镇城下村、江永县松柏瑶族乡黄甲岭社区、江永县松柏瑶族乡松柏社区、江永县兰溪瑶族乡新桥村、江永县兰溪瑶族乡棠下村、江永县源口瑶族乡凸调村、江永县源口瑶族乡清溪村、宁远县天堂镇大阳洞村、宁远县湾井镇路亭村、宁远县湾井镇久安背村、宁远县冷水镇骆家村、宁远县太平镇城盘岭村、宁远县禾亭镇琵琶岗村、宁远县中和镇岭头村、宁远县柏家坪镇柏家村、宁远县清水桥镇平田村、宁远县九嶷山瑶族乡西湾村、新田县枧头镇龙家大院村、新田县枧头镇彭梓城村、新田县石羊镇乐大晚村、新田县石羊镇厦源村、新田县金盆镇骆铭孙村、江华瑶族自治县河路口镇牛路社区。

其中，零陵区有8个，东安县1个，祁阳县14个，双牌县5个，道县15个，宁远县12个，新田县7个，蓝山县1个，江永县18个，江华瑶族自治县4个，只有冷水滩区暂缺。而入选"名录"多的县区，往往也是旅游打卡热门地。

3. 16个古村建筑被列入"全国重点文物保护单位"

永州也是一个文物大市，共有34个"全国重点文物保护单位"，数量居全省第二。其中有16个与古村相关的建筑被列入"全国重点文物保护单位"名单，分别是：上甘棠村古建筑群、路亭村云龙坊与王氏虚堂、龙溪村李家大院、涧岩头村周家大院古建筑群、楼田村濂溪故里古建筑群（含月岩摩崖石刻）、枧头镇龙家大院、坦田村岁圆楼古建筑群、许家桥将军府、杉木桥村胡家大院、久安背村翰林祠、东安头村翰林祠、神下村李氏宗祠、虎溪村黄氏宗祠、宝镜村何家大院、勾蓝瑶寨、李达故居。

这16个传统村落建筑中，有8个隶属于"中国历史文化名村"。这8个"名村"之所以闻名于世，也正因为有这些古建筑的存在（其中龙家大院，也是"龙家大院村"）；另有6个附属于"中国传统村落名录"；仅有许家桥将军府和李达故居单列，既未进入"文化名村"的行列，也未进入"传统村落名录"，因为它们的文化价值很独特，确实很难进入二者的名单。但也正因为它们的文化价值独特，所以从乡村旅游的角度说，反而成为更加热门的打卡地。

（二）古村文化呈异彩

永州的古村文化丰富，风格多样，这里先介绍三个不同风格的古建筑村落。

1. 抵御匪患的岁圆楼

岁圆楼古建筑群位于双牌县理家坪乡坦田村，由岁圆楼、福清馆组成。岁圆楼建于清道光十九年（1839年），后又建成福清馆。

岁圆楼由三座规模相当的建筑六如第、二润庄、四玉腾飞组成，三组建筑平面均为长方形，由南向北平行排布。每组建筑格局、结构相同，均由坐东向西的三进院落组成。每组建筑宽11.8米，深38米，占地面积约500平方米。每组建筑正立面入口均有木构门楼，山面均为马头式封火山墙。建筑为穿斗式梁架，山面为硬山搁檩。建筑整体沿进深方向逐进升高，每进堂屋背后有倒厅，堂屋之间有天井庭院。楼内石雕、木雕雕刻精细、繁复。三组建筑的封火山墙之间形成狭长的巷道，铺青石板。巷道前后两端装有厚实木门。各组建筑外有围墙，西侧开正门，门楼上彩绘回字纹和戏剧故事壁画。岁圆楼的墙体高厚结实，防御性强，有效地抵御了匪患的骚扰。

福清馆亦称迎宾楼，位于岁圆楼前西北侧，坐东向西。福清馆为招待宾客住宿之所，四进院落组成，依次为门楼、下厅、中厅、上厅屋，各屋之间有天井。深42.3米，宽12.5米。门楼为穿斗式与抬梁式相结合的结构形式。下厅、中厅、上厅屋形制及装饰与岁圆楼各屋相同，中厅、上厅屋为穿斗式结构，下厅屋为穿斗抬梁式相结合的结构。当心间即中堂的壁板为四抹头的格扇窗，格心涤环板雕各种花卉图形。后厅屋高7.75米，高度为岁圆楼所有建筑之冠。

岁圆楼古建筑群设计科学，规划周密，布局规整而严密紧凑，是湘南地区优秀的乡土建筑典范。其选址、布局、建造、艺术处理、排水通风采光均经过精心设计，保存完整，具有较高的历史、艺术和科学价值。

2010年，坦田村被公布为第五批"中国历史文化名村"；2012年，该村被列入第一批"中国传统村落名录"；2013年，该村岁圆楼古建筑群被公布为第七批"全国重点文物保护单位"。

2. 街衢式龙家大院

龙家大院位于新田县枧头镇黑砠岭村，始建于宋神宗元丰年间（1078—1085年），是东汉时期以"八德"著称的零陵太守龙伯高后裔宅第，故名"龙家大院"。大院经十几代人的不断努力，于明末清初建成了"三堂九井二十四巷四十八栋"格局的古建筑群。

图7-2 龙家大院的春天

古民居群依山势自西南而东北递次构建，布局简洁，古朴素雅。院内主体建筑由世师堂、八德亭、敦厚堂、三雅居等古民居组成，院外还分布有月牙池塘、普善堂、龙山学校、八德亭与和堡，此外还分布有私塾、书楼、榭楼、长工房、库房、杂房、酒窖、马厩、牛栏、猪圈等，共48栋100多间。二十四条青石小巷曲折幽深，纵横交错；路面用青石板铺砌，晴不晒日、雨不湿鞋，将各房各屋联结成一个整体。

龙家大院是湖南省内保存较完好、文化内涵十分丰富的村落古民居群体，具有浓厚的地方特色，布局考究，整齐划一，为研究古代村落规划思想提供了例证。龙家大院的木雕、石刻、泥塑、彩绘等题材丰富，构图优美，造型逼真，雕工细腻，具有较高的艺术价值。龙家大院集建筑艺术、民俗文化、宗亲文化、耕读文化、明清风貌之大成，是解读中国传统古村落的重要例证。

2013 年，龙家大院建筑群被公布为第七批"全国重点文物保护单位"；2018 年，龙家大院村被公布为第七批"中国历史文化名村"，2019 年入选第五批"中国传统村落名录"。

3. 家族聚居的虎溪村

虎溪村黄氏祖籍江西吉安，随先祖迁徙至福建邵武，后归蓝山。清顺治年间，始祖启星公、彦清公从蓝山县楠市镇坪塔坊村迁徙至虎溪村。起初在山脚搭建竹棚、开荒种地，逐渐繁衍壮大。

虎溪村选址合理，青山环绕、风景秀丽。全村主要建筑群坐北朝南，背靠虎形山，村东有马鞍山侧卧，如青龙盘绕。村前的屏山名为寨山，据传三国时期，蜀汉曾在此处修建寨门而得名。村口与无尖峰遥相呼应，据说此峰为 4000 年前，九嶷山最高峰朱明峰遭受雷劈，山尖掉落而形成的。三面环绕的青山，为虎溪村村民营造出一片世外桃源。充沛的水资源，则为勤劳的村民提供了生产上的保障。村前共有三条水系，分别是老婆源、犁头河以及汇源河，最后汇入远处的东江河。源源不断的水流，日日夜夜灌溉着虎溪的农田，守护着村民。而村内则有三处泉眼，其中一处还联通着地下河，甘甜可口的泉水滋养着一代又一代的虎溪黄氏。

虎溪村的黄氏宗祠位于村落中央，倒映在村口的月塘上。黄氏宗祠面阔五间，中间三开间开半圆形拱门，两根细长的木柱将屋顶支撑起来，体现出清代建筑的特点。当心间的拱门上大书"黄氏宗祠"四个大字，左右两侧分别书写着"山回""水清"，点明了虎溪村的自然之美。入口的屋顶处不仅有天花，屋檐处还做了卷棚轩，华丽柔美，两侧山墙上还保留了前人留下的彩画。

大门后便是戏台——一座有着飞檐翘角的古典戏台。这座歇山顶的戏台有着"如鸟斯革，如翚斯飞"的屋角。整座戏台为纯木结构，四周装饰着漏雕的麒麟、喜鹊、花卉等题材。最吸引人的当数戏台中央的三层藻井。下面两层为八角藻井，最上面一层为覆盆形。八角形与覆盆形的结合，一方面满足了戏台演出时的扩音功能，另一方面又增加了视觉上的审美效果。

黄氏宗祠为四进院落。中间两进为过厅和拜殿，最里面为寝殿，是用来祭祀黄氏祖先的牌位。宗祠主体采用了穿斗屋架，高大的横枋上有着许多精美的雕刻或龙首或仙鹿，题材丰富，生动形象，与两侧高耸的硬山墙体相得益彰。

紧邻着宗祠的东侧是"树合山斜""第一家声""气象维新"三座院子，一字排开。从整体来看，这三座乾隆十三年（1748 年）相继建成的院落有着相似的格局，都是内天井外庭院的格局。细细品读，会慢慢发现虎溪先民的建造智慧。所有的院落最核心的是中间的两进院落。这两进院落组成一个独立的单元，有着完整的入口、堂屋、天井、左右厢房等，功能区间齐全。随着家族的不断壮大，人口的不断增加，开始在核心院落的左右加建厢房，形成新的天井院落。如果人口进一步增加，建筑需要继续延伸，这时就需要在建筑的前部加建一组院落，同时建造坚固美观实用的门楼，由此组合成一座内天井外庭院的多进多开间的建筑院落群。

虎溪村的民居，最令人留恋忘返的应属精美的装饰。建筑内部的格栅门、格栅窗，除了常见的表现题材外，竟然还有菠萝、香蕉等热带水果，不得不为之惊叹。由此观之，虎溪村先民不仅见多识广，还有着博大的胸怀，海纳百川。另一个特点是数量众多的彩画，凡有门楼的地方，两侧山墙一定绘有大幅的彩画，题材是虎溪村周边的山水田园，体现了村民对家乡的热爱。与彩画相结合的是屋檐处的泥塑，这是整个永州地区为数不多还有着丰富泥塑的村落。特别是"气象维新"院落处的屋檐，整面墙上分割成不同的小格子，每个格子描绘一处场景，连成一线，就是一幅生动的连环画。遗憾的是，许多泥塑人物的头部均已损坏，加上彩画的脱落，已经难以辨认出其所营造的场面。

行走在院落之间的巷道处，有一个细节值得注意：靠近巷道的墙体上有一个两头小、中间大的孔洞，这是用来放置煤油灯的。由于古代没有电灯，夜间只能通过煤油灯来进行采光，为了便于晚上回家的族人也能正常行走，因此在靠近巷道处的墙体上开设孔洞，将煤油灯置于孔洞内。这样一盏煤油灯，就能满足屋内屋外的需求。这一小小的举动，体现出虎溪村民助人为乐、和谐友睦的性格特点。

虎溪村隐匿于山环水绕的大山之中，堪称现代社会的世外桃源。虎溪村古建筑群总体布局以黄氏宗祠为中心，向外水平展开，形成了以家族聚居为主要特色的传统村落格局。黄氏宗祠整体建造工艺精美，雕梁画栋，是湘南地区民居建筑的典型代表。

2016年，虎溪村被列入第四批"中国传统村落名录"；2018年，虎溪村被公布为第七批"中国历史文化名村"；2019年，虎溪村黄氏宗祠古建筑被公布为第八批"全国重点文物保护单位"。

二、耕读传家家业旺

永州的宁远县历史悠久，文化底蕴深厚，素有"舜帝藏精之所，光武发祥之基，濂溪汤沐之乡，牌祖生卒之地"的盛誉。境内的青山绿水间，散落着不少传统村落，承载着极为丰富的文化遗产。其中，已入选"中国传统村落"的有湾井镇的下灌、路亭、久安背等12个村，还有柏家坪镇的马头上、郑古元、刘均申、礼仕湾等17个村正准备申报。这些村都有着上百年乃至上千年的历史，拥有丰厚的文化与自然资源，具有一定的历史、文化、科学、艺术、经济、社会价值。尤为重要的是，这些传统村落大都秉承"耕读传家的"古训，不仅农耕经济殷实，更是文脉昌盛，人才辈出。自唐至清末，宁远县涌现出状元 2 名、进士 82 名、文武举人及各类贡生 651 人，居湖广各县之首，足见其文脉的兴盛程度。

（一）文脉兴盛看文庙

宁远人"重文"，从对文庙的建设和保护中也可以看出来。

宁远文庙位于宁远县舜陵镇文庙街 78 号，又名学宫，始建于北宋乾德三年（965年），经过宋、元、明、清四个朝代十余次修缮、修复，现存建筑为清同治十二年（1873 年）至光绪八年（1882 年）重建。

宁远文庙是中南六省区中保存最完整、规模最大、历史最悠久、建筑最精美的文庙。建筑坐北朝南，主要建筑沿南北轴线布局，布局合理，主次分明，造型精美，规模宏大，南北长 170.8 米，东西宽 60.2 米，建筑占地面积达 10 282 平方米。中轴线上自南而北依次为照壁、泮池、棂星门、大成门、大成殿、崇圣祠；两侧为登圣坊、步贤坊、腾蛟门、起凤门、乡贤祠和名宦祠，以及东西庑、明伦堂、尊经阁等。

图 7-3　宁远文庙大成殿

庙内石雕精妙绝伦，石坊、石檐柱、月台、丹墀，均有浮雕狮、蟠龙、飞凤等，数量众多，形象生动，栩栩如生。尤其是装饰在大成门、大成殿前后的 20 根整体通高 5 米的高浮雕镂空龙凤石柱群，造型生动、工艺精湛，具有浓郁的地方民族风格，与月台、五龙丹墀，棂星门石雕相互辉映，是我国现存古代建筑石雕艺术中的精品，全国罕见，被文物专家、学者誉为"国之瑰宝"。除石雕外，宁远文庙的木雕、泥塑、壁画在建筑物上也比比皆是，十分精美，具有浓郁的地方特色。

1996 年，宁远文庙被公布为第四批"全国重点文物保护单位"。

（二）文脉传承看古村

宁远有一个人才辈出的古村落群，这就是"下灌—久安背—路亭"传统村落群。这几个村子紧邻九嶷山风景名胜区，依山傍水，风景秀丽。其间不仅有悠悠的灌溪河、茂密的"原始次生林"、美丽的"十里画廊"，还有"云龙坊与王氏墟堂""久安背翰林祠""东安头翰林祠"三处全国重点文物保护单位，自然资源和人文资源极其丰富。尤其是下灌村，山水相连，风光旖旎，龙腾虎跃，无论站在哪里看都是一幅画；再加上1600余年的悠久历史，演绎了众多神奇传说和民间故事。状元楼、广文桥、洗墨池、四方井、石龟山等，桩桩都是故事，处处都是文化。另外如小桃源村、神下村李氏宗祠等，虽非名人大族的府第，却更能彰显百姓日常生活的文化底蕴。

下灌村　位于宁远县城西南方向约30公里处，号称"江南第一村"。它既是古老的麻将村，也是历史上的状元村。村子坐落在"十里画廊"的灌溪与冷江河畔，始建于499年，至今已逾1500年的历史。该村人口1.3万，其中李姓人口占九成。历史上曾经出过两名状元，被誉为"状元村"，还出过48名进士。

图7-4　九嶷山下的下灌村

下灌村依山傍水，风光旖旎。村落建在船形地上，浮漂于冷江与灌溪之间。在下灌村前，有一座山，山上建有一塔。站在村后的高处看，这塔山犹如一根撑竿，把一个偌大的下灌大船，牢牢地锁定在这两水之中。下灌村是总称，实际含冷江村、下灌村、状元楼村和新屋里村四个行政村。

木质的老屋、雕梁画栋的古建筑群、青石铺地的古巷、古朴的石拱桥……走在村里的大小街巷，一股历史的幽香暗暗袭来。这里有四口古井、七座祠堂、六座青石拱桥、上百座明清风格的旧宅等古建筑，如一幅保存完好的历史画卷，铺陈在游人的面前。全村现有保存完好的文物古迹40余处，包括状元楼、文星塔、望疑书屋、灌溪学堂、洗砚池、读书岩、赛景岩、挂榜山、仙人桥、广文桥、石板桥、李氏宗祠、古凉亭等。

相传下灌村的始祖为李道辩。当地瑶民起义，南齐朝廷委任李为荡寇将军，筑垒于灌溪，封疆平乱。三年后，待李功成时，南齐灭亡，李道辩便隐姓埋名于此，耕作农田，繁衍子孙，形成了今天的下灌村。武将开村的荣耀逐渐被书香墨韵取代，"江南第一村"的来历更多也是源于此。李郃发明了"叶子戏"，也是今天麻将的始源，故下灌村也可以称为"麻将故里"。

在湖南历代有史可考的13位状元中，下灌以一村之地却占有其二，唐代的李郃，更是自隋朝开科举制以来湖广地区的首位状元。李郃时年20岁高中状元，"春风得意马蹄疾，一日看尽长安花"。为纪念"开湘状元"李郃，宋代下灌李氏族人在村中兴建状元楼，历经元、明、清修缮，保存尚好，为永州市文物保护单位。

"游九嶷而不至此，几失其真矣。"当年徐霞客游览至此，曾赞不绝口。近年来，宁远县将下灌村打造成为历史文化名村、湖南美丽乡村、宁远特色旅游新名片。凸显"四古四新"（古村、古巷、古井、古道，新生活、新环境、新产业、新风貌）特色，旅游业迅速发展。占地100多亩的舜乡花海，一年四季鲜花盛开。

2016年，下灌村被列入第四批"中国传统村落名录"；2019年，下灌村古建筑群入选第十批"湖南省省级文物保护单位"名单。

状元楼 李郃状元楼位于宁远县湾井镇下灌村，西临泠江，历经元、明、清数代，几经修缮。状元楼乃一方形楼阁，四面二层，坐东朝西，有"状元世家"匾额于其上，楼高10米、宽8米、长9米，为12根木柱台梁式楼阁建筑，悬山顶屋面，拱棚飞檐，宏伟壮观，为县级文物保护单位。

图7-5 下灌村状元楼

阁中有《复修状元楼碑》一通,立于光绪三年(1877年)季春。

李郃(808—873年),字子玄,道辩公十六世孙,为湖广第一状元。唐大和二年(828年)举贤良方正,擢进士第一。调河南府参军,时刘蕡对事切直,考官畏中官,不敢取。郃曰:刘蕡不第,我辈登科,能不厚颜。又疏请以所受官让蕡,帝不纳。后历贺州刺史,晚年退职还乡,寄情山水,写下许多诗篇,但存世甚少,有《骰子彩选格》《李贺州集》。《全唐诗补编》录其诗四首,皆为咏九嶷山水秀色之作。又创叶子戏,为麻将、扑克始祖,至今乡人仍以此牌为乐,曰"上大人"。

久安背翰林祠 又名进士坊,位于宁远县湾井镇久安背村西口,坐东朝西。始建于宋,为纪念宋代进士太常博士李世南(971—1043年)而建,故名"翰林祠"。凡跨三个朝代,经百余年才建成。宋代建下座三厅,明代建祠前牌坊,清同治三年(1864年)修葺,光绪十一年(1885年)修上座二厅,始成一池、一门坊、一戏楼、五厅堂、五天井、两厢房之现存五进院落格局。

图7-6 久安背翰林祠

久安背翰林祠占地面积1856.32平方米,建筑面积1500平方米。翰林祠门前为四柱三楼式木结构牌坊,以穿斗梁架与宗祠大门相连。祠门背后为戏台,面阔三间,为歇山顶柱木结构建筑。庭院、前厅、中厅、后厅、天井都保存完整。厅内存有清代碑刻六方。整个院落之前有半月形池塘。庭院用河卵石铺成。庭院两侧有观戏台,砖木结构,上下两层,下层两边的墙上有碑刻十方,主要记叙李氏宗祠和牌坊的历史沿革、修建时捐款人员的名单等。五进厅堂面阔三间,砖木结构,硬山顶,两侧封火墙。前厅梁架上面有雕刻精美的木雕,石础雕刻生动匀称,两边的墙上还留下壁画六幅。天井由青石条砌成，四周用条石砌成宽 0.4 米、深 0.2 米的排水沟。前四进厅堂之间以天井相间隔，天井两侧为廊道。第四进与第五进厅堂之间廊道相通，两侧为小天井，最后第五进厅堂是李氏后裔祭祀先祖之处。

久安背翰林祠整体保存完整，布局紧凑，空间丰富，建筑装饰具有典型的地方风格，是湘南乡土建筑的重要实例。2013 年被公布为第七批"全国重点文物保护单位"。

东安头翰林祠　东安头翰林祠位于宁远县湾井镇东安头村，是为纪念本村人李敷而建的。明景泰三年（1452 年），东安头村读书人李敷进士及第，荣登翰林。清乾隆元年（1736 年），村里为纪念本村的进士李敷，修建了这座具有湘南地方特色的公益性建筑。该祠占地 1200 平方米，建筑面积 782.2 平方米，是一处集崇祀先祖、纪念名人和公益活动于一身的民居建筑。清嘉庆十六年（1811 年）增建木牌坊，道光七年（1827 年）移牌坊于祠门外，光绪五年（1879 年）重建牌楼。民国九年（1920 年），当时担任国民军桂林某部司令的村人李子清返乡省亲时，见翰林祠房屋矮小，倡导重修，将该祠房屋建筑升高，形成现在的格局。

图 7-7　东安头翰林祠外景

东安头翰林祠由月台、牌坊、门厅、戏楼、厢房、天井、下厅、上厅、道厅组成，依次递进。祠后有后龙山，祠前有半月塘，水面宽约 8 亩。祠内现存清代、民国碑刻五方。祠东南 200 米处有石塔一座。全盛时期，门匾、堂匾、楹联遍布祠内外，它们与祠前的月台、池塘、文塔形成一个独具韵味的人文建筑景观，是江南地方民居的一大特色。

2019年，东安头翰林祠入选第八批"全国重点文物保护单位"名单。

云龙坊与王氏虚堂 位于宁远县湾井镇路亭村。云龙坊始建于明崇祯十二年（1639年），为彰表路亭村王性所建，清乾隆、光绪年间曾作整修，1962年、1994年作了局部修缮。坊为全木结构，四柱三楼木质牌坊，平面为八字形，面阔14.3米，进深3米，高14米。主楼为歇山顶，上覆小青瓦，檐下饰七层如意斗栱，有精美木雕花卉、人物、龙狮装饰，以牵枋与王氏虚堂大门相连接形成整体，现云龙坊的门上仍悬挂有六块路亭村各时期名人的牌匾。

王氏虚堂原为王氏宗祠，系明、清两朝祭祀舜帝陵官员用膳之地。明万历四十二年（1614年）观察史邓云宵奉旨祭陵时，见厅堂广阔，题为"王氏虚堂"（该匾"文革"时被毁损），后王氏宗祠移置堂后20米。堂由四进院落、三座厅堂组成，穿斗式木构建筑。堂内现存明、清云龙坊、王氏虚堂碑记四通，以及珍贵的清嘉庆"奉宪禁革碑"一通，上刻禁止祭舜官员征夫扰民的条文，是迄今发现较早的关于减轻农民负担的文字记载，具有较高的文物和史料价值。

图7-8 云龙牌坊与王氏虚堂前的家族盛宴

云龙坊与王氏虚堂的建造工艺精巧、装饰华丽，建筑保存完整，是湘南地方建筑工艺的突出代表，具有较高的科学和艺术价值。2013年被公布为第七批"全国重点文物保护单位"。

神下村李氏宗祠 位于宁远县冷水镇神下村。始建于清乾隆十八年（1753年），并于1835年、1907年、1947年多次重修和维修，整座宗祠保存完好。李氏宗祠的后裔一直保持着这种爱护优秀文化遗产的优良传统。

神下村李姓人为唐朝宗室忠武王五代孙李守真后人。宋时，李守真为躲避五代之乱，自河南章水谷平村迁居于此。后繁衍生息，行善布施、立规立德。李氏家族日益庞大，也于此兴修路桥、宗祠、寺庙、路亭牌坊等，每朝每代均有添建和修缮。

李氏宗祠现存建筑面积1250.4平方米。整个建筑保持清代风格并结合了西洋建筑特色，在南方宗祠中比较少见。宗祠坐南朝北，封火马头墙，由表门、戏楼、观戏坪、观戏台和上厅共同组成。表门建筑为后来加修的。戏台建筑采用砖木柱梁式结构，歇山飞檐。戏台的木柱及梁上有高镂空的双龙戏珠木雕及各种花、鸟、兽等物的精美木雕，石墩上有石雕。花、鸟、兽等装饰均雕刻精美、保存完整，有较高的艺术价值。

图 7-9 中西结合的神下村李氏宗祠

宗祠由上厅、下厅、门楼及两天井和厢房共同组成。观戏坪宽大敞亮。戏台和厢房的戏楼观摩台分别都由上下两层的木结构组成，上层外边有护栏，下层作廊道。墙壁上有碑刻，天井中铺卵石成环形状。

宗祠所在的古建筑群区域内水系发达，地下水丰富，仅在宗祠的东侧就有恒温泉水井两口，古建筑群内有恒温水井共十多口。井水汇聚，形成几处池塘。建筑包围着水系，水系贯穿着建筑群，颇有三步一井、五步一池之感。因地下水丰富，各水井均较浅。各个水井由地下水系相连，一年四季恒温而流动，水质温暖而新鲜。水井四周多有廊道包围，人们围着水井洗衣、打水，欢声笑语不断，即使是下雨天，人们依然可以在水井边的廊道里围着水井边洗衣服边聊天，一幅和合欢乐的景象，颇有世外桃源之祥和、快乐之感。

宗祠格局有单殿式、两殿式、三殿式，格局大小常依宗族大小、官位高低、财富多寡而定。清朝对于宗祠建制，有较严格的规定，几品官、几开间、几台阶，都有一定的规格限制。神下李氏宗祠的建筑特点、规制，体现了它的发展史和李氏家族的文化发展史，也体现了民国时期中西建筑艺术的结合特征，为我们研究南方宗祠提供了实物教材。宗祠上厅保存有清代至民国的镀金牌匾八块，至今完好无损，是宁远不可多得的珍贵历史文物。

神下李氏宗祠作为李家文化的载体，是宁远李姓先民近千年来生产、生活和习俗的真实记录，承载了厚重的历史文化，浓缩了人们对美好生活的追求，对研究社会学、历史学、民俗学、建筑学等具有重要的史料价值。

2011年，神下村李氏宗祠被公布为"湖南省省级文物保护单位"，2019年入选第八批"全国重点文物保护单位"名单。

三、物换星移情不移

中国以农立国，农耕文明对中国传统社会而言具有决定性的意义，而聚族而居的古村落，正是农耕文明最集中的体现。这里选择几个典型而又最具特色的"历史文化名村"和"中国传统村落"予以介绍。

（一）周家大院：地上北斗映山间

零陵区何仙观镇涧岩头村的周家大院，是一处古民居群落。2006年，周家大院被列为湖南省第八批重点文物保护单位。2007年被评为第三批"中国历史文化名村"，2012年被列入第一批"中国传统村落名录"。2013年，周家大院古建筑群被公布为第七批"全国重点文物保护单位"。

周家大院始建于明景泰年间（1450—1456年），定型于清光绪三十年（1904年）。宋代理学家周敦颐的后裔于明中期迁移至此繁衍生息，历26代近600年，故名"周家大院"。

周家大院古建筑群由六座庞大的民居宅院组成，均保存完好。其中，明代有三座，分别为迁徙始祖周佐创建的"老院子"、其子周希圣所建的"红门楼"、其孙周自稷（希圣长子）所建的"黑门楼"；清代有三座，分别为周尹东鼎建的"新院子"、周崇傅之子侄七人合建的"子岩府"、周正琪兄弟四人合建的"四大家院"。明、清六大宅院坐落于锯齿岭北麓，整体呈北斗星座形分布，环抱于青山秀水之间。总占地面积100余亩，建筑面积3.5万平方米，计有门楼六座，正、横屋180栋，大小房屋2000多间，廊亭（游亭）36座，巷道、走（回）廊43条。其规模庞大，气势宏阔，为国内罕见。

图 7-10　呈北斗七星状坐落于田畴中的周家大院

六座大院均为南北坐向。正、横屋排列有序，布局严谨，纵、横中轴对称均衡，体现了"向中呼应""中正""中和"的哲理意蕴和聚族而居的大家庭和睦相处的伦理观念。

建筑结构上，在传统继承的基础上又有独到创新。金字、马头山墙结构，穿斗式、抬梁式架构结合，天井、隔扇式屏门、雕花格窗、漏窗以及走（回）廊与巷道，空间组合玄妙。庞大的砖木古屋，造型质朴，结构牢固，空阔大气，通气明亮，交往自如，堪称农耕生活的理想乐园。建筑装饰艺术，博大精深，体现了"品类全、数量多、质地精、形态美、寓意深"的鲜明特点。

周家大院典型地体现了中国古代建筑的"风水"理念：大院三面环山，前景开阔。古建筑群时代跨度大，包括明、清、民国时期的建筑样式。大院的平面呈北斗形状分布，规模庞大，布局井然有序，层楼叠院，错落有致。从整体上看，六座院落有分有合，浑然一体，既各自独立成院，又相互和谐勾连，体现了设计者的匠心独运。

从大环境看，这里地处都庞岭北麓、零陵盆地南沿，潇、湘二水相汇，营造出无限诗意。站在村头，审视这个潇湘东部小盆地：只见子岩府（翰林府）、新院子、老院子、四大家院、红门楼、黑门楼（尚书府第）六座古宅，呈北斗七星状，坐落在平整的田畴中。东西南北延绵两公里，是一组规模庞大的古建筑群。

"左边青石挂板，右边双凤朝阳；门前二龙相会，屋后锯子朝天。"这是周氏第十代孙，有着二品顶戴，官至新疆喀什噶尔兵备道、署理镇迪道兼按察使的周崇傅，对这里地形地势的概括。四句话中，第一、二、四句是说这里三面环山，第三句是说一面临水。先说它的山。村东端雄踞有"鹰嘴岭"和"凤鸟岭"，嵯峨的山顶抚摩天空，千年的古木连接云霄，其飞舞升腾之状面向东升旭日，故有"丹凤朝阳"之称誉；村后岿然屹立的龙头山，又称"锯齿岭"，其伟岸巍巍，峰峦起伏，青翠层叠，宛若"锯齿朝天"。流经村北、村西的两条清流，一曰"贤水"，一曰"进水"。它们像两条玉带环绕古村，其汇合之势，形同"二龙相会"。山水相依，刚柔相济。无疑，这里是一块风水宝地。

图 7-11　周家大院古建筑群

有专家认为，周家大院的山水地理形势，很符合"天人合一"理念。它的东、西、南三面山峰巍然耸立，却又不是孤立独峙，而是连亘不断、起伏蜿蜒，自然延伸通向天际。群山中，竹茂林密，青峰翠黛，一派生机。进、贤二水源出鸣水岭，分别流经大闻洞和龙洞，汇集山泉，渐成碧波，在村北迂回曲折，然后蜿蜒向西注入潇湘，经洞庭，到长江，入大海。水，不仅为这里增加了秀美和灵动，而且让这里充满了生命的活力。

也是巧合，周佐自定居这里后，不仅家道更加殷实，而且家势一鸣惊人。三个儿子除了老二早夭外，另两个都有了功名，特别是老三周希圣中了进士，明朝天启四年（1624年），官至南京户部尚书。周家从此子孙繁盛，功名不绝，于是从"老院子"往外扩展，相继有了"尚书府第""翰林府"等。

重视风水，这在中国的城镇、乡村乃至于私家宅院的营建中均是如此，可以说是世界建筑史上最为突出的"中国特色"，但按照北斗星的形式布局，则是极为罕见的，这又是周家大院在人居环境上的突出特色。当然，周家的子孙繁茂、功名不绝，从根本上说不是因为"风水"，而是因为良好的家教家风。今天的周家大院，已经成为家教家风培育基地，游客如果有心，就不难体察到。

周家大院凝聚了周氏一族二十六代子孙集体的智慧和心血，跨过了五百多年的时空岁月，沉淀了明清以来农耕社会丰富而厚重的历史文化，见证了我国这一历史时期社会政治、经济、文化的发展状貌，展现了中国古建发展过程和丰采，也反映了周氏一族继承、弘扬中华传统文化、开拓创新的人文精神，具有很高的历史、科学、艺术价值和旅游价值。

（二）李家大院：湘南院落称典范

龙溪李家大院位于祁阳市潘市镇的龙溪村。始建于明弘治十一年（1498年），止于清咸丰二年（1852年）。为迁移始祖李文敬及其后代子孙共十三代人所建。因地处龙溪，而聚居于大院里的世代居民为李氏后裔，为李姓血缘宗族村，故名"龙溪李家大院"。

村院依山临水，选址独特，环境优美，风景宜人。其建筑规模庞大，气势恢宏，由上院、下院、新屋院、品字书屋、李氏宗祠等组成。计有正屋3座、横屋36栋、房间360间、大厅38个、过亭17座，另有花厅1栋、仓廪3栋。现存古建筑面积达11 098平方米，占地面积2.24万平方米。

整体院落，平面布局严谨，中轴线上的上、下两院，依山就势，形成两级分布，正屋坐西朝东，南北有序排列横屋，各有过亭、走廊、券门、巷道相通。结构严谨，层楼叠院，错落有致。所有建筑，均为砖木结构。青石为基，青砖墁地，硬山墙和马头山墙，飞檐翼角，造型雄伟美观。装饰艺术精美，文化蕴含丰富。其中，李氏宗祠是中国古代家庙的代表作，浓缩了我国宗族制度的历史现象。

图7-12　李家大院夏景

龙溪李家大院历史悠久，保存完好，选址合理，布局严谨而富于变化；以祠堂为主导，民居群落纵横轴线清晰，主次分明。李家大院是血缘宗族聚居村落的典型，是研究清末宗法制度、祠堂建筑和民俗风情的重要实物。李家大院集建筑艺术、民俗文化、耕读文化和明清乡村风貌之大成，是保存了中国传统的农耕社会各种文明元素的重要物质遗存，是解读和诠释我国传统乡村文化现象的活化石、活标本，具有很高的历史、科学、艺术价值和观赏与开发利用价值。

2011年，龙溪村被评为"中国历史文化名村"；2012年，龙溪村又被列入第一批"中国传统村落名录"；2013年，龙溪李家大院被公布为第七批"全国重点文物保护单位"。

（三）何家大院：瑶汉结合古庄园

宝镜村何家大院地处江华瑶族自治县大圩镇的中部，因其"村前有田峒，有一井塘水清如镜，可食饮，又能灌田，故名宝镜"。2016年，宝镜村被列入第四批"中国传统村落名录"；2019年，宝镜村古建筑群何家大院被公布为第八批"全国重点文物保护单位"。

湘桂边境百里瑶山中最大的古建筑群——何家大院古民居占地80亩，由九井十八厅组成，共108间房，当地人俗称"三堂九井十八厅，走马吊楼日晒西"。古村始建于清初。清顺治七年（1650年），名士何应棋从道县沿秦汉时期开拓的潇贺古道溯水而上，走到这里见青山绿水环绕，松林古藤茂盛，是块风水宝地，便在此建宅定居，繁衍子孙。何氏家族在这里生息繁衍已历18代300多年。据《何氏族谱》记载，有清一代，村里出了进士、翰林待诏、卫千总、巡检、知县、典史等34名。村前稻田中挺立的宝塔为惜字塔，村前大路旁有"文武官员至此下马"的下马石碑，堂屋里悬挂的"积德延龄""厚德载福""望重古稀"等古牌匾，可以感受到昔日的荣耀与显赫。

古村庄园式建筑群是湘桂边界远近闻名的"宝镜老屋"。当地民谣云："宝镜村的屋，四蓝山的谷，上莫村的水，马鞍村的嘴。"说的就是岭东几个最有名的村寨的特点。整个宝镜何家大院建筑群布局坐东朝西，建筑风格类似于江南民居，由北往南依次由围姊地、大新屋、下新屋、老堂屋、新屋五个部分组成。所有建筑耗时近二十年，其中新屋的建设就耗时九年。

走进宝镜老屋，房屋座座相通，房房相连，108间房屋浑然一体，晴不晒日，雨不打伞，空气通畅，冬暖夏凉。大院重楼叠室，青石铺地，整齐庄重；木雕门窗，彩绘壁画，随处可见，为典型的清代江南建筑格局。走在迷宫般的"宝镜老屋"里，那庭院深深、九井十八厅的三进大堂屋；天井内寓意升官发财、连升三级的九个银锭状石阶墩；

随处可见形象惟妙惟肖、内容富贵吉祥,具备圆雕、浮雕及镂空多种手法的木雕和石雕;村后临山处四层高的炮楼和了望台——"明远楼"……处处可见江华瑶山民间建筑艺术的精致与机巧。

老屋建在瑶山,因势而为,充分汲取了瑶族人民的智慧。老屋内吊脚楼风格的民居,村口近百米长的两层楼房,下面九间马厩、上面十八间长工房的建筑结构,都体现出明显的瑶族建筑特色。瑶汉建筑艺术取长补短,在这里得到完美结合。

图 7-13　宝镜村何家大院远景

宝镜村还有"宝镜八景":村后,有螺岫浮岗、响泉逸韵;村口,有珠塘漾碧、曲水回澜;村旁,有松林淡月、槐社夕阳;村前,有宝塔涵青、虹桥锁翠……小小一个村落,得此"八景"渲染,更如人间仙境,实在难得。尤其是秋冬来访,古松参天,红枫似火,村庄如诗,田野如画,让人流连忘返。古村落地处潇贺古道的必经之地,瑶汉文化的交汇点,其历史悠远、绚丽多姿的地域民俗特色,更让远方的客人大开眼界,乐不思归。

走马吊楼　吊楼在宝镜村何家大院的建筑群中鹤立鸡群,其造型有如军舰,在周围苍翠群山的簇拥下,看上去有如航行在翻滚的绿浪中。吊楼下那丘禾苗茂密的水田,当年是崇水一个回水湾,湾水澄澈,平静如镜。360多年前,道县人何应棋从老家赶着一群鸭子沿沱江而上,来到"宝镜"之前,为这里的好风水而心动,在这里停下、定居,遂有了宝镜村。何家后代何家智在京中了进士、头戴官帽,衣锦还乡。经武汉,渡长江,夜晚见江里轮船如楼、灯火通明,觉得十分好看。回到宝镜后,便建造了这幢船形吊楼,还在八字门楼前筑了一个半圆形石板台阶,也就是上下"轮船"的码头和上马石。走马吊楼房长 80 米，深 10 米，上下两层。楼上住长工，楼下养骏马。到了夜晚，走马吊楼上层挂着红灯笼，灯光射照青山、房屋，倒映在"宝镜"里，展现出一幅梦幻般的画卷。

八字门楼 进入宝镜古建筑群，首先要经过一个八字门楼。在明代，建八字门楼必须具备三个条件之一：要么官至三品以上，要么功勋卓著，要么皇帝恩准。清朝虽没有明确规定，但一般人也不敢突破传统。何家有人中了进士，做了朝廷要员，于是大兴土木，逐渐形成"三堂九井十八厅，走马吊楼日晒西"的庄园式格局。八字门楼为总入口。八字门前那块"马到止"条石，上书"文武官员至此下马"，也见证了门楼主人昔日的辉煌和尊荣。

（四）上甘棠村：千年聚居情不移

聚族而居最为典型的古村落当是位于江永县夏层铺镇的千年古村——上甘棠。唐大和二年（828 年），开村始祖周如锡、周如鍉兄弟，受朝廷派遣从山东来湖南平叛。平叛结束后，扎根湖南，聚族而居于此，开枝散叶，成为当地名门望族。上甘棠是湖南省迄今为止发现的年代最为久远的古村落。在漫长的岁月里，周氏一族载于族谱的七品以上的官员有 101 位。儒学为宗，耕读传家，上甘棠绵延的文脉和周氏严谨的家风，使这一大族在僻远的湘南小镇长盛不衰。而这一族人经年累月苦心经营的村落代代相承、纵横有序，成为真正的"千年古村"。

图 7-14　上甘棠村与步瀛桥

走近这个古村，远远就能看到，横亘于村落后背的一线山岭，葱茏青翠，名为"翠屏山脉"。左侧一座石山叫昂山，右边的山头叫栖凤山。村落面前的潺潺流水，即是谢沐河。按照堪舆学的说法，正是"左青龙、右白虎，后有靠山、前绕玉带"的风水宝地。尚未进村，就能感受到悠久岁月在这里积淀的深厚底蕴。村口溪桥边就矗立着一座古阁——文昌阁。此阁始建于明万历四十八年（1620年），为全木结构，屋面为青瓦歇山顶，童柱所骑驼峰均采用莲花瓣座，共三层，高20余米、宽9米，飞檐斗角，颇为壮观，具有明显的明代建筑特征。曾经，阁楼的左侧有前芳寺，右侧有龙凤庵，还有云归观、戏台、围墙等建筑物，是古村综合性的公共文化场所。

横跨谢沐河的石桥，叫作步瀛桥，始建于宋靖康元年（1126年）。现残存长30米、宽4.5米、每拱跨度9.5米、拱净高5米。全桥三拱，采用半圆形薄拱，造型小巧别致，是湖南最古老的石拱桥。"海客谈瀛洲，烟涛微茫信难求"，李白难以"求"见的地方，上甘棠人"步"过此桥便能到达，真佩服他们的气魄，也彰显了周氏族人对自己美好家园的高度认同与自豪。

上甘棠古村落的建筑形制颇有特色。沿着谢沐河平行铺设村落的主干道，为村前通途。与主干道垂直，由河岸往后山方向延伸，共有九条次干道，为村落内部通道。上甘棠村周氏十族，就分别于次干道两旁布置住房，一族一个街区，既相对独立，又结合成整体。在主、次干道交叉处，建有各族系的门楼。自北往南依次建有九座门楼，故有"九家门楼十家厅"之称。现今保存下来的，还有一单门楼、四单门楼、五单门楼、九单门楼四座门楼，其他的门楼已不复存在。其中，四单和五单门楼是明代建筑，一单和九单门楼是清代建筑。或许是空间的节约利用，次干道相对逼窄，最窄的一条只能容一人通过，因此被称作"挤女巷"。但通向全村各个角落的道路都是用青石铺成的，巷道旁的水沟也是用青石铺成的，村内基本上没泥土路。不管是晴是雨，都可以脚不沾泥地穿行整个村落。

再看上甘棠房屋的造型，颇有湘南建筑风格。皆是楼房，排列严谨有序，屋顶马头墙千姿百态，争奇斗艳；房屋内部格局大都一样，两厢房一天井、四居房一正屋和楼房走廊。住屋的天井样式各不相同，特别是各户的栏杆、窗花更是造型各异、花样百出，雕刻奇花瑞兽，寓意福禄寿喜。严谨中求变化，趋同中求差异，庄重威严又活泼生动，反映出古代民间匠人高超的技艺和艺术水平。

上甘棠的最佳人文景观是月陂亭。这是村边古驿道上的一处天然石亭，由于地形奇特，依山傍水，与隔河的寺、楼、阁、台相映成景。石亭不仅是过往行人的最佳休息之处，也是村里的乡土文人吟诗作赋的好地方。日积月累，最终成为一方镌录名言、记述要事的档案库。现存摩崖碑刻27块，其中唐代碑刻1块、宋代碑刻5块、元明清碑刻20块，无字碑1块。"月陂亭"三字，镌于光绪三十二年（1906年）。《先贤嘉言事亲》

碑，光绪三十年录，旨在劝人为善、劝人为孝，其诗云："出身恩重岂能忘，禽有慈乌兽有羊，为子若还忘孝养，纵后人类是豺狼。"《颂彭公平瑶功德歌》撰于明洪武三年（1370年），其碑文为研究瑶族起义斗争史提供了不可多得的原始资料。《修建步瀛桥碑记》记录了修建这座古桥的时间和捐款人名，是关于这座石桥的真实史料。最为遒劲壮观、引人注目的是"忠孝廉节"四字，每字横1.3米、高1.8米，为南宋名臣文天祥手迹，乾隆二十八年（1763年）永明县正堂黄平、王士俊摹刻于此。还有一块碑，刻着"甘棠八景诗"："独石时耕景色明，甘棠晓读旧书声；山亭隐士敲棋局，清涧渔翁坐钓亭；西岭晴云浓复淡，昂山毓秀翠还清；龟山夕照纱笼晚，芳寺钟声对鹤鸣。"一句一景，清新淡雅。从这些景点所描述的意境中，我们不难体会到上甘棠人对这方山水的热爱和情意，从而诗意地栖居于自己的家园——这是尤为值得现代人追忆的生活。

聚族而居本是中国的传统，但上甘棠村周氏族人在此延续四十多代、一千多年，一直保持村名不变、聚族形式不变，这在全省乃至全国实属罕见。这是中国乡村生活的范本，也是中华民族、中国文化具有顽强生命力的一个佐证。2006年，上甘棠村古建筑群被公布为"全国重点文物保护单位"；2007年，上甘棠村被评为"中国历史文化名村"；2012年，被列入"中国传统村落名录"。

第三篇 文化体验

第八章 寻根祭祖之旅

舜帝的德行品格为民立极，世人为之高山仰止，景行行止。舜帝被后人所敬仰，为万民所歌颂。由于舜帝对中华文明所做出的独特贡献，他在国人心目中的地位是至高无上的，对他的祭祀也是万世不衰。历朝历代对舜帝的祭祀，既表明了国人对一代神圣祖先的怀念和敬仰，也是对尧天舜日之大同世界的向往。宁远九嶷山是舜帝崩葬之地，藏精之所，因此也就成为历朝历代祭祀朝拜舜帝的圣地。

一、"千古第一帝陵"

关于舜帝陵所在地，西汉太史公司马迁经过大量史籍考证和"窥九疑"的实地考察之后，在《史记·五帝本纪》中下结论说："（舜）南巡狩，崩于苍梧之野，葬于江南九疑，是为零陵。"在"三皇五帝"的陵寝中，这是最早见诸史书记载的。《汉书·王莽传》载：始建国元年（公元9年），王莽"遣骑都尉（隗）嚣等分治黄帝园于上都桥畤，虞帝于零陵九疑"。这是最早见诸史书记载的关于黄帝陵的记载，比司马迁晚了一个世纪。《史记》和《汉书》中提到的"零陵"即舜帝陵，也叫"永陵"，后来作为行政区域之名使用。秦时设零陵县，汉时有零陵郡，隋时设永州总管府，唐、宋为永州，明、清为永州府。1949年以后，开始是零陵专区，后改为零陵地区，1995年再改为永州市，原零陵县改为零陵区。而舜陵就在永州市宁远县九嶷山。

（一）诸多典籍记载舜帝崩葬九嶷

舜葬九嶷的记载，不仅见于《史记》，先秦、两汉以及后来历朝历代的其他典籍，也多有记载。先于司马迁的有：《礼记·檀弓》中有"舜葬九疑苍梧之野"的记载；《山海经·海内经》则说"南方苍梧之丘，苍梧之渊，其中有九嶷山，舜之所葬，在长沙零陵界中"。后于司马迁的就更多了：刘向、班固、王充、皇甫谧、郭璞、郦道元，都以舜帝死葬苍梧为是。此外还有：《海内南经》《海内东经》《汉书》《说文解字》《皇览》《湘中记》《帝王世纪》《荆州记》《述异记》《水经注》《神境记》《括地志》《元和郡县志》《太平寰宇记》《云笈七签》《古史》《通志》《舆地纪胜》《徐霞客游记》《渊鉴类函》

《古书图书集成》《湖广通志》《湖南通志》《永州府志》等，均有舜葬九嶷的载述。

图 8-1　九嶷山舜帝陵园司马迁《史记》相关石刻

（二）考古发现为舜葬九嶷提供了有力证据

国学大师王国维曾说，"中国书本上之学问，有赖于地底之发现"，从而提出了"取地下实物与纸上之遗文互相释证"的"二重证据法"。关于舜帝陵墓的所在地，也有地下考古的"二重证据"。

1972 年，湖南长沙马王堆西汉墓发掘过程中，在三号古墓出土了三幅帛书地图，分别被命名为《长沙国南部地形图》《长沙国南部城邑图》《长沙国南部驻军图》。其中，《长沙国南部地形图》所绘区域正是包括宁远县在内的永州南部六县。图中绘有 30 多条河流，其中九条河流标有名称。作为湘楚大地母亲河之一的潇水，被又黑又粗的线条标识得非常醒目。制图者用漩涡线标示峰峦起伏的九嶷山，有如当今地图中的等高线。在九嶷山中心地区绘有一建筑，由九条柱状物构成，柱状物中间有五个高度不等的"A"形尖顶。建筑物旁边标有篆书"帝舜"二字。研究者根据《水经湘水注》中九嶷山"南山有舜庙，前有石碑，文字缺落，不可复识"的记载，认为"这座建筑物当即舜庙，九条柱状物当系舜庙前的九块石碑""将著名建筑物夸大地绘记在地图上，这是古今地图惯用的手法，不足为怪"。学者们结合史书上关于舜庙"立于玉琯岩前百步"的记载，还进一步推定"帝舜"所注明的，应该就是玉琯岩舜帝庙。据考证，马王堆汉墓墓主轪侯利苍葬于公元前 186 年，这幅地图制作时间约在公元前 186 年，比司马迁考察九嶷山要早近一个世纪。这就说明，早在司马迁之前，玉琯岩的舜帝庙就是非常著名的建筑了。

当然，更为重要的是，玉琯岩古舜帝陵庙遗址的发现。该遗址位于宁远县城东南30余公里处，地属宁远县九嶷山瑶族乡九嶷洞村。九嶷山群峰在距离现舜庙以及九嶷山著名景观紫霞岩不远的地方围出一个小盆地，盆地中隆起一座盆景似的秀美小山，高不过50米，横直不过100米，这便是玉琯岩。这里的考古挖掘与研究，对于人们深入了解舜帝南巡并崩葬九嶷的历史事件，了解五帝时代，了解千百年来炎黄子孙对舜帝的景仰与崇拜具有重要意义。2006年，这里被确定为全国重点文物保护单位，此后这里还建成了古舜帝庙遗址博物馆和古舜帝庙遗址公园。

1. 历史久远的舜帝庙

图 8-2　九嶷山舜帝陵园毛泽东《七律·答友人》石刻

基于舜帝崇高品德与不朽功勋，人们很早就在其归葬之地九嶷山建庙祭祀。2003年9月至2004年3月，湖南省考古研究所在九嶷山隔江村山门脚发掘出夏代的祭祀坑，出土了象征权杖的石钺、石镞、石斧等众多文物，证实远在夏代，九嶷山就有了祭舜活动。"山门"的古义即陵墓之门。山门脚的"山门"理应就是九嶷山舜帝陵之门。因为九嶷山九峰相似，望而疑之，身揣王命的祭官远道而来却无法找到陵寝的具体位置，便只好于山门设祭。唐代思想家、文学家元结在向朝廷奏报的《舜庙状》中说："谨按地图，舜陵在九疑之山，舜庙在大阳之溪。舜陵古老已失，大阳溪今不知何处。秦汉以来，置庙山中，年代浸远，祠宇不存。"这说明舜帝庙建庙是很早的，而且早在唐代其原初位置就已经很难找到了。或许正因为如此，清《古陵墓志》一书才作出"此陵最古"的断语。清人吴绳祖在《九疑山志》中进一步指出了舜帝庙的变迁情况，他说："舜庙在大阳溪白鹤观前，盖三代时祀于此，土人呼为大庙，土坛犹存。秦时迁于九疑山中，立于玉琯岩前百步。洪武四年，翰林院编修雷燧奉旨祭祀，迁于舜源峰下。"吴绳祖不仅确认了最早的舜帝庙修建在大阳溪，发现了其遗址，而且还描绘了陵庙遗址从大阳溪到玉琯岩再到舜源峰的历史变化。值得一提的是，现今人们所看到的舜帝陵庙，即在舜源峰下，是20世纪90年代重修的。

2. 古舜帝庙考古发掘情况

玉琯岩正南、东南与西南三个方向不远处分别是汉唐坪、祭户村和社山。这三个特殊的地名蕴含着丰厚的历史文化内涵。古舜庙遗址地处汉唐坪。2001年时，这里还是一片普通的高粱地。20世纪90年代，当地富裕起来的村民开始在汉唐坪兴建房屋，他们将从地下挖掘出来的砖瓦用于自己的房屋建设，引起了文物工作者的注意。文物工作者便组织考古工作调查。2000年12月，文物工作者在玉琯岩西南至汉唐坪一带发现有文化遗存，经专家确认，年代不晚于汉。后来，文物工作者还分别于2002年3月至5月、2003年12月至2004年1月、2004年3月组织了三次考古发掘活动，最终确认这一文化遗存为秦汉至宋元时期的一座舜帝庙。

玉琯岩舜庙遗址总占地面积3.2万余平方米，建筑规模极其宏大。从挖掘情况看，保存相对完整者属于中晚唐建筑，而其基址乃至主体在宋时仍被延续使用，最晚建筑遗存为南宋时期，说明南宋以后该庙已被废弃。宋时的建筑坐北朝南，基址呈"吕"字状，为中轴线式布局，南北建筑分布区直线距离超过150米。建筑群依次为寝殿、正殿、六宗殿、配享殿、厢房，建筑结构均为梁柱式。建筑设计完全遵循该类古代建筑主次分明、对称均衡的规则，气魄宏大，布局严谨。正殿和两边厢房为九开间五进式，符合古代帝陵"九五至尊"的规制。正殿建筑残长36.8米、宽23.8米，面积约876平方米，面阔七间，进深四间；殿内分布40个边长200~220厘米的大型柱坑，殿周均设砖铺散水。寝殿（后殿）位于建筑群北端，长24.8米、宽16.8米，面积416平方米，面阔五间，进深三间；殿内均衡分布着24个边长160~180厘米的大型柱坑，殿门左右有砖铺散水。正殿与寝殿之间有廊道相连。寝殿、正殿两侧对称分布着昭穆殿。比邻寝殿者较大，建筑面积166平方米；正殿两翼的较小，仅76平方米。与昭穆殿的规格对应，配享殿也被区分为大小2种，大者78平方米，小者约56平方米。配享殿之间为厢房夹室，单元厢房内有27柱，面积554平方米。亭榭在厢房两侧，多属南宋时扩建，面积约4平方米。专家推测正殿南面还存在着一座前殿，以及与之配套的昭穆殿和配享殿。

该建筑群除始祖殿之外,应该包含了三昭三穆共6座宗主殿,合乎秦汉以来宗庙建筑一祖六宗的"七庙"之制。

自秦汉至宋元,玉琯岩舜帝庙延续时间在1600年以上,遗址文化堆积丰厚,各个时期的建筑材料与陶瓷器皿种类多,工艺精,规格高。不同质地、火候、颜色与类别的瓦当、筒瓦、板瓦,为我们研究唐宋前后建筑材料的发展演变提供了较为系统的依据。部分装饰性构件,如鸱尾、螭吻、龙头等则反映了宗教观念在建筑艺术上的影响。建筑构件上的铭文含有时间、事件、地名、人物等信息,如"歙州斋匠人吴皿""开宝……""作头永清"等。祭器及其铭文则显露出大庙祭祀活动的规格等级与内容变化:带有"太"字铭文的,表明是为宫廷专用;带有"如鱼"铭文的则表明作为鱼类的替代物进行祭祀;带有"舜"字头铭文的,则表示祭祀的对象为舜。值得注意的是,在遗址的整个考古挖掘过程中,文物工作者一直没有发现严格意义上的生活垃圾堆积。规模如此宏大,建设如此讲究的一个建筑群,长期无人居住,在历史上只存在一种可能性,那就是帝王的宗庙。

(三)关于舜帝的陵寝之谜

关于舜帝的归葬之所,历史文献上有不同的记载,学术界也一直有不同的观点。归纳起来,大致有苍梧说、鸣条说、九嶷说、岳山说、昆仑东北说、南巳之市说、纪市说七种说法。其中,影响最大、赞同者最多的为九嶷说。但尽管如此,学术界对于舜葬于九嶷山还是一直存在质疑之声。原因之一在于:舜陵不知在九嶷山中何处。《山海经》记载说:"舜葬于山阳,但山壤辽阔,陵寝所在,莫能指实。"有说在三分石深处,有说在舜源峰下,有说在女英峰脚等,众说纷纭,莫衷一是。大诗人李白曾感慨道"重瞳孤坟竟何是"!事实上,按照远古风俗,葬仪是很简单的,每个人死后都是随地安葬,"墓而不坟""不封不树"。后人找不到舜帝之墓当在情理之中。而随着玉琯岩古舜帝庙的发现与发掘,舜归葬九嶷山这一历史事实也必将为越来越多的研究者所认同。

玉琯岩舜庙遗址的发现,是我国历史上五帝祠庙考古上的首次发现,它见证了我国尊崇民族始祖、追求国家统一与民族团结的悠久历史,是对中华民族传统文化的一大贡献,对于研究我国历代宗庙制度、祭祀活动与建筑规制,研究舜文化的发展与演变提供了非常直观的考古学资料,具有非常重要的价值。中国社会科学院历史研究所原所长、"夏商周断代工程"首席科学家李学勤认为,"古舜帝庙是我国目前发现的始建年代最早的五帝陵庙,也是我国唯一有文献可考的舜帝庙"。

图 8-3 江泽民同志题词石刻

二、舜帝陵庙的变迁

（一）夏至秦：大阳溪古舜帝陵庙

舜帝祭祀大庙始建于夏代。《宁远县志》载："舜陵在九疑山中，舜庙在大阳溪，盖三代时祀于此，其遗址在白鹤观前，土人呼为大庙。""大阳溪"指的是潇水流经今宁远县天堂镇大阳洞村一带的河流。"白鹤观"即现在的白鹤亮翅，该地位于今大阳洞村北望岗寨。望岗寨又名望岗石，相传是舜帝二妃站过的地方，因此又叫望帝台。1993年在大阳洞村旁牛头山，人们取土制砖，挖出了双孔石制钺。石钺长 10 厘米、宽 5 厘米、厚 0.5 厘米，为柔石制成。显然不是实用器物，而是祭祀用器。这就进一步证实了远在新石器时代，大阳洞一带就有古人祭祀的活动。

舜庙所在大阳之溪，地势较高，常年溪流不断，绿树环绕，鸟语花香，以至为春秋时期的楚灵王所向往。为了在列国面前展示楚国的实力，楚灵王在自己的都城江陵，仿照舜陵庙建造章华台。对此，《左传》《国语》等典籍均有所记载。《左传·昭公七年》载："楚子成章华之台，愿与诸侯落之。"杜预注："台在今华容城内。"《水经·沔水注》：

"台高十丈，基广五十丈。"由此可见章华台规模之大。

（二）秦至元：玉琯岩古舜帝陵庙

秦朝时，舜帝陵庙迁建到玉琯岩前。此迁建，历代文献均有记载。唐代道州刺史元结曾奏报朝廷："谨按地图，舜陵在九疑之山，舜庙在大阳溪。舜陵古老已失，大阳溪今不知何处。秦汉以来，置庙山中，年代浸远，祠宇不存。"《湖南风物志》载："舜庙，相传秦汉前建在大阳溪，秦汉时移到玉琯岩前，至唐，庙宇已圮毁。元结任道州刺史时，为了便于祭祀，在道州城内另建了一座舜庙。唐僖宗时，又将庙迁回玉琯岩下，并有敕建舜庙碑文。"清代吴绳祖所修《九疑山志》云："舜庙在大阳溪的白鹤观前……秦时迁于九疑山中，立于玉琯岩前百步。"

图 8-4　舜帝陵之秋

秦至西汉，九嶷山舜庙，在当时已是规模最大的祭祀庙宇。这一点，从长沙马王堆出土的西汉地图可以看出来。玉琯岩遗址现仅挖掘七分之一，目前所揭露的汉代建筑基址仅 175 平方米，秦汉舜庙规模到底有多大，还有待遗址继续发掘。

东汉时，光武帝建武元年（公元 25 年）恢复了零陵郡、泠道县、营道县的名称。从玉琯岩舜帝陵庙遗址考古分析，东汉时期，舜帝陵庙进行了三次大的维修，经历了三个建筑阶段，从而使舜帝陵庙保持了良好的状态。

魏晋南北朝时期，玉琯岩舜帝陵庙依然存在。东晋罗含（292—372 年）《湘中记》载："衡山、九疑皆有舜庙。太守至官，常遣户曹致祭修祀。"

隋朝战争频繁，当权者无暇顾及舜帝陵。舜帝陵庙未能及时整修，逐年破败。唐代宗广德元年（763年），元结任道州刺史。面对九嶷山舜帝陵庙破败，他具《舜庙状》向朝廷请求，在道州城西的山下立庙祭祀舜帝。唐僖宗乾符年间（874—879年），长沙人胡曾代延唐令，请求朝廷同意，将舜庙复立玉琯岩前。

北宋王朝建立后，加强了对上古帝王陵庙的保护与管理。《宁远县志》载："宋建隆初，刺史王继勋奉诏重修，兼知制诰张澹奉敕撰碑。"由此可知，宋太祖建国之初（建隆年间960—963年）即下诏，命令当时的道州刺史、检校太保王继勋重修九嶷山舜帝陵庙。知制诰张澹奉敕撰碑文。宋代建隆年间九嶷山舜帝陵庙重修是在唐代的基础上扩大重修的。

（三）明以后：舜源峰舜帝陵庙

明王朝建立后，朱元璋认为，开国之初，必报人文始祖改朝易代，必敬上古先帝。朱元璋广聚学者在全国考证舜帝陵，确认舜帝陵在九嶷山后，派专人前往九嶷山，走访查看舜帝陵，绘制九嶷地形图，为重修舜帝陵庙作准备。朱元璋的特使不仅绘制了舜帝陵庙图，还将整个九嶷山地形绘制出来，带回南京。最后决定，将舜陵庙迁建至舜源峰北面山麓。明太祖特意安排白金25两，修建祀庙，并委派都城永乐观有威望的风水道士，到九嶷山确定舜庙位置。明洪武年间，在舜源峰下所修的舜帝陵庙，坐南朝北，规模较汉代小，占地2.1万平方米，有献殿、正殿、寝殿。正德十六年（1521年），永州推官王端之重修舜庙正殿，增设香亭三间、仪门三间、左右斋廊各三间。

清王朝建立后，统治者为维护统治，聘请前朝儒学博士入宫教学，起用汉人参与政治。而祭拜上古五帝是清王朝认同汉儒文化的具体表现。从顺治八年（1651年）开始，皇帝亲政、平定三藩、平漠北等朝廷大事，都派官员来九嶷山祭舜。每当皇帝直接派官员祭舜时，舜帝陵庙都有一次大的整修。有时，朝廷还拨专款予以扩建。清康熙四十五年（1706年），九嶷山舜帝陵进行过一次维修。雍正二年（1724年），九嶷山舜帝陵再次进行修葺。清乾隆年间，又多次对舜帝陵庙进行修葺扩建。嘉庆年间，又对舜帝陵志进行修葺。

清末民初，战乱不断，各级官员，无暇顾及舜帝陵庙，因而舜庙年久失修，逐年荒废。民国时期被人纵火焚庙，后楹悉为灰烬，寝殿、碑亭相继坍塌。1962年，一乞丐烧火取暖，失火烧毁拜殿。1974年，农业学大寨运动，围墙及西厢房被拆毁修猪场。整个庙宇荒废，满目凄然。"文化大革命"中，石料石碑被随意搬走，用于塞坝砌墙。到20世纪80年代，舜帝陵庙内所存无几，破烂不堪。

(四) 20世纪90年代：重建舜帝陵庙

1992年，宁远县根据省、地以及县委、县政府关于开发九嶷、抢修文物、旅游兴县、经贸强县的指导思想和国家文物局抢救文物的原则，报请省文物局和国家文物局同意，对舜帝陵庙进行全面抢救维修。按照省文物局抢修设计施工方案，通过九年努力，搬迁了占用并影响舜帝陵庙建筑的九嶷山学院、九嶷中学、九嶷山小学、九嶷山瑶族乡政府和乡卫生院，搬迁了九嶷山村42户民宅，修建了民族商业街。为恢复原貌，先后扩宽征地90多亩，整个舜帝陵庙所管辖面积扩大到81 207.4平方米。其中宫墙内3万余平方米，宫墙外5万余平方米。修复后的舜帝陵庙沿中轴线从里往外有寝殿、正殿、拜殿、午门、山门、神道、金水桥和左右厢房、湘妃池、围坪、厕所等。整个建筑沿用明清风格，木架结构，红墙黄瓦，飞檐斗拱，金碧辉煌。在用材上，创下了国内当年建筑上石柱、木柱口径大，通体高，用量多的纪录。从金水桥至寝殿，所有甬道均用麻石铺设。1998年12月19日，舜帝陵庙各项建筑工程全面竣工。

图 8-5　20世纪90年代修复的舜帝陵庙

陵园大门　进大门迎面有九根图腾柱，龙凤盘旋、造型各异、形态逼真，为典型的中国传统手法所雕刻。图腾石柱高高耸立在陵园大门广场，突显出深刻的含义。9.5米的高度，寓意九五之尊。舜帝陵前九根石柱的记载，最早见于长沙马王堆汉墓出土的2100多年前的帛书地图。从民族学的角度看，这九根柱是象征中华民族统一的图腾柱，体现了中华民族逐步统一的过程。从建筑学的角度看，这九根柱是华表柱。华表上古名"谤木"，相传尧、舜为了听取民众意见，在交通要道和朝堂上竖立木柱，以横木交柱头，让人在上面题写意见，主动接受监督，这就是我国最早的廉政文化建设。后来演变成了华表，"谤木"作用早已消失，上面不再刻以谏言，而为象征皇权的云龙纹所代替，成为皇家建筑和墓地的一种特殊标志。从风水学角度看，这九根柱又是风水柱，起到调节风水的作用。大门的北边为图书雕塑，书中内容摘自司马迁《史记·五帝本纪》中的一段记载："（舜）南巡狩，崩于苍梧之野，葬于江南九嶷，是为零陵。"陵园大门南边为山石造型，暗藏门房。进陵园大门，大道中心建毛泽东诗词碑。碑石上镌刻毛泽东手书的诗词《七律·答友人》："九嶷山上白云飞……芙蓉国里尽朝晖。"

图 8-6　陵园大门图腾柱广场

明德牌坊　这是舜帝陵中轴线上的第一座石牌坊，也可称为仪门。为三门四柱冲天式石牌坊，高 10.95 米、阔 18 米。北面中坊上书"舜帝陵"三字。此三字从陵碑上拓来，为汉隶蔡邕体。中门对联："桥山翠柏植轩圣，九疑苍松祠舜皇。"此联为西安交通大学钟明善教授所写。边门楹联："千古江山留圣迹，万代黎庶仰南巡。"南面中坊上书"天下明德"。"明德"出自儒家经典《大学》开首句"大学之道，在明明德"。仪门因有"天下明德"四字，又称明德牌坊。

图 8-7　仪门——明德牌坊

山门 山门是单檐歇山式建筑，砖木结构。大门平面面阔五间，总宽 19 米，高 10.68 米；中间三间设门，前门朝外为板门，后门朝内为隔扇门，总进深为 12 米，前后设有檐廊。前门正中有"舜帝陵"匾额。山门两侧卷棚顶廊道各长 50 米，连接两侧角楼。廊道宽 4.2 米，用墙分为内外两侧。沿廊柱以凳板连接，可供游人休息。山门外是矩形外边加半圆形的大台阶，为祭祀台，可用来表演上千人的大型祭祀舞。从广场上四级台阶到祭祀台，从祭祀台上五级台阶即登山门。出山门下五级台阶到湘妃池。进山门共上九级台阶，出山门下五级台阶，暗含"九五之尊"，再加上"五间四进"歇山顶高规格的山门建筑，红墙黄瓦，琉璃覆盖，釉色斑驳，廊柱林立，显示出帝王庙宇的皇家气派。

午门 舜庙午门为宫门式三门城楼，城楼面宽 20 米，进深 12 米，高 14 米，三孔拱形城门。正中城门上嵌石刻匾额，上刻楷书"午门"二字，城门砖石砌筑。城门上建有单檐歇山顶全木结构城楼一座，朱梁黄瓦，翘角飞檐。两侧有登楼石阶。城门上四周有回廊，供游人远眺。午门两边原有隔墙，形成二进制宫院。

拜殿 拜殿为重檐歇山顶全木结构清式建筑，建在高 80 厘米的花岗岩砌筑的须弥座上。殿宽 24.04 米，深 18 米，高 14.95 米，四周回廊，屋顶覆盖黄色琉璃瓦。建筑气势巍峨，旁有高大的千年古柏映衬，更显庄严肃穆。拜殿为祭祀大典时，备设祭品之处；祭祀人整衣冠，静心待祭之地。殿门对联"至孝千秋一德，笃亲万里同风"，是国民党元老陈立夫先生 96 岁高龄时，特为舜帝陵题写的。殿内墙上，挂有《史记》摘要木楼，摘录了《五帝本记》中有关舜帝的文章。木柱上有对联："大孝炳千秋功德同昭辉日月，仁恩周四海勋名永耀燦云天。"为菲律宾舜裔姚嘉熙所作。另有柱联："韶乐九章四海同歌歌圣祖，疑岩千仞五洲共仰仰先贤。""放宽就大化古传今，择贤任能承先启后。"

图 8-8 拜殿全景

正殿主建筑 正殿是舜帝陵庙的主殿，供祭祀用。殿宽36.6米，深18.8米，高16.5米，建在高1.8米的石砌须弥座上。重檐庑殿顶全木结构建筑，巨石巨木为柱，斗拱飞檐，四周汉白玉雕花围栏环绕，走廊环护。殿前建有石砌月台，月台前台阶正中装饰有云龙石雕丹陛。丹陛台阶旁有抚瑶颂碑，台阶前两旁各有天禄头像石雕一座。正殿回廊有高浮雕龙石柱，围栏有舜帝故事石雕和九峰及名人游九嶷石雕；殿内有舜帝坐像、舜迹图壁画。

舜帝塑像 舜帝塑像为持剑坐像，高3.3米，宽2.6米，厚1.6米，基座高2米。舜帝头戴流苏，身穿护腰长袍，右手轻握宝剑，宝剑立放于两膝之间，神态端庄。整个塑像隐含着为民除害剑斩孽龙的英勇气概和帝王的威严，又体现了以德治政和神话传说中的地官赦罪的可敬慈怀。

寝殿 阔18米，进深9.5米，单檐歇山顶全木结构建筑。殿前有石阶与正殿相通，两侧条石护坡。柱联"孝感天地，德播人间"，为我国台湾师范大学教授陈大络先生撰写。殿内有陵碑，高2米、宽1.5米，碑题为"帝舜有虞氏之陵"，隶书阳刻，四周刻有神龙护卫。据《水经注·湘水注》载，墓碑为汉代零陵郡守徐俭所立。

舜帝陵碑林 位于舜帝陵庙东侧，建筑设计风格与舜帝陵庙建筑风格相同，占地面积41亩，建筑面积3832平方米。碑林景区内已建单体建筑共十个，即养正阁、景仁阁、崇德阁、舜碑亭、二妃殿、西大门、北大门、南大门、水榭和舜文化碑廊等单体建筑。碑林与舜帝陵紧密相连，碑林外溪流潺潺，碑林内亭台阁榭交相辉映，组合成反映历史文化的园林景观。

三、祭祀舜帝的历史

宁远九嶷山是舜帝崩葬之地，藏精之所，因此也就成为历朝历代祭祀朝拜舜帝的圣地。从祭舜的内容来看，因人而异。有为告祭某一重大事项的，如明永乐元年（1403年），明成祖朱棣遣翰林院编修杨溥致祭，告靖难；清顺治八年（1651年），世祖福临遣侍读学士白允谦致祭，告亲政。有陈述个人意志的，如楚国屈原就向舜帝倾诉了自己的个人抱负和遭遇。如果从祭舜的形式看，也是多种多样，有望祀、郊祀、陵庙祭祀等多种。从祭祀者的身份看，有舜帝后裔的宗子祭祀、代表皇帝的国家祭祀、代表地方的官员祭祀，更多的则是民间的个人祭祀。

（一）舜帝后裔有虞氏的祭舜

夏、商、周三代，对舜帝的祭祀主要是舜帝的后裔有虞氏奉祀。

关于夏代对舜帝的祭祀，《国语·鲁语上》载："有虞氏禘黄帝而祖颛顼，郊尧而宗舜。"相传大禹继位后,封舜帝之子商均于虞(今河南虞城),后又迁封于商(今陕西商县)。商均迁封于商后,其后裔虞思仍留居虞城。舜的另一支后裔虞遂则留居舜都蒲坂附近的虞乡,以统辖有虞氏部落。祭祀舜帝的活动,也由居于各地的舜裔宗子进行。

在商代,因商人的始祖契曾助禹治水有功,被舜任为司徒,掌管教化,舜帝在商人中有着极其崇高的地位,故商人将舜帝作为共祖来祭祀。这就是《国语·鲁语上》记载的:"商人禘舜而祖契,郊冥而宗汤。"

关于周代对舜帝的祭祀,《史记·陈杞世家》载:"至于周武王克殷纣,乃复求舜后,得妫满,封之于陈,以奉帝舜祀,是为胡公。"亦即周代祭舜也是由舜裔宗子进行的。

图 8-9 舜帝陵庙壁画——仁孝图

(二)历代帝王的祭舜

有记载的第一个祭祀舜帝的人是大禹。《大清一统志》载:"禹南巡,至衡山,筑紫金台,望九疑而祭舜。"大禹筑紫金台望祀舜帝的具体地点,传说在今湖南衡山县城西三里,台为圆形,直径三丈,又称"巾台"。大禹在衡山"望九疑而祭舜",拉开了中国历史上几千年帝王祭舜活动的序幕。

秦汉时期,主要是皇上的亲自"望祀"。《史记·秦始皇纪》载:"三十七年十月癸丑,始皇出游……十一月,行至云梦,望祀虞舜于九疑山。"《汉书·武帝纪》:"(元封五年)冬,上南巡狩,至于盛唐,望祀虞舜于九疑。"盛唐,韦昭注:"在南郡。"这是古代典籍中记载的第三位望祀九嶷山舜帝陵的帝王。

王莽篡汉时间虽短,但对舜帝的祭祀影响颇大。《前汉书》卷九十九《王莽传》:"惟王氏,虞帝之后也,出自帝喾;刘氏,尧之后也,出自颛顼……四代古宗,宗祀于明堂,以配皇始祖考虞帝。""予伏念皇初祖考黄帝,皇始祖考虞帝,以宗祀于明堂,宜序于祖宗之亲庙。"王莽自认是舜帝后裔，故而将皇家祭舜推向了高峰。

图 8-10　舜帝陵庙壁画——禅让图

魏晋时期，曹丕认为曹氏为舜帝之后裔，在洛阳建立寰丘，并在寰丘祭祀上帝时，以始祖帝舜配。西晋代魏时，司马氏也以虞舜后代自居。《晋书·帝纪第三》载："我皇祖有虞氏诞膺灵运，受终于陶唐，亦以命于有夏。"因而在祖庙中祭祀舜帝。

南北朝时期，北朝各政权多为少数民族建立。他们在建立政权后，为了巩固政权，需要获得汉族的认可与支持，祭舜活动更加频繁。北魏建国后，道武帝、明元帝、太武帝、孝文帝频频祭祀尧舜。北齐时，文宣帝亦曾下诏遣人祭祀尧祠、舜庙。北周时，亦祭帝舜于河东。南朝的刘宋时期，颜延之曾奉宋武帝的口谕上九嶷山祭舜，并留下了祭舜史上见诸记载的第一篇官方祭文——《为张湘州祭虞帝文》。

隋唐时期，隋朝脱胎于北周，继承了北周时期的尧舜祭祀仪式，祭帝尧于平阳，祭帝舜于河东。唐初，沿袭隋制，仍于河东祭祀舜帝。到中唐时，这种情况有了改变。开元六年（718年），唐玄宗派名相张九龄到九嶷山舜帝陵祭祀舜帝。

宋、金、元时期，均重视对舜帝的祭祀。北宋王朝加强了对舜帝陵庙的保护和修缮工作。《宋史·礼志》记载，为了保证舜帝陵庙"国有常享"，特"置守陵五户，岁春秋祠以太牢"；乾德六年（968年），宋太祖还敕令九嶷山舜帝陵庙三年一祭。金王朝规定，三年一祭尧舜于平阳府（今山西临汾市）、河中府（今山西永济市）。元中统四年（1263年），元世祖忽必烈在平阳（今山西临汾）建立尧庙；至元十二年（1275年）在洪洞（今山西洪洞县）建立舜庙。

明清时期是继新莽之后，中国祭舜史上出现的第二个祭舜高峰期。朱元璋对舜帝有着一种特殊情感，特别推崇舜帝。通过推崇舜帝，为自己由一介布衣当上天子找到强有力的支撑，为自己政权的合法性找到依据。按照朱元璋的规定和朝廷对祭祀九嶷山舜帝陵的具体措施，洪武四年（1371年），朝廷派遣翰林院编修雷燧来到九嶷山舜帝陵祭祀舜帝，并立祭碑一方（已失）。朱元璋对九嶷山祭舜还作出了规定：在一般情况下，每年春季第二个月和秋季第二个月的上甲日，由县令奉上祭品致祭；凡是遇到有国家庆典，就由朝廷派官员到九嶷山祭拜舜帝陵。从此以后，朝廷祭舜均在九嶷山舜帝陵进行，再也没有出现魏晋南北朝和隋唐时期帝王到河东（山西永济）等地祭舜的情况。明代16位皇帝，派人到九嶷山祭舜有15次，几乎每一位皇帝即位，都要派人到舜帝陵前告祭。

清朝统一中国后，顺治皇帝即派遣官员到九嶷山祭拜舜帝。据记载，清王朝12位皇帝，遣官到九嶷山祭舜共有45次，其中次数最多的是乾隆，达12次；最后一位皇帝宣统，也于宣统元年（1909）派遣永州镇总兵张庆云到九嶷山祭舜，报告宣统皇帝即位事。这次祭舜，也为中国帝王祭拜舜帝画上了句号，成为中国历史上帝王祭舜之绝唱。

图8-11　舜帝陵庙壁画——韶乐图

四、现代祭舜活动

中华人民共和国成立之初的近40年，百废待兴，祭祀舜帝未提上议事日程。1992年，宁远县启动了舜帝陵庙的建设，陵庙落成后，对舜的祭祀也随即展开。这一阶段的祭舜活动，可分为政府公祭和民间祭祀两大类。

（一）政府公祭舜帝大典

从20世纪80年代中后期开始，随着九嶷山的开放，一些旅客陆续来到九嶷山旅游，一些民间人士也开展一些零星的个人祭舜活动。1990年4月3日，湖南省人民政府参事室组成舜源峰谒陵团。谒陵团一行40人，都是湖南省各界的知名人士。谒陵仪式庄严隆重。这次祭舜活动，是新中国成立以来举行的第一次祭舜活动，从而拉开了新时期祭舜活动序幕。

2000年4月4日，宁远县人民政府组织社会各界人士公祭舜帝陵。这是新中国成立以来，宁远县人民政府组织的第一次公祭舜帝陵的活动。这次祭典，由县长张福卿主祭。此后，宁远县人民政府多次举行祭舜活动。

永州市政府公祭舜帝陵始于2000年。当年9月9日，永州市政府组织社会各界举办祭舜大典。参加这次大典的中央和湖南省有关部门的领导，我国香港、澳门、台湾与美国、泰国等十多个国家和地区的舜裔宗亲近200名代表，还有舜文化研究会代表、企业界代表、文化新闻界代表、友好县市代表、永州市和宁远县各界代表3000余人，以及从四面八方到九嶷山舜帝陵观光的3万多名群众。

2006年10月30日（农历九月初九），永州市政府举办第二次公祭舜帝大典。同时，还举办表彰孝星活动，以市政府名义表彰了100名孝星。当晚，邀请中央电视台举办了"激情广场"演唱会。

湖南省人民政府公祭舜帝陵始于2005年。2004年，湖南省人民政府召开的第28次常务会议专题研究了全省公祭舜帝陵的问题，认为举办公祭舜帝陵活动，"对于弘扬中华文化，增进民族团结，扩大对外开放，促进招商引资，发展湖南经济具有积极意义"。鉴于当时祭舜时机已经成熟，条件基本具备，会议决定于2005年9月15日在九嶷山举行"湖南省人民政府乙酉年公祭舜帝大典"。参加大典的有湖南省直属机关代表团、湖南省各市州代表团，湖南省九嶷山舜帝陵基金会代表团、湖南省舜文化研究会代表团，新加坡、菲律宾、马来西亚舜裔宗亲代表团，我国香港、澳门特别行政区舜裔宗亲代表团，我国台湾、福建泉州、广东澄海、河南舜裔宗亲代表团，企业界代表团、侨界代表团、旅行社代表团、新闻界代表团，永州市代表团、宁远县代表团，以及前来观光的群众，共约6万人。共有海内外50多家大型媒体、200多名记者参与这次大典的宣传报道。其中，香港凤凰卫视、湖南卫视、湖南经视、湖南人民广播电台、永州电视台、红网对公祭大典进行同步现场直播。

2009年9月8日，湖南省戊子年公祭舜帝大典在九嶷山舜帝陵举行。中央与国家部委领导，省人大、省政协、省军区、省高院、省检察院领导，省直机关领导，陕西省黄帝陵基金会、中华炎黄文化研究会、湖南省舜帝陵基金会、湖南省炎帝陵基金会、湖南省舜文化研究会主要负责人，海内外舜裔宗亲代表，以及各市州、宁远县的领导等。本次祭舜大典主题是弘扬舜德精神，推进富民强省。

第八章　寻根祭祖之旅

图 8-12　2009 年公祭舜帝大典现场

2012 年 9 月 28 日，由湖南省政府主办的壬辰年公祭舜帝大典，在湖南省宁远县九嶷山舜帝陵前举行。省直各部门、永州和其他市州领导，山东大舜文化研究会、湖南省舜帝陵基金会、湖南省舜文化研究会、湖南省炎帝陵基金会、陕西省黄帝陵基金会代表，福建、河南、港澳台舜裔宗亲代表，共 3 万余人参加公祭大典。祭祀仪式结束后，主祭团成员步入舜帝陵，在舜帝陵正殿虔诚拜谒舜帝，深情缅怀中华民族始祖舜帝的万代恩泽。谒陵仪式结束后，主祭人为"舜帝陵碑林"一期工程奠基，并亲手种下一株桂花树，象征舜德精神流芳百世，万古长青。

2015 年湖南省公祭舜帝大典于 9 月 24 日在宁远县九嶷山舜帝陵举行。省直机关、舜帝陵基金会、黄帝陵基金会、神农炎帝研究会、山东大舜文化研究会有关领导，以及永州市、宁远县的领导，海外舜裔宗亲代表，商会、境内外旅游景区及旅行社代表，永州籍全国道德模范、劳动模范、先进工作者代表，新闻媒体记者，永州市、宁远县各界群众近万人参加此次大典。祭祀大典礼成后，主祭团成员步入舜帝陵，在舜帝陵正殿虔诚地拜谒舜帝，缅怀中华民族人文始祖舜帝。

2018 年 10 月 26 日，戊戌年湖南省公祭舜帝大典在宁远九嶷山舜帝陵隆重举行。省直机关代表、世界舜裔宗亲代表、驻湘各大企业代表、舜文化研究专家学者及社会各界人士约 6 万人参加，湖南卫视全程现场直播。近些年，随着世界舜裔宗亲会的发展，新加坡、菲律宾、马来西亚、印度尼西亚以及我国港澳台等地的舜裔代表，他们身在海外，根在九嶷，每年都要来这里敬仰祭祀舜帝。大典以"弘扬中华优秀传统文化，建设富饶美丽幸福新湖南"为主题，旨在祭奠先祖神灵舜帝，为中华优秀传统文化的传承积聚力量。

(二) 民间的祭舜活动

民间社团祭舜始于 2004 年。是年 9 月 25 日（农历八月十二日），世界舜裔宗亲联谊会、湖南省九嶷山舜帝陵基金会在九嶷山联合举行公祭舜帝有虞氏大典。前来参加祭典的舜裔宗亲有：世界舜裔宗亲联谊会、泰国舜裔总会代表团、菲律宾舜裔宗亲代表团、新加坡舜裔宗亲总会代表团、我国香港舜裔宗亲总会代表团、我国台湾舜裔宗亲代表团以及福建虞舜学术研究会代表团、福建厦门陈氏宗亲代表团、广东澄海陈氏谒祖团等。这次祭舜大典使旅居国内外的舜裔有了一个慎终追远、访祖寻根的机会。祭典通过卫星向全球进行现场直播，产生了广泛而深远的影响。

2012 年 9 月 26 日，山东省大舜文化研究会在九嶷山舜帝陵举行祭舜典礼。山东大舜文化研究会、省外舜文化专家学者、湖南省舜文化研究会一行 60 余人参加祭典。

2013 年 4 月 27 日，湖南异地商会华北协作区、北京湖南商会举行祭祀舜帝典礼。

2013 年 7 月，湖南省高速公路系统在九嶷山舜帝陵举行祭舜大典。

2013 年 9 月 16 日，永州市工商界首次公祭舜帝大典在九嶷山舜帝陵隆重举行。这次祭典活动由永州市工商联（总商会）主办，湖南省舜帝陵基金会、宁远县委、县府承办。这次祭典的主题是"弘扬舜德精神，共谋诚信发展"。

2013 年 11 月 6 日，癸巳年世界姚氏宗亲联谊会（总部设广东汕头）首届公祭舜帝大典在九嶷山舜帝陵举行。这次祭典由世界姚氏宗亲联谊会主办。祭典的主题是"放飞梦想，奔向世界，弘扬舜德，振兴中华"。来自新加坡、泰国、美国、菲律宾以及我国香港等十多个国家和地区，我国广东、四川、重庆、湖南等 20 多个省（自治区、直辖市）的姚氏宗亲代表 3000 多人参祭。

2014 年 9 月 20~21 日，甲午年世界舜裔宗亲联谊会暨永州市社会各界祭舜大典系列活动在宁远县隆重举行。来自印度尼西亚、新加坡、马来西亚、泰国、柬埔寨、美国及我国港澳台和广东、广西、江苏、山西、福建、河南、湖北、河北等海内外的舜裔宗亲代表，湖南、山东、山西、陕西等地舜文化研究机构的专家学者，湖南省九嶷山舜帝陵基金会、湖南省侨联和各地旅行社、新闻媒体及永州市社会各界的群众代表数千人参加活动。这次活动由湖南省舜文化研究会主办，世界舜裔宗亲联谊会暨永州市社会各界祭舜大典筹委会、九嶷山舜文化研究会承办，包括以"至孝笃亲，德泽天下，世界舜裔，梦圆九嶷"和"弘扬舜帝道德精神，建设品质活力永州"为主题的祭舜大典，以"抬祖巡街"和"舞龙表演"等传统仪式缅怀中华道德始祖舜帝的"踩街"，以"舜裔浓情，梦圆九嶷"为主题的文艺晚会，"舜文化与中国梦"研讨会，2014 世界舜裔九嶷山文化旅游商品展销会、宁远县第三届美食节暨第三届九嶷山民歌节颁奖典礼和植树七大主题活动。

（三）国家级非遗"舜帝祭典"

在古代，祭祀是一项非常神圣庄严的活动，有着诸多繁复礼仪，祭祀活动必须严格按照礼仪规范进行。同时，祭祀礼仪又是一个不断调整、完善与发展的动态过程，随着时代变迁而不断变化。所谓"有其废之，莫敢举也；有其举之，莫敢废也"（《礼记·曲礼下》）。同样，祭舜的礼仪一方面相沿成习，另一方面又随着朝代的更替而颇有变化。当代的舜帝祭祀礼仪，则是在古代祭舜礼仪的基础上，融入了当代礼仪元素，具有时代特征和地方特色。又因为主祭人的身份不同，祭舜的诉求不同，各类祭舜活动的礼仪也有所不同。这里简要介绍一下公祭礼仪。

公祭礼仪为官方祭舜礼仪。整个祭祀仪式分迎宾仪式、开道仪式、导引仪式、祭典仪式、谒陵仪式和祭文碑揭碑仪式。省、市、县人民政府举行的公祭舜帝大典，均采用公祭礼仪。一些民间社团举行的大型祭舜活动，如2004年湖南省舜帝陵基金会与世界舜裔宗亲联谊会联合举办的祭舜大典、2012年山东省大舜文化研究会拜谒舜帝陵、2013年永州市工商联祭舜等，均采用公祭礼仪。公祭礼仪保留了古代祭舜礼仪传统，同时增加了一些新的内容，如鸣礼炮、敬献花篮等。行礼、礼器和读祝上也有所不同。古代行跪拜之礼，现在行鞠躬之礼。古代礼器突出用鼎，现代礼器则比较普通。古代读祝由执事唱读，现代读祭文由主祭朗读。古代祭祀礼仪烦琐重复，现代仪程简洁鲜明。由于舜帝陵公祭礼仪继承优秀传统，符合时代要求，独具地方特色，2006年被列入湖南省第一批省级非物质文化遗产目录，2011年被列入第三批国家级非物质文化遗产名录。

舜帝子孙，繁衍昌盛，枝繁叶茂，派异源同，居住在世界各国，但是他们始终没有忘记他们的祖籍国是中国。因此，无论舜帝后裔是在海内或者海外，对于中国的强盛兴旺都有着共同的关注，都希望中华民族能尽快复兴。这正如世界舜裔宗亲联谊会所标举的宗旨："木有本，水有源，人念其祖，理所当然"，也正如世界舜裔宗亲联谊会原主席陈守仁博士为九嶷山舜帝陵所题写的"身居海外，根在九嶷"，它显示了海外舜裔与祖籍国之间同祖连根、同脉连宗的血肉关系，也揭示了他们寻根问祖的强烈愿望。

世界舜裔宗亲有几十个姓氏，总人口超过两个亿，遍布世界各地，每年不断地有宗亲团体来九嶷山寻根祭祖，这一举动，无疑会对整个中华民族——包括海外华人、华侨产生重大影响和强大的凝聚力。

第九章　瑶乡风情之旅

我国瑶族主要集中在广西、湖南、广东、云南、贵州等地。据 2010 年人口普查数据，我国的瑶族人口为 285.3 万，其中有 59.9% 在广西壮族自治区（171 万），24.7% 在湖南省（70.5 万），7.1% 在广东省（20.3 万），6.79% 在云南省（19 万），1.5% 在贵州省（4.4 万）。湖南江华瑶族自治县的瑶族人口为全国之最，被誉为"神州瑶都"。千百年来，瑶族人民以自己的勤劳和智慧创造了独具特色而又五彩斑斓的瑶族文化。

一、瑶族文化圈

瑶族是我国少数民族重要的一支，今天也是跨境而居的国际性民族。瑶族人口除主体部分居住在我国外，随着瑶族的不断迁移，在越南、老挝、泰国北部也有广泛的分布，部分还漂洋过海移民到美国、法国、瑞典、加拿大、墨西哥等地。

（一）瑶族称谓

瑶族称谓较为复杂。从源头看有历史的称谓，瑶族形成后有自称，也有他称。

从历史的源头看，有古尤人之称。李本高《湖南瑶族源流史》认为，瑶族最早起源于"尤人"。"尤"，朱骏声《说文通训定声》说："尤，此字当即犹之古文，犬子也。"说明尤人是崇拜犬图腾的部落。又有学者认为，瑶族先民与古代九黎、三苗有密切关系。九黎是黄河中下游的部落联盟，其首领是蚩尤。《龙鱼河图》（《史记》唐张守节正义引）说，蚩尤有兄弟八十一人，当是八十一个部落。蚩是苗族先民，尤是瑶族先民。"有苗"实际是"尤苗"，说明他们之间的关系密切。后来演变的南蛮、盘瓠蛮、荆楚蛮皆是其后裔。南北朝梁时出现莫徭的称谓，瑶族的雏形初现；隋唐被广泛称为莫徭，自云先祖有功，是免徭役赋税之人。《隋书·地理志》载："长沙郡又杂有夷蜒，名曰莫徭。自云先祖有功，常免徭役，故名。"《元和郡县志》载："潭州，春秋时为黔中郡，楚之南境……自汉至晋属荆州，（晋）怀帝分荆州湘中诸郡置湘州，南以五岭为界，北以洞庭为界，汉、晋以来，亦为重镇。今按其俗杂，有夷人名瑶，自言先祖有功，免徭役也。"宋时正式称谓便是"徭"（瑶）了。到这时瑶族正式形成。元代以后，统治者推行民族压迫和民族歧视政策。"瑶""徭"被改为犬字旁的"猺"，一直沿用到民国。新中国成立后统一定为"瑶"。至此，瑶族称谓正式确定下来。

在他称中，往往依据不同标准来称谓。如有的因该区盛产茶叶，故称之为茶山瑶；有的因善于种植蓝靛，被称为蓝靛瑶。还有的来源于图腾崇拜、祖先崇拜，如盘瑶、盘王瑶、盘古瑶、布努瑶、唐王瑶、山公瑶、猴瑶；有的来源于服饰的颜色，如红瑶、白瑶、花衣瑶、白裤瑶、黑瑶、青瑶、青裤瑶；有的来源于头饰的特点，如板瑶、顶板瑶、尖头瑶、角瑶、笠头瑶、狗头瑶、箭杆瑶；有的来源于发式，如背发瑶、背髻瑶、梳瑶、涂头瑶；有的来源于居住地域，如高山瑶、深山瑶、半山瑶、峒瑶、平川瑶、平地瑶；有的来源于居住地的地名，如道州瑶、常宁瑶、金秀瑶、七都瑶、连山瑶、双平瑶；有的来源于游耕经济生活，如砍山瑶、开山瑶、过山瑶等。

瑶族的自称，主要随语言差异而不同，但内在意义基本一致。瑶族因语言差异而分瑶语支、苗语支、侗水语支，还有操西南官话的瑶族。方言内又有方言、土话的差别。仅自称就有勉、优勉、门、金门、史门、敏、标敏、布努、布诺等60余种。自称"勉"的占60%以上，分为"优勉"和"金门"两类方言，属于瑶语支。"勉""门"的含意是人，"优勉"意为瑶人。"金勉""金门"意为"山人"。苗语支则因方言差异自称为布努、布诺、努努等，侗水语支自称"拉珈"（山人），操与汉语接近的方言的瑶人则自称为"炳多尤"或"代奈江"。

瑶族称谓的复杂性，可见其悠久的历史和发展的融合性、多元性。

（二）瑶族分布

瑶族以中国为祖居地，主要分布在中国南方的湘、黔、桂、粤、滇毗邻地区以及越南、泰国、老挝、缅甸、柬埔寨等国。瑶族现在的分布状态主要源于历史上瑶族的几次大迁徙。与汉族有长期定居点不同，瑶族自形成后，基本上是一个迁徙不定、不事安居的民族。

依据瑶族传说及其《评王券牒》多次提到的材料，瑶族的祖先曾居住在"会稽山七贤洞"（另二说是"南京十宝殿"或"瑶人出世武昌府"），应是从祖居地开始迁徙的。其"漂洋过海"应是沿长江过洞庭，然后南迁。古代洞庭也可言"海"。依《盘王歌》中的地名，其主要迁徙路线是过洞庭"舍船登岸再向前"，走的是自湖南郴州入广东至韶州乐昌，再至广东连州。次要的迁徙路线还有自江西南安经大庾入广东南县，自湖南道县入广西贺县、自全州入静江（桂林）等。这几条路线，清顾祖禹《读史方舆纪要》载："自福建入广东之循梅，一也；自江西之南安入南雄，二也；自湖广之郴入连,三也;自道州入广西之贺,四也;自全入静江,五也。"其所述入岭南之途,正是这几条主要通道。其间自然有部分瑶人居留于永州南部境内。《江华瑶族自治县县志》载,自称"梧州人"的瑶人是于宋皇祐五年(1053年)驱赶寨山人(梧州人),部分从广西梧州进入江华的;而自称"爷贺尼"的瑶族则是因宋末元初世乱,从江西泰和县迁入湘南宁远、祁阳、道县等地的。由此推测,瑶族第一次从祖居地南迁大约应是在隋唐之际。

历元、明、清各代,又有多次迁徙,并伴随着社会发展,各支系瑶族在称谓、风俗习惯、经济生活等方面,逐渐形成了自己支系的风格与特色,遂演变成今天瑶族的分布状态。

1. 平地瑶、民瑶分布

宋元时期,在湘桂粤边界已经聚集了不少的瑶族人口,他们主要是过着刀耕火种生活的盘瑶和过山瑶,即当时人们所称的"高山瑶""生瑶"。明清两代,因官府的围剿、镇压和招抚,部分瑶族下山移迁到丘陵谷地定居,长期与汉壮民族杂居交往,民族文化互相交融,如史书所言其语言习俗"已与齐民同",成为耕种水田、旱地,纳租税的平地瑶和民瑶,这是以汉族方言语支交流的瑶族支系。这部分瑶族主要分布在广东西北部、广西东部和湖南南部三个地区。民瑶、平地瑶虽然在风俗习惯上保留的民族特色不明显,但一直保留着与瑶族认同的心理。

值得指出的是,明代以来又以"四大民瑶"专指位于湖南省永州府永明县(今江永县)西南部、紧依都庞岭东南麓,居住在平地,由汉族及瑶族相融合而构成的族群,因其编入民籍,故称"民瑶",四民瑶分别称作"清溪瑶、古调瑶、扶灵瑶、勾蓝瑶"。

"四大民瑶"有其独特的性质和地位。湖南江永的民瑶是在"以瑶制瑶"的政策中成为扼守湘粤边境,防御广西富川、恭城等地瑶民越境的军事力量,使得这一族群在与汉族及周边族群的关系中呈现出既密切又矛盾的特点。平地瑶也过盘王节,跳长鼓舞,但多以芦笙为伴奏,故称"芦笙长鼓舞"。

2. 盘瑶分布

盘瑶是瑶族传统文化的主干支系,它包含了瑶族的大部分人口,主要操苗瑶语族瑶语支"勉语"或"标敏"方言。过山瑶、山子瑶、排瑶等属于盘瑶支系系列。盘瑶,顾名思义,其支系中有较多的盘姓瑶族。隋、唐时期,生活在湘、桂、粤边境及两广地区的瑶族先民,过着刀耕火种、采集狩猎的生活,信奉盘王,每隔三五年,逢农历十月十六便击长鼓祭祀祖先盘王,后被人们冠名为盘王节,因祭祀盘王而被称为盘瑶。盘瑶分布较广，东起广东的始兴，西至云南的勐腊，南达海南岛，北迄贵州的榕江，都是盘瑶迁徙辗转繁衍生息的区域。盘瑶一般都选择居住在高寒山区或半丘陵地区，少部分居住在高寒的半石山半土山地带。盘瑶分布的另一特点是跨国而居，我国与越南、缅甸、老挝三国一千多公里的国境线，两边居住着数十万盘瑶人民，人们说的"瑶族是个跨国民族"，指的就是盘瑶。

3. 布努瑶分布

宋代，已有部分瑶族分布于广西境内的庆远府（今广西河池市一带）。明时，庆远府一带居住的瑶族逐渐增多，这部分瑶族在长期的迁徙过程中不断地与其他民族特别是苗族交往接触，民族文化在互动和传承过程中，传统因素发生了变异，尤其是语言发生了较大的变化——向苗语支靠拢，史学界将其统称为"布努瑶"。中国社科院民族学与人类学研究所的专家，从布努瑶语言变化的文化现象，分析研究布努瑶先民的迁徙路线：大概是顺苗族迁徙路线的东南边方向，沿着湘西南的雪峰山地区向西南移动，然后经黔南的苗岭南麓到达贵州的都匀府南部一带。后来被当地土司驱赶，蒙、罗、蓝等姓的瑶族才又转往南，迁徙到桂西北一带的山区。

布努瑶支系主要操苗瑶语族苗语支"布努"语。布努瑶大多分布在桂西和桂西北的大石山区。布努瑶族的生活习性与瑶族其他支系大相径庭，以种植薯、芋、豆类等农作物为主。周围广阔的大石山区域，石多土少，缺水干旱，是布努瑶地理环境的基本特征。由于自然条件差，经济落后，人民生活比较贫困。

4. 茶山瑶分布

据茶山瑶民间传说、族谱和有关学者考证，茶山瑶大约在明朝初年，分别从广东和湖南进入广西大瑶山居住。茶山瑶主要集中在广西大瑶山腹地，山内还有盘瑶、山子瑶、花蓝瑶、坳瑶等来自不同地区的瑶族支系，这些来自不同地区的部族或族群进入大瑶山后长期共同居住在一起，有着大致相同的社会经济生活环境，经过长期的文化接触，打破了原有的族群壁垒，相互产生了民族认同感，为民族融合提供了基础。由于大瑶山特殊的地理环境，山外对山内的少数民族始终抱有歧视态度，为了共同面对山外相同的民族压迫和民族剥削，山内五大族群为了生存，被迫自觉或不自觉地团结一致，形成一股自卫力量，反对山外压迫势力。这种凝聚力使他们聚集在一起，组成一个在共同区域内生存发展的新的共同体，共同接受山外汉族给予他们的他称——瑶族，从而形成了以瑶族主体文化为代表的区域民俗文化。

茶山瑶族语言属壮侗语族侗水语支。茶山瑶最具支系文化特色的就是石牌律。它是金秀地区茶山瑶、山子瑶、花蓝瑶、坳瑶等族群民间特有的社会法律，是经过群众议事会商定的维护生产和社会秩序的条文,是镌刻在石板上或书写在木板上、纸上的成文习惯法。

(三)永州瑶族

图 9-1　江华盘王殿

瑶民"依山险而居",登山惟恐不高,入林惟恐不深。"南岭无山不有瑶",在南中国最大的山地——南岭腹地,有瑶族人口聚居最集中、地域最广大的中国瑶族第一县——江华瑶族自治县,有神秘的瑶族发祥地——江永千家峒。

永州地区瑶族的自称和他称,因居住的地理环境、使用的语言以及服饰的不同,而称谓各异。居住在江华、江永、蓝山、道县、双牌、东安、永州的一部分瑶族,自称尤勉;居住在宁远、新田、祁阳及金洞林场的瑶族,自称"勉";还有居住在江华、蓝山的少部分瑶族,自称"谷岗尤";居住在永州、道县的少部分瑶族,又自称"标敏";江华瑶族自治县还有部分瑶族,自称"炳多尤""爷贺尼"等。还有居住在崇山峻岭者,人称"高山瑶",又称"过山瑶";居住在丘岗平地的,称"平地瑶""民瑶""土瑶"等。居住在宁远的有"九嶷瑶""伍堡瑶""七都人""梧州瑶"等。居住在宁远县的荒塘、桐木漯和新田县门楼下、祁阳县的晒北滩一带的瑶族妇女,头中衬有顶板的称"顶板瑶";居住在宁远县九嶷山和蓝山县紫良等地的瑶族妇女头上无衬板称"平顶瑶"。还有"宝寨瑶""龙榨瑶""广西瑶"等。永州地区的瑶族均信奉盘瓠,总称为"盘瑶"或"盘古瑶"。

永州地区的瑶族,秦汉时期称零陵蛮夷,三国时称"蛮徭",晋称"湘州蛮",南北朝至隋唐称"莫徭"。唐末,史籍开始出现"徭"的称谓,表明过去的莫徭已正式有了徭的族名。宋以后一直称徭人。

元代民族压迫加剧，瑶民被迫南迁广东广西各地。明初，朝廷实行抚瑶政策，民族矛盾相对缓和，大批瑶民又回迁永州境内。江华、永明（今江永）、道县部分瑶民被列入户籍，从而基本结束大迁徙大流动的历史。明洪武初年，江华县被招抚下山的瑶佬李东仂率70户300人，编籍定居上伍堡一带。明洪武初年的几年中，永明县（今江永）的清溪、古调、源口、勾蓝的瑶民均被列入户籍定居。自明洪武三十年（1397年）至嘉靖十三年（1534年），在这一百多年的时间里，自称"勉"的瑶民，自南岭南麓成批进入江华大龙山、贝江冲、麻江冲等地定居。自此，在永州逐渐形成瑶族大杂居小聚居的分布局面。清光绪《道州府志》载："瑶有山瑶民瑶之分，民瑶与夏人杂居，服食居处，冠婚丧祭，俱与民同。"

1949年以后，随着党的民族平等政策的深入贯彻，瑶族人民得以安居乐业。1952—1954年，全地区成立8个瑶族自治乡和13个民族联合乡。1955年，成立江华瑶族自治县。1982—1992年，全区又先后成立22个瑶族乡。这些瑶族乡主要分布在南部6个县和双牌、祁阳县等。具体是：江永县有大远（后改千家峒）、清溪、兰溪、源口、松柏5个瑶族乡和94个瑶族聚居村，道县有洪塘营、横岭、井塘、审章塘4个瑶族乡和12个瑶族聚居村，宁远县有九嶷山、鲁观、棉花坪、桐木漯、荒塘5个瑶族乡和10个瑶族聚居村，蓝山县有荆竹、紫良、浆洞、汇源、犁头、大桥6个瑶族乡和4个瑶族聚居村，新田县有门楼下瑶族乡和4个瑶族聚居村，双牌县有上梧江瑶族乡和4个瑶族聚居村，祁阳县有晒北滩瑶族乡和4个瑶族聚居村，东安县有15个瑶族聚居组；零陵有5个瑶族聚居村。

二、圣地千家峒

千家峒位于江永县城北11公里处的都庞岭三峰山下，东北毗邻道县，北面交界广西灌阳县，是瑶族祖居故地之一。千家峒为联合国非物质文化遗产保护地。在瑶族的语言中，"峒"是群山环抱之中比较宽阔的平原，千家峒就是指生活着上千户人家的山间小平原（山间盆地）。千家峒四周被崇山峻岭环抱，面积约16平方公里，进出仅有"穿岩"唯一通道。千家峒被全世界瑶族人视为圣地，是瑶族的发祥地，保存有"盘王庙""盘宅妹墓""平王庙"等瑶族历史文化古迹；境内有鸟山、白鹅山、白鹅洞、白鹅飞瀑、双塘映月、马山、狗头岩、大白水瀑布、金童放牧、天女散花、三峰霁雪、仙人桥等自然景观，景色迷人，宛若仙境，被喻为瑶族的"桃花源"。

图 9-2　江永千家峒入口标志

（一）千家峒传说

20世纪末陆续发现的几十本《千家峒》和《千家峒源流记》手抄本，记载着瑶族的历史和千家峒的兴衰过程，而且大同小异。据传，千家峒是一处只有一个石洞通向外界的山间盆地。自古有十二姓瑶民在这片美丽富饶的土地上辛勤耕耘，繁衍生息，发展到一千人家，故取名千家峒。

传说中的千家峒内有一盆地，四面高山。有石洞一座入内，内有数十里富饶田地。传说千家峒后来被官府发现了，派粮官进峒收租，热情好客的瑶人个个把他当贵客，一家屋里吃一天，眨眼就是三年，他和千家峒的瑶人搞得很熟，舍不得回去。官府以为粮官已被千家峒人杀死，便派兵攻打报复。元朝大德八年（1304年），官兵攻打千家峒，从下峒一直打到上峒，瑶民首领自知不敌，于是吩咐瑶民从一个通往道县的山洞里逃走。瑶民在离开千家峒前，将一只牛角锯为十二截，每姓瑶族保存一截，又将祖先偶像埋在平石岩下的山洞里，洞门前有一座"石童子"为标记，并立下盟约，要嘱咐瑶族子孙，五百年后重返千家峒，将十二截牛角拼合吹响，峒门自开，将祖先偶像取出祭拜。出逃的瑶民大多散居在大山中，岁月变迁、不断迁徙，千家峒的确切位置最后竟迷失了。但他们向往失落的家园，"回到千家峒去"，便成了一代又一代瑶民顽强生存的精神寄托。

（二）寻找千家峒运动

自此之后，不论瑶人迁徙至何处，也不论不同地域的瑶人相距多么遥远，各地的瑶人都一致认为他们来自一个叫作千家峒的地方，他们是峒中一千户瑶人十二个部落的后代。后来在明、清各朝，各地的瑶人为了返回那个叫作千家峒的地方，曾举行过多次大规模的起义，成千上万的瑶人血染沙场。在不同时期，也有各地的瑶人千里跋涉，寻找他们的乌托邦家园——千家峒。可是千家峒究竟在哪里，却没有人能说得清。

瑶族人的这个传说和精神寄托，引起武汉大学宫哲兵教授的注意。他到各地寻访，向瑶族师公调查研究，翻阅过许多瑶族师公的手抄本典籍，甚至到海南岛和西沙群岛探寻，终于在湖南省道县与江永县交界的大山中找到了一处与传说中地形地貌基本相符的区域，发现这里的地貌特征与《千家峒源流记》《千家峒》等手抄本记载相似。有峒口、四块大田、九股水源、枫木凹、白石岭以及造型奇特美观的鸟山、马山、石狗山等地形地貌特征。且在峒四周山里险要之处的荒草林木中发现了古人用石头垒成的用于防御屏障的石墙，很明显，这里发生过与峒外人的战争。

在《千家峒运动与瑶族发祥地》这部书里，宫哲兵教授认为千家峒运动是19世纪兴起、20世纪达到高潮的全球性民族复兴运动，它与同时期世界各地发生的本土运动有特别相似之处。运动的功能是复兴民族意识与民族性格，提高生存能力，推动迁徙热情。同时他静态地考证了千家峒的地理位置，运用大量的田野调查资料，以及县志、地图、地名、族谱、碑文、出土文物，有说服力的论证，指出瑶族世世代代寻找的圣地千家峒在广西灌阳、湖南江永县与道县交界的都庞岭地区。书中对千家峒的地域范围、风光景色、民族民俗，作了详尽的介绍，把一个美丽、古朴的自然人文景观生动地展现在读者面前。他在书里说："《千家峒》文献中的多数地名物名，在江永县大远乡内，说明文献的作者，可能是大远乡逃亡瑶民的后裔，文献中对千家峒的描写实际上是对大远乡的描写。"

1986年，中南民族学院与江永县人民政府联合在江永县召开"瑶族千家峒故地问题座谈会"，来自北京、湖北、广东、广西、云南、贵州、湖南七个省、自治区、直辖市研究瑶史的专家、学者，经过实地考察和反复论证后，取得一致意见，认定江永县大远瑶族乡就是千家峒故地。1987年，根据瑶史专家、学者的建议和广大瑶族群众的迫切要求，经湖南省人民政府批准，大远瑶族乡改名为千家峒瑶族乡。1998年，千家峒被认定为省级风景名胜区。

(三) 千家峒风景

千家峒分下峒、中峒、上峒，是一片约14公里长、23公里宽的葫芦形盆地。主要风景点有峒标、古城墙、大白水瀑布。

峒标 位于千家峒至江永的公路左侧，是由瑶族长鼓和十二节牛角组成的雕塑。在雕塑基座前后分别有著名社会学家费孝通和第九届全国政协副主席毛致用的"千家峒"题字。长鼓是瑶族喜爱的一种舞蹈器具，代表着对盘王始祖的怀念。十二节白牛角，意喻着瑶族同胞已找到千家峒，团聚于千家峒，同时也是瑶族强烈民族向心力的一种象征。

古城墙　位于穿岩山上，延绵数里。从整体上看，砌墙的石头，没有任何加工的痕迹。古城墙是千家峒的瑶民在道州官兵来围剿的千钧一发之际匆匆修筑起来的，也是保护千户瑶胞生命安危的首要屏障。千家峒四面均为海拔千米以上的大山，山下峒口只容一人通过，只要守住了峒口和峒口上这道关卡，就是一夫当关，万夫莫开。

大泊水瀑布风景区　位于霸王祖村后，距千家峒乡政府 11.5 公里。大泊水瀑布是一组瀑布群，一条山谷深达 2 公里，沿途有七级倾泻的姐妹瀑，一瀑一形、一瀑一潭、一瀑一景，段落分明，自成首尾。到终端就是大泊水瀑布。此瀑布高 100 余米，宽 30 米，四季不涸，颇为壮观。远看，从上而下笔直，如一条白链悬挂天空；近观，丝丝银线，白雾茫茫。瀑布下有一水潭，宽约 100 米。瀑布从上而下冲击水潭，浪花飞溅。若身临其境，则感凉风习习。瀑布两边各有一石台伸出，形如两个小平台，可供游人观赏。若将瀑布与两边的石壁组合起来观赏，有如一只巨大的山鹰，展翅飞翔。

图 9-3　千家峒大泊水瀑布

图 9-4　大泊水瀑布溪流

三、怀古盘王节

盘王节，又叫"做盘王""调盘王""跳盘王""还盘王愿""打盘王斋""祭盘古"等，迄今已有 1700 多年的历史，时间是每年的农历十月十六日。一年一度的盘王节是瑶族人民祭祀祖先盘王的民间盛大节日。2006 年，盘王节被列入第一批国家级非物质文化遗产名录。

（一）节日起源

民间传说来源有二，均很古老。一说是盘王遇难日。古时高王来侵，平王出榜招贤，谁能斩下高王首级来献，就把公主嫁给他。这话被龙犬盘瓠听到了，盘瓠揭下金榜，渡海来到高王身边。盘瓠假装殷勤，受到高王的宠信。一天，盘瓠趁高王醉酒，咬下高王的头献给平王，立下了汗马功劳，因而娶了三公主为妻。后来，盘瓠想变成人，便叫公主把它放到蒸笼里蒸七天七夜，公主照办。已蒸了六天六夜，公主担心蒸死了丈夫，偷偷揭开盖子看，盘瓠果真变成了人，只因不足七天七夜，故头上和小腿上还有许多毛未脱落，后来就用布带把头和小腿裹起来。盘瓠变成人后，平王派他到会稽山为王，号称盘王。

盘王和三公主婚后生下六男六女，平王各赐一姓，成为瑶族最早的十二姓。盘瓠虽已为王，但仍过着俭朴的生活，教子女劳动狩猎，艰苦营生。有一次，盘王与六个儿子上山打猎，追赶一只受伤的山羊，不幸被山羊撞下山崖挂在一棵桐树上丧生。儿女们将树砍下做鼓身，剥下羊皮蒙上，制成长鼓。他们背起长鼓，边敲边哭边唱，追悼盘王。以后，每逢这天，瑶民便汇聚一起，载歌载舞，纪念盘王。而祭祀盘王便成为盘王节的重要内容。

另一说是盘王生日或盘王救世日。据至今仍在湖南江华瑶族地区流传的民间传说《十月十六调盘王》的讲述，在远古年代，瑶人乘船漂洋过海，遇上狂风巨浪，船在海中漂了七七四十九天不能靠岸，眼看要船毁人亡，这时有人在船头祈求始祖盘王保佑平安。许愿后，风平浪静，船很快就靠了岸，瑶人得救了。这天是农历十月十六日，恰好又是盘王的生日。从这以后，瑶民就把这一天定为"盘王节"。节日当天，瑶族男女老少都要穿上节日盛装聚在一起唱盘王歌、跳长鼓舞，庆祝瑶人的新生和盘王的生日。千百年来，这个活动在瑶族世代相传，瑶人祈求保佑平安，风调雨顺，来年丰收。

1984年8月，来自湘桂粤三省（区）十二县（市）的瑶族代表汇集广西南宁，大家一致赞成以"勉"族系的祭祀节日"跳盘王"为基础，加以发展成为盘王节，一致议定"盘王节"为瑶族统一节日，并将祭祀定在每年农历十月十六日（盘王诞日）举行。1985年农历十月十六，全国各地的瑶族代表和民间艺人云集广西南宁，以联欢会的方式，欢度了瑶族有史以来的第一次全民族的盛大节日——盘王节。盘王节是海内外瑶族祭祀祖先盘瓠的重大民族祀典，现已成为全国瑶族同胞最盛大的节日。

1990年，由广西瑶学会发起、贺县（现贺州市八步区）主办了南岭地区瑶族代表联席会，会议提出由各县市轮流坐庄，每两年举办一次盘王节。1992年11月，由贺县举办第一届湘粤桂三省区十县市南岭瑶族盘王节。

事实上，除了来自湘桂粤三省（区）十二县（市）轮流坐庄的大型盘王节外，各地往往也会在十月十六举办属于自己本土的盘王节，如江华瑶族自治县每年都会在"神州瑶都"沱江镇盘王殿前举行盛大的盘王节活动。

(二)仪式程序

盘王节仪式由4名正师公主持，各司其职，还愿师、祭兵师、赏兵师、五谷师，每人1名助手，共8人。此外，还有4名歌娘歌师、6名童男童女、1名长鼓艺人和唢呐乐队参与盘王节，其传承方式以师承和家传为主。

盘王节仪式主要分两大部分进行。第一部分是"请圣、排位、上光、招禾、还愿、谢圣"。整个仪式中唢呐乐队全程伴奏，师公跳《盘王舞》(包括《铜铃舞》《出兵收兵舞》《约标舞》《祭兵舞》《捉龟舞》等)。第二部分是请瑶族的祖先神和全族人前来"流乐"(瑶语意思是玩乐)。这是盘王节的主要部分，恭请瑶族各路祖先神参加盘王节的各种文艺娱乐活动，吟唱蕴含瑶族历史、政治、经济、文化艺术、社会生活等内容的历史神话长诗《盘王大歌》。流乐仪式一般要举行一天一夜。

盘王节除祭盘王、唱盘王、跳盘王外，有的地方还跳花棍、放花炮、唱情歌。

图9-5 江华盘王殿祭祖

(三)《盘王大歌》

"唱盘王"是盘王节的必备内容，但一般都是选唱《盘王大歌》的一部分。《盘王大歌》是一部瑶族民间的诗歌总集，主要流传在南岭山脉以江华为主的瑶族居住地区，是瑶族人民世世代代祭祀盘王的礼仪活动和在生产、生活中创作产生并不断发展丰富的古歌史曲，是具有鲜明民族特色的民间文学。它始作于原始社会，雏形现于晋代，形成于唐宋，成熟于明末清初。清乾隆年间发现了最早的《盘王大歌》手抄本，手抄本有十二段词、二十四段词和三十六段词三种，每一段都有三千多行以上，总数共达到万行之多。由绪歌、插歌、正歌和杂歌组成，内容主要包括瑶族先民的自然观、人类起源说、瑶族的产生与迁徙、瑶族的婚恋、瑶族的创业史，记述了瑶族的历史、思想、斗争和文化，是瑶族起源、发展的一部"百科全书"。

瑶族的族源、演进、迁徙尽管十分繁复，研究者各自观点不一，但通过对《盘王大歌》的文化解读，对于其中瑶族的主干能得到较清晰的认识。从中可以看出瑶族先民的自然观、婚姻史，也可发现瑶族的主源在于瑶汉同源（从盘古氏到伏羲氏），至盘瓠时，瑶族基本定型，并逐渐与苗人、山越人、畲人、僚人等少数民族相区分，并创造了自己富有特色的文化。现在还在传唱的瑶族《盘王大歌》无疑是这个民族展现其灿烂文化的活化石。

2014年，《盘王大歌》被列入第四批国家级非物质文化遗产名录。

（四）瑶族长鼓舞

长鼓舞也是盘王节的必备内容。瑶族长鼓舞瑶语称"播公"，其历史十分悠久。南宋绍兴二年（1132年）五月三日颁发的《十二姓瑶人过山榜文》载："天子殿前，国王长衫大袖，长腰木鼓，斑衣赤领，琵琶吹唱。"据此，瑶族长鼓已有800多年历史。江华瑶族长鼓舞是流传在江华瑶族自治县及邻近瑶族地区，具有鲜明的民族特色和地方色彩的民族民间舞蹈。据史料记载和民间口头传说，江华瑶族长鼓舞有数千年的历史。相传，瑶族祖先盘王在山上打猎，不幸被野山羊撞下山崖挂在桐树上丧生。他儿子就抓住山羊，剥开山羊皮，砍了桐树，做成长鼓来敲打，以告慰长眠于九泉之下的盘王。后来发展到祭祀盘王、庆贺丰收，甚至到官府告状都要打长鼓。宋人沈辽作的《踏盘曲》就清楚地描写了宋代瑶族民间舞蹈活动的实况："湘水东西踏盘去……乐神打起长腰鼓。"瑶族人民大量迁入江华是在元末、明初，他们根据江华的自然条件，垦陡土种杂粮，同时植树，每当一处垦种成片杉林之后，就不能再种杂粮，于是举家迁移，长期过着游垦式生活。他们每到一处，都要建造木屋安家，因此，建造木屋的劳动生活就成了长鼓舞的主要表现内容。长鼓舞中有一组二十多个专门表现造屋的动作，从寻屋地开始，到找树、砍树、锯树，直到上梁、盖屋，真实而又形象地反映了瑶族频繁迁徙的生活。

长鼓按其形状分小、中、大三种。小长鼓亦称短鼓，长70~90厘米，鼓腰直径为4~5厘米，两端鼓面直径为8~10厘米；中长鼓亦称长腰鼓或黄泥鼓，长110~130厘米，鼓腰直径15~20厘米，两端鼓面直径25~30厘米；大长鼓亦称赛鼓，长180~200厘米，鼓腰直径20~25厘米，两端鼓面直径30~40厘米。长鼓舞分"单人舞""双人舞""群舞"等类型。表现形式有"盘古长鼓舞""锣笙长鼓舞""芦笙长鼓舞""羊角短鼓舞""桌上长鼓舞"等。

长鼓舞大部分反映瑶家人的生产、生活习俗，反映了瑶胞的思想感情和理想愿望，具有瑶族独特的风格。在表演形式和程式上，都充分表现瑶胞的性格特征和气质。舞蹈的动作粗犷、勇猛、奔放、雄劲、洒脱，节奏明快、敏捷。舞蹈语汇模仿上山落岭、过溪越谷、伐树运木、斗龙伏虎等，形象生动，一看就懂。瑶族舞蹈几乎全是群众性、广场性的，并且都有一定的道具，如长鼓、花鼓、牛角、阳伞等，构成本民族的风格，为群众喜闻乐见，易于流传。因此，在节日、婚事、宗教、丧葬等各种场合，有歌有舞，热闹非常。

2008年，瑶族长鼓舞被列入第二批国家级非物质文化遗产名录。

（五）文化价值

盘王节作为历史悠久、分布广泛的大众节庆活动，集瑶族传统文化之大成，是一种增强民族向心力、维系民族团结的人文盛典。

盘王节起源于对始祖的祭祀，经过长期的发展变化，盘王节演变成怡祖、娱神、乐人兼有的民间节日。当今的盘王节，其形式和内容均有变化和创新：一方面，过去盘王节冗杂烦琐的宗教仪式已经逐步改革，大操大办、靡费烦琐之风也有所节制；另一方面，盘王节中表现瑶族文化精粹的歌舞如歌颂其祖先创世、迁徙、耕山、狩猎的《盘王大歌》和表现其生产生活的《长鼓舞》等内容得到继承、发展和提高。今天的盘王节不仅发展为庆祝丰收的联谊会和青年男女寻觅佳偶的交谊会，节日期间还举办瑶文化研讨会、文艺作品研讨会、地方发展研讨会、招商会、民间文化交流会以及物资交流、商品展销及各项文体表演竞技活动等，往往观者云集，盛况空前，已成为助推全民旅游的最佳平台。

四、瑶乡风俗情

瑶族的风俗丰富多彩，衣食住行、婚姻节庆等均有颇具特色的风俗。在兰溪瑶寨，还有独树一帜的洗泥节。这些风俗，都是很好的旅游资源。

（一）服饰风俗

五彩斑斓、绚丽多彩是瑶族传统服饰文化的普遍性特征。据文献记载，瑶族先民"织绩木皮，染以草实，好五色衣服，制裁皆有尾形"。瑶族服饰成为瑶族文化的重要标志之一，它不仅是区别瑶族和其他民族的直观形象依据，也是区分内部各族系、支系的重要依据。据统计，瑶族服装的款式达100余种，头饰也不下100余种。

瑶族男子传统服装以青蓝色为基本色调，以对襟、斜襟、琵琶襟短衣为主，也有的穿交领长衫，配长短不一的裤子，有的长及脚面，有的短至膝盖，多以蓝、黑为主，束腰带、扎头巾、打绑腿，朴实无华。相对而言，瑶族妇女传统服饰更加丰富多彩。各地瑶族妇女上衣多穿无领无扣对襟绣花衫或右衽长衫，下穿褶裙或绣花滚边宽脚长裤，扎有红、黑、白等多种色彩的腰带或织带，围绣花围裙，包绣花绑腿。但在形制风格和彩色花边图案上千差万别，不同族系、支系、地域的区别很大。

（二）饮食风俗

瑶族以大米、玉米为主食，辅以红薯、芋、麦、粟、高粱、木薯等杂粮。瑶族常在米粥或米饭里加玉米、小米、红薯、木薯、芋头、豆角等。有时也用"煨"或"烤"的方法来加工食品，如煨红薯等各种薯类，煨苦竹笋、烤嫩玉米、烤粑粑等。居住在山区的瑶族，有冷食习惯，食品的制作，都考虑便于携带和储存，故主食、副食兼备的粽粑、竹筒饭都是他们喜爱制作的食品。劳动时瑶族均就地野餐，大家凑在一块，拿出带来的菜肴共同食用，而主食却各自食用自己所携带的食品。瑶人好饮酒，主要是以自家酿制的红薯酒、大米酒和高粱酒为主。油茶则是瑶民常饮和待客之饮料。在永州最有特色的是瑶家十八酿、瑶族瓜箪酒。

瑶家十八酿 江华县的瑶族人民古朴善良，热情好客，饮食文化十分丰富，风味饮食中除了瑶家腊味、荷叶粉蒸肉、瑶家野菜外，最有特色的便是"瑶家十八酿"。瑶家十八酿不是名菜，也不是珍品，但它是江华瑶家人饮食的名片。瑶家十八酿是以水豆腐、辣椒、魔芋、山笋、大蒜头、油炸豆腐、茄子、苦瓜、牛耳菜、油赖皮、螺蛳、米豆腐、香菇、丝瓜、莲藕、蛋皮、冬瓜、萝卜十八种菜肴伴以馅心做成的酿丸，以其天然生态、清爽鲜嫩吸引了山外来客。

十八酿中最难做的是水豆腐酿。江华瑶山水豆腐以码市、沱江两地最为出名，那里的水豆腐做工精巧，皆以上好的山泉水或井水与上好的山里黄豆磨制。这种水豆腐特别细嫩润滑，放在手心上给人一种吹弹即破、如玉凝脂般的感受。

瑶家瓜箪酒 自古以来，瑶族人民多居高寒山区，劳动强度相当大，经常要以酒来活血御寒；加之瑶胞好客，亲戚朋友来了，要以酒相待，开怀畅饮。因而大多数男女都爱喝酒，特别喜爱自家酿造的瓜箪酒。

酿制瓜箪酒以杂粮为原料。饮用时，将酿好的酒从坛中取出，加水用大锅熬煮后再用瓜箪舀出。瓜箪通常长约50厘米，形状像一个扩大了的弯把烟斗，又如同一段握紧了拳头的臂膀，圆圆的箪头有小碗般大小。瓜箪是瑶家房前屋后种植的一种葫芦瓜，成熟后在瓜头上开一个圆口即成。也正因为酒具独特的外形，所以酒才被称为瓜箪酒。在汉族和瑶族神话里，伏羲兄妹躲进葫芦避水藏身，延续人类的故事广泛传播。葫芦谐音"福禄"，隐喻人们对美好生活的向往。葫芦原先被用作盛放仙丹和美酒的器具，后来演变成一种文化符号。瑶族瓜箪酒将葫芦切去小半制成精妙酒具，同样成为生生不息的文化象征。

(三)居住风俗

瑶族居住的最大特点就是靠山,自古就有依陡岭而居的习惯,"大分散、小聚落"。过山瑶尤为分散,三五户一村,十余户一寨,有的"吃尽一山更尽一山"。近代除部分平地瑶村落选在丘陵、河谷地带外,绝大部分瑶族仍居住在高山密林中,或大多居住在石山、半石山地区。瑶族村落的选向依山势而定,只要是靠近水源和耕作区域、易找建筑材料、野兽出没较少的向阳处,便可建寨。

瑶家的住房主要有三种形式。第一种大多数是就地取材。用杉木条支撑起来的木棚屋,屋顶盖茅草或杉木皮,周围再插上一排排的小杂木为壁。棚屋的式样,有的是竹木结构房屋,上盖茅草,下围竹篱笆或小木棍;大都采用"人"字形,瑶语叫"僚",至今仍存在。第二种称为"半居家"式的住宅。在人迹罕至的深山中,就山挖成深六尺、宽丈余的山洞,约占居室的一半,另外一半在洞外,用杉木支架而成,上盖杉皮。第三种是干栏式"吊脚楼"。房屋的一半建在开出的平地上,另一半依山势坡度的大小,用长短不一的杉木支撑起来的吊脚楼房。多用木材,诸如木柱、木桩、梁拱等构件。上层住人,下层饲养动物,具有通风、散热、防潮等特点。这是根据瑶山"地无三尺平"的特点,因地制宜的一种形式,至今仍存在。居住在丘陵地区从事农业的平地瑶,一般过着定居生活,住房多是土木或砖木结构。

(四)节庆风俗

节庆风俗,除前面介绍过的盘王节外,具有浓郁瑶族特色的还有赶鸟节、四月初八牛过节、六月六尝新节、度戒仪式亦即成人礼等。

1. 赶鸟节

这是瑶族重要的民俗节日传统,广泛流传于永州瑶族和广西贺州瑶族中。每年农历二月初一,不管天晴还是下雨,方圆五六十里的山寨男女青年,穿上节日民族服装,扎着彩色的头帕,套着绣花的鞋袜,撑着青布洋伞,一群群聚会于山头路边。对男对女,或四男四女,对坐于青草坪、岩头上,或依偎于茶树蔸、松树下,甜蜜地对唱情歌、山歌、猜字歌、谜子歌,从日出到月升。渴了,喝一捧清泉;饿了,吃几个粑粑。鸟雀忘了归巢,唱歌人不想回家。直到夜露湿透了头帕,他们才男送女、女送男,送过岭、送过山,送一程,唱一段。快进寨门了,才含情脉脉地、依依不舍地分开。随着历史的演变,赶鸟节除了其历史民俗意义以外,一定意义上成了瑶族的情人节。

在青年们忙着赶会对歌、寻找知音时,老年人便在家里把连夜春出的糯米粑粑捏成铜钱大小,戳在竹枝上,插在神坛边或堂屋门旁,名叫"鸟仔粑"。说是鸟雀啄了粑粑,就会把嘴壳粘住,再也不会糟蹋五谷了。到了晚上,瑶家人还走村过寨地串火塘,品尝各家的"鸟仔粑",祈祷不生天灾人祸,辛苦一年能有一个好结果。

赶鸟节不仅赶出了好收成,也赶出了瑶家姑娘的美、小伙的帅,赶出了青年男女美丽自由的爱情,赶出了具有瑶家特色的情人节!

2. 四月初八牛生日

瑶家有一个传说:有一年,太白金星下凡查访民情,看到瑶家人世世代代生活在崇山峻岭之中,刀耕火种,生活艰难,于是禀告天庭,玉帝就派禾王送禾到人间,牛王下凡来耕田。自从牛王来到人间后,瑶家人就开始耕田插禾,年年风调雨顺,五谷丰登。为了感谢牛王,瑶家人就把牛王下凡的那天(农历四月初八)作为传统节日牛生日。

瑶家有一首民谣:"四月八,丢犁耙;七月半,谷满仓。收回万担粮,全靠牛帮忙。"四月初八这天,瑶家人最爱护牛,把牛当作神明来祭拜,还要让牛丢下爬犁休息一整天。这天,任何人都不准鞭打牛,不准斗牛,更不准杀牛,连骂牛亦不准。头一天,家家户户都要给牛洗一次热水澡,将全身梳刷得干干净净,还要将牛栏摆弄得整整洁洁,铺换一次新草,将红纸画上符咒或者剪成符咒贴在牛栏上,驱邪祛病送瘟神,保佑牛的健康。这天,牛吃的东西更是别致精彩。清晨,人们就争先恐后地把牛放出去吃露水草,越早越好。上午,用糯米酒糟煮鸡蛋给牛吃。瑶家有句俗话:"人过生,吃人参;牛过生,吃苦参。"下午,就用苦参熬泥鳅喂牛,使牛健康长寿。到了晚上,瑶家人还要选出最好最强壮的牛来聚会。瑶家人穿着节日的盛装,围着篝火,敲着长鼓,唱着欢快的歌儿翩翩起舞,为牛的健壮祈祷祝福。

3. 六月六尝新节

尝新节,俗称"吃新节",是湘、黔、桂等省区瑶族和仡佬族、苗族、布依族、白族、壮族的传统节日。瑶族过节的时间是每年的农历六月初六,其他民族多半是每年的农历七月初七。节前,主妇们到田间摘新谷,舂出喷香的白米。节日早晨,各家主妇蒸好新米饭,杀鸡宰鸭,举行家宴,以此预祝五谷丰登。

尝新节有祭祖祷神的意味,充满着感恩的文化内涵。据瑶族民间传说,稻种是狗从天上偷来的。当时世上没有水稻,狗漂洋过海跑到天上,在谷种上打了个滚,浑身上下粘满了谷粒,回来浮游天河时,身上的谷粒被水冲洗掉了,仅翘着的尾巴上剩下几粒谷子,于是人间才有了水稻。节日这天,把成熟最早的苞谷、稻谷等,摘下来做成饭食先喂给狗吃,然后全家才能进食。另一个传说是,据说在很久以前,瑶族先民在迁徙中,因遇风浪,船被打翻,粮食全部落入海中。正当人们为将来的生活发愁时,有人惊喜地从狗尾巴上找到了几粒谷种,于是把它种在地里,精心护理,秋后收获了许多粮食,瑶族人民渡过了难关。因此为记住狗的恩德,一年一度的新米饭要先给狗吃,以示酬谢。

传说文本虽然有些不同，主题却是一致的，这同时也反映了瑶族对狗的崇拜。

4. 度戒仪式

普通的说法是成人礼。在瑶族地区，凡年龄满十三四岁的男孩，都要经过一次受戒仪式，男孩举行过受戒仪式就表示成人了。度戒有许多宗教仪式（具有原始宗教色彩的道教仪式）。度戒时，师父传给弟子许多戒律，实际上也就是道教的戒律。从经书记载的时间看，早在明朝就有了度戒仪式，其目的就是通过宗教的形式，对后辈进行族史、族规、礼仪、道德的教育，让青年人遵守做人的准则，并接受种种考验，以成为真正的男子汉。在度戒中接受的规矩、戒律，将约束一个人一生的言行举止。其中的上刀山、下火海、翻云台，是度戒仪式的重要内容。男孩子举行了这样的仪式，完成了这些考验，才会受到公众的信任和社会的尊重。

上刀山，就是在 81 把刀组成的"刀山"云梯上，沿着刀刃梯一级一级一阶一阶地往上攀到顶端，然后再走下来。过火海则有几种形式：一是走过燃烧木炭的"火海"或是将若干个铁犁头烧得通红，度戒弟子赤足一步一步踏在上面疾行而过；再有就是"走足灯"，即用竹筒做成的灯排成行，一步踏一灯地走过，灯火依然熊熊燃烧。翻云台就是度戒弟子们一个个蹲下闭目，手抱双膝，从一个高三四米的方形台上侧翻跳下，落在铺有棉絮或稻草的藤网之中。这些仪式除了消灾免难的寓意外，还有培养人们不怕艰难险阻、勇往直前的大无畏精神之用意。

度戒仪式是培养、造就瑶族宗教和文化传统的继承人、传播者的重要途径，它维护了瑶族社会的伦理道德。瑶族度戒仪式历史悠久，保留了诸多道教因素及象征意义，说明瑶族是南岭走廊受道教影响最深的族群。

（五）耍歌堂与坐歌堂

1. 耍歌堂

耍歌堂是瑶族的文化大餐，是传统的民俗节日。耍歌堂分大歌堂和小歌堂，大歌堂历时三天九夜，每十年举行一次；小歌堂历时一天，三年五载举行一次。举行的歌堂或大或小，由瑶族民众商议决定，但时间都定在农历十月十六这天。这一天，也是全国瑶族共同的传统节日"盘王节"，加上五谷归仓，因此耍歌堂也有庆祝丰收、预兆来年风调雨顺的意味。节前，各家各户事先告知亲戚朋友，邀请他们届时玩耍。同时，宰牛猪，杀鸡鸭，磨豆腐，做糍粑，酿米酒，以招待四方来客。

耍歌堂第一个仪式是游神大典。三声土铳炮响开道，接着由一位瑶族老人，即村上最有权威的人，鸣锣率众过街串巷游行。游神结束，众人先分享酒饭佳肴。痛饮一番之后，人们来到歌堂，唱歌跳舞。瑶族姑娘身穿盛装，颈系银圈，头盘野薏米串的珠子，姗姗而至，排列在歌坪上方。先由司仪走进歌堂坪中间，引吭高歌，众人同声和唱，歌声震撼群山。随后，瑶族青年男子三五成群，身穿盛装，腰挂长鼓，呼啸而来，向着姑娘们跳起粗犷、刚健的长鼓舞，边舞边唱。一般先从催请歌唱起，然后唱盘问歌，继而唱初交歌、深交歌。姑娘们与他们互相对歌问答，形象生动的比拟，幽默诙谐的玩笑，生动深刻的警句，穿插其中，妙趣横生。未婚男女则倾吐衷肠，借此机会选择佳偶，热闹非常。

耍歌堂最后一个仪式是送神，即把祖先塑像送回庙宇里去。当夕阳西下时，集体参加的各种仪式已经结束，人们各自归家张罗晚餐。晚餐席间，宾主开怀畅饮。有的瑶佬当着六亲边饮边唱，多是叙述历史或神话故事。耍歌堂实质上是排瑶的宗教信仰大演习、民族服饰大展览、民间文艺大会演、民俗习惯的集中体现，是一个民族文化综合体的大展示！

2. 坐歌堂

坐歌堂则是瑶族婚俗的一个程式。在姑娘出嫁的前一天晚上，以新娘和伴嫁姑娘为一方，以新娘的嫂嫂、婶娘和已出嫁的姐妹为一方，互相对歌。对歌分说郎、道情、盘歌三部分。"说郎"由婶、嫂一方提问，新娘一方回答新郎的人品、外貌及恋爱经过。"道情"是对歌的中心，双方运用大量的比喻、双关等手法，回忆共同相处的美好岁月，表示依依惜别之情。父母兄嫂在道情中，把如何待人接物，尊老爱幼，勤俭持家，处理好婆媳、夫妻关系等唱给新娘听，新娘都一一作答。这实际是新娘离家前，长辈对她进行文明礼貌教育。新娘也可以对父母兄嫂提意见，无论多尖锐，父母兄嫂也不能生气。这些都可以说是瑶家的好传统，也是瑶家母女恩爱、姑嫂和睦的重要体现。"盘歌"则是对歌双方互相猜谜，歌声委婉悦耳，歌堂呈一派热烈欢快气氛，一直唱到雄鸡报晓，接新娘的人们到来为止。

（六）兰溪瑶寨与洗泥节

1. 兰溪瑶寨

兰溪瑶寨位于江永县兰溪瑶族乡的兰溪村。兰溪村2014年被评为第六批"中国历史文化名村"，同年被列入第三批"中国传统村落名录"。2019年，兰溪瑶寨古建筑群被公布为第八批"全国重点文物保护单位"。

兰溪勾蓝瑶是江永"四大民瑶"（勾蓝瑶、扶灵瑶、清溪瑶、古调瑶）之一。勾蓝瑶寨是典型的城堡式古瑶寨，外围是明代古长城，有三层防御工事，将瑶寨围得固若金汤。三层防御工事，层层把守，镇守该村通往外界的各个隘口，加上在两山之间的要道上筑造由大块青石构成的寨墙，可说是"一夫当关，万夫莫开"。这种类似古代关隘的城墙保护方式在一个少数民族村落出现，非常珍贵。据史料记载，蒋姓族人于唐元和年间（806—820年）定居于此，欧阳姓族人于北宋治平四年（1067年）迁徙于此，是名副其实的千年瑶寨。

兰溪勾蓝瑶寨古建筑群有培元桥、盘王庙、石鼓登亭、古民居、祠堂、戏楼、守夜屋、门亭、风雨桥、石质寨墙等古迹，还有瑶族表演厅，现存有湖南面积最大的祠堂壁画，并有古碑刻百余方。这些古建筑群，不仅体现了当地较为高超的民间工艺，也集中反映了当地的习俗，加之千余年的瑶寨历史和丰富的文化底蕴，具有很高的历史价值、艺术价值和科学价值。湖南省文物局局长陈远平高度评价兰溪瑶寨的历史民俗文化和人文生态环境，指出兰溪瑶寨传承脉络清晰、历史底蕴深厚、文化丰富多样、生态环境优美、乡风民俗沌朴，值得大家齐心协力、群策群力、用心用力做好文物保护利用工作，共同努力将其打造成新农村建设、美丽乡村建设及乡村振兴的标杆和典范。

2. 洗泥节

洗泥节，又叫苦瓜节，属于平地瑶民俗文化活动项目之一，是一种农耕庆典活动。时间是每年春耕芒种之后的农历五月十三，地点在湘南边陲的兰溪勾蓝瑶古寨。相传洗泥节起源于唐代，流传于湘桂粤交界的100多个平地瑶村寨。

据传，江永县瑶族的一支在明洪武二十九年（1396年）受朝廷招安，命名为"勾蓝瑶"。现有蒋、欧阳、黄、何等13姓2500余人。每年农历五月十三，人们春耕生产结束后，族人将人、牛身上的泥和犁耙上的泥巴都洗干净，这就是"插田上岸，功夫一半，牛补青食，人换新装，家人团聚，举族联欢"。旧时，勾蓝瑶的田地离村寨较远，瑶民们在田地里盖起"牛庄屋"，一层关牛，二层住人。农忙时节男人住在"牛庄屋"，方便生产；忙完了春耕，男人就可以洗净脚上的泥，回家歇上一阵。洗泥节正是瑶民们庆祝男人回家夫妻团聚的节日，是勾蓝瑶在长期农耕生活和稻作习俗中形成的以娱神、娱人为内容，以歌舞、祭祀活动为载体，含有历史、宗教、民俗、艺术、体育等诸多文化内容的瑶族传统民间文化活动。

在洗泥节当天，瑶胞们身着节日盛装，按照传统又隆重的礼仪，迎接来自四面八方的宾客。节日里除了"洗泥摸鱼"这一核心内容，还有"开门迎客""瑶寨探宝""龙狮拜门楼""祭拜谷神""女子拳术""洗泥酒宴"等活动。

洗泥节的高潮是在瑶寨井水池中举行的"洗泥摸鱼"活动。瑶民认为，摸到的鱼越多，寓意收成越好。在活动中，瑶汉同胞纷纷跳入宽阔的井水池中，用双手在水中摸索，不时会有人兴奋地将摸到的鲤鱼举过头顶，一脸喜气。

第九章　瑶乡风情之旅

图 9-6　江永勾蓝瑶寨洗泥节

图 9-7　洗泥节晚上的狂欢

洗泥节活动包含了勾蓝瑶优秀的建筑、饮食、婚姻、生产、生活、节庆等传统文化内容，承载着勾蓝瑶人许多重大的历史文化信息和原始记忆，以一种潜移默化、寓教于乐的形式，来展示勾蓝瑶人的精神世界，表达勾蓝瑶人对美好的理想、智慧与伦理道德的追求和向往。它所表现的内容与形式，对民族学、民俗学、人类学、美学和历史学等学科具有极大的研究价值，是弘扬瑶族优秀传统文化和传承中华传统美德的重要载体，更是促进民族团结、构建平安和谐社会的桥梁和纽带。在今天全域旅游、全民旅游的背景下，它融观赏性、参与性、教育性和娱乐性为一体，是一笔极为宝贵的旅游资源。

第十章 石刻书艺之旅

摩崖石刻保存了前代圣贤的手泽真迹,苍崖丹壁,点画犹然。今天的游客品读石刻艺术,便可与古人对话。湘桂古道一线,自古为荆楚至岭南的水、陆通道,加以水石清秀,流寓者多。因此,国内现存古代摩崖石刻,以湘南永州与桂北桂林最为密集。祁阳的浯溪碑林现存石刻505方,誉为"南国摩崖第一"。桂林的桂海碑林仅宋刻就有130余方,号称"唐宋题名之渊薮"。永州和桂林的摩崖石刻现存总量近4000方,这在海内外绝无仅有。对石刻和书法艺术感兴趣的游客,利用湘桂古道的方便,进行石刻书艺的体验之旅,绝对是一次文化大餐。

一、摩崖石刻"称第一"

(一)摩崖石刻简介

"摩崖"又作"磨崖","就其山而凿之曰摩崖"(冯云鹏《金石索》)。摩崖石刻起源极早。管仲曰:"古者封泰山、禅梁父者七十二家,而夷吾所记者十有二焉。"管仲生于春秋早期,比孔子还早一百七十多年。管仲的大意是,古时候有七十二家封泰山,他记得的只有十二家,即应该有摩崖石刻。秦始皇封泰山的刻石,有立石,也有摩崖,至今仍然矗立在泰山。

古代石刻可以分为墓志、石经、佛教造像题名、法帖、摩崖等若干大类。各类石刻都有其各自不同的侧重,墓志以史学为主,石经以经学为主,佛教造像题名以宗教为主,法帖以书艺为主,摩崖石刻则以文学为主。

摩崖石刻是一个交叉的学术领域,体现着多种学科交叉的方法与范式。其所涉及的学科,有史学、文学、哲学、文物考古学、文献学、文字学、书法艺术、民俗学等。总体而论,摩崖最突出之处在于文学、诗学,可谓"石刻上的文学史"。

就文体而言,摩崖石刻依托的是诗、赋、赞、颂、题名、题榜。就载体而言,摩崖石刻无非是珊瑚虫的冰冷死体化作坚硬的石灰岩。但在文体与载体的表象背后,却是文人群体有生命力的创造,体现着"从水石到人文"的创新和转化。

(二)永州摩崖石刻的流变

唐宋以降,全国所存摩崖石刻,以湖南为最多。湖南所存石刻,以永州为最多。永州石刻,以唐宋摩崖石刻最具代表性,尤以宋刻最为丰富,不仅在湖南省内,即使在全国亦有独特地位。永州的摩崖石刻呈现着清晰的阶段性和连续性,即唐代创始,宋代流衍,明代追摹,清代考据。

唐代的创始始于元结。元结先后两任道州刺史,跨越十年。道州今为永州道县。元结为唐代古文运动之先驱,其在永州所作诗文,有十九铭一颂,多刻于石上。欧阳修《集古录》云:"《大唐中兴颂》,元结撰,颜真卿书。书字尤奇伟,而文辞古雅,世多模以黄绢,为图障。碑在永州,摩崖石而刻之。"此后名家品评不断,由是开始,永州的摩崖石刻名声大著。今永州境内的浯溪、阳华岩、朝阳岩,均为元结开辟,而月岩、澹岩、玉琯岩、月陂亭等,也无不受到元结的影响。

"北宋迁谪名流,大半途出湖南"(柯昌泗《语石异同评》)。两宋是中国文治的顶峰,而党争也持续不断。永州名曰楚南,实邻五岭,是贬逐官吏的重要场所。流寓的名臣,有邢恕、范纯仁、黄庭坚、邹浩、汪藻、苏轼苏辙兄弟、范祖禹范冲父子、张浚张栻父子、杨万里杨长孺父子、胡安国胡寅父子、蔡元定蔡沈父子等。永州又处潇湘之会,"无土山,无浊水",清湘数丈,历历见底,江岸又多奇岩白石,最宜镌刻。"残腊泛舟何处好,最多吟兴是潇湘"。于是,凡贬谪者往往升华出名篇佳作,"一到潇湘必有诗",有诗便多刻于石。由此带来了宋代永州摩崖石刻的兴盛。

明代文官书卷气最重,府县官佐人人皆似理学家,以文载道,移易风俗。尤其是正德以后,历任永州知府曹来旬、何诏、吴永祯、黄焯、唐珤、范之箴、陈天然、钱芹、丁懋儒,大多能诗工文,在任时修建书院,推崇先贤遗绪,往往刻石纪咏。曹来旬创建元刺史祠,唐珤扩建为寓贤祠,丁懋儒开辟朝阳岩零虚山。黄焯编纂《朝阳岩集》《澹岩集》《浯溪诗文集》;唐珤著《唐永州集》三卷;钱芹著《钱永州集》八卷,"其学出自湛若水,后乃改从王守仁,故于姚江一派,推挹颇深"。所谓"寓永十贤",是指元结、黄庭坚、苏轼、苏辙、邹浩、范纯仁、范祖禹、张浚、胡铨、蔡元定,均为唐宋名流,而以理学人物居多,明人皆表彰追摹之,因而留下诸多摩崖石刻。

清代考据学大盛,于是承两宋金石学之余绪而张大之。如王昶《金石萃编》、瞿中溶《古泉山馆金石文编》、陆增祥《八琼室金石补正》、宗绩辰《留云庵金石审》、叶昌炽《语石》等,延及民国,柯昌泗《语石异同评》、杨殿珣《石刻题跋索引》等,往往得力于永州的摩崖石刻。瞿中溶两游浯溪,三宿中宫寺。宗绩辰寓零最久,自署"十三年潇上寓客"。"危崖绝巘,人迹不到之区,赢粮裹毡,架梯引缒,然后得之"(叶昌炽《语石》）。因此，清代文人在永州留下的摩崖石刻数量不是最多的，但对石刻作品的考据、收集、整理却是最多、最全的。

图 10-1　九嶷山福岩榜书

（三）永州摩崖石刻概览

据清代陆增祥《八琼室金石补正》一书的介绍，永州摩崖石刻景地有 26 处：含晖岩、宎樽、九嶷山、阳华岩、寒亭、朝阳岩、浯溪、华严岩、钴鉧潭、群玉山、澹岩、火星岩、九龙岩、三门洞、暖谷、石角山、幽岩、五峰岩、肖岩、狮子岩、万石山、月岩、柳岩、乌符山、驾鹤峰、自然屏。另据永州市文物处 2006 年统计，新发现的摩崖石刻景地又有零陵福仙岩，冷水滩黄阳司、祁阳雷泽洞、栖真岩、隐仙岩、东安沉香庵、诸葛岭、双牌渠清岩、宁远逍遥岩、象岩、无为洞、飞龙岩、紫霞岩、道县中郎岩、状元山、龙珠洞、华岩、江华秦岩、宝山岩、江永层岩、麒麟岩、同岩。在这些摩崖石刻中，已有七处被列入国家级文物保护单位，它们是：浯溪、阳华岩、朝阳岩、月岩、澹岩、玉琯岩、月陂亭。这七处留待下文专题介绍，这里先介绍其他几处较有影响的摩崖石刻。

石角山　这是距离永州旧城最近的一处唐宋石刻遗址，上多异花奇草，灵秀气象。山下松杉成林，茂树磴回。原有连络十余小峰，奇峭如画。远望之，如淡烟，如积霭。近即之，或林立，或峭露。立石攒起，日光照耀时，如群玉之在渊，浮动荡漾。又有圆石磊落，如有意排列，令人可坐可卧。山上有一处溶洞，隐邃清泠，名为"小隐洞"。后峰高处一石高耸斜挂，有若仙掌凌空，故称"石角"。唐柳宗元有《游石角过小岭至长乌村》五言长诗，石角山因此得名。宋邢恕作《小隐洞记》，小隐洞因此得名。旧有宋代邢恕、项卫等石刻题名，2004 年零陵修建日升大道，炸山采碎石以铺路，毁其大半，后经呼吁停止。今仅存宋刻一通，在垠地中山城楼盘包围中。

华严岩　在城内府学旁，原有唐柳宗直题名、刺史李坦题名、宋汪藻榜书、邢恕诗刻、柳拱臣题名、周敦颐题名等。20世纪70年代，东门岭居委会在岩侧办石灰厂，取石烧石灰，石刻全部被毁。

群玉山　有宋解舜卿题名、李士燮与柳应辰题名。《永州府志》："由零虚山后西南，过小白冈，白石磊磊，罗布冈下，曰群玉山，距河以西二里。石上刻诗记甚多。"20世纪60年代，因修建东风大桥，为取石料，将岩石全部炸毁。

火星岩　有宋程博文与邢恕题名、柳拱臣与尹瞻联句诗、李士燮与柳应辰题名、董居谊记并诗。《明一统志》："石壁所镵先贤题识，高下鳞次，穷日之力乃能尽阅。"因附近村民采石烧石灰，全部被毁，今废弃石灰窑尚在。

九龙岩　位于东安县芦洪市镇，又名九仙岩。两宋时正当邵永古道，岩旁建有寺庙，庙主名喜公，能诗，故有士人驻足。现存摩崖石刻40余幅。周敦颐任永州通判时曾代理邵州知州，从此经过并有题名："治平四年五月七日，自永倅往权邵守，同家属游舂陵。周敦颐记。"陶弼过此，有《古歌赠岩主喜公》诗刻。胡安国父子过此，有题记："武夷胡寅、宁、宏，侍家府自邵之舂陵过此，门人江陵吴郛、湘潭黎明从，绍兴元年十二月初六日。"题记出胡寅之手，正书而带行笔，极端庄秀逸之致，而石壁平坦，字迹如新，为九龙岩石刻保存最佳之作。

拙岩　位于零陵区猴滩沈家村，面临湘江，沉隐于天地间，与世久违。明弘治、正德间，零陵乡贤沈良臣偕童仆漫步于猴滩江畔，得群石昂露于下，中有一窟隐隐空通，首尾影映，然荆棘藤萝，苊然四塞，遂命童仆匍匐而入，除草伐木，掘去湮塞，扫涤布席，命其窟为"拙岩"。清道光《永州府志》卷二上《名胜志》载："县西十余里溇滩，临江有巨窟。明正德壬申岁，征士沈良臣尧夫始辟之，号拙岩，以拟柳氏之愚岛，有诗记，刻石多剥落不能尽辨，皆前志所未列于名胜者也。"

沈良臣，字尧夫，号西庄隐人，永州零陵人，受征而不仕，隐居乡里，结诗社，著有《拙岩集》。至清同治间，又有零陵先贤唐九龄，重修拙岩，作《重修拙岩记》《重修拙岩诗》刻石。唐九龄，号仙农，别号亦拙叟。曾为其母屈氏建节孝亭、节孝坊。清光绪《零陵县志》载："屈氏，儒童唐庆荣妻，年二十，夫遗故腹生子九龄，矢志守节。"

拙岩有小洞与大洞相连，岩洞前后贯通。小洞仅能容一人身，却内有乾坤，两壁有沈良臣诗词石刻10幅，其中《寄南岳高烁谷先生》一首环绕刻有纹饰，颇为别致。过小洞即入大洞，洞顶有小口与岩顶直通，洞口便可望见湘江，旧有石砌码头，洞壁存明清石刻16幅。拙岩洞内,明人所刻《拙岩记》与清人所刻《重修拙岩记》遥相呼应,唱和诗作记录着当年饮酒唱酬之盛况。唐九龄所刻《拙岩八景诗》,书法飘逸秀丽,精美绝伦。两壁另有十余方磨平的碑面,未及刻字。出大洞,可见洞口上端所刻"拙岩"篆字榜书。拾级而上,可至八角亭之旧址,唐九龄《八景诗》称之为"茆亭觞月"。缘阶而下,沿江以行,右侧绝壁陡峭,上刻沈良臣诗,其中一幅石刻长丈余,上有小字密书,当是沈良臣较早上石的诗作,惜临江岸,多已风化,难以辨识。行数十步,过石砌栈道,得一石台,《八景诗》称之为"仙矶垂钓",有唐九龄"忘机处"篆字榜书以及周崇傅所作跋语。

拙岩摩崖石刻于2014年被学术界重新发现,目前所见石刻总数共计32幅。其中诗词26幅,记文2幅,题记2幅,榜书2幅。诗词中有沈良臣拙岩写景诗词9幅:《摸鱼儿·春江坐钓》《月艇小隐》《茅亭坐雨漫兴》《渼滩庄屋书事》《拙岩成偶书》《石门闲□》《崖阴避暑》《临流洗砚》《石台坐钓》,还有春词《春怨行》《游仙词次韵》等。诗词占石刻总数的八成。

拙岩的特色与众不同。虽然濒临江干,水石依旧,但是拙岩晚至明代方始开辟,开辟者亦非府县官佐或流寓文人,而是零陵乡贤。沈良臣之兄沈良佐,官至广西左参政,但沈良臣本人是未尝出仕的一介布衣。沈良臣与友朋结诗社,拙岩乃是诗社吟咏之地。沈良臣有诗集,即题名《拙岩集》,则拙岩亦可视为他的别号。可惜《拙岩集》早已佚去,时隔五百年后,重新发现的拙岩沈良臣诗词石刻16首及和韵8首,大致可以视为《拙岩集》的部分复原。

拙岩的表象,所谓"其旨远,其辞文""心生而言立,言立而文明",在于文学一端;而拙岩之得名,取义周濂溪《拙赋》"天下拙,刑政彻,上安下顺,风清弊绝"。因此,"拙岩"之取名,乃是寄情思于义理,可视为濂溪风范之余绪。

二、古今闻名"七国宝"

永州地区为石灰岩地貌,摩崖林立,岩洞密集,南来北往的文人士子见山石清秀,景致幽邃,大都是平生很难见到的奇观,激起了他们创作的欲望,他们以摩崖为载体,在石刻上纪咏题词,历两千年而不绝,因此形成了永州摩崖石刻景观群。今永州境内有阳华岩、朝阳岩等七处国家级文物保护单位,现将七大全国重点文物保护单位简要介绍如下。

浯溪 浯溪摩崖石刻位于祁阳浯溪镇以南五里湘江江畔,始刻于唐代,集中保存了唐、宋、元、明、清至民国历代名人的诗词题刻506方,是我国现存最大的露天碑林。

1988年被公布为"全国重点文物保护单位",2004年被评为"百姓喜爱的湖南百景"和"湖南十大文化遗产"。

浯溪原为无名小溪,与湘江交汇处,临江三峰耸立,怪石嶙峋,绿树浓荫,清幽秀俊。唐广德元年(763年),诗人元结出任道州刺史,舟过祁阳,"爱其胜异,遂家溪畔"。以"吾"从"氵"、从"广"、从"山",将溪命名"浯溪",在溪口山峰建庼命名"㦧庼"(㦧亭),将中峰高石山命名"峿台",合称"三吾",并撰写"浯溪""㦧庼""峿台"三篇铭文,请篆书家季康、袁滋、瞿令问,用玉箸、钟鼎、悬针三种篆体,分别书刻于溪畔石上。唐大历六年(771年),元结请著名书法家颜真卿将上元二年(761年)所撰《大唐中兴颂》的大字正书摩刻于峿台崖壁,碑面10.2平方米见方,碑文左起竖书,共21行332字,字径15厘米。因文绝、字绝、石绝,世称"摩崖三绝",享誉中外。

图10-2　浯溪碑林榜书——圣寿万年

自此,历代名人纷至沓来,览胜留题摩刻于石。现存506方石刻全部刻于崖壁之上,最高的距地面30余米,最低的在溪畔崖脚。有唐碑17方,宋碑116方,元碑5方,明碑84方,清碑93方,民国碑9方,时代不明碑182方,其中393方保存基本清晰。字体有篆、隶、楷、行、草书等，内容以诗词为主，现存诗词400余首，赋、铭、颂、题记、联语、绘画、榜书等也相当丰富，堪称中国古代名家书法博物馆，颜体、二王体、褚体、玉簪体、钟鼎体、悬针体、黄体（黄庭坚）、米体（米芾）、欧体、魏碑体、八分体等，均有代表人物的代表性作品。碑林的史料价值也很高，其中有关"安史之乱"、中越关系、茶盐管理等记载，既可补史又可证史。

浯溪名碑很多，除誉为"三绝碑"的《大唐中兴颂》外，元结的《欸乃曲有序》《浯溪铭有序》（季康书，篆书）、皇甫湜的《题摩崖》等也是享有盛誉的名碑。

朝阳岩 朝阳岩石刻位于零陵古城潇水西岸朝阳岩内。朝阳岩亦名西岩，景色佳异。岩上有山，名零虚山。每当旭日初升，云蒸霞蔚，成古郡名胜"朝阳旭日"，为永州八景之一。

唐永泰元年（765年），道州刺史元结诣都计兵，途经朝阳岩，喜其山水佳胜，因其岩口东向，名之为朝阳岩，并作《朝阳岩铭》和《朝阳岩诗》勒于石上。因元结盛名，岩名大著。唐著名思想家、文学家柳宗元谪居永州十年，常游朝阳岩，写下了《江雪》《渔翁》《游朝阳岩遂登西亭二十韵》等诗。元柳而后，历代名人慕名而至。或经营朝阳岩：唐初创茆阁，明建"元刺史祠"（"寓贤祠"），主祀元结、柳宗元、黄庭坚等名人贤士；清咸丰年间，永州知府杨翰在上洞建"篆石亭"，使之更为可观。或留诗题记：唐有元结、柳宗元、李坦，宋有黄庭坚、周敦颐、邢恕、张子谅，明有徐霞客、王夫之，清至民国以来，何绍基、吴大澂、杨翰、邓守之、林绍年、谭延闿、林伯渠等约400人游朝阳岩并撰文题刻。

朝阳岩石刻，聚山水洞壑之灵气，是人与自然相融相契的杰作，这也正是吸引文人墨客、达官贵人、芸芸众生来此游历并吟咏题刻的重要因素。岩上有零虚山，怪石嶙峋，孤峰独立。岩临潇水，有泉自岩之中洞泻入洞前深潭，四季不涸。"寓贤祠""篆书亭"掩映绿荫中，偶尔伸出一角檐宇，给静谧的画面带来一抹灵动，生机勃发，"仙迹古洞"便成人间仙境。朝阳岩面朝东方。唐代柳宗元《渔翁》诗云："渔翁夜傍西岩宿，晓汲清湘燃楚竹。烟消日出不见人，欸乃一声山水绿。回看天际下中流，岩上无心云相逐。"朝阳岩的美景，活灵活现地倾泻于世人的面前。明鲁承恩《朝阳岩寓贤祠碑》云："湖南惟永多岩洞，惟朝阳襟潇按湘，面城背岭，独为幽奇。"元结初游朝阳岩，作《朝阳岩铭》《朝阳岩下歌》。其后历代名贤题咏不绝，迄今已历1250余年。

朝阳岩石刻现存150余方，碑刻书体有篆、隶、楷、行、行草、狂草，诸体俱全，风格多样，具有甚高的历史、艺术、科学价值。2013年被公布为第七批"全国重点文物保护单位"。

澹岩 又写作"淡岩",或称"澹山岩",位于零陵区富家桥镇富家桥村淡山脚下,离永州古城南二十五里。因淡氏居其下,或因其地宜淡竹,故名。淡岩风景秀丽,每当中秋佳节的半夜时分,皓月当空,皎洁的月光穿过岩顶的天石洞射入岩内,照亮月台,形成半圆形状,遂成古郡名胜"淡岩秋月",为永州八景之一。

图 10-3　澹岩榜书——澹山洞天

澹岩摩崖石刻众多,其年代最早可追溯至秦代,现发现有年代可考的最早石刻是宋熙宁七年(1074年)的柳应辰题记。宋崇宁三年(1104年)黄庭坚游淡岩写下了《澹山岩诗》二首,并发出"永州澹岩天下稀"之感叹。自此,历代文人名士摩肩接踵,纷至沓来,淡岩石刻也日渐增多。宋有柳应辰、黄庭坚、周敦颐、张子谅、邹昌龄、李建中、宋迪、范祖禹、杨万里、卫樵,明有徐霞客、张勉学、王泮、顾璘,清有杨翰、萧昌炽、周崇傅,民国有韦荣昌等400余人游淡岩并撰文题刻。以黄庭坚诗刻、周敦颐题名、柳应辰《澹岩记》、宋迪题名等最为珍贵。

澹岩石刻,文献记载的共有206方,其中宋代152方,元代2方,明代28方,清代24方。20世纪60年代,澹岩近旁建工厂,洞内用做厂房,很多石刻被毁坏,现存出露于外、人可观之的有35方。碑刻书体有篆、隶、楷、行、草,诸体俱全,风格多样,具有很高的历史、艺术、科学价值。2013年被公布为第七批全国重点文物保护单位。

月岩 旧称"穿岩",别称"太极岩",在道州城西约四十里处。月岩的顶部是一个巨大的天坑,两端山腹间又有东西贯通的岩洞,由此形成了一岩三洞的奇观。因顶部是洞开的,环壁也是洞开而且贯通,所以月岩是三洞相连,洞中同时可望三月。观者步步挪移,随着观察位置的缓缓变化,岩洞顶部就会渐渐呈现上弦月与下弦月的月相变化，恰似"太极生两仪"。月岩相传为周敦颐早年悟道之所。明代有人称周敦颐幼年时曾经在此乘凉读书，领悟太极。月岩今存石刻 63 幅，以南宋淳熙六年（1179 年）道州知州赵汝宜题刻为最早。

图 10-4　月岩石刻局部

2013 年，月岩石刻连同濂溪故里古建筑群被公布为第七批"全国重点文物保护单位"。

玉琯岩　玉琯岩位于宁远县境内舜源峰南 2 公里处，原称何侯石室，相传尧舜时何侯南迁居此，悬壶济世。岩额"玉琯岩"三字为宋代书法家李挺祖所书。玉琯即玉笛。《尚书大传》载："舜之时，西王母来献玉琯。"汉章帝时，零陵文学奚景，于舜祠下得白玉琯，故有"玉琯岩"之称。玉琯岩山体小巧玲珑，独立田峒之中，山上奇石怪树遍布，素有"天下第一盆景"之美誉。有"九疑山"大字榜书，每字 1.7 米见方，为南宋书法家方信儒所书。有东汉蔡邕《九疑山铭》、清韩晋昌《奉命恭祀虞陵》小楷诗刻等，具有很高的历史价值。2004 年，在玉琯岩前发掘出占地 3.2 万平方米的汉至唐宋时期的古舜庙遗址。遗址建筑规模宏大，工艺精湛，文物丰富，在海内外引起轰动。

2006 年，玉琯岩石刻与玉琯岩古舜帝庙遗址一起被公布为"全国重点文物保护单位"。

月陂亭　月陂亭在江永县上甘棠村，村旁石崖为天然石亭，可遮风雨，以其圆曲如月，故名"月陂亭"。这里原是通向两广的古驿道，由于地形奇特，依山傍水，与隔河的寺、楼、阁、台相映成景，是过往行人的最佳休息之处，也是村里文人吟诗作赋的好地方。因此，月陂亭便成了镌录名言、记述要事的档案库。现存摩崖石刻 27 幅，最引人注目的是"忠孝廉节"四字，为文天祥手书赠与周德源，周视为珍宝，带回老家上甘棠，置为座右铭。清乾隆二十八年（1763 年），永明县正堂王士俊临摹刻于月陂亭。

2006 年，包含月陂亭石刻在内的上甘棠村古建筑群被公布为"全国重点文物保护单位"。

阳华岩　阳华岩摩崖石刻位于江华瑶族自治县沱江镇竹元寨村回山脚下，山势向阳，陡峭如劈，中有石磬，下有寒泉，风景宜人，自古有"九疑万峰，不如阳华"的美誉。清道光《永州府志》载："江华复岭重冈，地远而险，其山之秀异者，自古称阳华岩。"

图 10-5　阳华岩石刻

唐永泰二年（766年），时任道州刺史的元结巡视江华，游玩至此，乘兴而作《阳华岩铭有序》："道州江华县东南六七里有回山，南面峻秀，下有大岩，岩当阳端，故以阳华名之。吾游处山林几三十年，所见泉石如阳华殊异而可家者木有也，故作铭称之。"唐代书法家、江华县令瞿令问以隶、篆、籀三种字体同时书写并刻之摩岩，石刻长290厘米，宽73厘米，世称"三体碑"，以为名迹。自此，宋、元、明、清历代文人骚客来此访问，咏题甚多，沿袭题刻，蔚为大观。现存唐、宋、元、明、清石刻共42方，其中唐宋碑刻38方，大者高2米、宽1米，小者0.3米见方。书体有大小篆、隶、楷、行、草，内容为题记、游记、述事、诗词、图铭等。比较独特的是宋代安圭的《道州江华县阳华岩图并序》，高0.93米，宽1.13米，上部为篆体图题，中部为阳华岩地理形势图，下部为楷体图序，44行，每行15字，描绘了阳华岩20余处自然景观。

元结在永州开辟了三处摩崖石刻：浯溪、朝阳岩、阳华岩。阳华岩为第一处。2006年，阳华岩摩崖石刻被公布为第六批"全国重点文物保护单位"。

对于永州摩崖石刻的文化旅游价值，潇湘意文化旅游投资股份有限公司董事长王天明表示，公司计划打造一系列摩崖石刻文创产品，目前已开发出"大唐中兴颂"系列文创，具体产品有：茶巾、围巾、布袋、笔记本、伞等。下一步将开发黄庭坚"永州淡岩天下稀"和何绍基"归舟十次经浯溪"等系列文创。力争将潇湘意摩崖石刻拓片博物馆打造成永州市首家研学基地，让永州的孩子从小感受摩崖石刻的魅力，并体验拓片的制作过程，计划年接待研学团100次以上。打造永州摩崖石刻旅游线路，以冷水滩为核心，以现有交通为依托，串起七个摩崖石刻景区，组成永州旅游"北斗七星"。

三、"千古草圣"怀素

怀素是中国书法史上最著名的草书大师，被誉为"千古草圣"。怀素本姓钱，因从小出家当和尚，故称之为释怀素或僧怀素。

（一）怀素其人其事

关于怀素的生平事迹，清康熙九年（1670年）《永州府志》卷二十四有比较全面的介绍。

怀素，字藏真，零陵钱氏子。曾睹二王真迹及二张草书，学之。性疏放不拘，好饮酒。酒酣兴发，遇寺壁、里墙、衣裳、器皿，靡不书之。贫无纸，曾于故里种芭蕉万株，以供挥洒。名其庵曰"绿天"。如是者盖数十年。退笔无算，乃瘗①之，镇以塔，为笔冢。旁有小石池，洗研水曾黑。又漆一盘一版，久之，盘版皆穿。怀素伯祖惠融禅师，亦学欧阳询书，故乡中呼为"大钱师、小钱师"焉。后游中州，遇颜真卿，名遂震京师。怀素曾曰："学无师授，如不由户而出。"乃师金吾曹钱塘邬彤②，授其笔法。至中夕，彤谓怀曰："草书，古势多矣。惟太宗以献之书如凌冬枯树，寒寂劲硬，不置枝叶。张长史③亦谓彤曰：'孤蓬自振，惊沙坐飞。'余师所为，故得奇怪。凡草圣，尽于此。"怀素不复应对，但连叫数十声，曰："得之矣！"经岁余，辞去。彤曰："万里之别，无以为赠，吾有一宝，割而相与。"先时，人传彤有右军《恶溪》《小王》《骚劳》三帖④，怀素疑以此见与。及临路，彤乃曰："草书竖牵似古钗脚，勉旃！"至晚岁，颜太师以怀素为同学，邬兵曹弟子问曰："夫草书，于师授之外，须自得之。张长史睹孤蓬、惊沙之外，见公孙大娘剑器舞，始得低昂回翔之状，未知邬兵曹有之乎？"怀素对曰："似古钗脚，为草书竖牵之极。"真卿微笑，经岁月不言。怀素又辞去，真卿曰："师竖学古钗脚，何如屋漏痕？"怀素抱颜公脚，唱"贼、贼"久之。真卿徐问曰："师亦有自得乎？"对曰："夏云多

---

① 瘗（yì）：掩埋，埋葬。
② 邬彤：钱塘人，书法家，张旭的学生。曾在京师任过金吾兵曹之职。
③ 张长史：张旭，狂草大家，曾任长史。
④ 三帖：指王羲之的《恶溪帖》、王献之的《小王帖》《骚劳帖》。

奇峰。夏云因风变化，初无常势，又遇壁折之路，一一自然。"颜公曰："噫！草圣之渊妙，代不绝人，可谓闻所未闻之旨矣！"有《自序》《藏真》《律公》《千文》诸帖，流传于世。

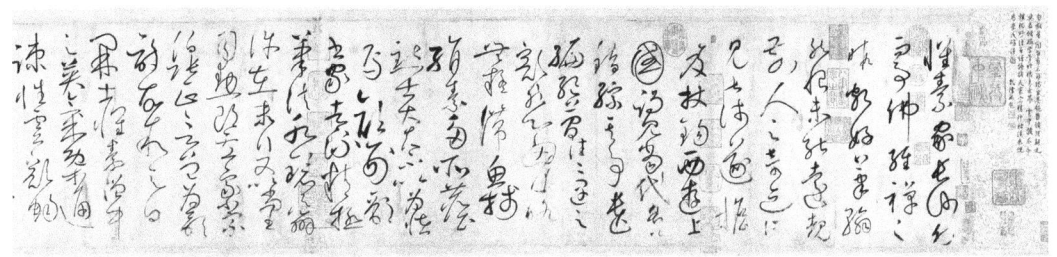

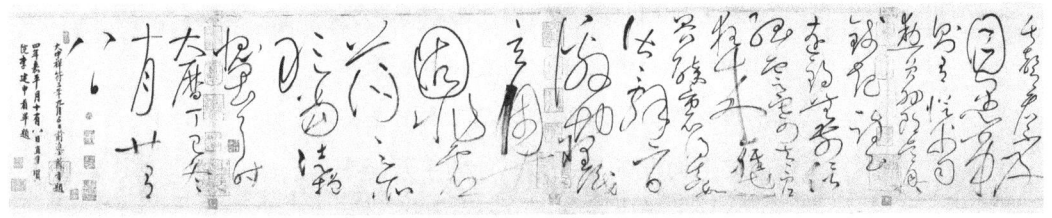

图 10-6　怀素《自叙帖》局部

怀素家境贫寒，从小就出家为僧，文化程度应该是不高的。但他对书法有着天然的爱好，常常以寺庙的墙壁作纸练字，因而遭到住持长老的斥责。怀素发现了用芭蕉叶练字的方法，在院中种了上万株芭蕉树，才不愁无"纸"可写；"纸"用得多，笔也用得多，写秃的笔堆成了"笔冢"。怀素还制作漆盘、漆板，以水写字，直写得"盘板皆穿"。正因为怀素的这份爱好、执着和勤奋，使得他的草书在青年时代就独步书坛，晚年的李白见了怀素的书法大加赞赏，写诗夸曰："少年上人号怀素，草书古今称独步。"特别是当时的长沙幕府御史窦翼，更是预见了怀素草书的永久性价值："连城之璧不可量，五百年知草圣当"（《怀素上人草书歌》）。这不仅是对怀素草书价值的肯定，更是对其书法地位的肯定。从窦翼到现在，时间过去了一千多年，怀素的"草圣"地位仍是不可撼动的。

（二）《怀素书法全集》与存世碑刻

有唐一代是中国书法史上最为光辉灿烂的时代，欧阳询、颜真卿、柳公权、张旭、怀素、孙过庭等一流书法家均产生在这一时期。至唐代中叶，书法家们不满足于秀雅为尚的书风，大胆革新，融注了时代发展的活力。以颜真卿为代表的楷书大家和以张旭为代表的草书圣手，另树新帜，以雄御秀，寓俗于雅，化纤巧为刚健，变柔丽为俊逸，他们留下的书法作品极大地丰富了中国书法艺术宝库，确立了唐代人尚法的特色，开创了一代新书风。怀素无疑是这个时代的书坛骄子,他秉天地之灵气,得时代之风染,张如椽之巨笔,拓展了书法艺术的新天地。他"以狂继颠",赢得了"颠张狂素"的美誉,与一代草书圣手张旭联袂成为书法天空中极为耀眼的双子星座,将草书艺术推上了一个前所未有的高峰,而且是至今仍然无人比肩的千古高峰。

怀素的一生,不仅练字勤奋,创作更是勤奋而快捷。李白的《草书歌行》是这样描述怀素草书创作的:

  少年上人号怀素,草书天下称独步。
  墨池飞出北溟鱼,笔锋杀尽中山兔。
  八月九月天气凉,酒徒词客满高堂。
  笺麻素绢排数厢,宣州石砚墨色光。
  吾师醉后倚绳床,须臾扫尽数千张。
  飘风骤雨惊飒飒,落花飞雪何茫茫。
  起来向壁不停手,一行数字大如斗。
  恍恍如闻神鬼惊,时时只见龙蛇走。
  左盘右蹙如惊电,状同楚汉相攻战。
  湖南七郡凡几家,家家屏障书题遍。
  ……

李白此诗由于语言率直,与以往的诗风稍有差异,曾引起历代学者的怀疑和争论。据郭沫若考证,《草书歌行》"当作于长流夜郎,遇赦放回,于乾元二年(759年)秋游零陵时所作。"诗中所说的"湖南七郡",是指长沙郡、衡阳郡、桂阳郡、零陵郡、连山郡、江华郡、邵阳郡,此七郡皆在洞庭湖之南,所以说"湖南",与今天作为行政区域概念的"湖南"不尽相同。诗中所描写的是青年怀素草书创作的情况:"笺麻素绢""须臾扫尽数千张";"向壁"书写,则更是"一行数字大如斗""时时只见龙蛇走",以至于"家家屏障书题遍"。可见他创作的作品之多。然而,创作的作品虽多,流传下来却不容易。

为搜集整理怀素流传下来的作品,永州的一批有心人颇费了一番功夫。由永州老年书法协会主席刘高志牵头,在零陵区委、区政府的支持下,几位老年书法家,花了几年时间对怀素的作品进行搜集整理,一共得到了13幅作品:《自叙帖》《藏真帖》《永州绿天庵千字文》(残)《食鱼帖》《苦笋贴》《右军帖》《论书帖》《小草千字文》《大草千字文》《圣母帖》《律公帖》《四十二章经》《秋兴八首》。这些作品,件件堪称国宝,分别收藏于陕西西安碑林、北京故宫博物院、台北故宫博物院、辽宁博物馆、上海博物馆以及永州零陵区等处，有的为私人收藏，其中《大草千字文》拓本现为美国安思远所藏。2009年，这些作品辑录整理为《怀素书法全集》，由刘高志担任主编、黎笃田担任执行主编，由西泠印社出版社出版。该书彩印精装，字迹清晰，每页草书边上还附有释文，方便鉴赏阅读；作品的前面，有学者兼书法家的易先根所写的长文《怀素评传：道悟神通意象飞》，对怀素的生平和创作进行了全面的阐释；作品的后面，附有怀素年表、怀素行踪示意图和作品注释。因此，《怀素书法全集》一书，既可为书法爱好者的普及性读本，也可作为书法研究者的第一手资料；既填补了我国对怀素书法及其生平研究的空白，更具有艺术鉴赏价值、史料研究价值和收藏价值。

怀素的草书，还有一些碑刻作品流传下来，保存在零陵古城的有三方，颇具文物价值。

《千字文》碑 在绿天庵右侧护碑亭中（现零陵地区精神病医院内）。因年代久远，石质风化，今可辨认的字迹不多。此刻首题《绿天庵瑞石贴》6篆字，尾题"唐大历元年六月既望，怀素书"12字。据清嘉庆《湖南通志》载："似是西安石刻之临本。"道光《永州府志》载："此刻鉴赏诸印，大都明初人为多，其刻当在中明之世"。此碑后跋有"都梁饶聚弘"的小楷8行，及"僧通藏、通浩、浮坞李宁镌"数字。

图 10-7 零陵绿天庵遗址保存的怀素《千字文》碑局部

《秋兴八首》碑 唐天宝十一年（752年）三月二日僧怀素书写的杜甫诗，并年月题款共81行。此碑原存于绿天庵右侧，20世纪50年代初期被毁。1981年，根据拓本重刻于石。碑作长方形，宽0.885米，高1.855米，厚0.185米。现存柳子庙中。

《圣母帖》碑 原与《秋兴八首》等碑刻同放于绿天庵右侧，碑右宽度和长度与前二碑相同。20世纪50年代初期被毁。1981年,永州市文化馆重刻于石,现存柳子庙中。此碑首题《绿天庵瑞石帖》6字篆书。据清嘉庆《湖南通志》记载:"审其字迹,盖亦近人取西安元祐石刻本重模。"重模本虽逊于原刻,但不同于赝品,且流传已久,仍为世所珍视。

(三)怀素的书法成就:"尚法"与"无法"

用通常的眼光来看,"张扬个性"与"严守法度"应该是背道而驰的,张扬个性的人往往不愿受法度的约束,创作上犹如天马行空般自由挥洒。但从中国文学史、书法史来看,却又是另外一番景象:从魏晋到盛唐,正是张扬个性的时代,但创作上的法度也是越来越严谨的时代。从魏晋开端,到盛唐发展成熟的格律诗,其法度的严谨已经令后人望而却步,而书法上"法度"的严谨程度更可以说是空前绝后。后世在总结中国书法不同发展时期的特点时,以"晋尚韵、唐尚法、宋尚意、明尚态、清尚质"来进行归纳和概括,这一说法犹如人们常说的"唐诗、宋词、元曲、明清小说"一样,成为权威性定论,同时也说明,唐代书法的"尚法"是众所公认的突出特点。

关于唐代书法的"尚法"特点,有人曾给予了很好的总结:"确实,一提起唐代书法,便离不开楷书,离不开初唐四家、颜筋柳骨。唐代楷书,规矩之森严、法度之完备、风格之繁复,已达到了令后世望而却步的程度。唐代的书法家及书法理论家研究技法、法度的著作特别多:欧阳询的《八诀》《三十六法》,李世民的《笔法诀》,张怀瓘的《论用笔十二法》,颜真卿的《述张长史笔法十二意》等,对于书法的执运、点画、结体、章法等提出了一系列的规则、范式,充分体现了唐人自觉的尚法意识。"① 就是在这种严格的规则、范式中,唐代文人的个性张扬达到了极致,唐代的诗歌和书法创作的成就更是空前绝后,而由唐代诗歌与书法氤氲而成的盛唐气象,则更是令后人艳羡不已。

怀素在中国书法史上为什么会有这么高的成就和地位?这首先是因为他的勤学苦练,积累了深厚的书法功底,有了自如地驾驭书法艺术的魄力。

怀素的"苦练"不再赘述,这里主要说他的"勤学"。"怀素在'蕉叶练字'的艰苦历程之中,深谙广学博取之道。他在这段少年岁月,从习练欧阳询、钟繇楷书开始,继而专攻草书,取法二王,更法二张。从'取法'与'更法'中,他参透了草书之道,竟得草书三昧,而被尊为'少年上人',一时声名大噪。"② 然而,即使是"声名大噪"之后,怀素也没有就此止步。他先是南下广州,向"工草隶,又工楷隶"的广州刺史徐

---

① 周桂清:《水乳交融——唐代书法"尚法"与"尚情"》,《安徽文学》,2008年第6期。
② 易先根:《怀素评传:道悟神通意象飞》,见《怀素书法全集》,西泠印社出版社2009年版,第4页。

浩请教，对徐浩"怒猊挟石，渴骥奔泉"的笔法心领神会，深受启发。接着又北上长安，拜张旭的弟子邬彤为师，邬彤以张旭所传草书真传"孤蓬自振，惊沙坐飞"诲之，怀素更是茅塞顿开；又去洛阳拜一代宗师颜真卿为师，颜真卿耳提面命，强调草书"须真积力久，自楷书中来"，并特别指出"夫草书于师授之外，须自得之"（陆羽《怀素别传》）。自此，怀素既学习他人，又"外师造化，中得心源"，草书更是大为精进。

所谓"外师造化"就是向自然学习。怀素自幼与山野打交道，对大自然的神奇美妙倍感兴趣，后来便将自然造化之妙借鉴到了书法创作之中。他曾经与颜真卿谈到了这种妙用："吾观夏云多奇峰，辄常师之，其痛快如飞鸟出林，惊蛇入草。又遇坼壁之路，一一自然"（陆羽《怀素别传》）。怀素所说的"自然"，既是指草书书写的自然，也是指情感抒发的自然。怀素的狂草，"狂"就狂在痛快淋漓、迅疾酣畅，是随着创作激情的自然倾泻所进行的自然书写。对此，窦冀的《怀素上人草书歌》曾有过精彩的描述："狂僧挥翰狂且逸，独任天机摧格律……粉壁长廊数十间，兴来小豁胸中气……忽然绝叫三五声，满壁纵横千万字。"李白的《草书歌行》所描述的则更是奇妙无比："恍恍如闻神鬼惊，时时只见龙蛇走。左盘右蹙如惊电，状同楚汉相攻战……"这样的创作情景，与其说是书法创作，不如说是宣泄一种火暴的情感。

在各种书体中，怀素的草书无疑是受法度约束最少的，是最能抒情写意、最便于张扬个性的一种书体。草书发展到怀素这里，已达到巅峰状态，技艺上已经炉火纯青。怀素利用自己的狂草艺术，纵情地挥洒自己的豪放情怀；但就在这纵情任性、自由挥洒的过程中，却又能做到"醉不失态""狂不越度""无一点画不入规矩"，处处体现出书法艺术必不可少的法度，真正做到了"随心所欲而不逾矩"，达到了"法"与"情"、形式与内容完美结合的最高境界。

四、"书联圣手"何绍基

（一）何绍基生平与文学成就

何绍基（1799—1873年），字子贞，号东洲，晚号蝯叟，湖南道州（今湖南永州道县）人。道光进士，官编修、四川学政。著有《惜道味斋经说》《说文段注驳正》《东洲草堂诗集》《东洲草堂文钞》，与丁晏同撰《山阳县志》，及刊刻《宋元学案》等。《清史稿·艺术传》云："咸、同以来，以书名者，何绍基、张裕钊、翁同龢三家最著。"

何绍基博览群书，才能全面，不仅长于经学，颇有学术成就，又能工诗作文，文学成就更高；为官，也是政绩显著；长期担任长沙城南书院的山长，在教育方面也颇有贡献。但他最突出的成就在书法。

何绍基受家学的影响，从小就开始了诗歌创作，他在《东洲草堂诗序》中说自己：

童年即学为诗，弱冠时多拟古乐府。辛巳南旋，稿本落水失去。嗣于经史《说文》考订之学，嗜之日深，虽不废吟咏，非所专习也。性既平拙，复守严训，一切豪诞语、牢骚语、绮艳语、疵贬语，皆所不喜，亦不敢也。先公之言曰："立身涉世，除去克己慎独，更无著力处。"诗文之道，何能外是。十年以来，庆涵日事搜辑，兹最录丙寅以前诗，得二十八卷，求弁言于检端，因书此为儿孙勖。同治六年丁卯仲冬月蝯叟何绍基识。时年六十有九。

图10-8　何绍基画像

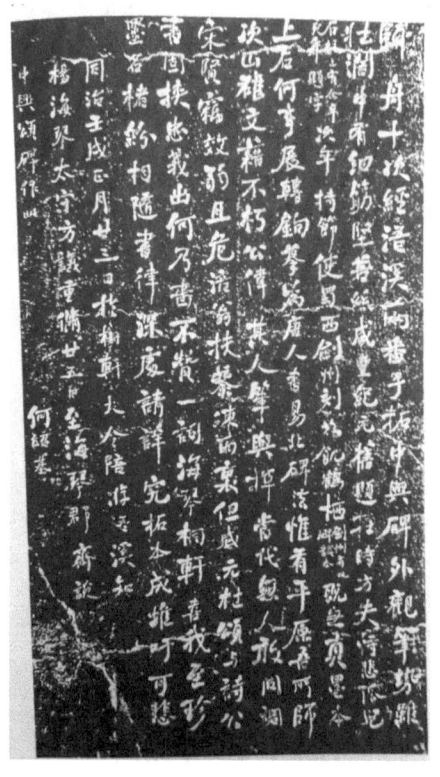

图10-9　浯溪碑林何绍基碑刻拓片

从现在流传下来的诗歌看，何绍基最早的存稿《雪》《送孙镜堂师就馆滦州》二首是13岁时创作的。且看他的《雪》：

烈烈四山风，收归夜气中。

无声三尺雪，破屋一灯红。

此诗的语言直白，虽不免稚气，但最后一句别出新意，将漫天雪景点染得生动形象，不失为一首雪景佳作。

年轻的时候，何绍基嗜书如命，博览群书，这为他后来的"以文为诗"打下了基础，也为他的书法创作积累了丰富的营养，19 岁时所写的《生日书怀》（其一）可见一斑：

> 爱云如爱影，爱月如爱友。
> 爱花如爱色，爱山如爱酒。
> 惟书爱最真，坐卧不离手。
> 架上三万签，经史任所取。
> 汪洋汇众流，纵横恣谈薮。
> ……
> 往往我欲言，已言古人口。
> 爱书实爱我，过眼皆吾有。
> 世有跅驰人，亦知爱我否？
> 少小不努力，老大呼负负。
> 读书须及时，吾年已十九。

这是一首自我表白之作，也是一首励志之作，更重要的是创作经验的积累和直白。正因为有了很多的读书积累，才会有"往往我欲言，已言古人口"的尴尬；而要避免这种尴尬，就需要读更多的书——"转益多师是吾师"，即书读得足够多了，广泛地汲取别人的营养并将它转化为自己的东西，就能"自铸伟辞"。所以何绍基说"爱书实爱我，过眼皆吾有"，即人生的成长离不开书本的营养，要珍惜自己的人生，就应该珍惜书本，所以爱书也就是自己。一个涉世未深、19 岁的小青年，能有这种见识，殊为难得。

何绍基一生的生活状况怎样呢？他曾经以《无园种菜》为题连续写了 17 首七言绝句，这里选录两首，其生活状况可见一斑：

> 闭门种菜得闲闻，僦屋何嫌近市阛。
> 题作无园园已有，吾园正在有无间。

> 青毡而外有长镵，回首濂溪与月岩。
> 纵有珍肴供满眼，每餐未许缺酸咸。

这里所选的第一首，其实是说明自己的生活态度，将菜园命名为"无园"，寓意却是在"有无间"。而"闭门种菜"，从物质生活说，可以补贴点家用；从精神生活说，可以隔离闹市得清闲。但这一切，都不是诗人要刻意求之，而是顺其自然而已，所以"菜园"是可有可无的，"种菜"本身也是可有可无的。"种菜"是可有可无的，因为何绍基毕竟不是菜农；但吃什么菜则是必须要坚持的，比如"酸咸"就是每餐必备的，这既是他"回首濂溪与月岩"的乡恋，也是他不忘艰苦朴素的本色。

（二）何氏家族的"文化景观"

道州何氏家族诸成员，不仅有名极一时的书法大家，也有中晚清时期数得着的诗人。从何凌汉到何维朴，一门四代七大名家，有五部诗集传世。在中国近代诗歌史上，何氏家族特别是何绍基，他们在继承和发展宋儒诗学，弘扬忧国忧民的人文情怀和推进传统的诗歌理论方面，都卓有建树。因此，作为一种特有的家族文化现象，在这里需要给予特别的关注。

就诗歌创作的主导性风格来说，何氏家族特别崇尚宋代，但并不薄唐。何氏一家特别是何绍基，曾是中晚清宋诗派的积极倡导者和重要骨干，他把宋诗的三大特征即拓展题材、增强理趣并吸收唐宋古文的章法句法入诗等全面加以继承，并作了重大发展。他不仅像宋人那样"以文为诗""以议论为诗"，而且将绘画评析、碑拓题跋甚至金石考证都纳入歌咏范围，大大拓展了诗歌的疆域。他效法苏黄，把诗人之诗与学人之诗统一起来，以求增加诗歌的机锋和理趣。"不薄唐诗爱宋诗，转益多师是吾师"，他的这种实践与探索，对于我国近代诗歌的发展产生了积极影响。

何氏一族除了留下大量诗歌作品，还留下一批有价值的诗学理论著作（包括专论和论诗），其中，尤以何绍基关于诗歌的"本源论""功能论""创作论"最为出色。何绍基明确提出诗的本源来自外部的物质世界和社会生活，"万物是薪心是火"。在"功能"问题上，他继承"兴、观、群、怨"的传统，强调"温柔敦厚"的教化论，属于典型的性理派诗教观念。在创作论方面，他强调"不依傍前人""不将就俗目""不偏离大本源"。从总体上看，仍属"明理养性"类的文艺创作观。但他强调"独创"、强调"不俗"和"重振古代风雅"的美学理想，对纠正明末以来的肤泛、纤仄的诗风，有一定的积极意义。

历史地看，道州何氏文化世家各方面成就的取得，得益于三种因素的助推和促进：一是特定时代的机缘耦合，二是地域文化的濡染涵养，三是家族文化的传承影响。反过来，这些成就又弘扬和丰富了地域文化，成为培育新的文化人才、文化成果的有益养分和健康基因。

这里先看一首何凌汉的《荆卿故里》。

> 天帝方醉秦，于燕复何有。
> 遂令国士心，取亡由匕首。
> 剑术岂云疏，生劫仅差后。

> 报韩奋铁锥，当年能中否。
>
> 博浪尚可逃，绕柱那可走。
>
> 得失论英雄，易水应悲吼。

何凌汉（1772—1840年），字云门，又字仙槎，湖南道州人。家世贫寒，16岁府试第一。嘉庆十年（1805年）以探花及第，授翰林院编修，官至户部尚书。长于诗文、书法，所书碑版，传为珍品，著有《云腴山房集》。其子何绍基、何绍业、何绍祺、何绍京皆为名士，人称"何氏四杰"。

何氏家族崇尚宋诗，宋诗的特点是"以文为诗""以议论为诗"，此诗就明显地带有这样的特征。诗题为《荆卿故里》，所写的自然是"荆轲刺秦王"的历史事件。这本身就是一个历史典故，而诗人还在"典"中用"典"：将"荆轲刺秦"与"张良锥秦"进行对比。张良当年带着大力士用50斤重的大铁锥在河南阳武县博浪沙偷袭秦始皇东巡的车队，因不能确定秦始皇乘坐的车辆而导致失败，但张良逃脱了，后来还成为汉代的开国功臣，所以张良成为刺秦的大英雄，被后人顶礼膜拜。荆轲无处可逃，刺秦不成反当场被杀，后人对荆轲的崇拜就远不及张良。诗人最后大发议论："得失论英雄，易水应悲吼。"荆轲从燕国出发时，曾慷慨悲歌："风萧萧兮易水寒，壮士一去兮不复还"——也是英雄盖世的气概，若以成败得失论英雄，连易水都会发出悲愤的怒吼！诗人在这里，是要明确地表达自己的一种历史观，只不过是借助诗的形式来表达罢了，这就是"以文为诗""以议论为诗"。

何绍基第三子何庆涵（1821—1891年），字伯源，是第三代的代表，也是位著名书法家、学者，今存《眠琴阁诗》二卷。何庆涵的诗歌创作，也体现了何氏家族"以文为诗"的风格特点，这里以《石笋山房图为吴广文偁三题》为例。

> 我昔随侍历名区，东走齐鲁南越吴。
>
> 西经秦晋恣游眺，更览巴蜀志崎岖。
>
> 域中五岳三已见，山水于我缘非疏。
>
> ……

何绍基的一生都在游历当中，还带着年少的何庆涵一同游历。这首诗不仅记录了自己的随游经历，更重要的是记录了自己与名山大川打交道、与钓徒渔夫打交道的过程中所形成的思想感情，这就是"何时从君借笠屐，山中信宿穷奥隅"。诗人更感兴趣的是山水，而且是"穷奥隅"，既探"奥秘"，也寻"偏隅"，这就是学者兼诗人的特有情怀。

何绍基之孙、何庆涵第三子何维棣（1856—1913年），字棠苏，号卷庵。光绪举人，四川候补道，四川大学第一任校长。文学上工骈散文及诗词，曾与程子大、易实甫诸人结"湘社"于长沙蜕园。刻有《潜隐诗集》及《煮冰词》行世。何维棣的诗作，从题材内容上看多为怀古感事、友朋唱和、咏物品画、写景游览之作。最见功力的则是写景游览诗，如《经城陵矶入荆江》。

> 鸭栏江上客舟还，桂艑晴晖一解颜。
> 远水碧浮梦泽树，夕阳红画洞庭山。
> 湘帆隐见沧波外，楚塞兴亡野烧间。
> 雁鹜纷纷弓缴尽，横流终古急潆溇。

画面开阔，远水与近山、碧浮与红画相映成趣，湘帆隐见与楚塞兴亡虚实结合，俨然一幅色彩艳丽、极富层次感的山水画。从全诗的情感表现来看，写景与怀古结合、议论与抒情融合，既有何氏家族"以文为诗"的共有特点，也尽现何维棣长于写景的个性特点。

（三）何绍基书法成就

何氏一门不仅文学成就高，而且皆擅书法，书法成就更高。何绍基之父何凌汉，其弟何绍业、何绍祺、何绍京，以及子侄孙辈何维朴等，均习书。当然，成就最高的还是何绍基。

何绍基出身官宦之家，书香门第，早年科场得意，十五岁中举，十六岁中进士，科举连捷，前后做官达四十年，但因秉性耿直，不懂官场的潜规则，致使权贵侧目，屡遭降贬，终使他看破红尘，慨然醒悟："试看古代王与侯，一梦醒余皆腐朽。"转而在学问上、书法上苦下功夫。工经术词章，尤精说文考订之学，旁及金石碑版文字，于经、史、子、集皆有著述。书法尤其名重于世，由于平生所作楹联最多，被后世誉为"书联圣手"。何绍基书法初学颜真卿，又融汉魏碑帖，执笔用回腕法，最终自成一家，世称"何体"。

何绍基与当时的永州知府杨翰交往甚厚，且笔墨相师，杨翰行书酷似何绍基。何绍基因故里在道州，沿流潇水，屡屡往来永州，常与杨翰同游。何绍基与杨翰的唱酬诗作有刻于石的，为永州石刻艺术平添了一道景色。同治元年（1862年），何绍基有《海琴太守招游朝阳岩即事有作兼柬白兰言学使》诗刻，在朝阳岩。海琴即杨翰。杨翰，字伯飞，号海琴，又号樗庵，晚号息柯居士，直隶宛平人。道光进士，历官常德、沅州、永州知府，辰沅永靖兵备道。杨翰亦有《同子贞丈游朝阳岩别后以诗见示次韵寄答》诗刻，在朝阳岩何绍基诗刻旁，二刻虽有磨损，但大体完好。

何绍基四体皆精，一生上溯周秦两汉古籀篆，下至六朝南北碑，心摹手追取各家之长。他临写汉碑不求形似，全出己意。颜真卿以降千余年来，学颜者多在颜楷中打转，上至清代的钱南园下至民国的谭延闿无一例外。唯独何绍基主张"学书重骨不重姿""书家须自立门户"，成功地将其颜楷郁勃沉雄之气化入行草书中，不见其形却深得其神，独创"何体"，成自家面目。其晚年书法并不刻意追求墨色的变化，自然运用涨墨法使作品满纸烟云；时有颤笔醇厚深沉，笔意纵逸超迈老辣，已臻炉火纯青之境。

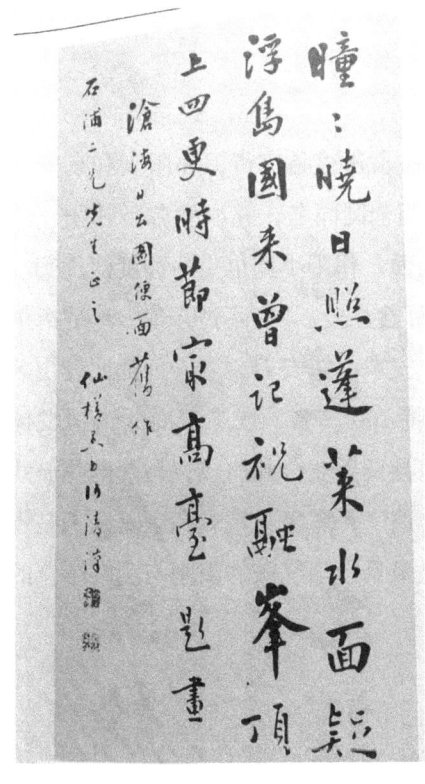

图 10-10　何绍基之父何凌汉书法

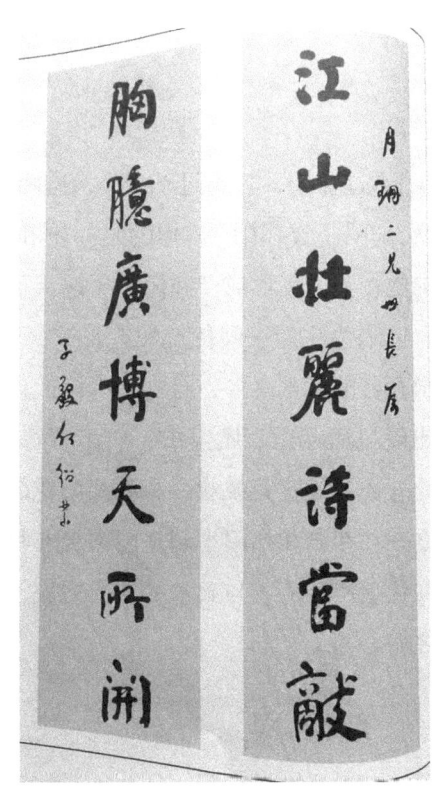

图 10-11　何绍基之弟何绍业书法

何绍基故居　位于道县县城东郊 1 公里处的东门乡东门村，总面积约 1 平方公里。东门村现有总人口 1100 多人。据何氏族谱记载，明清以来，全村出进士 24 人，曾有"十五代秀才世家"之称。其中代表性人物有何凌汉、何绍基父子。何绍基故居保存完好，具有鲜明的民族特色和深厚的文化底蕴。故居建筑布局合理，探花第、进士楼、东洲草堂、士民宅居等，构架精巧，精雕细琢，匠心独运，庄严肃穆，极具历史和艺术价值。其中进士楼与探花第是清代民间祠堂公共建筑的标本，是研究湘南社会习俗的实物载体，有很高的历史和建筑科学价值。何绍基故里现为省级历史文化名村。2011 年，何绍基故居被湖南省人民政府公布为省级文物保护单位。

第十一章 艺术武术之旅

"唱不过祁阳，打不过东安"，这两句谚语在永州很是流行，祁阳人和东安人也以此为豪。"唱不过祁阳"，指的是祁剧和祁阳小调全国闻名，祁剧发源于祁阳，流行于半个中国，曾一度形成"祁阳弟子遍天下"的局面；祁阳小调也是一种旋律优美、有说有唱、以唱为主的民间传统曲艺形式，很受老百姓喜爱。"打不过东安"，是指东安作为全国著名的武术之乡，自古就有尚武传统，东安拳、东安刀、东安剑都比较出名，并先后出现过唐元甫、席宝田、唐生智等著名武将100多名，让东安尚武精神发扬到极致。此外还有零陵花鼓戏——由祁阳花鼓灯和道县调子戏合并而成，是湖南花鼓戏六大流派之一。祁剧和祁阳小调是国家级非物质文化遗产，零陵花鼓戏和东安武术是省级非物质文化遗产。艺术与武术的结合之旅，应当是最具中国气派的阳刚与阴柔结合的文化体验之旅。

一、祁阳祁剧

（一）祁剧得名

祁剧，旧称祁阳班子，清末，江西、福建等地称为"楚南戏"；民国年间，称"祁阳戏"，以产生发展于祁阳一带而得名；新中国成立后，定名为"祁剧"。

祁剧是湖南省地方戏曲中流行地域最广、历史最悠久的一个剧种。湖南省八个古老的地方大戏剧种中，只有祁剧占据了永州、衡阳、郴州、邵阳、怀化、娄底等大半个湖南省的地盘。祁剧的流布区域很广泛，除湖南诸多市（地区）、县、乡镇乃至村有祁剧班社外，不少祁剧班社走出省外，足迹遍及桂、粤、赣、闽、滇、黔诸省，一度曾形成"祁阳弟子遍天下"的鼎盛局面。2008年，祁剧入选第二批国家级非物质文化遗产名录。

（二）祁剧溯源

祁剧的历史比京剧还早400年。明永乐年间（1403—1424年），弋阳腔目连戏随江西移民传至祁阳，并逐渐传播开来。明成化年间（1465—1487年），弋阳腔与祁阳当地丰富的地方语言、音乐、祭祀、风俗、民情相结合，逐渐地方化，形成了祁阳一带的高腔剧种。明嘉靖年间（1522—1566年），祁剧已初具规模。明万历年间（1573—1620年），昆山腔风靡全国后，祁阳一带的戏曲又吸收了昆腔和昆腔剧目。此后，祁剧逐步流传到湘南、湘西、湘中、粤北、赣南、闽西、广西、黔东一带。在长期的流传过程中，由于祁剧剧目、唱腔、脸谱、服饰、美工、表演风格的差异，逐渐形成两大流派：以祁阳、永州为中心的湘南各地祁剧叫"永河派"，以邵阳为中心的湘中、湘西各地祁剧叫"宝河派"。清康熙以后，祁剧先后融汇徽调、汉调和秦腔而形成弹腔（南北路）。随着声腔的增多，祁剧剧目、表演艺术日益丰富，逐渐发展成为一个以弹腔为主的多声腔剧种。清朝康熙、乾隆年间，社会太平，经济繁荣，人民安居乐业，官场选伎征歌，民间酬神演戏，一时成为社会时尚。在这种时尚风气的推动下，祁剧也因此走向了繁荣。

（三）祁剧艺术

祁剧音乐丰富，高、昆唱腔和伴奏曲牌数以千计。弹腔分南北路，南路相当于二黄，北路相当于西皮，并有弋板（四平）、安春（吹腔）等调。祁剧唱腔高亢激越，传统唱法除旦、丑用真声外，其他行当均讲究"雨夹雪"（真假声结合）。演唱要求严格，咬字注重单、双、空、实，出音讲究抑、扬、顿、挫，务求字正、音清、腔圆。伴奏乐器主要为祁胡、月琴、三弦、板胡（瓜琴）四大件。祁胡的琴筒用楠竹制成，小而长，筒口呈喇叭形，琴柱内装铁条，琴弓内藏铁丝，其音高亢洪亮。打击乐器有特制的高音战鼓和帽形噪鼓以及宽边大锣和大钹等。

祁剧的音乐受湘南地方语言音调和当地民间音乐的影响，经过长期的艺术实践，形成了浓郁的地方特色和丰富的艺术表现力。其艺术风格既有粗犷、朴实、富于山野气息的一面，也有细腻精致的一面。祁剧的角色行当为正生、小生、正旦、老旦、花脸、丑角七行。表演上有一些特有的形式，"亮相"以及各行当的出手、出脚，都有要求。祁剧的丑行艺术相当发达，除了丑行共有的诙谐、幽默之外，还有更多的方言俗语，泥土气息更为浓烈。在表演上，祁剧还特别注意绝招和特技的运用，如打叉、罗口袖功、罗帽功、紫金冠功、堆罗汉、倒大树等。有些戏还将民间武术融入武打场面，使之更有吸引力和地方色彩。

祁剧音乐曲牌数以千计，一般可以分为高腔、弹腔、昆腔三种唱腔，调门高昂激越。

高腔是祁剧演出中最古老和最具特色的声腔，至今仍然保留着帽形噪鼓等古老的伴奏乐器。演唱的时候，用鼓来击打节拍，出腔则配合锣鼓、唢呐来伴腔，并用以渲染气氛，具有弋阳腔的"其节以鼓，其调喧"的特点。它的曲牌可以分为南、北、正、杂等类别，南、北曲牌的区别主要在旋律和乐曲情绪上，一般南曲比较抒情，北曲比较悲壮。

弹腔可分为南路和北路，其中南路相当于二黄，包括弋板、安春、阴皮等，在发展过程中曾经受到徽剧、宜黄腔等影响。北路则相当于西皮，并有弋板（四平）、安春（吹腔）等调。南北路旋律相互糅合应用，被称为"南转北，北转南"。

昆腔保留的曲牌较多，曲牌版式大体可以分为正板、青板、吊句子三种。其中正板为一板三眼的四拍子；青板则为一板一眼和有板无眼的样式，多适用于节奏较快、情绪变化较大的场面；吊句子则多为自由节奏的板式，适合情绪激昂的场面。

在表演艺术上，祁剧具有粗犷、夸张、朴实的特点，动作讲究眼、鼻、胸、手指、脚尖的配合一致和匀称协调，必须符合一定的规格，称为"归子午"。祁剧的表演有一套本剧种特有的严格程式。例如，"亮相"要在撩袖、抖袖、整冠或者整鬓之后再进行；"开衫子"分为全衫子和半边衫子；表现将校辕门候差和武将出征前的战斗的准备，动作程序繁杂，规格严谨，难度很高。

祁剧各行当角色的指、眼、步和身段，都各自有一套技法。出手要求花脸过头、须生平眉、小生平肩。花脸一般讲究眼珠的滚动和脸部肌肉的颤动，旦行讲究柔软放松的"棉花身段"等。祁剧在表演功夫上特别重视腕子功，要求能做到倒掌（手掌向外，手指能碰到手臂），转动灵活，耍出各种"腕子花"样式，做到柔弱无骨、转动灵活自如。眼神表情也有多种多样，表现吃惊或者焦急时用"斗眼"，表现发怒或者威胁时用"瞪眼"，表现沉思时用"梭眼"，表现气愤时用"睁眼"，表现左右看人用"分眼"，表现人之将死用"阴眼"，表现人之喜爱多情用"俊眼"等。

祁剧的表演艺术多从生活出发，加以舞蹈化的发展。除此之外，祁剧尚有许多独特的表演技巧，如跑马的舞蹈，习惯上称作"马路"，就有几十种不同的舞蹈动作，不但表演逼真，而且十分优美。同时又融合和吸收了拳击、舞剑等民间武术，因而更具有乡土特色。脸谱一般只用红、黑、白三色，多注重眼、鼻、口的勾画，线条刚劲有力。

（四）祁剧行当

祁剧的角色行当为生、旦、净、丑四大类，但剧团在具体的角色分配中，则分为正生、小生、花脸、丑角、正旦、小旦、老旦七行。除老旦在重头戏中较少出场外，其他各行当又因扮演不同类型的角色分成若干戏路。其中正生包括白须、花须、青须，花脸包括整个净行角色，丑角有文丑和武丑之别。每个戏班的正旦和老旦只有一个，其他各行都有多人。

正生，或称作生角，一般扮演挂青、白、花三种胡须的角色，其中还包括红生。一般按穿着的不同袍服可分为官衣、水衣、解袍、靠马、袍子、黄布摆等不同戏路。此外，还有员外戏、背时皇帝戏（扮演被迫退位的帝王）、死戏、疯戏等特殊做派。其中的靠马戏指扎靠路马的武将戏。挂白须者如杨滚、黄忠，挂青须者如岳飞、马超。

小生，一般按照演员的冠戴来分戏路，在文戏中戴有纱帽、解元巾和一字巾戏，武戏则有二龙叉和包巾戏，紫金冠和罗帽戏则文武戏兼有。此外还有一路开脸戏，如《金水桥》中的秦英，《薛刚反唐》中的薛葵，还有挂须戏如《杨滚教枪》中的高怀德等。

花脸，按穿着可分为诸如蟒袍、靠马、袍子、水衣、赤膊等不同种戏路。蟒袍戏还有文、武不同戏路之分。文戏者扮演诸如曹操、严嵩、潘洪、包公等角色，注重不同的位分和讲唱手法；武戏如《司马洗宫》中的司马师，注重袍袖功夫，有大幅度的挥袖、甩袖等动作。袍子戏中有几出中军戏，穿袍子、马褂，马蹄袖，挂朝珠，常走点步，动袖的时候还带有甩须，身法特多。赤膊戏则多扮演张飞、马刚等角色，演员袒露上身，并常用滚肚的技法。祁剧花脸角色的表演风格豪迈、粗犷、火辣。不论演哪路戏，都会有大幅度的动脸转眼的表演。

丑角，扮演的角色类型繁杂，戏路甚多。按穿着来分有诸如解袍、官衣、褶子、烂派、水衣等戏路，若按人物类型分就有老脸、公子、和尚、娃娃、痞子、蠢子、残疾人等不同的做派。蟒袍戏如《大进宫》当中的赵炳，官衣戏如《闹严府》中的赵文华，比较注意讲究位分，重在突出面部表情。公子戏与和尚戏则都属褶子戏类，身法颇多。公子戏着花褶子，戴公子巾，耍风流扇，甩袖时讲究缩脚矮身。和尚戏则穿和尚褶子，戴和尚帽，走矮步，基本功要求甚高。烂派戏则多以衣着褴褛而得名，扮演术士、家院、解差、化子、瞎子、蠢子、哑巴等各类人物，比较注重讲白和表情的表现力。水衣戏可以分为文、武两类：文戏大多扮善良、诙谐的乡民，如《问樵开箱》中的格子，还包括穿水衣的老脸戏、娃娃戏、矮子戏等；武戏则多为扮演诸如江湖武士、贼盗等角色，如《水浒》中的鼓上蚤时迁。

正旦，一般扮演端庄温柔贤惠淑女的妇女形象，如《观音》戏中的观音，《岳飞传》中的岳夫人，对表演者要求稳重、文静。但并不是所有的形象都如此，正旦扮演的有些角色，也有表演相当泼辣、粗迈的，如《目连传·打三官堂》中的刘四娘。

小旦，一般饰演年轻姑娘和性格泼辣或风骚的妇女形象，前者形象诸如严婉玉、孙玉姣、杨排风等，后者诸如阎惜姣、潘金莲等。小旦的表演上做工较多，一般要求演员轻盈娇俏，动作幅度较大。

正旦和小旦有一些共同的戏路，如闺阁戏、蟒袍戏、靠马戏、背搭戏、悲泪戏等。闺阁戏又被称作闺门旦戏，以小旦的扮演为主，如《绣楼赠塔》中的陈翠娥形象；也有正旦扮演的，如《三天香》中的谢天香，要求表演者文雅、柔缓。

老旦，多扮演老年妇女，重戏不多，有"三出半老旦戏"之说，多为唱功戏。

（五）祁剧剧目

祁剧的剧目大体可以分为三类：

其一，高腔剧目。最早的剧目是《目连传》，现存的传统演出本《目连正传》有124折。其余的高腔演出剧目还有《琵琶记》《荆钗记》《白兔记》《拜月记》等。

其二，昆腔剧目。主要有《天官赐福》《八仙庆寿》《卸甲封王》《六国封相》等。

其三，弹腔剧目。弹腔分南、北路，剧目题材大都来自历史小说。主要是春秋列国、秦汉三国、薛家将、杨家将、岳家将、水浒故事及包公戏、按院戏，如《黄飞虎反关》《湘江会》《吴汉杀妻》等。表现坚贞爱情和美丽神话的剧目也有不少，如《拾玉镯》《白蛇传》《莲台观世音》《封神榜》等。

祁剧剧目中，有不少做工戏，如《烤火下山》《刘高抢亲》等。这些戏道白、唱词很少，主要是靠表演动作来介绍剧情，展开故事，表现人物。这样一来，也就形成了祁剧重表演、重做工的特点。

1949年以后，祁剧多次进京向毛泽东、周恩来、朱德等领导人演出，毛泽东还亲自为祁剧《昭君出塞》改说唱词。祁剧先后创作了《封神榜》《孟丽君》等传统戏，《孔繁森》《郑培民》等现代戏。现代祁剧《走廊宽，走廊窄》曾获湖南省田汉戏剧一等奖；《孟丽君》历时20多年，演出5000多场；《目连传》则得到了欧美人的高度评价。

祁剧传统剧目据统计有大小戏893本，其中八成为弹腔剧目。高、昆整本戏《目连传》《精忠传》《观音戏》《夫子戏》四大部，称为祁剧"正高""正昆"代表剧目，其他属于明清传奇的高腔、昆腔戏，则被称为"耍高""耍昆"。"耍高"剧目有《琵琶记》《金印记》《投笔记》《一品忠》等，"耍昆"剧目有《鹿台饮宴》《卸甲封王》《别母乱箭》《藏舟刺梁》《劝农赏花》等。弹腔戏大多搬演《三国》《水浒》《杨家将》等历史故事，以及部分神话传说和公案戏。经过整理较有影响的传统剧目有《昭君出塞》《牛皋毁旨》《闹严府》《泗水拿刚》，创作的现代戏有《黄公略》和已摄制成影片的《送粮》等。

（六）科班与名家

祁剧科班众多，名伶辈出。清咸丰、同治以后，祁剧科班到处涌现。祁剧著名班社在清嘉庆年间有吉祥班、老四喜，光绪年间有荣庆、老永和，辛亥革命以后有大舞台、发舞台、品舞台、紫云台、大吉祥、太和园、开明、用中、国华等班。祁剧艺人历来重视培养新人。据现有资料，自咸丰、同治到抗日战争前，祁阳就办有：鸿、元、如、永、祥、方、香、梅、玉、翠、文、三、喜、荣、国、丽、巧、春、超等四十二个科班。其中，玉字科的李玉亮，翠字科的何翠福，三字科的唐三雄，喜字科的刘喜艮，被称为祁剧"三个半聪明子弟"，他们都是名重一时的艺术家。培植人才最多的，当推"荣"字科班，如名丑李荣富（艺名李泥巴），名生李荣祯，名旦苏荣兰，他们都是驰名湘桂的大老师傅，在祁剧中享有很高的声誉。

1933年，在祁阳洪桥办的"丽华班"，为祁剧第一个女子科班。中华人民共和国成立后，邵阳、武岗、零陵、衡阳又培养了大批演员，大多成为各剧团的骨干，著名演员有李荣祯、桂松茂、郭品文、邓汉葵、李泥巴、筱玉梅、谢美仙等。

（七）传播与传承

祁剧流行传播的地域很广。湖南省内流行于今永州、邵阳、衡阳、郴州、怀化等市，省外流行于广西、广东、江西、福建等省（自治区）的部分县市。

祁阳戏班进入广西的时间。据文字记载，清乾隆五十六年（1791年），祁阳有"端华班""庆芳班"在桂林一带演出。同时，祁剧与桂剧交往密切，相互产生过影响。桂剧科班，大都聘请祁剧艺人担任教师，桂剧与祁剧剧目相同率达九成以上。声腔也有惊人的相似之处，祁桂两剧均有高、昆、弹及杂腔小调等，又以弹腔为主。另一方面，在抗日战争时期，欧阳予倩、马君武、焦菊隐等倡导桂剧改革，取得丰硕成果，并通过桂剧演员来湖南搭班演出，同样影响了祁剧艺人在艺术表演方面的改革、更新。如旦角唱腔北路慢二流，经过改革，较以前更为轻柔婉转。表演上，最明显的例子是祁剧艺人对桂剧《下宛城》做了新处理，演出时便改为《特别宛城》，以区别于原来的《下宛城》。

祁剧在广东的演出已有两百多年的历史。清乾隆五十六年（1791年），广州《梨园会馆上会碑记》记载有数十个湖南戏班，其中不少为祁阳班子。在粤北连州、韶关、南雄等十多个县以及潮州、汕头等地，常有祁剧班社的演出。正如欧阳予倩在其《试谈粤剧》一文中所说："二十年前，我遇到广东的老伶工和在广州落籍的湖南艺人，都曾谈及祁阳班子曾在广东盛行过。广东梆黄的唱法曾受祁阳戏的影响是很自然的……还有角色进门时的一跳（名叫小跳），也和祁阳戏、桂戏相同，而为别的剧种所无。"

江西赣州地区，过去常有祁剧的演出活动。祁剧艺人有"三下赣南"之说。1927年前后，祁剧在赣南地区有三十余个祁剧戏班。新中国成立后，在江西大余、南康、瑞金、安远、于都等县还有专业祁剧团。

福建西部的宁化、清流、明溪、水安、连城等地也是祁剧活动地区。据调查，从祁剧"新喜堂班"到闽西的宁化演出算起，在福建已有二百七十多年的历史。据在宁化县城定居的祁剧艺人伍仲春、周忠梅说，清宣统二年（1910年）祁剧艺人龙明信带了

"新福祥班"到闽西宁化演出,并持续三十余年,同时还创办了祥、忠、永三个科班。伍、周便是第二科学徒。祁剧与闽西汉剧、广东汉剧都有一定渊源。闽西汉剧、广东汉剧,当地人多称为外江戏。欧阳予倩认为,闽赣两省相邻,祁剧可能从赣南流入闽西,并很快在当地传播开来。而据一些老人说,广东的汉剧就是祁剧从闽西流传到梅县、潮州后发展而成的。

祁剧的传承工作有续推进。新中国成立后,当时的零陵地区曾有十个祁剧团,分别是零陵专区祁剧团、祁阳县祁剧团、东安县祁剧团、冷水滩祁剧团、道县祁剧团、江永县祁剧团、宁远县祁剧团、江华县祁剧团、蓝山县祁剧团、新田县祁剧团。这些祁剧团推陈出新,除了排演传统剧目外,还上演了一些新剧目。较为有名的有《莲花洞》《燕子与兰兰》《瑶汉新风》《海外来信》《疑山蜡梅》《瑶寨烽火》《夜奔瑶寨》《山寨新风》《双还账》《风扫残云》《石碑春秋》《小河九道弯》《二姐与蛇郎》《包公坐监》以及《红灯记》《沙家浜》《平原作战》《杜鹃山》《智取威虎山》《孔繁森》《向阳书记》等两百多出。另外,自1952年开始,祁剧先后十余次参加国家及省里会演和献演,较好地传承了这一艺术。

二、零陵花鼓

湖南花鼓戏是湖南各地花鼓戏流派的总称。由于流行地区不同而有长沙花鼓戏、岳阳花鼓戏、衡阳花鼓戏、邵阳花鼓戏、常德花鼓戏、零陵花鼓戏六个流派之分,并都具不同的艺术风格。

(一)形成及得名

零陵花鼓戏又称永州花鼓戏,是湖南民间小戏剧种之一,旧称花灯或调子。零陵花鼓戏是由祁阳花鼓灯和道县调子戏合并而形成的地方戏剧种。祁阳花鼓灯源于清嘉庆年间形成的民间"走马灯"和巫师的"出脸子"两种歌舞演唱形式。道县调子戏则由乾隆年间传入的民间"狮子戏"发展而成。新中国成立后,祁阳花鼓灯和道县调子戏艺人会合于永州,组成专业剧团。零陵花鼓戏流传至今已有130多年的历史。分布区域主要在永州所属九县以及衡南、新宁、邵阳、常宁和粤北、桂北等地,是分布区域相对较广的地方戏。

(二)表演特色

在表演上,永州花鼓戏颇有特色。其表演形式发源于"对子调"的歌舞演唱。那种旦舞手帕、丑挥纸扇、走矮步、绕着旦转圈,相互对唱的表演形式,显得十分生动活泼。矮步、扇花是零陵花鼓戏表演艺术最重要的基本功。随着剧目内容的丰富,基本功也不断发展。在矮步的基础上发展了踢步、跐步、滑步、起伏步等各种步法。扇花在开扇的基础上发展了收扇、腰花扇、头花扇、展翅扇、抛扇、平铺扇等各种扇花。从一种歌舞性的演唱形式，发展到唱、念、做、打等艺术手段综合运用的戏曲形式。零陵花鼓戏反映生活的内容日渐丰富，其表演程式，也从原来纺纱织布、穿针引线、喂鸡赶狗、开门扫地、挑帘挂画、耕地犁田、挑水砍柴等家务操作和田间劳动的日常生活中，提炼出了一批表演内容更为广阔与手、眼、身、法、步相配合的艺术功法。新中国成立后，祁阳花鼓灯和道县调子戏合流后，表演分设丑、旦、生、净四大行当，丑行、旦行、净行三大脸谱，运用扇形、步法的变化表达情节，并使用舞台布景，服饰亦较齐全。在演出上半戏半调，多为"二小戏"或"三小戏"。

（三）声腔与曲调

零陵花鼓戏的音乐曲调约300支，根据曲调结构、音乐风格和表现手法的不同大致可分为四类：川调、打锣腔、洞腔（师公腔）、小调。川调，源于山歌及民歌。打锣腔，源于哼歌及劳动号子。洞腔，源于师公道士音乐，所以也称师公腔。川调、打锣腔、洞腔，统称为正调。小调是一些比较原始的民歌、山歌、城市小调和丝弦小调，表现情绪较为单一。

（四）主要剧目

零陵花鼓戏的传统剧目比较多，根据不完全统计，大约有150个，内容涉及社会生活各个方面。剧本的语言通俗，形式多样。

代表性的剧目有《云南寻夫》《打安徽》《赶子牧羊》《萝卜劝夫》《三看亲》《假报喜》《红娃》《月明心亮》《响姑》等。

清末民国时期的剧目主要有：《打零陵婆》《唐飞雄坐监》《盗草》《三看亲》《观花偷桃》《包鱼换子》《贫富斗》等。

新中国成立后，为参加会演和献演，排演了一些新剧目。从1952年至1991年，零陵花鼓戏共有剧目200余个，其中传统剧目152个。新中国成立后，专业剧团上演剧目近100个，有30个剧目在省地演出中获奖。其主要剧目有：《云南寻夫》《打安徽》《拷打梁氏》《赶子牧羊》《春碓》《假报喜》《讨学钱》《贤女劝夫》《湘子服药》《乌英晒鞋》《寡妇上坟》《双还帐》《莲花吐艳》《四亩大丘》《水牛》《月明心亮》《渡口把关》《响姑》《炸龙头》《绿林哨兵》《谷城会》《盗草》《雕龙宝扇》《两家亲》《破瓢记》等。

零陵花鼓戏于2009年入选湖南省非物质文化遗产保护名录，是永州历史文化名城之所以成为国家级历史文化名城的一个不可或缺的内容。

三、祁阳小调

永州北部的祁阳（包括今天的祁东）广泛流传着一种民间小曲。这种民间小曲，经过长期演变和发展，形成了有词有曲、词曲结合、结构完整、旋律优美、有说有唱、说唱结合、以唱为主的一种地方色彩很浓的民间曲艺形式。人们通常叫它"祁阳小调"。祁阳小调流行于湖南祁阳、祁东、零陵、衡阳一带，尤以祁阳浯溪镇、肖家村镇、文明铺镇、黎家坪镇、羊角塘镇、潘市镇、观音滩镇等地为盛。1982年的《中国百科全书》将它列为全国的一个曲种。2011年，祁阳小调被列入第三批国家级非物质文化遗产名录。

图 11-1　祁阳小调在非遗传承中心演出

（一）起源与演变

祁阳小调是在民歌的基础上发展起来的。远在战国时期，湖南民间就盛行"歌乐鼓舞"。唐宋以来，民歌的演唱更为流行，如唐代刘禹锡说："昔屈原居沅湘间，其民迎神，词多鄙陋，乃为作《九歌》。到于今，荆楚鼓舞之。"又如《祁阳县志》引宋代晏殊之说，楚南之地"俗尚弦歌"。明清两代时调小曲在南北各地流播，对说唱艺术的影响极大。清代初期，湖南各地的民歌小调盛行一时。明末清初衡阳王夫之在杂剧《龙舟会》第三折中具体描写了主人公谢小娥演唱小调的情景。她的唱词和道白中还提到："更不消曲按琵琶，陪几曲歪胯调哩落莲花。""小乙也曾学得胯调，胡乱编个曲儿。""胯调"当指小调。现今祁阳小调中有"哼哼调"，汉寿地花鼓中有"垮垮调"，邵阳花鼓戏中有"夸夸调"。祁阳与衡阳毗邻，祁阳小调当于清代初期发展起来，清中叶以后颇为盛行。同治、光绪年间，祁阳邻县零陵的民间曾盛唱时调小曲。光绪《零陵县志》记载："或冬腊，择子弟教习俗曲，届期随龙灯远涉，拜亲戚，联家族，演戏留款多至五六十席，则费颇繁矣。"这说明当时民间小调演唱的盛况，"择子弟教习俗曲"，至各地广为传唱，可见风气之盛。清末民初以来，祁阳一带的小调尤为盛行，出现过许多专业的班社和著名的艺人，在城乡各地到处演唱，得到民众的欢迎。如今小调在祁阳境内的影响更为广泛，几乎遍及全县各个乡镇，其中以黎家坪、文明铺、大村甸、羊角塘、潘家埠、肖家村、观音滩等乡镇更为盛行。同时，对与祁阳相邻的祁东、零陵、衡阳等地也有程度不同的影响。

（二）基本唱腔

祁阳小调的唱腔以地方语言的声调、韵辙、咬字等为演唱基础，发声方法上吸取了高腔、昆腔、弹腔等风格。相较于西方要求声音位置靠后、音色厚实等风格，祁阳小调则属于纯民族的且具有独特湘南地方风格的唱腔模式，并以湘南各地方的不同方言为基础，形成符合本地民众审美需求的地方曲艺形式。

祁阳小调的基本唱腔大致分为丝弦小调、花灯小调和牌子小调三大类唱腔。湘江南岸以演唱丝弦小调为主，称为南派，主要流行于白水、肖家村、潘家埠、金洞等一带。南派的基本唱腔的特点是：细腻，唱词文雅，以叙情、述事为主，演唱者一般都有一定的文化修养，其代表人物为肖家村的杨梅生。湘江北岸以演唱花灯小调、牌子小调为主，故称北派，主要流行于白地市、羊角塘、文明铺、黎家坪等一带。北派的基本唱腔的特点是：风格粗犷而奔放，声情并茂，略带粗俗，以搞笑、逗乐为主，其代表人物为黎家坪的朱敦祥、刘安生。后来，随着跨地域的演唱渐渐频繁，两派相互影响、融合，南、北两派的风格也就越来越相近，形成了今天广义上的祁阳小调。传统的祁阳小调，其演唱形式主要是由一人演唱（边拉边唱，以坐唱为主），或两人（一女一男，女的主唱，男的拉琴配唱）演唱。经后来发展，也有由四人或多人演唱，每次因演唱的人数不同，其表演风格也各异。

（三）表演形式

祁阳小调在表演的人数和表演的形式上，不同时期，变化很大，由早期一人演唱，发展到现在的二人或多人演唱。早期演唱人数少，且比较单一，完全由一个男性来完成。由一男演唱男、女两个声部，扮男、女不同角色。演唱中，演员的声音时高、时低，用声音高、低与真假的变化来塑造男、女不同角色。演唱祁阳小调的艺人，表演能力都很强，表情十分丰富，塑造形象逼真，幽默诙谐，擅长搞笑。具体而言，有如下几种形式。

坐唱 一般是两人演唱，由一人主唱，另一人一边拉琴一边伴唱。具体模式为：主唱者手拿碟子，随着唱腔节奏打击碟子；另一人坐于一旁的凳上拉着二胡或其他的乐器伴唱或插白。坐唱强调面部表情，表演动作不大，表演场地不需要很宽。适用于各种场合的演出。祁阳小调中的牌子小调常采用此种表演形式。祁阳民间艺人朱敦祥父女出演时常采用坐唱的形式表演。

对唱 又叫走唱，形式上类似于东北的二人转，且要求演员具有一定的舞蹈功底。即由一女扮小旦，手拿小花绢；另一男的扮丑角，手拿一把彩扇。表演时，二人多唱对子调，一问一答；有时男演员下蹲走矮子步，围着女表演者打转。对唱生动活泼，风趣幽默，舞蹈性强，富有感染力。适用于在城乡市井的节日里或者灯会上表演。祁阳小调的花灯小调时常采用这种表演形式。

坐立结合 坐立结合的表演形式是祁阳小调几种表演风格中最典雅的一种。演员大都具有较高的文化素养，多为一些文人墨客演唱。祁阳丝弦小调就大多采用这种风格。即由一人或坐或立或碎步小走，旁边还配有小型乐队用二胡、扬琴、琵琶、月琴等为表演者伴奏。

表演唱 20世纪70年代，祁阳小调发展到后期。表演日渐成熟，规模也由原来2~3人的小型演唱发展到由4~8个以上的演员演唱表演；有唱有道白，有唱有快板，有动有静，形式活泼，时代气息浓厚。1953年祁阳小调进京表演的《赤脚歌》《夜宵歌》就是凭借这种表演方式获得了一等奖。

（四）曲目与曲调

祁阳小调的曲牌、曲调十分丰富，有近400来个。流传较广的有《四季花开》《十月花开》《三杯酒》《讨学钱》《摘菜苔》《送金花》《走场调》《五更留郎》《闹五更》等。祁阳小调音乐旋律丰富多彩、美妙动听，都由民族五声调式构成，以五声宫、商、徵调式为多，其次为五声羽调式，而五声角调式用得最少。《乡里婆进城》《劝皮（南路）》《反哀川》《沙河沙》为宫调式；《补碗（一）（二）（三）》《回娘家（一）》《走场调》《三更天》《独坐绣楼》为商调式；《叫五更》《拜年歌》《娘送女》《对子调（一）》《一匹绸》《九连环》为徵调式；《桂姑娘吵嫁》《裹脚调》为羽调式等。由于祁阳小调是在当地山歌、花鼓灯调等地方民歌的基础上形成的，所以祁阳小调与祁阳山歌和祁阳花灯在调式、音调、内容和演唱风格上都有很多类似之处。随着历代艺人对祁阳小调的传唱和改进，使得祁阳小调逐渐形成了以唱为主，唱中有说，唱、说结合的地方民间曲艺形式。

(五) 民俗内涵

祁阳小调流传到今天，经过了千人唱、万人传，并在即兴的不自觉的磨研、锤炼中，日益精练、成熟。加之无数歌者的反复推敲，将其各种优势发挥到极致，以最简单、明畅、朴实的文学语汇，笔触轻盈的技法表达人的所见、所思、所感。如祁阳丝弦小调《夜吐真情》中的一小段歌词：

二更里，上了牙床，
红罗帐，懒脱衣裳，
心狠才郎，遍地叹花，
不知在何方？
想当初，恩爱情长，
到如今，一旦抛忘，
好不凄凉，
无义之人，是有天在上。

三更里，睡眼蒙眬，
阳台上，喜爱相逢，
迎才郎归，恩恩爱爱，
好不心欢。
听檐前，铁马响叮当，
惊醒了，怀才抱情空，
可恨狂风，
无故吹散奴的巫山梦。

这是一首用音乐描绘出的文学画面：孤灯薄影、冷月凄凉、繁星满天、空庭寂寂，一个痴情少妇空等一个薄情郎君的凄凉景象。此情此景正如其对应的小调旋律中的随意和失落，给人以丰富的想象空间，让人久久不能遗忘。这是祁阳小调表现音乐文化中比较悲情的一幕。

祁阳小调在民俗活动中占据了重要位置。人们大凡婚庆嫁娶、丧葬做寿及逢年过节等大的节日或值得纪念的日子，都要举行庆祝活动，祁阳小调可谓其中的主打。翻阅祁阳小调的歌名就觉得很有意思，如表现吵架骂人的有《骂鸡调》《哭黄天》等，表现生活场景的有《出门调》《二嫂子回娘家》《三保牧羊》《十月逢春去看花》等，表现心情的有《夜吐真情》《贤女劝夫》《劝皮》《五更留郎》等，不同的场合都能找到适合气氛的歌。祁阳及周边地区，自古流传下来的婚嫁及丧葬仪式是祁阳小调演唱最为频繁的场合。在当地大凡嫁女之户，必先于该女子出嫁前三天就开始由其亲属唱哭嫁歌。如《娘送女》《桂姑娘哭嫁》等，旋律多套用祁阳小调，但是歌词则五花八门，由唱哭嫁歌的人随兴随机随口唱出，少有固定模式。内容主要表达母女依恋难舍之情；对父母、兄嫂、兄妹、亲戚、邻居等人的感谢、祝福和辞别；父母向女儿叮嘱、告诫，应该如何待人接物，到陌生环境里该注意的事项；还有祈求幸福、避害驱邪等。有一整套较为稳定的演唱程式。正因为祁阳小调十分贴近生活，所以有着广泛的群众基础，能在民间长久地流传。

四、东安武术

（一）渊源与发展

东安武术是一个历史悠久的传统武术流派，源于三国时期的峨眉拳，至今已有1700余年的发展演变历史。东安历代武师吸收少林拳、黑虎拳、蜘蛛拳之精华并大胆创新，使东安武术在南方武术各流派中脱颖而出，独树一帜。其内涵丰富，风格独特，对于增强人民体质、丰富竞技活动、提高民族自信心、展现民族文化的创造力，具有重要的价值和意义。1984年，东安县被湖南省人民政府授予"武术之乡"称号，1992年被国家体育运动委员会授予"全国武术之乡"的称号；2012年，东安武术被列为湖南省第三批省级非物质文化遗产。

东安武术主要流布于东安县水岭、大庙口、鹿马桥、石期市、紫溪市、井头圩、大盛、芦洪市、端桥铺、白牙市等乡镇。

史载诸葛亮兵征西南四郡时，曾屯兵东安紫溪，带来古老的西蜀峨眉拳；明清之际，少林拳、黑虎拳传入东安；太平天国举义时，又有武当拳、岳家拳、蔡家洪拳在东安流传；加上历代武林侠士迁潜避难，使各武术流派荟萃于东安。众拳师技艺交流，为"东安武术"的产生奠定了基础。

中华人民共和国成立后，东安县发挥本地优势，以武术为"龙头"带动其他体育活动的发展，并逐步建立了以武术为重点的业余训练网，培养人才，提高技术。1978年，全县建立了从小学、中学到县业余体校武术班的业余训练网。20世纪80年代以来，东安各乡镇成立了武术辅导站，区设武术社，县有武术馆，90%的小学成立了武术队，80%的中学建成为"武术之校"，武术列为学校体育教学的重要内容。另有200多名拳师先后办起了私人拳社。

2015年统计，全县63万多人中会武术的达37万人，占总人口的60%；全县武术运动员参加全省武术比赛获金牌286枚，参加全国武术比赛获金牌26枚。东安武术运动提高与普及并举，优秀武术运动员层出不穷，先后向湖南省武术专业队输送优秀运动员23人，考入大专院校近200人。

（二）武术产业与广泛普及

东安武术声名远播，饮誉大江南北。竞技武术异彩纷呈，无论是国际性还是国内性，无论是官方的还是民间的武术比赛，都有东安武术健儿的矫健身姿和精彩表现。20世纪80年代，先后有8名武术运动员参加了电影《少林寺》《瓜棚女杰》《天国恩仇录》的武术动作拍摄，有郭艳春、胡黎明等人随中国武术代表团赴美国、新加坡、墨西哥等国进行访问和表演。与此同时，武术产业也蓬勃发展，截至2009年，全县兴办武术馆校、拳社40多家（所），组建武术表演队30多支，武术服饰、龙狮制作与销售也走向全国。一条产业兴武之路正在东安越走越宽，有力地促进了东安武术的发展。

2020年12月6日，东安县第五届武术文化旅游周在东安县舜皇山隆重举行。开幕式上，东安武术的一招一式尽显风采。东安县还举办了万人同练"东安拳"、全国武术之乡武术大赛、国际拳王争霸赛、"龙腾狮跃闹元宵"等大型活动，努力把东安打造成国家级武术培训基地，让东安武术成为全国武术之乡的"精品名片"。

为了推进武术进校园，东安县还编练了一套适合学生演练的东安拳，在校园全面推广和传承。该县68所中小学，全面开设武术课，近500名专兼职体育老师变成了"武术教练"，6万多名中小学生成了东安武术的传承人。

东安深厚的武术文化底蕴，既来源于农村又深入农村，全县建设了26个武术特色村，川岩、鹿马桥镇等乡镇的舞龙舞狮，水岭、新圩江等乡镇的"黑虎拳"，井头圩、端桥铺等乡镇的"东安108棍"，石期市、横塘等乡镇的"东安岳家拳"，紫溪市、大盛等乡镇的"耍耙、耍凳"等武术项目深受群众欢迎。每当旭日东升或夕阳西沉时分，东安县随处可见一群群武术爱好者，练拳舞棍，修心健体。全县常年参加武术健身活动的人数达12万余人。行走在东安大地，随处可以感受到东安武术的铿锵脉动和飞扬激情。

（三）东安武将的杰出代表

武术之乡出武将，自晚清至现代，东安先后出现过100多名武将，其中最著名的有三位：唐元甫、席宝田、唐生智。

唐元甫（1834—1895年），字仁廉，诨号赖之，东安县石期市镇洪井村人。官至广东陆路提督，诰封建威将军、光禄大夫，赠兵部尚书。

唐元甫从小生长在东安的一个草根家庭。小时候家境贫寒，性情放荡不羁。其身短足长，形似猿猴。咸丰初，他跟随曾国荃部下投入湘军杨学斌部。咸丰九年（1859年），太平军韦志俊在池州诈降，他跟随彭玉麟前往受降，忽然降军哗变，唐元甫反应迅速，立起还击，手刃数人，平定了动乱。后来在与太平军、捻军、回民起义军的一次又一次浴血奋战中屡建奇功，从守备提升为游击、副将、总兵，直至武职从一品提督，并获赏黄马褂。光绪十年（1884年），唐元甫任广东水师提督。光绪二十年（1894年），诏加尚书衔。第二年，62岁的唐元甫病逝于广东陆路提督任上。

席宝田（1829—1889年），字研芗，永州东安人。清末湘军将领。以诸生从军，转战湖南，败石达开，解宝庆围，擒洪仁玕、洪天贵福；同治六年（1867年）入贵州镇压苗民、白莲教起义，用兵五年，克台拱，擒张秀眉。累功官至布政使，赠太子少保，紫光阁画像，誉为"中兴功臣"，死后封为光禄大夫。曾与王德榜共同捐资修建"蘋洲书院"。

唐生智（1890—1970年），字孟潇，号曼德，永州东安人。1912年入保定陆军军官学校，毕业后进湖南陆军。曾参加辛亥革命和讨袁、护法诸战役。1929年任国民党政府军事参议院院长、第五路军总指挥。1931年任广州国民政府军事委员会常委兼军事参议院院长。1934年12月兼任国民训练总监部总监。1935年4月，被任命为陆军一级上将。1937年指挥南京保卫战，败退后辞去一切职务，回东安老家办学。其宗旨是维护抗日统一战线，培养抗日救亡英才。1949年在湖南组织"和平自救"运动，任"湖南人民自救委员会"主任委员，参加湖南和平起义。新中国成立后，历任全国人民代表大会第二、第三届常务委员，政协全国委员会第一届委员、第二、第三、第四届常务委员，国防委员会委员，湖南省人民政府副省长、省政协副主席，中国国民党革命委员会中央常务委员等职。1970年4月病逝于长沙。

（四）与武将人物相关的景点

与上述武将人物相关的景点有三：唐元甫夫妇墓、唐生智故居、芦洪市镇。三者之中，一个是省级文物保护单位，一个是国家级文物保护单位，还有一个是"中国历史文化名镇"。

1. 唐元甫夫妇墓

唐元甫夫妇墓位于东安县石期市镇洪井村，西北距县城约21公里。2002年，被湖南省人民政府公布为省级文物保护单位。

唐元甫夫妇墓始建于清光绪二十一年（1895年），由唐元甫墓及第一夫人徐氏、第三夫人丁氏墓异穴合葬而成。该墓有三大特点引人瞩目：一是规模宏大，墓园占地600平方米；二是嫡庶同茔，三人并穴，唐元甫墓居中，左为嫡妻徐氏墓，右侧为第三夫人丁氏墓，各有墓围，相对独立；三是石雕石刻数量众多，工艺精美。嫡庶并列的合葬方式，明显有违于礼教常规，但是因为丁夫人"才同絮咏，德媲兰馨""事亲体膳，诸娣咸宁"（三夫人墓志铭），故而死后获得破规格的合葬殊荣。整个墓地面积80平方米。墓地坪前有石旗杆（华表）各一副，石旗杆后面有石鼓、石狮、石马、石羊和高1.5米石人各一对。墓周围用石碑围砌，碑上有龙、凤、鳌、虎、麒麟等珍禽奇兽和三国人物故事等武士浮雕上百幅，亦庄亦谐，各具神态，线条流畅，神态逼真，布局精当，意境深远，有较高的艺术水平。墓地还有40多处刻有墓志铭及名人题写的悼文、挽联。三座墓并列紧靠，墓与墓之间用石碑隔开，主墓石碑高3米，碑顶正面刻有"尚书衔"横匾，碑身正中竖刻有"皇请诰授建威将军、光禄大夫，原任广东水师提督军门唐公元甫之墓"字样，左右挽联曰："虎将名高功垂简策，龙光庞大色壮松楸。"书体甚精。墓围内现存书法类碑刻11方，为近代史学和书法艺术研究提供了珍贵的实物资料。墓葬各种青石构件极尽雕刻之能事，表现了高超的艺术水平。雕琢采用了圆雕、高浮雕、浅浮雕、线刻等多种雕刻手法，线条流畅、装饰富丽、质感强烈、神态生动引人，是不可多得的艺术珍品。

2. 树德山庄（唐生智故居）

树德山庄位于永州市东安县芦洪市镇赵家井村，又名唐生智故居，为20世纪初中西合璧民居建筑的代表作。树德山庄始建于民国十六年（1927年），占地面积约2.7万平方米，建筑面积7018平方米。总体规划基本在一个长方形的区域内，坐东朝西，四周用檐墙围护。门楼、主楼、贵宾楼是山庄的三座主体建筑，鼎足而立，全系砖石木结构建筑，抬梁穿斗式与券廊式骨架并存，青砖铺地，青瓦盖顶，四进三井，廊道相连。附属建筑有碉楼、卫兵房、藏书院、八角亭、大小会议厅及杂房，其他建筑物有花园、水池、水井等。山庄高墙深院，曲径回廊，规模宏大，排列有序，各建筑之间有间墙、天井相隔，错落有致，疏密得当。门楼全为中式建筑，但屋顶不出檐，四面落水。山庄把园林建筑的格式布局融于民居内，如回廊曲折，随屋而转，有园林建筑曲径通幽的美感——前院天井内名木茂盛浓荫，后院花园花草扶苏生机勃勃，使山庄更显得优雅、秀美，打破了当地民居格局的传统，开创了当地民居独特的建筑格式。另外，山庄还有一个突出的吸引人的特点，中轴线上的三个主要大门与南北方向的墙体存在一个夹角，角度不等。山庄在功能上是官邸与私宅、园林与民居和谐共存，风格上是轴线式的对称格局与各中心点的非均衡分布方式相得益彰，建筑整体上体现了立足传统、洋为中用的设计理念，并全面实施了中西杂糅的建造工艺，手法别致，造就了一处风格独具的中西合璧式的、20世纪初官署与民居合一的建筑，具有重要的历史研究、艺术审美和科学探讨价值。

2006年,树德山庄被公布为第六批全国重点文物保护单位。

3. 中国历史文化名镇——芦洪市镇

芦洪市镇是东安武将席宝田、唐生智的故乡,又是中国历史文化名镇,因而在此一并介绍。

芦洪市镇历史悠久。晋惠帝永熙元年(290年),析零陵郡泉陵县西部设应阳县,因县城位于应水之北而得名,县府设芦洪市,至今已有1700多年历史。宋太宗淳化三年(992年),东安邑令张大年为镇压农民起义,开始在"芦洪置司",即芦洪司,此地名一直沿用下来。1949年11月,东安县人民政府将全县划为4个行政区、8个乡,芦洪市镇属第四区南应乡。1995年东安县撤乡划镇,芦洪市镇迎来了新的发展。2016年12月,被列为第三批国家新型城镇化综合试点镇。

芦洪市镇具有鲜明的历史内涵、清晰的传统风貌、丰富的古建筑群落、生活气息浓厚的传统街巷,以及淳朴的风俗民情。以席家大院、树德山庄为核心的传统院落,彰显了明清和民国两大时代的建筑特色,是清末太子少保席宝田、抗日名将唐生智两大名人传奇轶事和人文精神的传承载体。以大街、小街为主干的古街巷建筑群,形成了独具特色的马帮商贾文化,极具明末清初古建风格。斩龙桥、古应阳县城墙断痕遗址、汉代古墓葬群、清代魏玉彩故居、大皇庙遗址等古代遗存,奠定了古镇古色古香的风情。九龙岩、三门岩是大自然给予芦洪市的瑰宝。应水晨曦、狮岭远眺、九龙奇峰、洪林钟声、龙桥洪峰、芦江垂钓、连桥朝霞、大皇雨霁的"芦洪八景",更是凝练了芦洪市江南水乡的气息。历史与文化景观的积淀,为芦洪市镇获得"中国历史文化名镇"的称号奠定了坚实的基础。

芦洪市镇域总面积139.6平方公里,辖58个村(居)委会,总人口5.78万人,是冷水滩、邵阳、东安三县(区)交界地的交通枢纽和物资集散中心。洛湛铁路纵贯全镇,省道S217线和二广高速公路穿境而过。

2018年,芦洪市镇被列入第七批"中国历史文化名镇名村名录"。国家级历史文化名镇,湖南全省仅有20个,这是永州唯一的一个。

第十二章　女书习俗之旅

女书又称女字，是由女性创造并在女性中使用和流传的一种特殊文字符号体系及其相关载体。其中包括：记录汉语方言的音节文字；用这种文字写成的韵文作品；写有这种文字的物质载体，如纸张、手巾、纸扇、布帛、女书书法、篆刻、激光微雕、石雕、木雕、竹雕、明信片、提包等。女书主要起源和流传于永州江永县上江圩一带，所以又叫作江永女书（或永明女书），当地人根据字形特点把女书叫作长脚文。女书是世界上唯一的一种仍在使用的女性文字。女书的发现被国际学界称为一个惊人的发现，许多学者对这一神奇文字大为惊叹，称其闻所未闻，见所未见。女书作为中华民族一种独特的文化现象，或者说是人类文化生态中的一个稀有物种，在文字学、语言学、文化学、历史学、考古学、民俗学及民间文化学等多个学科中都有重要的研究价值。因此，女书习俗之旅，既可以是一次研学之旅，更可以是一次独特的探奇之旅。

一、女书来源

（一）发现过程

1958年，一位来自江永县的妇女来到北京寻亲，她用江永土话说话和用女书书写，没人能理解她的意思，寸步难行。后来警察拿着她写有女书文字的纸，请有关文字学专家辨认，文字学专家也无法辨析。这是女书第一次进入文字研究专家的视野，但没有引起足够的重视。1959年，江永县编写《江永县解放十年志》，其中有一份由县文化馆周硕沂提供的关于妇女字的简单介绍和一幅临摹的女书作品。周硕沂在县文化馆工作，有很多亲戚在女书流传的村子里，经常可以接触到女书，还经常下乡到女书流传的一带农村开展文化活动，结识了女书创作水平较高的胡池珠，学会了一批女字，创作了《女书之歌》。这首女书歌及其译文被收入《江永解放十周年志》（油印本），这是载入史册的第一篇女书作品。周硕沂整理了女书文字300多个。1979年，周硕沂在编写《江永县文物志》时，编入了《蝇形字》一节，对女书进行了介绍。1982年4月，《江永县文物志》由省文化厅转发全省交流，越来越多的人知道了女书。1982年12月，中南民族学院教师宫哲兵在江永开展民族文化的调查，收集到一些女书资料，回校后，他撰写了《关于一种特殊文字的调查报告》，在《中南民族学院学报》上发表，后由人大复印资料《语言文字学》全文转载。此后，江永女书迅速进入人们的视野，引起广泛的关注。各媒体大量介绍江永女书，中央电视台以《奇特的女书》为题，向海内外报道了中国发现女性文字的消息。美国、日本、法国、加拿大等国家报刊、电视台做了转载、转播，女书逐步被全世界所知。2002年，女书被国家档案馆收藏，列入《中国档案文献遗产名录》，成为国家第一批48组档案文献之一。2005年，被列入"湖南十大文化遗产名录"。2006年，被列入"中国非物质文化遗产名录"，成为第一批70个民俗项目之一。

（二）流传地域

女书流传范围主要在岭南瑶族聚居区，包括湖南永州的江华、江永、道县，广西的富川、钟山、恭城、贺州以及广东的连州等地，可划分为女书流传核心区和辐射区。江永县位于湖南省南部、湘桂粤交界地，北部接壤道县，东面毗邻江华。与广东一山（萌渚岭）之隔，西北与广西灌阳一峰（都庞岭）为界，西南与广西恭城一关（龙虎关）成阻，南与广西富川一岭相连。江永地貌为盆地式，处五岭怀抱之中，六分山四分田。江永原名"永明"，清道光《永明县志·序》开宗明义："永明毗楚粤，辖民瑶。"这是江永县地缘的形象表述。江永历史悠久，在新石器时代就有先民在这里繁衍生息。女书流传核心区内的所有村落，地形孤立封闭，当地人过着古朴而自然的生活，这一带至今犹保存狩猎捕鱼，男耕女织，妇女结拜姊妹，结婚不落夫家等婚嫁风俗，这些特殊的风俗，为女书的产生提供了适宜的生存土壤。

女书流行的核心区域在江永县东北部潇水两岸，以江永县上江圩乡15个村为中心，遍及城关镇、铜山岭农场、黄甲岭等乡，以及相毗邻的道县田广洞、立福洞村等。其中的普美村（分大、小浦尾），是上江圩乡下新屋村的两个毗邻的自然村，是女书的发源地。随着这些地方女子的外嫁，女书也随之流传到江华瑶族自治县，江永桃川镇、千家峒瑶族乡，道县下蒋乡、新车乡、清塘乡等村庄。而女书最集中和保存最完整的是江永县上江圩的普美村。

（三）女书来源

关于女书的来源，众说纷纭，学界尚未达成共识，至今仍是一个不能了然的学术之谜。女书是自源还是它源，语言文字研究专家大致有三种看法：源自汉字说，源自西夏文说，独特的瑶族女性文字符号体系说。与此相联系的是关于女书产生的时代，也有三种看法。一是史前刻画符号说。有人从语言学角度，对女书的字体结构、发音、语法规则等进行溯源性考证，认为女书与商代甲骨文之间有某种渊源关系。二是不早于明代说。有人认为女书产生于中古以后，甚至是明代前后，作为一套能完整记录语言的系统，女书有数百年历史。三是起源于明清说。有人通过女书的史志文献、遗存及内容、传承等方面因素，认为女书起源明清时期。学者们对女书的起源问题先后展开过多次论争，而以女书是商代古文字的孑遗和女书起源于明清时期两种观点影响最大。

女书流传的核心区，则有完全不同的说法。关于女书的起源有几个传说，均认为是由一个聪明的姑娘创造的，其中又有四种不同的说法。

其一，女妃造字。古时候，江永上江圩的荆田村出了一位皇帝的妃子，有人说这个妃子是唐朝的，也有人说是宋代的，并认为宋钦宗时江永荆田村的才女胡玉秀就是这位女妃。胡玉秀因才貌出众被选进皇宫，在宫中被皇帝宠幸了三晚便受到冷落，感到万般清苦。她远离亲人与姐妹，思乡心切，满腹忧伤，欲诉无人。她想给家乡的亲人和姊妹写信诉苦，又怕被发现，于是她按照家乡的女红图案创造出一种神秘文字，书于扇上，托人带回家乡，诉说自己在宫廷的不幸。她转告家乡的结拜姐妹，要斜着看，用土话去读字，传到后来就成了今天的女字。荆田村至今有御书楼遗址。《永明县志》载："宋元符年间，进士胡先和，官文华阁学士，有姊玉秀，才学冠时，名达宫掖，蒙赐御书，给大夫禄，因建楼里第以藏御书。"流传的女书作品中就有《玉秀探亲书》。

其二，盘巧造字。相传，在江永上江圩乡桐口村有一个叫盘巧的姑娘，她心灵手巧，善唱山歌，擅长女红，喜欢结交姐妹。盘巧18岁时，在山上砍柴时被道州官府抓走，关在道州城关，亲人和姐妹不知她的去向。为了向亲人报信并希望他们来搭救自己，盘巧根据与姐妹织花边和刺绣的图案创造出一种文字，用这些字写了封信，将信藏在猎狗身上带给家乡的亲人。姐妹们用土话读出了这些文字，看懂了信的内容。姐妹们和盘巧的亲人一起去道州把盘巧救回。从此，这种奇特的文字就在当地女性当中流传开来。

其三，九斤姑娘造字。相传，桐口村有个姑娘生下来有九斤重，大家都叫她九斤姑娘。九斤姑娘自幼聪慧，喜欢唱歌，精通女红，方圆几十里的姑娘都找她结交姊妹。为了姊妹之间交流沟通的方便，九斤姑娘用姐妹们的纺织、女红图案创造了一种文字。女书自然传人义年华的一篇女书《要问女书何处来》写道："只听前人讲古话，九斤姑娘最聪明。女书本是姑娘做，做起女书传世间。"

其四，女红图案变女字。据江永上江圩夏湾村的妇女说，古时候，生活在这一带的女子常相聚在一起做女红，做出花样繁多各不相同的图案，那时候女子不能念书，没有地位，她们要把自己的苦难告诉后人，便在织布绣花的图案上创制了这种文字。

图12-1 女书文化园照壁女书——江永女书

从以上的传说中可以看出，造字的女性所经历的都是日常生活中有可能发生的事情，造字者的传说都强调了江永村落中的聪明的女性利用女红图案创制女书。女书就是当时很多女子之间的私密情感的传递中介，是女性情感记忆的载体，是女性表达痛苦、寄托友情、慰藉困苦的重要媒介。

有关女书的文字史料，最早见于太平天国发行的雕母钱，钱背面铸有女书字符。史料上曾记载太平天国过江永北上之事，或许当时有女书传人加入太平军，又或许广西金田村一带也有女书流传。最早的文献记载，是1931年和济印刷公司印发的《湖南省各县调查笔记·花山》（上册），描述女书的字形有"其歌扇所书绳头细字，似蒙古文。全县男子，能识此种字者，余未之见"的记载，中国历史博物馆收藏的《猶（瑶）文歌》序文对此也有记录。

二、女书形体

（一）女书字符

语言学界注意到女书这种独立的文字体系，并对其文字性质大致有四种认识：音节文字，记号音节文字，表意文字，记号文字。多数学者认为女书是记录汉语方言体系中的江永土话。关于女书一共有多少个不同的字形，具代表性的说法有：谢志民的《江永"女书"之谜》中统计为1774个；《永明女书》为1570个，其中有同音异字113个；《女书，一个惊人的发现》中统计不足1000个。另外有2000多个、800个、700个、600个等多种说法。

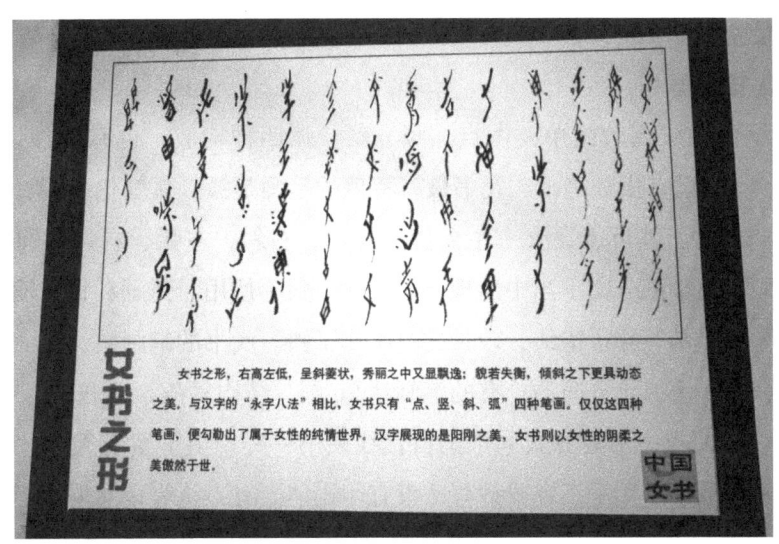

图 12-2 女书形体

世界上的文字符号，一般分为表义文字和表音文字两种。汉字属于表义文字体系。女书属于表音文字体系中的音节文字，每一个字所代表的都是一个音。女书符号借助汉字符号而形成比较完善的符号系统，它用 1000 个左右的单字字符就能创作出 400 多篇约 20 万字的作品，这个较为完善的符号系统体现出人类的初始思维。女书的单字源自汉字的占 80% 强，这些单字，或是对汉字的整体借用，变方块为斜体菱形；或是对汉字形体予以变异，变异虽然有大有小，但都不同程度地保留了汉字的痕迹；或是将汉字构件变体成造字的字基。

现时文献搜集到的女书文字有 1500 多个单音文字。作为音节文字的女书，尽管在选字原理上并无奇异之处，但这种仅属于女性专用的文字传播符号，却是世界文字史的独特现象。从字形上看，女书的字体呈长斜体菱形：每个字起笔处的右上角为最高点，收笔处左下角为最低点。有人把这种女书字的外观体形称为 "多" 字式体式。每个字的形体大小匀称，透露出一种修长秀丽的气韵，体现出女性化气质。女书将已经系统化的汉字予以变体，把汉字的方块形字变成菱形字图样，并形成一种具有女性审美特性的编织物花纹，有些甚至把抽象化了的汉字又回复到象形和会意阶段，如树字写为 ⿻。女书借用汉字的音节，使女书字符成为一种单音节音符性的表音文字，汉字变了形体的字符成了女书的音符。作为音符的女书字符没有建立相应的语法规则，女书字符在特定语境中才有其语言意义。比如我们很难从女书字符 ⿻ 这个组合的音符中认定是 "殿试" 还是 "电视"。女书字符清秀而又有条理，不仅基本笔形统一，而且结构组合很有规律：女书从上至下、从左到右书写排列，整齐匀称，笔画纤细流畅，字形细长秀丽，犹如娴娜多姿的女性本身。

(二) 女书笔画

女书的笔画构成比较简单，由点、竖、斜、弧四种构成，也有五种说（点、竖、撇、弧、圆圈），没有横竖笔画。女书最有特色的笔画是弧。弧变化多端，弧度可大可小，弧线可长可短。实际上，女书主要使用左斜、右斜、左弧、右弧和圆点这五个笔画，其他笔画只在少部分文字当中出现，上下弧一般不使用。弧画和直线没有严格的界限区分，较短的笔画写作了横线，较长的笔画作了弧。女书的笔画数，以8画为主。但也有的女字只有一笔，十分简洁；有的笔画达20画，结构复杂。女书作品一般是连写，不分段、句，无标点；书写方式同中国古代线装书一样，上下留有天地，行文自上而下，从右到左，通常是用手工方式抄写，没有印刷体。有人认为，女书字形的产生是江永女性对大自然和自己的编织物模仿的结果。使用女书的妇女生活在落后闭塞环境中，展现在她们面前的是美丽的大自然和自己手中的编织物。女红最佳的编织物是菱形，横这一笔画在编织物中被用于反面的底线连接，正面只能用点和斜线代替，挑、撇、捺也都变为长短不同的斜线，勾、折要么省去，要么由点和斜线合成。编织物中的这种处理方法被运用于女书的书写，只不过是在纸上、巾帕上、扇子上的女书而已。

(三) 女字之美

女书清秀的体形、纤细的笔画、巧妙的结构，展现出一种独特的艺术美。女书字形具有形式美。女字的笔画精巧轻盈，秀丽纤雅。女书书写呈斜菱形，排列清秀而不失条理；字形刚柔相济，柔中有刚；圆弧笔画，灵动娟秀，轻盈飘逸，充满了律动感。这种文字显现一种阴柔的美感，具有强烈的视觉冲击力和较高的美学研究价值。

对称美 女书文字不自觉地利用对称美的规律，创造出了大量对称的象形文字。女书文字四角平稳，利用了对称的美的规律，尽显周正的美感。女书书法的美，以其弧线美最具魅力，有的似水波纹，有的似上弦月。书写弧线，多在每个字的开笔，一个字中不论有多少条弧线组成，第一条弧线往往是起栋梁骨干作用的，其余短弧、点、圈再依次完成。

齐整美 女书的齐整美实际上是在效仿自然的过程中形成的。女字在排列上因使用了重复和连串等手法而产生了一种连续的美感，这种连续的美感在自然界中十分常见，如树叶的层层排列、鱼类的鳞片、野兽的斑纹。女字正是将自然界中这些富有美感的元素搬到了文字当中。比如"鸟"字的弧笔向上弯起，让人联想起鸟的尾巴，字下部的四个点整齐排列在弧周围，像是鸟类美丽的羽毛。

动感美 女书文字的许多字有动态，使女书文字更加生动。如"步"字，为了表现女书文字走的动作，在字的下部加了一斜笔，这也是绘画中为表现动作的连贯性常用的手法。评价女书的书法特点，其锋芒气度全在弧上，如女书传人义年华、高银仙等人的作品，其弧线强劲有力，呈刀刻之状，但又透着轻快柔韧，有飘逸之感，长短走势得当。

图案美 女书图案是一种以女书文字与装饰纹样相结合的装饰性女红图案，它以女书字符为基础，以平面几何形体为外形，以自然形态为装饰，通过艺术处理呈现出独具一格的女红艺术。女书的图案主要有织锦、刺绣、三朝书、女书帕（绢）上的插图、三朝书的扉页八角形的花纹图等。这些图案，线条粗细一致，色彩得当，轻柔舒展，充满吉祥色彩。

韵律美 女书作品的语言形式基本上是韵文。每个句子在口语中一般是7个音节长，在书面语中一般是7个字长。叙述当地发生的事和流传的历史故事，也用韵文改编，方便唱读。女书作品读起来声情并茂，唱起来婉转缠绵。女书的韵文没有严格的约束，句子长短一致，又押韵，用来吟唱的作品一般全部采用韵文句子写，因而形成了一种特有的韵律美。

（四）女书载体

用女字符号书写作品，其载体主要有纸、书、扇、巾四大类。一是纸张。有白纸、红纸和黄纸三种。白纸比较薄，单面书写，对折后形成一页，可以装订保存。红纸有单面和双面两种，一般用于书写喜庆内容。黄纸用来写祭文，要当场焚烧，后来也有人用小学生的练习本写。二是扇子。女性买的扇子一面印制了图画，一面空白。在空白面书写的内容，往往是比较简短的女书，如《十绣歌》等。三是手帕。手帕上的女书是先写再绣，还要绣花边装饰。精心绣好女书的手帕往往作为收藏品，在聚会时候拿出来欣赏和歌唱，或作为礼品送人。四是带子。在编织束腰的长条纺织品的过程中，直接把女书字符编制出来。因编织的纹路和女书笔画的倾斜方向的不同，有女书笔画断裂，字形不清晰的现象。另外，还有货币。1993年，南京博物馆收集到19世纪中期太平天国的一枚金属货币，一面有汉字"天国圣宝"，另一面有汉字"炎壹"，同时在两边分别刻着女书文字："天下妇女"和"姊妹一家"。

女子把自己要表达的情感写在各种材料上进行传达，写在扇面上的称扇章，写在手帕上的称帕书，写在纸张上的称纸文，绣在布上的称绣字，织在被子、带子上的称为字被、字带。

女书作者把女书作品叫作诗、歌、文、诗文、诗书、文章等。当地人根据作品的载体把阅读、吟唱女书作品，分别叫作读纸（写在纸上的）、读扇（写在扇面上的）、读帕（写在手帕上的）等，也统称唱女歌。现在的女书载体主要有女书书法、篆刻、激光微雕、石雕、木雕、竹雕、明信片、女巾、女扇、女书提包等，形式更为多样化和现代化。女书图案是以女书字符为基础、结合装饰纹样形成的女红图案。八角花纹样是具代表性的女红图案，图案是在八角形内由莲花、蝴蝶、蝙蝠、葫芦等中国吉祥图案的排列组合而成，它折射出女书流传地区女性对于美好事物的追求，反映了她们的审美情趣。

三、女书习俗

（一）女书与女性生活

从目前发现和发掘的女书材料看，除极少数女红是以单个字符存在的图案外，几乎所有的女书作品——包括书信和锦带花纹图案等都是独具民歌风格的文学作品。女书叙事作品数量很多，赵丽明的《中国女书集成》收集了409篇，谢志民的《江永女书之谜》收集了225篇。这些作品深刻地反映了江永女书流行地区的妇女在社会、政治、经济、婚姻、经历、交际、民俗、信仰等方面的生活面貌和情感状态。女书以记录身世、抒发情志、结交姊妹、新娘回门、贺三朝等最为常见，大多是对自己或当地女性生活的描写，女性对自己人生经历的记录和情感体验的倾诉，多数是叙述无限的苦闷、控诉社会的不公等。

女书是用书面语方式递交的人和人之间的交往信息，这些交往包括亲人交往、社会交往，特别是结交姊妹之间的慰问、感谢和讨论家庭教育等。主要有贺三朝书与结交姊妹书等。结交姊妹是最重要的书信内容，倡议信的大致格式是：很久就听到你的芳名，你不仅聪明而且人好，我先写信到你家，希望跟你结交成为姐妹。我家贫寒，没有你家条件好。如果不嫌弃，今年8月一起去赶庙会，结交以后我们可以经常往来。回信格式一般写：接到你的信和礼物非常高兴。我们真有缘分，好像千里的河流共水流，万里的花朵共园子。

慰问的信件主要是亲戚或朋友的亲人去世，劝说对方不要过度悲伤，不要伤害了自己的身体。江永盛行结拜姊妹的习俗，女子结拜姐妹后，她们频繁来往，贺喜问忧。谁家有忧伤的事会写信告诉姐妹，姐妹都会及时赶去帮助，无法赶到的就会写信劝勉、慰问。如女书传人胡池珠得知姊妹唐宝珍丈夫去世，用女书写了一封长信，诚挚地表示安慰，对她的不幸遭遇表示出极大的关心。唐宝珍收到这封慰问信后立即回信，说姐妹的情谊给了她生的勇气和活的希望。

图 12-3 女书作品

女书作品中大部分是自传性诉苦歌，每部都是妇女的血泪史、苦情歌。女书作品有写妇女共性苦难的：包办婚姻、裹足、受婆家虐等，如《田广洞女子歌》《十八岁女三岁郎》《王氏女》等。她们把自己命运的不幸、世道的不公写在歌扇上，或绣在帕巾上，或融进精美的书册中，女书高手高银仙、义年华、胡池珠分别写有《高银仙自传》《义年华自传》《胡池珠自传》。其中，孤女、寡妇歌最为凄凉悲惨，催人泪下。这些传记中的妇女都有着不幸的身世，生活无依无靠。如《胡池珠自传》写道："没娘没爹哪样过／是我可怜陪哪个／只有姑孙同陪坐／一家事情倚哪个／透夜哭娘如刀割／哪个尽心照顾身／面前亦没乘凉树／背底亦无靠背山／亦没娘舅来照顾／亦没姨娘惜疼身／外婆年高落阴府／日夜哭愁人不知。"作品的语言直白，悲苦溢于言表，富有感染力，催人泪下。

女书作品还有很多讲述丧父、丧母、丧夫、丧儿等失去亲人之后的精神苦闷的，如《六姑谣》《寡妇歌》《娘女可怜》《女儿十二月歌》等。江永县的老年妇女，在遇到灾祸或孤独寂寞时，会找女书高手诉苦。女书高手对诉苦的内容进行加工，写在一块巾帕上送给她。《何西静口述》就是女书高手胡池珠根据何西静的口述写成的。《棠下义井居》就是义井居口述，由别人记录的。这些作品用写实手法描写一生的不幸遭遇，自叙心比天高、命如纸薄，美好意愿化作泡影的悲苦境遇，反映出女性的精神世界。她们在孤独中思念自己死去的父母，她们无法掩饰内心深处难以排遣的忧伤和愁苦，表达了孤女、寡妇的深沉悲哀与痛苦血泪。

还有很大一部分女书作品，内容是记录婚嫁、生育等人生大事，但多是倾诉女性裹足、包办婚姻、受婆家虐待等给她们带来的巨大创伤，哭诉命运的不公、婚姻的不幸。

如《杨细细传》："我身将来七岁满／谭家请媒订婚姻／想起以前旧社会／只是有名就结亲／不得了解娘许女／配错夫妻六十年……不知丈夫哪样想／嫖娼赌博过时光／春间赌钱多热心／不愿在家种田庄……丈夫赌钱不收手／将我抛在赌钱室／我真受急心不服／将刀杀我太无情／打得我身无路走／悬梁自尽我愿当……"作品讲述了杨细细自幼与人订了娃娃亲，父母包办成婚，丈夫染上赌钱嫖妓恶习，财产输光老婆抵押给别人，杨细细不愿服从，丈夫逼得杨细细悬梁自尽。又如，《王氏女》讲述王氏在婆家所受到的百般欺凌以及鞭答毒打。像这样以自述方式控诉封建家庭中妇女受虐待的作品还有《吴氏传》《王转初传》《义年华自传》等。这些作品饱含了妇女血泪控诉，揭示了妇女卑下的社会地位和不幸遭遇。

当然，也有记录妇女反抗封建礼教的作品。有的女性坚强、果断、勇敢，如《卖花女》中的张氏，为使自己不沦为豪门的玩物，不畏权势以死相拼。《秀莺歌》反映了当地妇女反抗封建礼教的大胆行为。《珠珠歌》讲述消江乡白水村姑娘黄珠珠，为了个人幸福，勇于到县衙打官司退婚，另嫁意中人的故事。《梁祝歌》反映了妇女要求进学堂的愿望。《虎殃》中的张氏母女，为救丈夫和父亲，母女不怕凶险，与虎搏斗，最终虽以身饲虎，丈夫和父亲却幸免于难。作品反映了妇女的勇敢和献身精神。

（二）女书与女性习俗

女书在女性精神领域进一步渗透，就形成了蕴含深刻的女书习俗，包括结交老同、坐歌堂、贺三朝、哭嫁、斗牛、吹凉、祭祀姑婆等女书习俗符号。不同场合的不同女书活动，反映出特殊的民族心理和民族精神。最典型的有交老同、坐歌堂和贺三朝等习俗。

1. 结拜姊妹

结拜姊妹，又称交老同、结老庚。江永地区的女子只要情投意合，不论年龄和家庭条件，都可以结拜为姊妹。结拜姊妹的方式可以由父母做主挑选姐妹，也可以自己主动写信结交姐妹，还可以在女性集体活动中结交姐妹。结拜动机是寻求社会依托，求得结交双方或多方心理的平衡与精神生活的充实。女子结拜姊妹后，姊妹间经常互访或通过女书互诉衷肠，有时候还会在姊妹家住上一段时间，结伴做女红、唱女书，临别时难分难舍，有的还直接把姊妹送到对方家中。姊妹们不能相聚时，以女书为载体的书信就成为维系结拜姊妹之间情感的纽带。结拜姊妹把自己封闭在女性社会里，在生活上遇到各种困难时互相帮助，情感上互相慰藉、相互勉励，在艰难的人生道路上乐观地前行。如1985年高银仙老人的儿媳病故，对她打击很大，结拜姊妹义年华用女书写了《义年华慰问高银仙书》，劝慰姊妹，高银仙得到安慰后回信感谢。有的书信还有鼓励结拜姊妹对不满的婚姻进行反抗，劝其抗婚逃婚、晚婚甚至不嫁的现象。

江永当地妇女以女书、女歌、女红、女友为基本内容的乡土社会生活，维系姊妹的情谊，她们的感情虽不是夫妻之情却胜过夫妻之情。女书及以女书活动的风俗给当地妇女提供了多种互动交流的机会，将结拜姊妹之间的感情牢牢地拴住，即使婚后夫妻和睦、感情浓烈，也不能与姐妹结交之情相提并论，当地流行这样的话，"丈夫面前不讲真，姊妹面前不讲假"。

2. 婚嫁风俗

在江永女书流传地，住房一般都有楼，女子居住楼上，这就成了妇女的公共活动空间。以女书为灵魂，凝聚着一些能唱、能写、能创作的姊妹群体。她们在家里的绣楼堂这个女性的公共空间，一边做女红，一边用一种低沉和哀婉的曲调吟唱女书，沉浸在女性情感世界里，不管是唱的人还是听的人，都从吟唱中获得极大的精神满足。

坐歌堂、贺三朝，是盛行于江永城关镇、上江圩一带的与女书有密切关联的婚嫁风俗。江永风俗中出嫁之前的"坐歌堂"和婚后第三天的"贺三朝"，所唱歌词在女书作品中所占比重相当大。

坐歌堂是婚嫁前的习俗。在女子出嫁前半个月，新娘的女性亲友就搬了被褥住进新娘家的楼上，陪伴新娘习女书、做女红、唱女歌，这就是吵歌堂。女子出嫁的前两三天，还要举行隆重的歌堂仪式，由设歌堂、进歌堂、吵歌堂、坐歌堂、哭离乡歌组成，整个歌堂大唱女书歌。歌堂唱歌使用土话，歌词为七言句式，既有现编现唱的即兴创作，也有事先用女书创作的备用歌谣。坐歌堂表现出女伴们对新娘的依恋不舍之情，流露出强烈的女性集体意识。女书歌与歌堂歌互补互化。坐歌堂为女书提供了传播空间，促进了女书的创作，成为女书传播不可缺失的重要环节。

贺三朝是婚嫁后的习俗。在江永一带，婚嫁的整个过程都要唱女书。新娘出嫁后第三天要回门，叫作三朝，亲戚朋友要给她祝贺三朝。这一天，娘家的女性亲人和新娘婚前的女友要带着事先写好的三朝书等礼物到夫家去唱《贺三朝》，然后把新娘子接回门（一般要等到生了孩子后才经常住在男方家），完成接三朝、贺三朝活动。三朝书的内容主要是，用女书写上对新娘的祝福和对过去美好情谊的回忆，娘家亲戚朋友留恋女子，回忆过去的友情，恭喜女子嫁了个好人家，希望男方家放她早点回家。三朝书涌流出女性姊妹之间的情真意切，有的甚至超过夫妻之间的感情。新娘能够收到情深义重的三朝书是很有面子的事。去贺礼时，女方收到的三朝书越多，这位女子越珍贵；女方家的文化修养越高，越显示这个家庭的高贵。在"贺三朝"时，客人送达的"三朝书"放在大堂屋中方桌上让宾客互相传诵。三朝书是特制的线装本，做工讲究，装帧精美。三朝书讲究规格。通常是封面宽13厘米、长22厘米，芯页宽12厘米、长20厘米，芯页9页，前后两扉页大红纸共11页，9页中只能书写3至4页，留着部分让收受礼物后的女子写回书用。其中还夹有做女红用的剪纸图案和五色彩线。封面封底用素色的家织布缝成，并用精美的缎带和女红图案装饰。保留至今的女书原件手工精致、线脚细腻，从外观看与古线装书相似，古朴典雅，美观大方。

3. 女性节日

女书流行区还有一些别具特色的习俗，使得妇女有更多机会回娘家或者到姐妹们那里欢聚，唱读女书，如二月初一祭鸟、四月八斗牛、五月十六花山庙会、六月六日已嫁妇女回娘家过吹凉节等，她们都要带上女书作品前往相互唱和，联络感情，加深友情。

吹凉节。农历六月初六前后，在女书流传地江永农村，家家户户都要将已出嫁的姑娘接回娘家住上三两天或十天半月。接女儿回家"吹凉读扇"，有人称之为"六月六姑姑节"，当地俗称"接姑姑回家吹凉"，亦有人称之为"六月六吹凉节"。这样做的人家，他们的女儿就显得"贵器"。一本《三朝书》写道："六月有心归省亲／亲娘接女过吹凉／他家亦有吹凉节／不比在家做女时……"回到娘家的姑姑们，和母亲等亲人叙亲情，与往日的姐妹重聚、姑侄相亲，大家不论年龄辈分聚在一起，切磋女红技艺，交流内心情感。她们会翻出家中压在箱底的女书作品，或拿出自己新创作的女书，在阁楼、在窗前、在林中，小范围地开展读纸、读扇、做女红、学女书活动，一起说唱笑闹，欢乐整天，其乐融融。

斗牛节。农历四月初八为当地的斗牛节。这一天男人都赶着牛牯到野外去斗牛；未婚女子各自带着食物集体聚餐，带着女书去吟唱，说笑唱闹，读唱女书，互赠绣品纸扇。女子习惯也把她们的活动叫斗牛节。因为都是青年女性的活动，所以也叫女儿节、姑娘节。

过庙节。农历五月是花山庙祭祀花山仙子的节日，五月初十以后几乎所有女性都成群结队去朝拜，场面盛大。朝拜要奉献祭品，还要焚化女书祈祷文，用女书歌唱祭祀歌。据说花仙认识女书，用女书求愿能最快得到应验。

乞巧节。农历七月初七晚上，女子结伴在门前设小桌，吟诵女书，乞求织女赐给智慧和巧手，写出最好的女字和绣出最美的花。青年女子结姊妹、走亲访友串门，为唱女书提供了机会。在亲友家与年龄相仿的女子在一起玩耍，也常常以唱读女书为娱乐项目。姑娘在夫家很少有唱女书的气氛和心情，回到娘家自由随意，是唱读女书的好时机。

四、女书传承

（一）性别传播

女书作为全世界已经发现的唯一的女性专用文字，学术界很少从传播学的角度予以研究和讨论。在男性优势话语权的传播背景下，女性拒绝男人参与的独特传播方式，这在人类传播史上是独一无二的。女书的创造、使用和传播都是普通女性，女书以"传女不传男、老传少、母传女"的传承方式代代相传。女书最后一位自然传人阳焕宜介绍，她大概在10岁时第一次学会了歌唱和书写女书，"教女书不同学男字，没有学堂，没有书本，也没有专门的先生"。可见，女书传承是无体系、无教材、非正规教师的自发传播行为，只在女性间由母传女、老传少、同辈间相互交流研习的方式代代相沿。

女书是当地只在妇女群体中使用和传播的文字语言，是当地姊妹的秘密信息传播方式，男子一般不认识女书，这就隔绝了男性的世界。究其原因，主要是由于中国几千年来的男权思想对女性的禁锢，一般女性没有机会上学读书识字。当地女性之间来往十分活跃，她们以阁楼作为交往的空间。这里的住房建筑一般都有低矮的阁楼，阁楼是自家女儿的封闭天地，也是左邻右舍女性的聚集之地。家长们却并不限制女孩们、妇女们之间的常来常往，阁楼既成了女性相聚制作女红的场所，又成为她们精神寄托的空间。她们在这里讲故事、诉心思、唱苦衷。创造的女书，可以把自己的内心世界表达出来，互通心迹，互诉衷肠，姊妹心灵沟通，现实社会中被压抑的心灵在女书的交流中得以释放，女书成了她们精神寄托的工具，在特殊的女性群体的世界中，建构起自己隐秘的语言空间。她们用女书这一交际工具把女性社会严密地封闭起来，坚强地去承受社会对女性的种种重压。

女书"传女不传男"这种独特的传承制度，对男性保持排斥状态，表现为女人们主观上将男性拒斥在女书活动之外，从而保留了一个女性的交流空间。男人们在客观上，对处于主流社会话语之下的女书活动普遍忽视和保持一定的距离。有人在江永桐口村考察时专门向几位60岁以上的男性，询问对老年女性的态度。老年男性对调查询问多表示淡漠，有的甚至反问为什么要来看"女书"，表示很不理解。他们都不认识"女书"，其原因或许各不相同，但他们拒斥女书的原因则是相同的："那是女人的东西。"许多考察研究者都发现，"女书"并不拒绝男性，但是男性社会对此就是不感兴趣。有文化的不愿学，没文化的也不去学，具有一种十分典型的性别抵触情绪。因此，从字形到内容都具有明显女性特质的女书，确实难以进入男性社会。这种只有当地女性才能意会言传的流传方式，具有鲜明的女性意识和独特的传播特征，在人类传播史上具有重要意义。

（二）女书传人

女书传人有自然传人、从自然传人到非自然传人两个阶段。

1. 自然传人

自然传人是指文化程度低，其传承没有或很少受汉字影响的传承人，如高银仙、义年华、阳焕宜等及之前的女书传人。从民国初期到最后一位自然传承人阳焕宜老人去世，仅上江圩镇的自然女书传承人就有 82 位。新中国成立以前，自然传承人之间的传承是女性自发参与的原生态传承。在女书的流行地，女书传承人几乎人人都会认、会唱女书歌，她们没有接受过文化教育，是通过传者口唱，承者聆听、模仿再现来传承的。妇女之间通过家族、亲戚朋友、长辈或女书文化习俗等活动代代口头传承的。20 世纪 80 年代，女书受到专家和社会的广泛关注，女书被社会重视以后，女书自然传人已经不多，比较有影响力的自然传人主要有以下三位：

义年华（1907—1991 年），上江圩乡棠下村人，嫁到黄甲岭乡。她小时候家境比较好，读完了小学，能够背汉字书写的汉语古文"四书""五经"，这些为她学习女书和流利地书写女书提供了良好的条件。义年华 14 岁跟婶母学会了女书，后来的女书写作水平很高，她为许多人写传记、写三朝书、写女歌，还用女书翻译了很多汉字文本的作品。她的遗物中有她精心抄录的汉字文本的唱本，这些唱本大概是准备用来翻译成女书记录的方言。女书是义年华的生命支柱，最后几年她写了很多女书作品，教一些女孩学习女书，帮助国内外不少研究女书的专家了解女书。义年华去世的时候，陪葬女书作品有近半尺厚。她的主要作品是《义年华传世文》，共有 626 句，4382 字，是女书中的长篇。

高银仙（1902—1990 年），上江圩乡高家人，出嫁到本乡的浦尾。她幼年家境贫寒，没有上学，不懂汉字记录的文化。她在家做姑娘的时候跟姑妈学女书，由于天资聪慧，女书学得很好。高银仙小时候听妇女们唱读女书的时候，觉得她们很可怜，也觉得女书内容很有道理，后来就开始跟姑姑以及其他姐妹学习女书。出嫁后，她在走亲戚的时候经常和原来一起学女书的姐妹们唱读女书，有空就把自己的心事写成女书。20 世纪 60 年代，高银仙跟 6 个朋友结交了姊妹关系。7 个姊妹会读女书，但只有 3 个人会写女书。后来高银仙还和义年华通过女书作品互相通信，互相慰问，成为朋友，结交了姊妹关系。结拜的姐妹关系非常亲密，甚至超过同胞亲生姐妹关系。她临终的时候，自己挑选了一些女书作品烧掉。高银仙流传下来的作品主要有《王氏女》《西施女》《卖花女》《梁祝姻缘》《咸丰年间走贼》等。

阳焕宜（1905—2004 年），上江圩乡阳家村人。她是最后一位女书自然传人，一生不懂汉字。她掌握的女书字比前面两位少，但是她是三位自然传人中最晚去世的。她14岁学女书，大约学习了3年，后来附近有嫁女的就会请阳焕宜去写一些女歌、三朝书等，做成红包放在盒子里做嫁妆，显示新娘和娘家的才华。

2. 从自然传人到非自然传人

女书及女书文化的传承以家传式为主，而这种传承的性别特征，在新中国成立后开始模糊，有个别男性开始涉及女书的传承和研究领域。原江永县文化馆工作人员周硕沂（1924—2006年），被众多学者和媒体称为女书男传第一人，他致力于女书研究达半个世纪，是第一个介绍和宣传女书的男性人物。政府和学术界也开始引导民众有意识地参与到女书及女书文化的抢救、保护和传承中来，并开始编教材，将几代女书作者改编和移植的作品辑录成册，供传承人学习。为了保护女书，江永县政府还授予阳焕宜、何艳新、何静华、胡美月和义运娟"女书传人"称号。实际上，这五个人里面只有阳焕宜是自然传人，她获得这个称号一年后，即于2004年去世，其他四人均是有意去学、有意培养，可说是非自然传人。2010年，江永县又授予周慧娟、蒲丽娟和胡欣三人"女书传人"称号。其中，何静华、胡美月被授予省级"女书习俗传人"称号。

何静华（1938—　），女，汉族，小学文化。出生于江永县允山镇溪洲尾村，嫁到县城潇浦镇肖江村。母亲和姨妈经常使用女书阅读写作，她从小受到她们影响。她本人能够唱60多首女歌，创作过描述丈夫蒙受冤屈、老年失去儿子的坎坷经历的女书作品。主要作品有《何氏修书诉可怜》《静华思逝儿》《十念亲娘》《我爱女书》《劝解歌》《思念之花》《十教儿女》《结交书》等。

胡美月（1963—　），女，瑶族，初中文化。出生于江永县上江圩镇下新屋村的浦尾，嫁到附近的夏湾村。她是著名女书自然传人高银仙的孙女，从小受到祖母的影响，5岁学习女书，10岁能够读写女书作品，20岁创作女书歌谣。跟奶奶学习女书是出于一种兴趣和爱好，在跟奶奶参加女书习俗的活动中，不自觉地学会了读唱女书。她还参加女书文化保护工作，2001年开始成为女书学堂专职教员，培养了女书传人义运娟和胡欣。

何艳新（1940—　），女，瑶族，初中文化。她从小跟住在田广洞的外婆生活，9岁开始跟外婆学女书，11岁创作女书作品。何艳新的外婆杨灿仙是女书自然传人，外婆教她女书的时候将汉字作品翻译成女书，用土话来教何艳新唱女书，如《孟姜女》《送夫君》《祝英台》《卖花女》等唱本，这其实是经过了移植、改编与再创造的作品。

周慧娟（1943—　），女，汉族，初中文化。生活于江永县上江圩镇夏湾村。6岁由大姐教唱女歌，1987年跟女书自然传人义年华学女书，开始配合专家开展女书文化调查。2004年曾经担任女书学堂教师。

蒲丽娟（1965—　），女，汉族，高中文化。出生于江永县县城潇浦镇肖江村，嫁到广西富川，但全家又迁移到娘家生活。蒲丽娟是女书传人何静华的女儿，从小跟母亲学女歌。2000年从江永县生资公司下岗后，开始跟母亲学女书。2004年到女书园从事管理、讲解、表演工作。2008年曾到北京的奥运会现场宣传介绍女书。

义运娟（1969—　），女，汉族，文盲。出生于江永县上江圩镇甘益村，嫁到下新屋村的浦尾，丈夫是女书自然传人高银仙的孙子。跟胡美月学习女书。2009年到浙江参加电影《雪花秘扇》的拍摄，扮演电影中的女书传人角色。

胡欣（1988—　），女，瑶族，大专文化。出生于江永县上江圩镇下新屋村的浦尾。8岁接触女书，23岁开始向胡美月学习女书，很快就能够读、写、唱、表演，能力齐全。2006年开始在女书园工作。2009年被评为"江永女书形象大使"。2009年曾到长沙参加国庆60周年文化习俗展览，2010年曾到上海参加世界博览会的非物质文化遗产展览。

（三）女书传播的延伸

女书在历史上曾进入男性的视野。据调查，江永上江圩已知有四位男性精通女书。20世纪50至70年代，女书几次传入男性世界和学术界。20世纪80年代，女书的最后一批自然传承人都年事已高、女书传承岌岌可危之时，出现了"男传女书"的现象。男性学者以及慕名而来的女书爱好者，开始了对女书的学习和探索，他们向女书传人讨教、学习和掌握了一批女字，成为女书的男性传人。女书从女性群体传入男性世界，说明女书的开放性和生命力，同时也说明女书的传承制度在当代发生了变化，也意味着两性之间的沟通、对话，促进了两性之间的文化传播。

女书的文化价值日益凸显，引起了国内外学者的广泛关注和政府部门的高度重视，因为有政府和学者的参与，女书的传承方式也发生了重大变化。家传式的传承方式虽然仍零星地存在，比如胡美月教她女儿唐丽英学习女书，蒲丽娟教她正在读大学的女儿学习女书，但已经远远不能满足当今社会将其作为文化产业打造的需求。于是，由政府主导的课堂式传承方式便应运而生。与此同时，一些熟悉女书的专家学者，千方百计地收集、整理纸质的女书作品，或汇编成女书作品集，或形成女字汇编、女书字典，再加上女书学术论文、女书研究专著等，使女书延伸到社会生活的方方面面，成为众人瞩目的公共文化现象，再也回不到女性的隐秘空间。

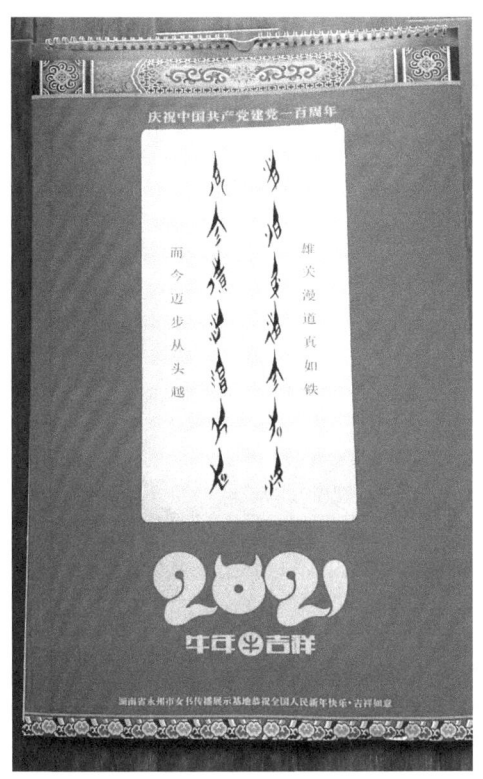 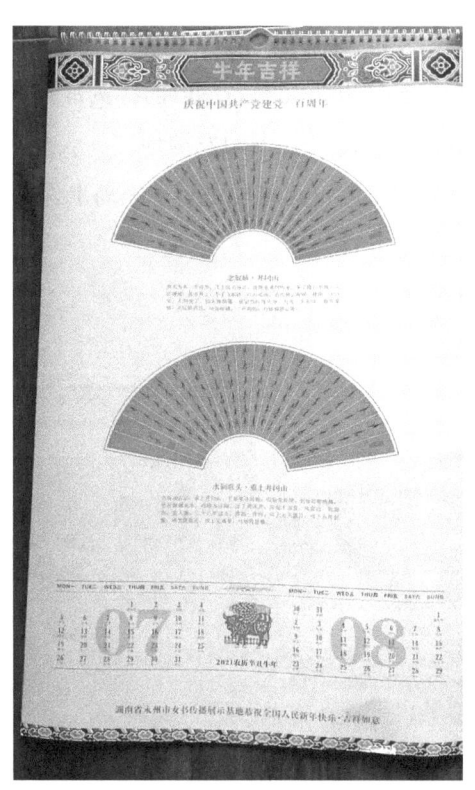

图 12-4　女书爱好者欧小松书写制作的女书挂历

在纸质传播产生广泛影响的同时，跨媒介的传播也风起云涌，有录音录像、电影、电视专题片、电子读物等，如女书声像原始资料光碟《深闺字谜》《女人最后的尊严》《江永女书》《江永文化之旅》等。影片《雪花秘扇》是美国福克斯公司及中国华谊兄弟、上海电影有限公司合作制作发行的电影。影片改编自美国华裔女作家邝丽莎的同名英文小说，由王颖执导，李冰冰、全智贤、邬君梅和休·杰克曼等联袂出演，于 2011 年 6 月 24 日在中国上映。影片讲述的是清朝末年江永县两个女孩的一生：幼时结拜为姊妹、少女时的友谊和爱恋、中年时的嫌隙和误会、老年时的和解与互相扶持。还有微电影音乐史诗《女书》，由作曲家谭盾创作，于 2013 年 10 月 20 日在上海东方艺术中心演出。作品取材于江永女书，是一部从人类学角度，结合现代科技打造出女书视觉形象的交响乐。谭盾用 12 个不同主题的长镜头，以纪录片的拍摄手法，讲述了"女书村"的故事，创作出 12 部"微电影"。影片中的女人唱着女书歌谣，浓厚的原生态民族气息与女性独有的哀婉，十分动人。谭盾则依据古老的唱段为其编配乐器和声。闻名世界的费城交响乐团，在国家大剧院上演了谭盾的这部作品，使得众多听众着迷于江永女书。

(四)"女书复活岛"普美村

普美村也叫女书岛,以前称为浦尾村,距江永县城 11 公里,是一个四面环水的生态绿岛。该岛是女书的发源地之一。呈葫芦形状,面积约 0.67 平方公里。女书岛民风淳朴,以汉族、瑶族居民为主,岛上保留有女书传人高银仙的故居。

图 12-5　普美村女书学堂

从江永县城至女书岛的潇水河段称女书河,全长约 20 公里,河面开阔,沿岸田园风光优美。在女书河漂游既可以体验女书文化的神秘,也可以领略江永美丽的田园风光。环女书岛的河段水面如镜,两岸枣木林立,构成了一道优美的水域风光。

2002 年,普美村修建了女书园,占地面积 2500 平方米,建筑面积 1600 平方米,采用的是仿明清式建筑风格。女书园中有"江永女书生态博物馆",是记录、储存女书文化的资料中心,主要通过实物、文字、图片、音像等形式,展示女书原件文献、作品、工艺、书法、学术成果与民俗风情,全面介绍厚重的文化内涵和独特的人文魅力。

2002 年 2 月,普美村集体决定,把村里的祠堂改为"江永女书学堂",将嫁到下关村的胡美月请回来做老师,教全村的妇女学习女书。全村妇女从少年到中年齐聚一堂,如饥似渴地学习女书。其学习动力乃源于接待游客的需要,外地游客冲着女书文化来到普美村,如果没有一批能说、能写女书的人,自然会降低游客的兴趣。显然,今天的旅游,已赋予女书文化以新的时代价值。但是,女书真正复活的标志是使用价值的恢复。"尽管现在姐妹们还不能够互相通信。但是继续学下去,我奶奶那一辈互相写女书交流内心秘密的情况又会重现。"胡美月对女书的明天充满了希望。在胡美月与普美村妇女的共同努力下,女书正在普美村复活,所以普美村又被称为"女书复活岛"。

女字约有原创字符700个。与其他文字相比，具有五大独特之处：一是妇用男不用；二是传女不传男；三是记录当地方言土语，并用当地土语唱读；四是字形奇特——右高左低，呈长菱形；五是人死书焚，陪葬送终。女书堪称中华文化之瑰宝，世界文字之奇观。2005年，女书因"全世界最具性别特征的文字"而被收入《世界吉尼斯记录大全》。

结语 旅游胜地——多彩的旅游线路

结语 旅游胜地——多彩的旅游线路

旅游业作为我国当前的绿色朝阳产业、无烟工业和幸福产业，是发掘美丽、保护美丽、创造美丽的优势产业和潜力产业。永州以创建生态文明城市为抓手，在旅游业的带动下，正在努力促进生态环境保护、文化传承与美丽永州观光旅游的协调发展。在对旅游资源的开发利用方面，永州努力将分散的景点串珠成线、综合成片，以充分发掘旅游资源整体效益；同时还努力向周边辐射，将本地游客送出去，将外地游客引进来，实现资源共享的联动效应。多措并举的努力，使大美永州丰富的旅游资源越来越彰显其魅力，永州成为热门打卡的旅游胜地。

一、串珠成线

根据《永州市旅游发展总体规划（2015—2025年）》的构想，永州市旅游资源串珠成线，分为三个类别十五条旅游线路。

（一）打造四条特色自驾游线

1. 文化溯源自驾游

祁阳（浯溪碑林）—零陵（零陵古城、周家大院）—道县（周敦颐故里、月岩）—江永（女书园）—江华（瑶族文化博览园、盘王庙）—宁远（舜帝陵、文庙）。

2. 生态休闲自驾游

冷水滩（潇湘平湖、永州农科园）—东安（舜皇山、紫水湿地公园）—祁阳（大江林场龙凼瀑布）—金洞管理区（金洞漂流）—双牌（阳明山、桐子坳）—蓝山（湘江源国家森林公园、云冰山奇景）。

3. 民俗风情自驾游

蓝山（紫良瑶寨、大洞梨园）—江华（瑶族文化博览园、水口移民风情小镇）—江永（千家峒、女书园、勾蓝瑶寨）。

4. 猎奇探秘自驾游

零陵（《永州八记》遗址）—道县（月岩、道岩、鬼崽岭）—江永（江永女书、千家峒、上甘棠古村）—蓝山（湘江源）—新田（大冠古堡）。

（二）打造四条经典游线

1. 古城名山秀水游线

潇湘平湖—浯溪碑林—舜皇山—零陵古城—周家大院—阳明山—九嶷山—湘江源—涔天河旅游度假区。

2. 人文山水游线

零陵古城—浯溪碑林—金洞漂流—阳明山—九嶷山—月岩/周敦颐故里—女书文化

园—千家峒—涔天河旅游度假区。

3. 潇水风光带游线

潇湘平湖—蘋洲书院—柳子庙—零陵古城—日月湖—湘江源—两河口—涔天河旅游度假区。

4. 避暑养生游线

金洞—阳明山—九嶷山—涔天河—湘江源。

（三）开发七大主题游线

1. 神秘永州寻踪之旅

永州八记寻踪—永州异蛇探秘—建文帝行踪追踪—舜帝陨落之地探秘—鬼崽岭成因真相—神秘女书之源。

2. 寻根祭祖之旅

阳明山拜七祖—九嶷山祭舜帝—濂溪故里拜周敦颐—千家峒祭盘王。

3. 瑶族风情体验之旅

沱江古镇—瑶族文化博览园—盘王殿—千家峒—勾蓝瑶寨—宁远水上瑶乡。

4. 红色文化与爱国教育之旅

陶铸故居—李达故居—老山界—楼田惨案遗址—陈树湘烈士纪念园。

5. 古城古村乡愁体验旅游

零陵古城—周家大院—坦田村岁圆楼—谈文溪古村—濂溪故里—上甘棠古村。

6. 文化研学之旅

零陵古城（柳子文化，怀素草书文化，武庙文化，蘋岛书院文化）—道县（濂溪故里、濂溪书院，玉蟾岩稻作文化，鬼崽岭民俗文化，何绍基故里书法文化）—宁远（舜帝陵与舜文化，中国第二大文庙建筑宁远文庙、下灌古村状元楼等古迹）。

7. 美食特产之旅

冷水滩（品永州血鸭、红糟鸡翼、永州凉粉）—祁阳（品墨鱼豆腐丝、祁阳米粉、祁阳油炸粑，赏祁阳石、祁阳草席，购金浩茶油）—零陵古城（品永州喝螺、零陵莲蓬肉、水晶巷酱板鸭、大西门凉拌粉、零陵发糕，赏零陵石燕）—东安（品正宗东安鸡、舜皇山土猪肉、水岭羊肉）—双牌（品苦瓜丸子、双牌酒糟肉、翠竹粉蒸鲴鱼，赏竹制工艺品）—新田（品新田血狗、芙蓉鲫鱼，购富硒大豆、醋水豆腐、三味辣椒）—蓝山（品血灌肠，购黑糊酒）—宁远（品肉馅豆腐、九嶷山兔肉、下灌状元水丸子、禾亭水粉，赏九嶷斑竹）—道县（品道州扎肉、道州灰鹅宴、大江源石斑鱼，购道州脐橙）—江永（品香芋蒸扣肉、桃川无骨板鸭，购江永香柚、香姜、香芋）—江华（品瑶家腊肉、猪红香肠、"瑶家十八酿"，购江华苦茶、瑶山雪梨）。

以上这些都是三日以上的长线旅游。"一日游"之类的短线太多，此处就不一一列举了。旅游往往是随游客的兴之所至，线路的设计只是一个参考，列出这些线路，旨在说明永州旅游资源的丰富性和可供选择的多样性。

二、综合成片

串珠成线主要是突出主题旅游的特色，而更多情况下，则应该综合成片，就近综合安排旅游景点，以减少游客的路途时间和减轻车马劳顿之苦。对此，《永州市旅游发展总体规划（2015—2025年）》的设想是：依托丰富的生态文化旅游资源，以"古城名山秀水"为核心，整合山水、人文、田园、民俗、古村等资源，以全域旅游发展为理念，大力实施以全区域、全年候、全要素、全流程的旅游发展创新模式，持续推进旅游业内涵式、外延式、集聚式发展，将永州打造成融文化体验、生态观光、乡村休闲、养老度假等为一体的人文山水旅游目的地，成为国家级文化旅游创新示范区、泛珠三角人文山水休闲生活基地、国家旅游休闲示范城市。

（一）综合片区的打造提质

1. 打造国家级文化旅游创新示范区

以"文化引领、开放带动、城乡统筹"为战略，把文化旅游产业率先突破作为主要手段，按照差异化定位、个性化体验的要求，深度挖掘文化内涵，开发文化主题产品，以零陵古城文化旅游综合保护开发项目为龙头，打造国家级文化旅游创新示范区。

2. 打造泛珠三角人文山水休闲生活基地

依托丰富的人文和自然旅游资源以及区位优势，切实把握湘南大开发的战略机遇，加快对接粤港澳市场，加强区域旅游合作，实现资源共享、客源互流。大力发展自驾露营地、乡村旅游、森林生态度假、滨水娱乐等旅游产品，加大旅游促销力度，积极开拓泛珠三角自驾游市场，打造泛珠三角人文山水休闲生活基地。

3. 打造国家旅游休闲示范城市

以阳明山、九嶷山、舜皇山等景区为龙头，以永州全市优良的生态环境为基底，全面加快湘江源、涔天河、潇水河等景区的环境建设。提升全市范围内的景区规划、基础设施建设、生态保护和教育、旅游服务设施，打造生态资源丰富、品牌特色突出、市场潜力突显的生态旅游环境，实现资源整合和转型升级，创建国家旅游休闲示范城市。

(二)综合片区的特色化发展

1. "观光+休闲+度假"复合化发展

立足国民休闲旅游发展大势,实施休闲化战略,充分重视全民休闲时代的大众休闲市场,在做强观光旅游产品的基础上,大力开发休闲度假旅游产品,加快促进休闲产业融合发展,引导创新旅游休闲文化,完善休闲公共服务设施等,推动永州向"观光+休闲+度假"旅游时代转型发展。

2. "城区+景区+乡村"全域化发展

构建美丽永州,实行"城区景区化、景区标准化、乡村美丽化"的全域化发展战略,以"地域全方位,产业全领域"为要求发展永州旅游业。

3. "古城+名山+秀水"精品化发展

以零陵古城、潇水河、舜皇山、阳明山、九嶷山、湘江源、大江林场、源口—燕子山、金洞为龙头,打造涵盖观光、休闲、康体、度假、商务等功能的综合型精品旅游景区,提高永州旅游产品的层次,丰富永州旅游的内涵,以龙头景区驱动永州旅游发展。

(三)构建"两核三部"的联动互补

1. 零陵古城旅游核

依托零陵古城,以人文山水古城为特色,积极发展古城旅游,形成文化旅游产业的龙头。按照"两山(西山、东山)一水(潇水)"的总体规划布局,加强对永州古城的保护性开发,推进柳子庙(街)、异蛇山庄、东山景区、零陵文化村、蘋洲书院等景区景点的开发建设,完善景区基础配套与参与体验,打造以宋代湘南建筑为隐形骨架、明清建筑形态为肌体、潇湘文化为灵魂,集生态文化休闲、民俗文化体验、市井文化消费、主题游乐互动、养生休闲度假于一身的文化旅游产业示范园区,体验互动式的文化主题乐园,充分展现民族性、生态性、综合性的5A级历史文化旅游和国际旅游度假古城,并使之成为永州"古城名山秀水"旅游的发展极核。

2. 九嶷山旅游核

依托九嶷山丰富的自然人文旅游资源,以九嶷山舜帝陵旅游区为核心,加快旅游产品提质升级。围绕九嶷山,整合蓝山湘江源、江华黄龙山、道县湘源温泉等旅游资源,打通交通连接廊道,拓展九嶷山旅游发展空间,逐步增强对周边旅游区的辐射带动作用,形成"大九嶷山旅游组团",并使之成为永州中部和南部旅游发展极核。重点提升舜帝陵景区品质,丰富森林休闲度假旅游产品。

3. 北部古城文化观光休闲旅游功能区

以零陵、冷水滩(含永州经济技术开发区)、东安、祁阳为重点,围绕永州中心城区的游憩圈，强化零陵古城、舜皇山、浯溪碑林等景区的支撑作用，做好差异化发展，形成文化观光、古城休闲、生态度假、禅修养生、运动体验等不同的功能组团，打造北部古城文化观光休闲旅游板块。

4. 中部文化山水休闲度假旅游功能区

依托厦蓉高速、二广高速，以九嶷山旅游区、阳明山为龙头，充分发挥蓝山湘江源的品牌优势，整合周边自然生态、森林峡谷、理学文化、生态乡村、民俗风情等资源，打造集山地观光、宗教朝拜、寻根问祖、森林旅游、民俗风情体验等于一身的中部山水休闲板块。

5. 南部民俗风情休闲体验旅游功能区

以江华、江永（含回龙圩管理区）为重点，以瑶族文化为特色，整体打造一个以休闲度假为主导，融民俗体验、生态休闲、滨湖度假、乡村休闲等为一体的民俗风情休闲体验旅游板块。

（四）主题与连片的互补结合

1. 森林度假旅游

重点在阳明山、大江林场、燕子山、舜皇山等森林旅游区，引导发展低密度、生态型、高品质的森林养生休闲度假项目。引导发展以户外运动、野营度假等原生态体验为特色的森林旅游区，重点布局在湘江源、韭菜岭等地。最终把森林休闲度假旅游作为永州市生态旅游的亮点，把永州市打造成国内知名的森林度假旅游目的地。

2. 滨水休闲旅游

充分依托湘江、潇水、宁远河、泠江、白水、祁水、舂陵水、永明河、涔天河等江河、湖泊、湿地旅游资源，实施整体连片开发，广泛开展水上休闲、滨水休闲、湿地观光、珍稀动植物考察等生态旅游活动。大力发展滨湖度假项目，重点依托涔天河打造滨湖度假区。推进沿江休闲观光与滨江休闲旅游项目发展，打造滨水廊道、游船游艇、水上观光、水上赛事等产品，重点打造潇湘平湖、潇水休闲带。将紫水、日月湖等湿地公园建设成以科考研学为特色的原生态体验旅游区。努力打造培育环潇水国际自行车锦标赛世界级体育赛事品牌。

3. 民俗风情旅游

深度开发千家峒、盘王城、姑婆山等瑶族景点，体验瑶族文化。永州市地方风情浓郁，地方语言、民族服饰、传统节日活动，以及文娱体育活动等，都有其独特的地方色彩。可组织游客到各古村体验和参与永州市传统民俗文化活动，在江永女书园举办女书文物展、女书文学欣赏会、女书文化研讨会等。

以上这样的"综合成片",可以让游客领略更为丰富的景观,体验更为丰富的旅游生活。

三、辐射周边

《湖南省旅游业"十三五"发展规划纲要》提出,湖南要构建"一个中心、一个龙头、四大板块、八条黄金旅游带"。永州作为大湘南板块人文山水休闲旅游圈的中心城市和湘江旅游带的源头城市,依托自身绝佳生态与独特文化资源,发挥永州在对接大西南、珠三角中的区位优势,建设成大湘南旅游的西部支撑,面向大桂林旅游圈、大西南旅游市场和珠三角地区的旅游客源,发挥好永州作为承接与集散区的作用。同时,按照《南岭生态旅游促进宣言》精神,积极加强与南岭区域城市合作,加快南岭区域旅游经济一体化的进程,推进南岭"国际生态旅游区""国家休闲区""国家公园群"的建设,促进旅游业与其他产业融合发展。

总之,永州在立足本地客源市场的同时,重点发展长株潭3+5城市群、珠三角城市群、桂林旅游圈顺访客群,大力拓展长三角、海西城市群、南宁城市群、武汉城市群客源市场,努力吸引以港澳台为重点的旅游市场,不断优化提升永州旅游客源市场结构。

永州东连郴州,南界广东连州,西接广西桂林,北邻衡阳、邵阳,是"沿海的内地,内陆的前沿",有着承东启西、贯穿南北的优越区位,是湖湘文化与岭南文化交汇之城,是大湾区通向中西部的重要枢纽。航空、铁路、公路立体化交通网已经构建,湘桂、洛湛铁路经纬相交,20多对高铁首发或经停永州,直达北上广深及多个省会城市;泉南、二广、厦蓉、道贺高速跨越全境;零陵机场恢复开通北京、上海、昆明、重庆、海口的航班,后续还将逐步恢复厦门、深圳、泉州、贵阳、福州、珠海、西安、三亚等十多个城市航线。永州旅游进出越来越便捷。

永州旅游辐射周边的硬件条件已基本具备,现在的重点是要强化宣传力度、提升品牌形象、加强区域合作、提高服务质量。在"软件"建设方面,永州正在作出如下努力。

1. 拓展营销渠道

电视、报纸、杂志、网络多媒体联动营销。积极邀请报社、电视台、旅游网站等组织人员来永州考察,在潇湘晨报、三湘都市报等本地主流报纸开辟永州旅游专栏,在湖南省内、泛珠三角地区、华中地区等高铁线及航空航线投放软文杂志,邀请制作永州旅游宣传片、历史人文风景系列主题的纪录片等,多渠道推介永州旅游资源。

2. 培育旅游形象品牌

立足于打造生态大市、文化兴市和旅游强市，以营造人文山水休闲生活方式为目标，突出"千年打卡地　此处是潇湘"旅游品牌，创新工作机制，加快旅游项目建设，完善旅游基础设施，强化旅游宣传促销，规范旅游质量管理，培育旅游特色品牌。

3. 境内外市场区域合作

构建大湘南、大湘西联盟。积极联合衡阳、郴州、张家界、湘西、怀化等市州，构建区域旅游发展联盟，设置联合营销机构，统一协调区域旅游产品开发、区域品牌打造和整体形象提升等。整合大湘南旅游资源，积极打造精品旅游线路，串联各区旅游景点，合作发展精品度假游线、最美风景道游线、原生态探奇游线、历史名人探访游线、研学游线、品牌自驾游线，促进区域旅游同步协调发展。

4. 构建三级旅游集散网络体系

以永州市高铁站、机场、长途汽车站等交通枢纽和重要旅游城镇、旅游景区等客流集中场所为依托，建设一个永州市一级旅游集散服务中心，宁远和道县两个二级旅游集散服务中心和祁阳县、东安县、新田县、江永县、冷水滩区、涔天河旅游度假区、阳明山旅游区、九嶷山旅游区八个三级旅游集散服务中心，构成"1+2+8"的三级旅游集散网络体系。

5. 完善集散中心功能体系

强化旅游交通集散功能。以各级旅游集散中心所依托的旅游交通干线和交通枢纽、节点为基础，完善旅游交通换乘站点，丰富集散中心通过各主要旅游景区和城镇的旅游交通线路和车辆班次，实现高铁、航空、高速等快速外部交通与市域内部旅游交通的无缝对接。

6. 多元化服务运作方式

积极发挥政府在建设永州市旅游集散网络中的主导作用，出台资金、财税、土地等各方面的优惠政策；随着市场培育和内部磨合的深入，逐渐推广现代企业经营管理模式在旅游集散中心运作中的应用，扩大集散中心规模，提高管理服务水平，充分发挥市场运作的优势。

推进旅游行业协会体制改革，按照市场化、社会化的改革方向，加快旅游主管部门与旅游行业协会脱钩，推动旅游行业协会成为自主运营的市场主体。积极培育旅游新业态、新产品，打造一批资源品位高、品牌形象优、核心吸引力强的精品旅游产品，以重点突破带动旅游产业全面发展。

总之，要把旅游宣传统一纳入永州整体形象对外宣传的总体战略，以"千年打卡

潇湘旅游览胜

地 此处是潇湘"总体形象为核心，全面开展整合营销。坚持政府宣传旅游形象与企业推介产品线路相结合，坚持面向旅游业界推广与面向公众促销相结合，坚持"走出去"与"请进来"相结合，实现市场细分化、产品特色化、营销专业化和服务规范化。

后 记

本书是"新时代文化和旅游融合发展研究丛书·应用型本科院校文化旅游专业丛书"中的一本，得到国家社科基金一般项目"民族地区文旅融合发展促进脱贫巩固和乡村振兴研究"（21BKS026）、湖南省社科基金重大项目（"学术湖南"精品培育项目）"湖南民族地区文旅产业促进乡村振兴和共同富裕研究"（23ZDAJ019）、湖南省教育厅科学研究重点项目"可持续生计框架下南岭走廊文旅产业与乡村振兴耦合发展机制和路径研究"（22A0578）、湖南省哲学社会科学重点项目"湖湘文化走出去与传统文化对外传播研究"（20ZDB013）、湖南省社会科学成果评审委员会重大项目"湖湘文化走出去与中国特色哲学社会科学对外话语体系建构研究"（XSP2023ZDA006）、湖南省社会科学成果评审委员会重点项目"构建以对接"一带一路"和粤港澳大湾区为重点的湘南内陆开放合作示范区对策研究"（XSP2023ZDI020）、湖南省社科基金重大委托项目"发挥结合部优势打造大湾区后花园"、湖南省文化领军人才资助项目"湖南文化科技旅游融合发展研究"、湖南省自然科学基金项目"永州文化科技融合发展战略研究"等项目资助。

本书是集体合作的结晶：在本书筹划的过程中，首先由黄渊基提出创意，陈仲庚编写提纲，姚先林收集资料；在本书写作的过程中，黄渊基完成了序篇"大美永州"和第二篇"古韵寻踪"等撰写任务；陈仲庚完成了第一篇"绿水青山"和第三篇"文化体验"第八、九、十、十一章等撰写任务；姚先林完成了第三篇第十二章和结语"旅游胜地"的撰写任务。最后由陈仲庚负责全书的统稿工作。

本书插入的图片，大都是朋友提供的，并已征得他们同意。他们是：湖南科技学院杨金砖、潘雁飞、周玉华，永州日报社杨中瑜，永州市水利设计院韩少武，零陵区文旅局唐浪，祁阳市教育局杨正杰、邓宏钰，宁远县九嶷山国家森林公园管理局诸文杰，江永县退役军人事务局周国辉。本书编辑出版还离不开旅游教育出版社编辑老师的精心编校。在此，一并表示感谢！

  本书撰写过程中，参考了很多学界同仁和产业同行的资料、观点，有些未一一注明出处，在此一并致谢并致歉。

  由于水平有限和编校时间较仓促，不当和疏误之处在所难免，敬请朋友们和读者们谅解和批评指正。

作　者
2023 年 12 月